3.80

Das Buch

Judejahn ist wieder aufgetaucht. Der ehemalige SS-General, in Nürnberg als Massenmörder zum Strang verurteilt, ist nach seiner Flucht als Militärberater einer ausländischen Macht wieder in die Reihen der Befehlshaber aufgestiegen. Jetzt lauert er unter falschem Namen in Rom, um seinen Wiedereintritt in die deutsche Gesellschaft zu erkämpfen, um erneut den Weg der Macht und der »Endlösungen« zu beschreiten. Schon gelingt es ihm, den »Verrat« in der eigenen Familie, die ihm entgegengereist ist, allmählich zu überwinden; das Blatt scheint sich zu wenden, da ereilt ihn der Tod. Seinen letzten Mord, bei dem er selbst die Pistole in die Hand nimmt, überlebt der Mörder nicht. – Koeppen bedient sich subtiler erzählerischer Mittel, die das grausame, fast grelle Geschehen perspektivisch brechen und die Handlung zur Metapher des Bösen werden lassen. Zur Zeit ihres ersten Erscheinens waren Koeppens Zeitromane Gegenstand von heftigen Diskussionen. »Heute stellen sie einen unbestrittenen, fast etwas legendären Gipfel der deutschen Nachkriegsprosa dar.« (Die Zeit)

Der Autor

Wolfgang Koeppen wurde 1906 in Greifswald geboren. Er übte verschiedene Berufe aus, studierte in Hamburg, Greifswald, Berlin und Würzburg und arbeitete später als Journalist, Dramaturg, Schauspieler und Filmautor. Längere Reisen führten ihn nach Italien, Frankreich, den USA und der Sowjetunion. Er lebt heute in Feldafing bei München.
Werke: ›Eine unglückliche Liebe‹ (1934), ›Die Mauer schwankt‹ (1935), ›Tauben im Gras‹ (1951), ›Das Treibhaus‹ (1953), ›Der Tod in Rom‹ (1954), Romane; ›Nach Rußland und anderswohin‹ (1958), ›Amerikafahrt‹ (1959), ›Reisen nach Frankreich‹ (1961), Reiseberichte.

Wolfgang Koeppen:
Der Tod in Rom
Roman

Deutscher
Taschenbuch
Verlag

PT
2621
.046
T6
1971
Dec.1996

Ungekürzte Ausgabe
Mai 1971
Deutscher Taschenbuch Verlag GmbH & Co. KG,
München
© 1954 Scherz & Goverts Verlag GmbH, Stuttgart
Umschlaggestaltung: Celestino Piatti
Gesamtherstellung: C. H. Beck'sche Buchdruckerei,
Nördlingen
Printed in Germany · ISBN 3-423-00753-2

Es war einmal eine Zeit, da hatten Götter in der Stadt gewohnt. Jetzt liegt Raffael im Pantheon begraben, ein Halbgott noch, ein Glückskind Apolls, doch wie traurig, was später sich ihm an Leichnamen gesellte, ein Kardinal vergessener Verdienste, ein paar Könige, ihre mit Blindheit geschlagenen Generale, in der Karriere hochgediente Beamte, Gelehrte, die das Lexikon erreichten, Künstler akademischer Würden. Wen schert ihr Leben? Die Reisenden stehen staunend im antiken Gewölbe und blicken verlegenen Antlitzes zum Licht empor, das durch das einzige Fenster des Raumes, die runde Öffnung in der einst mit bronzenen Ziegeln gedeckten Kuppel, wie Regen auf sie fällt. Ist es ein goldener Regen? Danae läßt sich von Cook und vom Italienischen Staatsverband für den Fremdenverkehr wohl führen; doch Lust empfindet sie nicht. So hebt sie auch nicht ihr Kleid, den Gott zu empfangen. Perseus wird nicht geboren. Die Meduse behält ihr Haupt und richtet sich bürgerlich ein. Und Jupiter? Weilt er, ein kleiner Pensionär, unter uns Sterblichen? Ist er vielleicht der alte Herr in der American-Express-Gesellschaft, der Betreute des Deutsch-Europäischen Reisebüros? Oder haust er hinter Mauern am Stadtrand, in die Irrenanstalt gesperrt und von neugierigen Psychiatern analysiert, in die Gefängnisse des Staates geworfen? Unter dem Kapitol hat man eine Wölfin hinter Gitter gesetzt, ein krankes verzweifeltes Tier, fern davon, Romulus und Remus zu säugen. Die Gesichter der Touristen sind in dem Licht des Pantheons wie ein Teig. Welcher Bäcker wird ihn kneten, welcher Ofen ihm Farbe geben?

Falsch klang die Musik, sie bewegte ihn nicht mehr, fast war sie ihm unsympathisch wie die eigene Stimme, die man, auf ein Tonband gefangen, zum erstenmal aus dem Lautsprecher hört und denkt, das bin nun ich, dieser aufgeblasene Geck, dieser Lügner, Gleißner und eitle Fant, die Geigen vor allem stimmten nicht, sie klangen zu schön, das war nicht der unheimliche Wind in den Bäumen, nicht das Gespräch, das Kinder am Abend mit dem Dämon führen, so war die Furcht vor dem Dasein nicht, sie war nicht so maßvoll, sie war bei weitem nicht so wohltemperiert, inniger quält sie, die uralte Angst, sie erbebt vor dem Grün des Waldes, vor der Himmelsweite, vor den Wolken, die ziehen, – dies hatte Siegfried singen wollen, es war ihm ganz und gar mißlungen, und weil seine Kraft nicht ausgereicht hatte, fühlte er sich nun schwach und verzagt, er hätte weinen mögen, doch Kürenberg war guten Mutes und lobte die Symphonie. Siegfried bewunderte Kürenberg, wie er den Noten diente und mit dem Taktstock herrschte; aber es gab Augenblicke, da sich Siegfried von Kürenberg vergewaltigt wähnte. Siegfried ärgerte sich dann, weil er sich nicht wehrte. Er konnte es nicht; Kürenberg wußte und verstand so viel, und Siegfried hatte wenig gelernt und war ihm in der Theorie unterlegen. Kürenberg glättete, gliederte, akzentuierte Siegfrieds Partitur, und was Siegfried wehe Empfindung war, das Suchen eines Klangs, eine Erinnerung an einen Garten vor aller Geburt, eine Annäherung an die Wahrheit der Dinge, die nur unmenschlich sein konnte, das wurde unter Kürenbergs dirigierender Hand human und licht, eine Musik für gebildete Zuhörer, doch Siegfried klang es fremd und enttäuschend, die gebändigte Empfindung strebte zur Harmonie, und Siegfried war unruhig, aber schließlich war er artistisch gesinnt und freute sich der Präzision, der Reinheit der Instrumente, der Sorgfalt, mit der die hundert Künstler des berühmten Orchesters seine Komposition spielten.

Im Saal wuchs Lorbeer aus grünangestrichenen Kübeln, es mochte auch Oleander sein; in Krematorien standen dergleichen Gewächse und ließen selbst zur Sommerzeit an kalte Wintertage denken. ›Variationen über den Tod und die Farbe des Oleanders‹ hatte Siegfried seine erste größere Arbeit genannt, ein Septett, das nicht aufgeführt wurde. Er hatte in der ersten Fassung an den Tod der Großmutter gedacht, der einzigen Person in seiner Familie, die er geliebt hatte; vielleicht weil sie so still und fremd durch das vielbesuchte, von Marschstiefeln widerhallende, laute Haus seiner Eltern gegangen war. Und wie glänzend und traurig war ihre Einäscherung! Die Großmutter war die Witwe eines Pastors, und hätte sie zuschauen können, es wäre ihr nicht recht gewesen, mit wieviel Technik und Komfort, wie hygienisch und bequem, wie kaltschnäuzig und gewandt gepredigt sie aus der Welt geschafft wurde, und auch der Kranz mit der grellen Hakenkreuzschleife, den die Frauenschaft gestiftet hatte, war ihr bestimmt unlieb, wenn sie auch nie dagegen gesprochen hätte. In der zweiten Fassung des Septetts aber hatte Siegfried mit seinen sieben Instrumenten etwas Allgemeineres, Zwielichtiges ausdrücken wollen, geheimen Widerstand, blinzelnde, unterdrückte, romantische und brüchige Gefühle, und in den Sätzen des Trotzes glich sein Versuch einem rosenumwundenen Marmortorso, dem Torso eines jungen Kriegers oder dem Torso eines Hermaphroditen in der brennenden Ruine einer Waffenhandlung; es war Siegfrieds Auflehnung gegen seine Umgebung, gegen das Kriegsgefangenencamp, den Stacheldrahtzaun, die Kameraden, deren Gespräche ihn anödeten, den Krieg, den er seinen Eltern zuschrieb und das ganze vom Teufel besessene und geholte Vaterland. Sie alle wollte Siegfried ärgern, und er hatte Kürenberg, einen früher auch zu Hause bekannten Dirigenten, von dem er in einer englischen Zeitung gelesen hatte, daß er in Edinburg sei, gebeten, ihm Beispiele der Zwölftonmusik zu senden, einer in Siegfrieds Jugendreich unerwünschten Kompositionsweise, die ihn allein schon deshalb anzog, weil sie von den Machthabern verfemt war, den gehaßten militärischen Erziehern, dem gefürchteten Onkel Judejahn, diesem mächtigen Manne, dessen düsteres Konterfei in verabscheuter Uniform über des verachteten Vaters Schreibtisch gehangen hatte, und Kürenberg hatte Siegfried das Werk von Schönberg und Webern mit einem freundlichen Brief in das Lager geschickt. Es waren ältere Notenhefte der Universaledition, die so zu Siegfried kamen und zu früh in Wien erschienen waren, um Siegfried bekannt zu werden, bevor sie nach der Vereinigung Deutschlands und Österreichs nicht mehr verkauft werden durften. So war diese Musik für Siegfried eine neue Welt, ein Tor, das ihn aus einem Käfig ließ, nicht allein aus dem Stacheldrahtpferch der Kriegsgefangenschaft, nein aus bedrückenderer Enge, und er kroch nicht zurück unter das Joch, wie er es nannte, der Krieg war verloren, und er wenigstens war befreit worden und beugte sich nicht länger den Anschauungen der Sippe, in die geboren zu sein er immer nur entsetzlich gefunden hatte.

Das Gesträuch im Saal wirkte staubig und war doch wohl Lorbeer, denn die Blätter sahen wie getrocknetes Gewürz aus, das zwar genäßt, doch unverkocht und splitterig in der Suppe schwimmt. Das Gestrüpp deprimierte Siegfried, der in Rom nicht traurig sein wollte. Aber das Blattwerk erinnerte ihn allzusehr an eine Suppe, die ihm nicht geschmeckt hatte, an den Eintopf der Reichsschule der Partei, in die sein Vater ihn auf Judejahns Wunsch geschickt hatte, an den Verpflegungskessel der Wehrmacht, zu der Siegfried vor dieser Schule geflohen war; auch in der Junkerschule der Partei hatte Lorbeer gegrünt und in der Kaserne Eichenlaub mit Ranken hin zu Orden und zu Gräbern, und stets hatte ein Bild des verkniffenen verdrückten Kerls, des Führers mit dem Chaplinbart wohlwollend auf die Herde der Opferlämmer geblickt, auf die gerade schlachtreifen in Uniform gesteckten Knaben. Hier unter dem Lorbeer und Oleander der Konzerthalle, im künstlich frostigen Hain, hing nun ein altes Bildnis des Meisters Palestrina, nicht wohlwollenden, eher strengen und vorwurfsvollen Gesichts über den Bemühungen des Orchesters. Das Tridentiner Konzil hatte Palestrinas Musik anerkannt. Der Kongreß in Rom würde Siegfrieds Musik ablehnen. Auch das deprimierte Siegfried, bedrückte ihn schon auf dieser Orchesterprobe, obwohl er in der Erwartung der Ablehnung nach Rom gereist war und sich einredete, es sei ihm gleichgültig.

Ein Graben zieht sich um das Pantheon und war einmal eine Straße, die vom Tempel aller Götter zu den Thermen des Agrippa führte, das römische Weltreich brach zusammen, Verfall deckte den Graben zu, Archäologen hoben ihn aus, Mauerrümpfe ragen verwittert moosbewachsen hervor, und auf den Stümpfen hocken die Katzen. Katzen gibt es überall in Rom, sie sind die älteste Familie der Stadt, ein stolzes Geschlecht wie die Orsini und die Colonna, sie sind wahrlich die letzten echten Römer, aber diese hier sind Gestürzte. Cäsarische Namen! Sie heißen Otello, Caligula, Nero, Tiberio. Kinder scharen sich um sie und rufen und necken die Katzen. Die Kinder haben laute, schrille, schnellsprudelnde, für den Fremden so reizvoll klingende Stimmen. Die Kinder liegen bäuchlings auf der Umfassungsmauer des Grabens. Ihre Schulschleifen verwandeln ihre verrotzten Gesichter in kleine Renoirs. Die Schulschürzen sind hochgerutscht, die Hosen winzig, und die Beine sind anzusehen wie die Glieder gegossener Plastiken unter einer Patina von Sonne und Staub. Das ist die Schönheit Italiens. Jetzt erhebt sich Gelächter. Eine alte Frau wird ausgelacht. Das Mitleid erscheint immer in hilfloser Gestalt. Die Alte wandelt mühsam am Stock und bringt den Katzen Speise. Eine eklig durchfeuchtete Zeitung umschließt den Fraß. Fischköpfe sind es. Auf blutbesudeltem Druckbild reichen sich der amerikanische Staatssekretär und der russische Außenminister die Hände. Kurzsichtig beide. Ihre Brillengläser funkeln. Verkniffene Lippen täuschen ein Lächeln vor. Die Katzen knurren und fauchen sich an. Die alte Frau wirft das Papier in den Graben. Abgemessene Häupter der Meerleichen, gebrochene Augen, verfärbte Kiemen, opalisierende Schuppen stürzen unter die schweifschlagende mauzende Meute. Aas, ein scharfer Geruch von Ausscheidungen, von Sekret, von Fortpflanzungsgier, ein süßer von Altersfäulnis und Eiter steigt in die Luft und vermischt sich mit den Benzindünsten der Straße und dem frischen anregenden Kaffeeduft aus der Espressobar an der Ecke der Piazza della Rotonda. Die Katzen balgen sich um den Abfall. Es geht um ihr Leben. Unselige Kreatur, warum vermehrte sie sich! Die Katzen sind ausgesetzt zu Hunderten, sie sind hungrig zu Hunderten, sie sind geil, schwanger, kannibalisch, sie sind krank und verloren und so tief gesunken, wie man als Katze nur sinken kann. Ein Kater mit mächtigem Schädel, schwefelgelb und kurzhaarig, herrscht böse über die Schwächeren. Er tatzt. Er teilt zu. Er nimmt weg. Er trägt die Schrammen der Machtkämpfe im Gesicht. Er hat eine Bißwunde am Ohr, – diesen Krieg verlor er. An seinem Fell frißt die Räude. Die Kinder nennen den Kater zärtlich »Benito«.

Ich saß an einem Aluminiumtisch, auf einem Aluminiumstuhl, leicht als solle mich der Wind forttragen, ich war glücklich, ich redete mir es ein, ich war ja in Rom, in Rom, in Rom, ich saß in Rom draußen vor der Espressobar an der Ecke der Piazza della Rotonda und trank einen Schnaps. Auch der Schnaps war flüchtig, leicht, leichtmetallen, wie aus Aluminium gebraut, ein Grappa, und ich trank ihn, weil ich bei Hemingway gelesen hatte, man trinke ihn in Italien. Ich wollte lustig sein, aber ich war nicht lustig. Mich grämte etwas. Vielleicht grämte mich die elende Katzenschar. Niemand sieht Armut gern, und hier konnte man sich nicht mit Pfennigen loskaufen. Ich weiß dann nie, was ich tun soll. Ich gucke weg. Das machen viele, aber mich quält es. Hemingway scheint nichts von Schnäpsen zu verstehen. Der Grappa schmeckte synthetisch und faulig. Er schmeckte wie ein deutscher Schwarzmarktschnaps aus der Reichsmarkzeit. Ich hatte einmal zehn Flaschen eines ähnlichen Schnapses gegen einen Lenbach getauscht. Der Lenbach war eine Bismarckstudie; ein falscher Kubaner in amerikanischer Uniform erwarb ihn. Der Schnaps war aus dem Antriebssprit von V-2-Raketen destilliert, die London vernichten sollten; man sauste, wenn man ihn trank, in die Luft, aber keine Angst, auch der Lenbach war falsch. Jetzt hatten wir in Deutschland das Wirtschaftswunder und gute Schnäpse. Auch die Italiener hatten gute Schnäpse, aber sie hatten wohl kein Wirtschaftswunder. Ich beobachtete den Platz. Da wurde der Staat betrogen. Ein junges Weib handelte aus schmutziger Schürze mit amerikanischen Zigaretten. Wieder kamen mir die Katzen in den Sinn. Das Weib war die menschliche Schwester der armen Kreatur, zerlumpt, zerzaust, voll offener Schwären. Sie war elend und verkommen; auch ihre Art hatte sich zu stark vermehrt, und Geilheit und Hunger hatten sie verkommen lassen. Jetzt hoffte das Weib, auf Schleichwegen reich zu werden. Sie war bereit, das goldene Kalb anzubeten; aber ich weiß nicht, ob das goldene Kalb sie erhören wird. Mir fiel ein, das Weib könnte ermordet werden. Ich stellte sie mir stranguliert vor; während sie sich schon als feine Geschäftsfrau, eine echte Signora, in einem respektablen Kiosk thronen sah. Auf der Piazza ließ sich das goldene Kalb herbei, das Weib ein wenig zu lecken. Sie schien hier wohlbekannt zu sein. Wie eine Boje stand sie im Strom des dichten Verkehrs, und kleine flinke Fiats steuerten sie geschickt und verwegen an. Wie hier die Bremsen kreischten! Die Fahrer, schöne Männer, mit gelockten, mit ondulierten, mit gesalbten Haaren, gecremten, polierten, parfumierten Glatzen, manikürten Fingernägeln, reichten Geld aus dem Fenster des Wagens, empfingen ihre Päckchen, und schon jagte der kleine Fiat anderen Geschäften nach und munter anderen Weisen, den Staat um das Seine zu bringen. Eine Jungkommunistin kam gegangen. Ich erkannte sie an dem grellroten Halstuch über ihrer blauen Windjacke. Ein stolzes Gesicht! Ich dachte: warum bist du so hochmütig, du verleugnest alles, du verleugnest die alte Frau, die den Katzen Futter bringt, und überhaupt verleugnest du das Mitleid. In einem Torweg lauerte ein Bursche, schmierig, wie durch Öl gezogen. Er war der Freund der Zigarettenverkäuferin, ihr Schützling oder ihr Beschützer; vielleicht war er auch ihr Chef, ein ernster Geschäftsmann mit Absatzsorgen, und jedenfalls meine ich, er war der Teufel, den das Schicksal dieser Frau mit auf den Weg gegeben hatte. In Abständen traf sich das Paar wie zufällig auf der Piazza. Sie reichte ihm die eingenommenen schmutzigen Lirescheine, und er steckte ihr neue, sauber in Cellophan gehüllte Päckchen zu. Ein Carabiniere stand in seiner eleganten Uniform wie sein eigenes Denkmal da und blickte verächtlich und gelangweilt zum Pantheon hinüber. Ich dachte: du und die kleine Kommunistin, ihr werdet ein prächtiges Paar geben, die Katzen werden Staatskatzen heißen, die mitleidige alte Frau wird in einem Staatsheim sterben, die Fischköpfe werden volkseigen und alles schrecklich geordnet sein. Noch aber gab es Unordnung und Sensationen. Händler riefen mit lüsterner, heiserer Stimme die Abendblätter aus. Ich bewundere sie immer. Sie sind die Rhapsoden und Panegyriker der Verbrechen, der Unglücksfälle, der Skandale und der nationalen Erregungen. Die weiße Festung im indochinesischen Dschungel stand vor dem Fall. Es ging in diesen Tagen um Krieg und Frieden, aber wir wußten es nicht. Wir erfuhren die Vernichtung, die uns gedroht hatte, erst viel später und aus Zeitungen, die jetzt noch nicht gedruckt waren. Wer konnte, aß gut. Wir tranken unseren Kaffee, unseren Schnaps; wir arbeiteten um Geld ausgeben zu können, und wenn es sich ergab, schliefen wir miteinander. Rom ist eine wunderbare Stadt für Männer. Ich interessierte mich für Musik, und es sah so aus, als ob sich auch noch andere in Rom für neue Musik interessierten. Aus vielen Ländern waren sie zum Kongreß in die alte Hauptstadt gekommen. Asien? Asien war fern. Zehn Flugstunden war Asien fern und unheimlich und groß wie die Woge des Hokusai. Diese Woge kam heran. Sie bespülte den Strand von Ostia, wo man die Leiche eines jungen Mädchens gefunden hatte. Die arme Tote ging wie ein Gespenst durch Rom, und Minister erschraken vor ihrem bleichen Spiegelbild; doch konnten sie alles noch einmal zu ihrem Besten richten. Die Woge näherte sich dem Felsen von Antibes. »Bon soir, Monsieur Aga Khan!« Wage ich zu sagen, daß es mich nichts angehe? Ich besitze kein Bankkonto, kein Gold und keine Edelsteine, mit nichts werde ich aufgewogen; ich bin frei, ich habe keine Rennpferde und keine Filmmädchen zu verteidigen. Ich heiße Siegfried Pfaffrath. Ich weiß, es ist ein lächerlicher Name. Aber der Name ist auch wieder nicht lächerlicher als viele andere. Warum mißachte ich ihn so sehr? Ich habe ihn mir nicht ausgesucht. Ich rede gern schamlos drein, aber ich schäme mich, ich gebe mich respektlos und sehne mich danach, achten zu können. Ich bin Tonsetzer. Das ist, schreibt man nicht für das große Wunschkonzert, ein Beruf, so lächerlich wie mein Name. Siegfried Pfaffrath erscheint nun in Konzertprogrammen. Warum wähle ich kein Pseudonym? Ich weiß es nicht. Hänge ich gar an diesem gehaßten Namen, bleibe ich an ihm hängen? Läßt mich die Sippe nicht los? Und ich glaube doch, daß alles, was geschieht, gedacht, geträumt, verdorben wird, alles im All, selbst das Unsichtbare und das Unfaßliche, mich angeht und mich ruft.

Ein großes Automobil, lackglänzend, schwarz, geräuschlosen Getriebes, ein funkelnder dunkler Sarg, spiegelblank und undurchsichtig die Fenster, war vor dem Pantheon vorgefahren. Der Wagen sah wie ein Gesandtschaftsauto aus, der Botschafter Plutos, der Minister der Hölle oder des Mars mochte drinnen auf schwellenden Polstern sitzen, und Siegfried, der auf der Piazza seinen Schnaps trank und träumte, las hinüberblickend und ein Geschehen betrachtend, das er wohl wahrnahm, doch nicht bemerkenswert fand, die Schrift auf dem Nummernschild für arabische Zeichen. War es ein Prinz aus den Märchen der Tausendundeinen Nacht, der da ankam, ein vertriebener König? Der braungesichtige Chauffeur in militärähnlicher Livree sprang vom Steuersitz, riß die Tür des Coupés auf und hielt sich dicht, dienstbereit, adjutantisch beflissen hinter einem Mann, der in einen bequemen grauen Anzug gehüllt war. Der Anzug war aus englischem Flanell und wohl von einem guten Schneider gearbeitet, aber auf dem gedrungenen Körper des Mannes – wuchtig der Nacken, breit die Schultern, gehoben der Brustkorb, gerundet und elastisch wie ein praller Boxball der Bauch und stämmig die Schenkel – erinnerte der Anzug an eine gebirglerisch bäurische Lodentracht. Der Mann hatte borstiges, kurzgeschorenes ergrautes Haar und trug eine große dunkle Sonnenbrille, die ihm ein allerdings gar nicht bäurisches, viel

eher ein geheimnisvolles, listiges, weithergereistes, corps-
diplomatisches oder verwegen steckbrieflich gesuchtes Aus-
sehen verlieh. War er Odysseus, der die Götter besuchen
wollte? Er war nicht Odysseus, der verschlagene König
Ithakas; dieser Mann war ein Henker. Er kam aus dem To-
tenreich, Aasgeruch umwehte ihn, er selber war ein Tod, ein
brutaler, ein gemeiner, ein plumper und einfallsloser Tod.
Siegfried hatte seinen Onkel Judejahn, vor dem er sich als
Kind gefürchtet hatte, seit dreizehn Jahren nicht getroffen.
Oft hatte man Siegfried gestraft, weil er sich vor Judejahn
versteckte, und der Junge hatte schließlich in Onkel Gottlieb
die Verkörperung alles zu Fürchtenden und zu Hassenden
gesehen, das Symbol des Zwanges, der Aufmärsche, des
Krieges, und noch glaubte er manchmal die polternde, immer schimpfende Stimme des stiernackigen Mannes zu hören,
doch erinnerte er sich nur noch undeutlich an des im Lande
gefürchteten mächtigen Tribunen zahllose Abbilder aus
Zeitungen, von Litfaßsäulen, als Wandschmuck in Schul-
sälen, als lähmender Schatten auf Kinoleinwänden, die den
Gewaltigen böse vorgebeugten Hauptes in aufdringlich
schmuckloser Parteiuniform und in stumpfen Marschstiefeln zeigten. So erkannte Siegfried, inzwischen in die Freiheit entkommen, nach Hemingway Grappa trinkend, über
den römischen Platz und seine Musik meditierend, die sein
einsames Abenteuer war, Gottlieb Judejahn nicht, und er
ahnte nicht einmal, daß dies Ungeheuer in Rom erschienen
und im Begriff war, von den Toten aufzuerstehen. Siegfried
bemerkte nur beiläufig und mit unwillkürlichem Schauder
einen korpulenten, vermutlich wohlhabenden, in der Welt
etwas vorstellenden und unsympathischen Fremden, der den
Kater Benito an sich lockte, ihn am Genick packte und das
Tier unter dem Gekreisch der Kinder in sein nobles Auto
trug. Der Chauffeur erstarrte eine Sekunde zinnsoldaten-
stramm und schloß achtungsvoll hinter Judejahn und Benito
den Wagenschlag. Lautlos glitt das große schwarze Automobil vom Platz, und Siegfried sah flüchtig in der Sonne
des Nachmittags die arabische Schrift auf seinem Nummern-

schild funkeln, bis sie plötzlich, eine Wolke trat vor die Sonne, in Staub und Dunst sich auflöste und verschwand.

Von Kürenberg, ihrem Gatten zur Probe geladen, hatte Ilse, von Siegfried unbemerkt, in der letzten Reihe des nur über dem Orchester erhellten Saales neben einem der grünen Kübelbäumchen gesessen und der Symphonie gelauscht. Sie mißfiel ihr. Was sie hörte, waren Dissonanzen, einander feindliche unharmonische Klänge, ein Suchen ohne Ziel, ein unbeharrliches Experiment, denn viele Wege wurden eingeschlagen und wieder verlassen, kein Gedanke mochte weilen, und alles war von Anfang an brüchig, von Zweifel erfüllt und von Verzweiflung beherrscht. Ilse kam es vor, als seien diese Noten von einem geschrieben, der nicht wußte, was er wollte. War er verzweifelt, weil er keinen Weg sah, oder gab es für ihn keinen Weg, weil er über jeden Pfad die Nacht seiner Verzweiflung breitete und ihn ungangbar machte? Kürenberg hatte viel von Siegfried gesprochen, aber Ilse hatte ihn noch nicht kennengelernt. Bisher war er ihr gleichgültig gewesen. Jetzt beunruhigte sie Siegfrieds Musik, und sie wollte nicht beunruhigt werden. Es war ein Ton da, der sie wehmütig machte. Sie hatte aber in ihrem Leben erfahren, daß es besser sei, Leid und Wehmut zu fliehen. Sie wollte nicht leiden. Nicht mehr. Sie hatte genug gelitten. Sie gab Bettlern unverhältnismäßig große Summen, aber sie fragte sie nicht, warum sie bettelten. Kürenberg hätte überall in der Welt, in New York oder in Sydney einträglicher dirigieren können; Ilse hatte ihm nicht abgeraten, Siegfrieds Symphonie für den Kongreß in Rom einzustudieren, aber sie bedauerte ihn nun, weil er sich um Zerfahrenes und Hoffnungsloses bemühte, um eine in ihrer Nacktheit schamlos wirkende Äußerung der reinen nichtswürdigen Verzweiflung.

Nach der Probe gingen Kürenbergs essen. Sie aßen gern; sie aßen oft, sie speisten viel und gut. Zum Glück sah man es ihnen nicht an. Sie vertrugen das viele und gute Essen; sie waren beide wohlproportioniert, nicht fett, gut genährt,

nicht üppig, gut beisammen wie wohlgepflegte Tiere. Da
Ilse schwieg, wußte Kürenberg, daß ihr die Symphonie nicht
gefallen habe. Es ist schwer, einer Schweigenden zu widersprechen, und Kürenberg lobte schließlich Siegfried als den
Begabtesten unter den Neuen. Er hatte Siegfried für den
Abend eingeladen. Nun wußte er nicht, ob es Ilse recht sei.
Er gestand es beiläufig, und Ilse fragte: »In das Hotel?«
Kürenberg sagte: »Ja.« Da wußte Ilse, daß Kürenberg, der
selbst auf Reisen, und sie reisten immer, ein leidenschaftli-
cher Koch war, kochen wollte, und das war ein Zeichen, daß
er Siegfried wirklich schätzte und ihn umwarb, und wieder
schwieg sie. Doch warum sollte sie Siegfried nicht empfangen? Sie verweigerte sich nicht gern. Auch mochte sie mit
Kürenberg nicht hadern. Sie stritten sich kaum. Sie führten
eine Ehe ohne Streit und waren zanklos sogar durch Not und
Gefahr über Land und Meer gereist. Gut, Siegfried konnte
in das Hotel kommen, es würde für ihn gekocht werden, ihr
war es recht. Vielleicht stimmte auch, was Kürenberg versprach, und Siegfried war angenehm; aber seine Musik,
änderte sie sich zukünftig nicht, und Ilse glaubte nie, daß sie
sich ändern könne, denn diese Töne waren, ihr zwar zuwider, in ihrer Art echt und in all ihrer Zerfahrenheit ein
Schicksalsbild und damit unabänderlich, diese Musik würde
ihr, mochte Siegfried vielleicht sogar nett sein, immer unsympathisch bleiben. Ilse betrachtete Kürenberg, wie er in
seinem Anzug aus grobgewebter schottischer Wolle, in
knarrenden doppelt gesohlten Schuhen neben ihr ging, ergraut, ziemlich kahl, doch mit hellen Augen in seinem guten
festen Gesicht, ein wenig stämmig in der Gestalt, aber siche-
ren Schrittes und gewandt im unruhigen Gewimmel der
römischen Straße. Kürenberg wirkte verschlossen, deuten-
der gesagt, fest in sich ruhend und im Geistigen lebend, nie
gab er sich ungeduldig und nie sentimental, und doch
glaubte Ilse, daß die Förderung, die er Siegfried angedeihen
ließ, gefühlsbetont war; es hatte ihn eben doch bewegt,
daß im Jahr vierundvierzig ein deutscher Kriegsgefangener
aus einem englischen Lager sich an ihn, den freiwilligen Emi-

granten und unfreiwillig freiwilligen Langemarckstürmer des ersten Weltkrieges gewandt und ihn um Notenbeispiele der neuen Musik gebeten hatte. Für Kürenberg war Siegfrieds Prisoner-of-War-Brief ein Zeichen gewesen, eine Botschaft aus dem barbarisch gewordenen Europa, die Taube, die sagte, die Flut weiche zurück.

Sie setzten sich in die Sonne, genossen die Sonne, setzten sich auf die Terrasse des böse teuren Restaurants an der Piazza Navona, sie genossen es, dort zu sitzen, sie sahen in das beruhigende harmonische Oval der alten Arena, genossen das Glück, daß die Kämpfe vergangen waren, und speisten. Sie speisten kleine knusprige in Butter gesottene Krebse, zartgegrilltes Geflügel, trockene mit Zitronensaft und Öl betropfte Salatblätter, wollüstig rote Riesenerdbeeren, und dazu tranken sie herben anregenden Frascatiwein. Sie genossen den Wein. Sie genossen das Essen. Sie tranken andächtig. Sie aßen andächtig. Sie waren ernste ruhige Esser. Sie waren ernste heitere Trinker. Sie sprachen kaum ein Wort; doch liebten sie sich sehr.

Nach dem Essen fuhren sie mit dem Omnibus zur Bahnhofsgegend, in der sie wohnten. Der Omnibus war, wie immer, überfüllt. Sie standen Leib gegen Leib gepreßt und Leib an Leib mit anderen. Sie standen stumm, ruhig, zufrieden. Am Bahnhof entschlossen sie sich zu einem kurzen Besuch des Nationalmuseums in den Resten der Thermen des Diokletian. Sie liebten die Antike. Sie liebten den festen Marmor, die erhabenen Gestalten, die der Mensch nach seinem Bilde schuf, die kühlen Sarkophage, die verheißende Wölbung der Mischkrüge. Sie besuchten die Eroten, die Faune, die Götter und die Helden. Sie betrachteten die Ungeheuer der Sage und versonnen den schönen Leib der Venus von Cirene und das Haupt der schlafenden Eumenide. Dann schritten sie in die dämmerige, tief zwischen den hohen Häusern liegende schattenkühle Gasse hinter ihrem Hotel, einer langweiligen Allerweltsherberge, in der sie angenehm wohnten, betraten des Schlächters Laden, sahen an grausamen Haken die hängenden aufgeschnittenen Leiber, blutlos, frisch, kühl, sahen die Köpfe von Schaf und Rind, die Geopferten, sanft und stumm, kauften vom sauberen schräggerichteten schönen Marmorbrett des Metzgers zarte abgelagerte Steaks, die Kürenberg mit bohrenden Fingern auf den Grad ihrer Reife hin drückte und prüfte, sie besorgten an offenen Ständen Frucht und Gemüse, sie erwarben in alten Gewölben Öl und Wein, und nach längerem Suchen und nachdem er ihn mit den Zähnen getestet hatte, fand Kürenberg einen Reis, der körnig zu kochen versprach. Beide trugen sie die Pakete und fuhren mit dem Fahrstuhl in ihr großes helles Zimmer, das Staatsgemach des Hauses. Sie waren müde, und sie genossen die Müdigkeit. Sie sahen das breite Bett, und sie genossen im Vorgefühl Kühle und Reinheit des Bettes. Es war heller Nachmittag. Sie verdunkelten das Zimmer nicht. Sie entkleideten sich im Licht und legten sich zwischen die Tücher und deckten sich zu. Sie dachten an die schöne Venus und dachten an die springenden Faune. Sie genossen ihre Gedanken; sie genossen die Erinnerung; danach genossen sie sich und fielen in tiefen Schlummer, in jenen Zustand eines vorweggenommenen Todes, der ein Drittel unseres Lebens ist; doch Ilse träumte, sie sei die Eumenide, die schlafende Eumenide, die besänftigend die Wohlwollende genannte, die Rachegöttin.

Es war Zeit, er mußte hinübergehen, jetzt hatte er sich angesagt, es war die verabredete Stunde, sie erwarteten ihn, und da wollte er nicht, er zögerte, er fürchtete sich. Er, Judejahn, ängstigte sich, und was war sein Leib- und Lebensspruch? »Ich weiß nicht, was Furcht ist!« Die Phrase hatte viele verschlungen, sie hatten ins Gras gebissen, die andern natürlich, er hatte befohlen, sie waren bei sinnlosen Angriffen gefallen, hatten, um einem irrsinnigen Ehrbegriff zu genügen, von vornherein verlorene Stellungen gehalten, hatten sie bis zum letzten Mann gehalten, wie Judejahn dann brustgeschwellt seinem Führer meldete, und wer sich fürchtete, hing, baumelte an Bäumen und Laternen, schaukelte mit dem Prangerschild um den zugeschnürten Hals »ich war zu feige mein Vaterland zu verteidigen« im kalten Wind der Toten.

All die Blutwege und jetzt, das letzte Bild, die Hitze, die Dürre, den Sand?

Er kam von den Schakalen. Nachts heulten sie. Fremde Sterne leuchteten am Himmel. Was gingen sie ihn an? Sie waren Richtungszeichen über der Geländekarte. Sonst sah er sie nicht. Er hörte auch die Schakale nicht. Er schlief. Er schlief ruhig, friedlich, traumlos. Er fiel jeden Abend in den Schlaf wie ein Stein in den tiefen Brunnen. Kein Alb, kein Gewissen drückte ihn, kein Gerippe erschien ihm. Erst die Reveille weckte den Schläfer. Das war vertraute willkommene Musik. Aus der Wüste wehte Sturm. Der Ton des Horns flatterte und starb. Der Hornist war ein schlapper H... ...war auf Vordermann zu bringen. Sand prasselte gegen die Wand der Baracke. Judejahn erhob sich vom schmalen Feldbett. Er liebte das harte Lager. Er liebte die getünchte Kammer mit dem Schrank aus Eisenblech, dem Klapptisch, dem Waschgestell, den angerosteten klappernden Kannen und Schüsseln. Er hätte in der Königsstadt in einer Villa hausen können, Chefausbilder, Heeresreorganisator, gesuchter hochbezahlter Fachmann, der er war. Aber er liebte die Kaserne. Sie verlieh ihm Selbstbewußtsein, sie allein gab ihm Sicherheit. Die Kaserne war Heimat, sie war Kameradschaft, sie war Halt und Ordnung. In Wahrheit hielten ihn Phrasen zusammen, die Phrasen eines Pennälers. Wem war Judejahn Kamerad? Er liebte den Blick in die Wüste. Es war nicht ihre Unendlichkeit, die ihn anzog, es war ihre Kahlheit. Die Wüste war für Judejahn ein großer Exerzierplatz, sie war die Front, ein fortwährender prickelnder Reiz, der einen mannbar erhielt. In der Königsstadt hätten ihn leichtsohlige Diener umhuscht, er hätte warmbäuchige Mädchen beschlafen, sich in Schößen verloren, er hätte, ein Pascha, in gewürztem Wasser baden können. Er seifte sich aber im Camp ein, schrubbte sich die Haut mit der Wurzelbürste rot, rasierte sich mit dem alten deutschen Apparat, den er in der Hosentasche von der Weidendammer Brücke bis in die Wüste gebracht hatte. Er fühlte sich wohl. Er dachte: wie eine gesengte Wildsau. Er hatte gute Witterung. Er hörte Männergeräusch, Waschgeplätscher, Kübelklimpern, Pfiffe, Zoten, Flüche, Kommandos, Stiefelscharren, Türenschlagen. Er roch den Kasernenmief aus Gefangenschaft, Knechtung, Lederfett, Waffenöl, scharfer Seife, süßer Pomade, saurem Schweiß, Kaffee, heißem Aluminiumgeschirr und Urin. Es war der Geruch der Angst; aber Judejahn wußte nicht, daß es der Geruch der Angst war. Er kannte ja die Furcht nicht. Er prahlte es seinem Spiegelbild vor; nackt, dickwanstig stand er vor dem fliegenschmutzverdreckten Glas. Er schnallte um. Hierin war er alte Schule. Überdies drückte der Gürtel den Bauch zurück, und der Arsch war wie aufgehängt. Trick alter Generale. Judejahn trat in den Gang hinaus. Menschen schnellten gegen die Wand, machten sich flach, ergebene Schatten. Er sah sie nicht. Er drängte ins Freie. Die Sonne schwebte blutrot, wie vom Sandsturm getragen. Judejahn schritt die Front ab. Sturm zerrte am Khaki der Uniformen. Sand schnitt wie scharfe Glassplitter ins Fleisch und peitschte wie Hagel gegen die Panzer. Judejahn belustigte der Anblick. Die Parade der Wüstensöhne! Er schaute sie an. Was er sah, waren Mandelaugen, dunkle, glänzende, verräterische, war braune Haut, waren gesengte Gesichter, Mohrenvisagen, Semitennasen. Seine Männer! Seine Männer waren tot. Sie lagen unter Gras, unter Schnee, unter Stein und Sand, sie ruhten am Polarkreis, in Frankreich, in Italien, auf Kreta, am Kaukasus, und einige lagen in Kisten unterm Zuchthaushof. Seine Männer! Nun waren es diese hier. Judejahn hatte wenig Sinn für die Ironie des Schicksals. Er schritt den alten Frontabnahmetrott und schaute ihnen streng und fest in die Mandelaugen, die glänzenden, die verräterischen, die träumenden. Judejahn sah keinen Vorwurf in diesen Augen. Er las keine Anklagen. Judejahn hatte diesen Männern die Sanftmut genommen, die Sanftmut der Kreatur. Er hatte ihnen den Stolz genommen, das natürliche Selbstgefühl der männlichen Haremskinder. Er hatte sie gebrochen, indem er sie eines lehrte: Gehorchen. Er hatte sie gut geschliffen, auch das nach alter Schule. Nun standen sie aufrecht und ausge-

richtet wie Zinnsoldaten vor ihm, und ihre Seele war tot.
Sie waren Soldaten. Sie waren Menschenmaterial. Sie waren
einsatzbereit und konnten verheizt werden. Judejahn hatte
seine Zeit nicht vergeudet. Er hatte seine Brotherren nicht
enttäuscht. Wo Judejahn befahl, war Preußens alte Gloria,
und wo Judejahn hinkam, war sein Großdeutschland. Der
Sand der Wüste war noch immer der Sand der Mark. Jude-
jahn war verjagt, aber er war nicht entwurzelt; er trug sein
Deutschland, an dem die Welt noch immer genesen mochte,
in seinem Herzen. Der Flaggenmast reckte sich hoch in den
Sturm, er reckte sich einsam gegen die sandverschleierte
Sonne, er reckte sich hoch und einsam in das gottlose Nichts.
Es wurde kommandiert. Schreie schlugen wie elektrische
Kontakte durch die Soldaten. Sie strafften sich noch straffer,
und die Fahne ging wieder einmal hoch! Welch herrliches
Symbol der Sinnlosigkeit! Auf grünem Tuch leuchtete nun rot
der Morgenstern. Hier konnte man noch Ladenhüter verkaufen, Nationalstaattrug, Mark der Treue und Feindschaft den
Israelis, diesen immer nützlichen Brüdern, denen Judejahn
auch heute wieder Geld, Ansehen und Stellung verdankte.
Der dunkle Anzug war auch nicht der richtige. Judejahn
sah wie ein fetter Konfirmand aus, und es erboste ihn, wie
er nun daran dachte, daß sein Vater, der Volksschullehrer ihn
gezwungen hatte, so brav gekleidet zum Altar des Herrn zu
schreiten. Das war neunzehnhundertfünfzehn gewesen, er
wollte ins Feld, von der Schule fort, aber man nahm den
kleinen Gottlieb nicht, und dann hatte er sich gerächt, das
Notabitur warf man ihm neunzehnhundertsiebzehn nach, und
er kam zum Offizierskurs, nicht ins Feld, und dann wurde er
Leutnant, nicht im Feld, aber dann pfiffen doch noch Ku-
geln um Judejahn, Freikorpskrieg, Annabergschlachten,
Spartakuskämpfe, Kapptage, Ruhrmaquis und schließlich
die Genickschußpatrouille im Femewald. Das war seine Bo-
hème, das war seine Jugend, und schön ist die Jugend, sagte
das Lied, und sie kam nicht wieder. In Hitlers Dienst wurde
Judejahn bürgerlich, arrivierte, setzte Speck an, trug hohe
Titel, heiratete und verschwägerte sich mit dem Märzveil-

chen, dem immerhin Kappwaffenbruder, dem Nutznießer und Karriereschleicher, dem Oberpräsidenten und Oberbürgermeister, dem Führergeldverwalter und Spruchkammermitläufer und jetzt wieder Obenauf, altes vom Volk wiedergewähltes Stadtoberhaupt, streng demokratisch wieder eingesetzt, das verstand sich bei dem von selbst, mit dem also verschwägerte er sich, mit Friedrich Wilhelm Pfaffrath, den er für ein Arschloch hielt und dem er sich in einer schwachen Stunde brieflich zu erkennen gegeben hatte, sie sollten nicht weinen, denn er sei gut im Kraut; und dann hatte er in dieses idiotische Wiedersehen in Rom gewilligt. Der Schwager schrieb, er wollt's ihm richten. Was wohl? Die Heimkehr, die Entsühnung, die Begnadigung und schließlich ein Pöstchen? Gab mächtig an der Mann. Wollte Judejahn denn heimkehren? Brauchte er den Schein der Entsühnung, die Freiheit der Begnadigung? Er war frei; hier lag die Liste seiner Geschäfte. Er hatte Waffen zu kaufen, Panzer, Kanonen, Flugzeuge, Restbestände, für das kommende große Morden schon unrationell gewordene Maschinen, aber für den kleinen Wüstenkrieg, für Putsch und Aufstand noch schön verwendbar. Judejahn war bei Banken akkreditiert, er war bevollmächtigt. Er hatte mit Waffenschiebern aus beiden Hemisphären zu handeln. Er hatte alte Kameraden anzuwerben. Er saß im Spiel. Es machte ihm Spaß. Was galt da die Familie? Eine Kackergesellschaft. Man mußte hart sein. Aber Eva war ihm treu gewesen, eine treue deutsche Frau, das Musterexemplar, für das man vorgab zu leben und zu kämpfen; und manchmal glaubte man daran. Er fürchtete sich. Er fürchtete sich vor Eva der ungeschminkten und haargeknoteten, dem Frauenschaftsweib, der Endsieggläubigen; sie war in Ordnung, gewiß, aber nichts zog ihn zu ihr. Überdies war sie wohl abgekämpft. Und sein Sohn? Eine sonderbare Ratte. Was verbarg sich hinter der unglaublichen Maskerade? In Briefen wurden Wandlungen angedeutet. Er konnte sie nicht fassen. Er breitete einen Stadtplan von Rom wie eine Generalstabskarte vor sich aus. Er mußte die Via Ludovisi hinuntergehen, dann die Spanische Treppe, von deren Höhe er mit einem Geschütz die Stadt beherrschen würde, ja und dann in die Via Condotti, zu dem spießbürgerlichen Hotel, in dem sie alle untergekrochen waren und auf ihn warteten. Natürlich hatte er auch dort wohnen sollen, im von Deutschen bevorzugten Haus, wie es die Reiseführer nannten, in Heimatenge und Familiendunst, und Friedrich Wilhelm Pfaffrath, der allzeit vernünftige Vertreter vernünftiger und durchsetzbarer nationaler Ansprüche, Pfaffrath, der es wieder geschafft hatte und sich vielleicht gar als der Klügere fühlte, weil er wieder an der Krippe saß und bereit war zu neuem deutschem Aufstieg, Schwager Pfaffrath, Oberbürgermeister und angesehener Bundesbürger hatte ihn wohl unter Dach und Schutz nehmen wollen, ihn, den vermeintlich Gejagten, so hatte er es sich wohl ausgemalt, den Umhergetriebenen wollte er an die Brust ziehen, und ausdrücklich vergeben sei das angerichtete Ungemach, Fragebogenangst und Spruchkammerwäsche. Was husten würde Judejahn ihm, er war zu weit gereist für dies Idyll, der Tote oder Totgesagte, der Zertrümmerte von Berlin, der Vermißte des großen Aufräumens, der in Nürnberg Verurteilte, in contumaciam und von Zweifels wegen, versteht sich, denn der Hohe Gerichtshof, der über Schicksal, Verhängnis, Menschenlos und blindes Walten der Geschichte urteilte und selber im Irrgarten der Historie taumelte, nicht eine Justitia mit verbundenen Augen, sondern eine Blinde Kuh spielende Törin, die, da sie Recht auf rechtlosem Grund sprach, mitgegangen mitgefangen und mitversunken war im Morast des morallosen Geschehens, der Hohe Gerichtshof hatte keinen Zeugen für Judejahns Tod und keinen für sein irdisches Fortbestehen beigebracht, und so hatte der Hohe Richter über den vor aller Welt als Scheusal angeklagten Judejahn, sorgsam, falls der Unhold im Verborgenen atme, den Stab gebrochen, das Todeslos ausgeworfen, in Abwesenheit, wie gesagt, was klug und glücklich war, der Verworfene entkam klug und glücklich dem Strick, mit dem man in jenen Tagen allzu voreilig umging, und für das Gericht war am Ende, daß Judejahn nicht gehängt war, ein klug und glücklich vermiedener Fehler, denn Judejahn war als Scheusal zur Wiederverwendung vorgemerkt, und Krieg ist ein böses Handwerk. Der Oberbürgermeister war wahrscheinlich mit eigenem Wagen nach Rom gereist, zu einem Mercedes reichte es wohl wieder, oder die Stadt stellte das Vehikel zur schönen Fahrt, Italien Land der Sehnsucht Land der Deutschen, und Pfaffrath, der Deutsche, hatte seinen ledergebundenen Goethe im Bücherschrank, und die Steuerkommentare, die neben dem Weimarer standen, einem verdächtigen Burschen, aus Weimar kam nie Gutes, las er genau, und jedenfalls ärgerte es Judejahn, daß er sich den Schwager schon wieder im Fett vorstellen mußte, – war doch Verrat, hundsföttischer Verrat, der Kerl hätte krepieren sollen. Aber auch Judejahn konnte mit einem Wagen aufwarten, so war es nicht, daß er zu Fuß gehen mußte, nein, er ging freiwillig, er wollte zu Fuß hinüberwandern, zu Fuß ins bürgerliche Leben pilgern, das war hier wohl angemessen, angebracht in der Situation und der Stadt, er wollte Zeit gewinnen, und Rom, hieß es doch, Rom, wo die Pfaffen sich niedergelassen hatten und in den Straßen die Priesterröcke wimmelten, Rom, hieß es, sei eine schöne Stadt, auch Judejahn konnte sie sich einmal ansehen, das hatte er bisher versäumt, er hatte hier nur repräsentiert, er hatte hier nur befohlen, er hatte hier gewütet, jetzt konnte er Rom zu Fuß durchstreifen, konnte mitnehmen, was die Stadt bot an Klimagunst, an Geschichtsstätten, an raffinierten Huren und reicher Tafel. Warum sollte er es sich versagen? Er war lange in der Wüste gewesen, und Rom stand noch und lag nicht in Trümmern. Ewig nannte man Rom. Das waren Pfaffen und Professoren, die so schwärmten. Judejahn zeigte sein Mordgesicht. Er wußte es besser. Er hatte viele Städte verschwinden sehen.

Sie wartete. Sie wartete allein. Niemand half ihr, zu warten, verkürzte ihr mit Gespräch die Wartezeit, und sie wünschte auch nicht, daß ihr die Zeit verkürzt werde und daß sie sich um sie kümmerten, denn nur sie allein grämte sich, nur sie trug Trauer, und selbst Anna, ihre Schwester, begriff nicht, daß Eva Judejahn nicht um verlorenen Besitz, verlorene Stellung, verlorenes Ansehen weinte, und schon gar nicht Trauer um Judejahn, den sie als Held in Walhall gesehen hatte, bleichte ihr Gesicht, sie trauerte um Großdeutschland, sie beweinte den Führer, beweinte die durch Verrat und Tücke und widernatürliches Bündnis niedergerungene germanische Weltbeglückungsidee, das tausendjährige Dritte Reich. Aus der Halle des Hauses drang Lachen durch Treppengewind und Gänge, aus dem Hof stieg mit Essendunst ein amerikanisches Tanzlied von einem italienischen Küchenjungen gesungen zu ihrem Fenster hoch; doch sie erreichten nicht Lachen und lustiger junger Negersong italisch belcantisch erhellt, sie stand schwarzgewandet in ihrem Zimmer, einem Käfig aus Steinen, Wahn, Verkanntheit und dahinschwindender Zeit, stand vergeltungsschwanger wolfsrachig umnachtet in Mythos, dem erschwindelten ertüftelten und geglaubten, den Urängsten preisgegeben, den echten von Wehr und Wolf, das angegraute verblichene strohblonde Haar, Garbe auf dem Felde gebliebenen Weizens, als unter Gewitterdräuen die aufgeschreckten Knechte flohen, dies Haar zu strengem Frauenknoten gebunden über dem bleichen Gesicht Langschädelgesicht Eckkinngesicht Harmgesicht Schreckgesicht ausgezehrt ausgebrannt ein Totenkopfhaupt wie das Zeichen das Judejahn auf hochgekniffener Dienstmütze getragen und nach dèm er angetreten, sie wirkte wie ein Gespenst, keine Eumenide, ein nordisches Gespenst, ein Nebelgespenst, das ein Verrückter nach Rom gebracht und in ein Hotelzimmer gesperrt hatte.

Es war ein kleines Zimmer, in dem sie sich aufhielt, das billigste des Hauses, sie selbst hatte es so gewollt, denn Schwager Friedrich Wilhelm, der nicht erkennen wollte, daß sie es war, die Schmach vom deutschen Namen tilgen mußte, Schwager Friedrich Wilhelm machte ja ihretwegen die Reise, das sagte auch Anna, und Friedrich Wilhelm Pfaffrath klopfte Eva Judejahn freundlich den Rücken und sprach »na laß man Eva, ist doch selbstverständlich, daß wir den Gottlieb wieder holen«, und sie zuckte zurück und biß sich die Lippen wund, weil er Gottlieb gesagt hatte, das hatte er früher nie gewagt, und es war Verrat, den Standartenführer, SS-General und einen der höchsten Amtsträger der gottlosen Partei Gottlieb zu nennen, denn Judejahn haßte den Namen, den ihm vom Schullehrervater verliehenen Pfaffenschleim, er wollte nicht Gott lieb sein und ließ sich in der Familie und unter Freunden Götz rufen, während er dienstlich und amtlich G. Judejahn zeichnete und Götz war eine freie Ableitung von Gottlieb aus freier wilder Freikorpszeit, aber Friedrich Wilhelm, der Korrekte und Besitzer der in Leder gebundenen Goetheausgabe, hatte Götz unwürdig gefunden, deutsch zwar und kernig, aber doch das berühmte Zitat im Geiste wachrufend, und dann war es ein angemaßter, ein okkupierter Name, man hieß nun einmal wie man getauft war, und so sagte er jetzt wieder, als er es wagen durfte und sich den Stärkeren glaubte, Gottlieb, obwohl er diesen Namen, auch er, lächerlich und eines Mannes nicht passend fand. Sie wandelte in Schwarz. Wandelte schwarzgekleidet vom Hoffenster bis zum Spiegel über dem Waschbecken, wandelte umher wie in einer Zelle, wie ein gefangenes nicht gezähmtes Tier; sie hatte all die Jahre Trauer getragen, nur im Anhaltelager hatte sie keine Trauer getragen, weil man sie im Reisekostüm verhaftet hatte, aber als sie entlassen war, da nahm sie von ihrer Schwester ein schwarzes Kleid an, denn ihre eigenen Kleider waren verschwunden, die Schränke geplündert, und die Häuser, die Judejahn besessen hatte, waren ihr genommen worden. Und als das Lebenszeichen von ihm, dem Totgeglaubten, kam, da legte Eva zur Verwunderung der Familie Pfaffrath die Trauer nicht ab, denn sie hatte ja nicht um den Gemahl geweint, den totgewähnten Helden, und daß er nun lebte, erhöhte gar nur den Trauergrund, er würde nach dem Sohn fragen, sie hatte ihn nicht bewahren können, und vielleicht war Judejahn selber zu Kreuz gekrochen und lebte fett; sie nahm's ihm nicht übel, daß er mit anderen Frauen schlief, das hatte er immer getan und immer ihr erzählt, das gehörte zum Kriegerleben, und wenn er Kinder zeugte, so zeugte er Krieger-

kinder und gute Rasse, Nachwuchs für die Sturmtruppen und
für den Führer, aber daß er sich im Orient versteckt hatte, das
beunruhigte sie, als wenn sie ahnte, daß auch er Verrat getrieben habe, Rassenverrat und Blutsverrat im weichen feind-
lichen Klima, in rosenduftender Haremsdunkelheit, in knob-
lauchstinkenden Höhlen mit Negerinnen und Semitinnen,
die nur auf diese Rache gewartet hatten und gierig nach germanischem Samen lechzten. Eva hätte ein Heer ausrüsten
mögen, um diese Kinder heimzuholen, Judejahns Bastarde;
ihre rechte Leibesart war zu prüfen, und als Deutsche sollten
sie leben oder als Mischlinge sterben. Der Küchenjunge im
Hof pfiff sich nun eins, wieder war es ein Negerlied, grell
frech und höhnisch, und das Lachen aus der Halle polterte
fett, gemütlich und manchmal gackernd treppauf und gang-
lang. Der Oberbürgermeister
Friedrich Wilhelm Pfaffrath saß mit Anna, seiner Frau, und
Dietrich, seinem jüngeren Sohn im Gesellschaftsraum der
von Deutschen bevorzugten Herberge, und schon hatten sie
Anschluß an andere Italienreisende gefunden, Landsleute
gleicher Schicht und gleicher Ansichten, Davongekommene,
einmal vom Schreck Geschüttelte und dann Vergessende wie
sie, Volkswagenbesitzer, Mercedesfahrer, an deutscher Tüch-
tigkeit Genesene und nun wieder willkommene Devisen-
bringer, sie unterhielten sich, tranken auch süßen Wermut-
wein, und auf den Tischen lagen Straßenkarten und Reisehandbücher, denn man beratschlagte Ausflüge, wollte nach
Tivoli und nach Frascati, aber auch zur wiederaufgebauten
Abtei von Cassino, die Schlachtfelder waren zu besichtigen
und waren diesen Menschen kein Grauen, und einer würde
suchen und finden und rufen »hier stand unsere Batterie,
hier spuckten wir runter, hier hatten wir uns festgekrallt,
hier hielten wir stand«, und dann würde sich's zeigen was
für ein feiner Kerl er war, mit Achtung, denn er bewunderte
sich als fairen Krieger, als tötenden Sportsmann sozusagen,
würde er vom Tommy sprechen und vom Ami und vielleicht
sogar von den polnischen Legionären der Anders-Armee,
aber das war nicht sicher, denn Pole blieb Pole, und auf dem

Soldatenfriedhof würde man mit allseitig hehrem Gefühl sich selber und die Toten ehren. Die Toten lachten nicht, sie waren tot; oder sie hatten keine Zeit, und es war ihnen gleichgültig, wer da von Lebenden kam, sie waren in der Wandlung, stiegen vom Leben besudelt und schuldbeladen, die vielleicht nicht einmal ihre Schuld war, ins Rad der Geburten zu neuer Sühneexistenz, zu neuem Schuldigwerden, zu neuem vergeblichem Dasein. Friedrich Wilhelm Pfaffrath fand es ungehörig von Judejahn, sie warten zu lassen. Aber vielleicht war er noch nicht in Rom angekommen, vielleicht hatte er Reiseschwierigkeiten gehabt, Paßkalamitäten, sein Fall war immerhin delikat und mit Vorsicht zu behandeln. Man durfte nichts überstürzen, aber Pfaffrath war überzeugt, daß es nun Zeit sei, da der Schwager überraschenderweise am Leben war, den Akt Judejahn still verschwinden zu lassen, behutsam, ohne Aufsehen und ohne Skandal natürlich, noch konnte man sich kompromittieren, ein vaterlandsloser Wicht mochte kläffen, aber die Zeit des Gehängtwerdens war ein für allemal vorbei, für sie wenigstens, die Amerikaner waren zur Vernunft gekommen, hatten nun den richtigen Blick für die deutschen Verhältnisse und die deutsche Brauchbarkeit, und Haßgefühle und Racheurteile waren schon lange nicht mehr klug und fein. Roosevelt war tot und kommunistisch kollaborationsverdächtig. Und wer war Morgenthau? Ein Nebbich! Wer's überlebt hatte, mochte weiterleben. Und für Judejahn fand sich vielleicht eine Stellung im Landwirtschaftlichen Verband, später konnte man weitersehen, und Eva würde aufhören zu spinnen, denn alles was recht war, er, Friedrich Wilhelm Pfaffrath, war ein nationaler Mann, aber Fehler waren geschehen, das mußte man einsehen und eben wieder von vorn anfangen. Preußen hatte sich großgehungert! Tat man's im Restland nicht auch? Und hatte man es nicht schon wieder weit gebracht, nicht im Hungern, das war bildlich zu nehmen, eine erbauliche Legende aus vergangener stolzkarger Zeit, denn sonst war das Hungern ein Knurren leerer Mägen nach durch Verrat verlorenen Kriegen, woran man besser nicht dachte, aber an den Wohlstand, der greifbar und gar nicht Legende war, konnte man denken und sich halten, und schließlich würde der neue Habenstand nicht auch die Söhne überzeugen, die verlorenen Schafe der Auflösung, die Verscheuten der glücklich überwundenen Unordnung, so daß sie heimkehrten und wieder nach ihrer Sippe Art lebten? Der deutsche Bund hatte seine demokratischen Schwächen, das war gewiß und vorerst wohl schwerlich zu ändern, aber im ganzen herrschte doch Ordnung im besetzten Land, und alles war vorbereitet für straffere Zügelführung, bald würde man weiter blicken, es sah nicht schlecht aus, und Pfaffraths Vergangenheit war die rechte, sie empfahl ihn ganz selbstverständlich; doch was mit den Söhnen war, ihre Unvernunft, ihre Überspanntheiten, ihre angeblichen Gewissensentscheidungen, so waren das Zeiterscheinungen, Zeitkrankheiten und würden mit der Zeit vorübergehen wie eine zu lange während Pubertät. Friedrich Wilhelm Pfaffrath dachte hier weniger an Adolf Judejahn, seinen Neffen, als an Siegfried, den älteren seiner beiden Söhne, der ihn verlassen hatte, während er mit Dietrich dem jüngeren zufrieden sein durfte, der war nun Vandale, war der Burschenschaft des Vaters beigetreten, hatte Komment gelernt, Beziehungen erworben, stand vor dem Referendar und freute sich auf den Schlachtfeldbesuch in Cassino, wie es sich für junge Leute gehörte. Aber Siegfried war aus der Art geschlagen. In Teufels Namen denn, – mochte er Kapellmeister werden; es gab auch im Musikfach hochbezahlte Stellungen. Friedrich Wilhelm Pfaffrath war ein unterrichteter Mann, und er hatte erfahren, daß Siegfried in Rom war. Dies schien ihm ein Fingerzeig zu sein, die Möglichkeit zu Aussprache und Versöhnung. Es würde nicht leicht sein, denn noch schien Siegfried in Sümpfen zu waten, bildlich gesprochen, und das Programm des Musikkongresses verkündete Surrealismus, Kulturbolschewismus und negroide Neutönerei. War denn der Junge blind? Aber vielleicht machte man heute auf diese Weise Karriere, da die Juden wieder im internationalen Geschäft saßen und Ruhm und Preise verteilten? Pfaffrath hatte auch gelesen, daß Kürenberg Siegfrieds Symphonie dirigieren werde, und er erinnerte sich. »Besinnst du dich noch«, fragte er seine Frau, »auf Kürenberg, der vierunddreißig bei uns Generalmusikdirektor war und der nach Berlin gehen sollte?« »Der hat doch die Aufhäuser geheiratet«, erwiderte Anna. »Ja«, sagte Pfaffrath, »darum konnte er nicht mehr nach Berlin gehen, und wir konnten ihn auch nicht halten.« Und irgendwie kam es Pfaffrath vor, als ob er, der damals, als die Gauleiter noch nicht alle Macht an sich gerissen hatten, Oberpräsident der Provinz war, Kürenberg gefördert habe, und das freute ihn nun, denn so war es natürlich, daß Kürenberg sich dankbar des Vaters erinnerte, wenn er des Sohnes Werk aufführte und bekanntmachte. Aber

Eva oben in ihres Zimmers Käfig lauschte auf den Schritt des Rächers.

Aus der Drehtür gekreist, des Portiers Hand, Hand in weißem Handschuh Lakaienhand Henkershand Todeshand, hatte dem Karussell des Eintritts und Ausgangs Schwung verliehen, hochachtungsvoll sehr ergebener Diener stets dem Herrn zu Wünschen ein Trinkgeldtod, von ihm aus der Drehtür gekreist, fühlte sich Judejahn aus dem Hotel geworfen, aus der Sicherheit gestoßen, die Geld und Rang verliehen, aus der Geborgenheit der Macht, die hinter ihm stand, geborgte Macht diesmal, fremdländische Macht zwar, fremdrassige gar, dunkle orientalische Macht, aber immerhin Staatsmacht mit Souveränität und Flagge, – auf einmal war er hilflos. Es war seit sehr langer Zeit das erste Mal, daß Judejahn als Mensch unter Menschen trat, ein Zivilist, unbewacht, unbeschützt, unbewaffnet, ein stämmiger ältlicher Herr in einem dunklen Anzug. Es verwirrte ihn, daß niemand ihn beachtete. Vorübergehende berührten ihn, streiften ihn, stießen ihn und murmelten ein flüchtiges uninteressiertes »Pardon«. Pardon für Judejahn? Er tat ein paar blinde Schritte. Niemand wahrte achtungsvollen Abstand. Judejahn hätte in das Hotel zurückgehen, er hätte die diplomatische Mission seines Auftraggebers anrufen können, und man hätte ihm den Wagen mit der arabischen Nummer geschickt. Auch hätte er nur dem Portier des Hauses, dem Weißbehandschuhten zu winken brauchen, und der Dienstbereite hätte mit einer kleinen schrillen Flöte ein Taxi herbeigepfiffen. Damals – wie stramm hatten sie hier Spalier gestanden! Zwei Reihen schwarzer Gestalten. Zwanzig Pistolen, und vor seinem Automobil ein Schutzwagen voran und ein Schutzwagen hinterher. Er wollte aber zu Fuß gehen. Er war wohl dreißig Jahre nicht zu Fuß durch eine Stadt gegangen. Als Berlin eine glühende Hölle war, als die ganze Welt Judejahn jagte, da war er ein Stück gelaufen, war durch Staub gekrochen, über Leichen gestiegen, durch Zerstörung gerobbt, und dann war er gerettet worden. Wie? Durch Zufall, oder durch die Vorsehung hätte sein Führer gesagt, gescheitert, benzinübergossen, zu Asche verbrannt und doch nicht gescheitert, sondern die säkulare Erscheinung, schon zeigte sich Auferstehung im Geiste, also die Vorsehung hatte Judejahn gerettet und ins gelobte Land nicht der Juden aber anderer dunkler Brüder geführt. Und auch dort war Judejahn nicht zu Fuß gegangen, wohl über den Exerzierplatz gestapft, ein paar Schritte in die Wüste.

Er fing sich, natürlich, ein alter Fürchtenichts, und wenn er stürzte, hier war ein Gitter, sich daran zu halten. Schmiedeeiserne Stangen reckten sich wie hohe Speere in den Himmel, – eine Palisade von Macht, Reichtum und Abweisung. Ein großer Wagen glitt über den Kies der Auffahrt. Judejahn erinnerte sich: hier war auch er vorgefahren, zackiger, knirschender, aber er war hier vorgefahren. Ein Schild belehrte ihn, daß er vor der Botschaft der Vereinigten Staaten stand. Natürlich hatte Judejahn die Amerikaner nicht besucht; sie hatten ihn nicht eingeladen und waren gar nicht hier gewesen, als er hier war, aber er war bestimmt hier gewesen, und es mußte etwas Faschistisches in diesem Gebäude geschehen sein, eine ganz große Oper, und nie hatte man scharf genug durchgegriffen. Was war der Duce? Eine Sentimentalität des Führers. Judejahn verabscheute Südländer. Er verabscheute sie ganz besonders. Er näherte sich den Kaffeehäusern der Via Veneto, und da saßen sie nun, nicht nur die mißgeachteten Südländer, die Allerweltsländler saßen hier, hockten beisammen wie einst am Kurfürstendamm, saßen da, spielten Friede auf Erden und beschmusten sich, die Entwurzelten, die Internationalen, die Unvölkischen, der goldene Treibsand, die nun auf Luftwegen unruhig und beutegierig hin und her eilenden Stadtbewohner, die hochnäsigen Aasgeier, die der deutschen Zucht und Ordnung entsprungen waren. Judejahn hörte vorwiegend englische Rede, die Amerikaner herrschten vor, sie waren die Erben des Krieges, aber Judejahn vernahm auch italienische, französische und andere Laute, zuweilen deutsche, hier seltener, die biederten sich anderswo an. Schmutz, Pack, Juden und Judenknechte! Schimpfe speichelte wie grüne Galle in seinem Mund und filzte die Zähne stumpf. Er sah keine Uniformen, keine Abzeichen am Rock, er blickte in eine ranglose ehrvergessene Welt; nur hier und dort leuchtete die betreßte Affenjacke eines Angestellten des gastronomischen Gewerbes auf. Doch welche Formation rückte nun scharlachrot in die Weltausbeutergasse ein, nahm stürmisch den reichen Lungererpfad? War die scharlachrote Truppe ein Symbol der Stärke, ein Sinnbild der Macht, war sie die goldene Schar, die junge Garde, die Giovinezza die kam, hier zu säubern? Doch es war Trug und Hohn für Judejahn, was da gegangen kam; es waren Talare, die scharlachrot um die mageren Gestalten junger Priester flatterten, und die rote Schar marschierte nicht, sie lief ungeordnet ihres Weges, doch Judejahn schien es nun, als ob sie beschämend weibisch trippelten, denn ihm war, als er herrschte, entgangen, wie männlich und fest Priester unter der Diktatur sterben können, und zu seinem Glück ahnte er nicht, daß die Scharlachroten Alumnen des germanischen Seminars waren, – ihr Anblick hätte ihn noch mehr verstört.

In der Via Veneto regierte das Geld. Aber hatte Judejahn nicht Geld, konnte er nicht auftrumpfen, kaufen, was andere kauften? Vor einer Bar standen äußerst zerbrechlich wirkende gelbe Stühle, sie waren lächerlich, nicht wie zum Sitzen gebaut, sie glichen einem Haufen verrückter Kanarienvögel, die man piepsen zu hören meinte, und Judejahn fühlte sich angezogen von dieser Bar, weil sie aus irgendeinem Grunde zu dieser Stunde ohne Gäste war. Er setzte sich nicht ins Freie, er verschmähte die unsicheren Stühle, er ging in den zur Straße hin weitgeöffneten Innenraum, stellte sich an die Theke, stützte sich auf, er fühlte sich müde, es mußte wohl das Klima sein, das ihn erschlaffte, und er bestellte ein Bier. Ein schöner Mann in einem lila Frack deutete ihm an, daß er sich, wenn er das Bier im Stehen trinken wolle, einen Bon an der Kasse lösen müsse. Hinter der Kasse saß Laura und lächelte. Ihr liebliches Lächeln war in der Straße berühmt, und der Barbesitzer entließ sie nicht um dieses Lächelns willen, das in seinem Lokal leuchtete, ihm einen Schimmer von Freundlichkeit verlieh und die Kasse zu einem Quell der Freude machte, obwohl Laura dumm war und nicht rechnen konnte. Was tat es? Niemand betrog Laura, denn selbst die homosexuellen Männer, die zu später Stunde und an Sonntagnachmittagen in diesem Etablissement verkehrten, fühlten sich durch Lauras stilles Lächeln beschenkt. Auch Judejahn war beeindruckt. Aber Unmenschlichkeit machte ihn blind, und so erkannte er nicht, daß er ein kindliches Wesen vor sich hatte, das sein Bestes umsonst hergab. Er dachte: eine hübsche Nutte. Er sah Haar schwarz wie Lack, ein Puppengesicht vom Lächeln belebt, er sah den roten Mund, die roten Nägel, er hatte Lust sie zu kaufen, und in dieser Straße des Reichtums mußte man als Käufer auftreten, wenn man nicht Knecht sein wollte. Aber schon stand er wieder hilflos und tölpelhaft da und wußte nicht, wie er sich benehmen und wie er es sprachlich beginnen sollte, er war ja nicht in Uniform, das Mädchen fürchtete ihn nicht, es war nicht mit bloßem Winken getan. Er war bereit, gut zu zahlen, und in Lire klang jede Summe gewaltig. Aber sollte er deutsch mit ihr reden? Sie würde ihn nicht verstehen. Italienisch sprach Judejahn nicht. Englisch hatte er ein wenig gelernt. Er verlangte aber dann in englischer Sprache nur statt Bier Whisky, einen großen Scotch. Laura reichte ihm lächelnd gedankenlos den Bon und avisierte Judejahn lä-

chelnd gedankenlos dem schönen Mann im lila Frack: »Einen
großen King George.« »Eis?« »Nein.« »Soda?« »Nein.« Die
Unterhaltung blieb einsilbig. Judejahn kippte den Whisky
hinunter. Er ärgerte sich. Er konnte nur befehlen. Nicht einmal einer Nutte konnte er ein paar freundliche Worte sagen.
Vielleicht war sie eine Jüdin? Man konnte sie im Welschland
nicht gleich erkennen. Aber er war wieder der kleine Gottlieb, der Sohn des Volksschullehrers; er sollte studieren und
kam auf dem Gymnasium nicht recht mit. Er stand da, wie
er einst in seines Vaters gewendeten und für ihn umge-
schneiderten Anzügen unter seinen reicheren Kameraden
gestanden hatte, die Kieler Matrosenblusen trugen. Sollte er
noch einen Whisky trinken? Männer tranken Whisky. Große
vermögende Lords tranken stumm ihren Scotch, waren Säu-
fer und verloren den Krieg. Judejahn verzichtet auf ein
zweites Glas, das er gern getrunken hätte; er fürchtete, der
schöne Mann hinter der Bar und das schöne Mädchen hinter
der Kasse würden über den stummen Gast, der er war, lachen. Doch wie vielen war vor diesem stummen Gast das
Lachen für immer vergangen? Das wollte er doch einmal
fragen! Judejahn merkte sich die Bar. Er dachte: ich krieg
dich noch. Und Laura verschwendete ihr liebliches Lächeln
an seinen breiten Rücken. Nichts warnte sie, einen Mörder
zu sehen. Sie dachte, falls sie überhaupt etwas dachte, denn
Denken war ihr fremd und sie pflegte dafür ein vegetatives
Sinnen: Familienvater, in Geschäften hier, kein Schwuler,
Laufkunde, kam zufällig zu uns, gibt an mit der blauen Brille,
fand es fad um diese Zeit, wird nicht wiederkommen. Und
würde er wiederkommen, würde er ihretwegen wiederkommen, und sie würde merken, daß er ihretwegen kam, sie
würde ihn trotz der blauen Brille nicht unsympathisch finden, denn die Homosexuellen, die am Abend hier auftauchten, langweilten Laura und gaben ihr Zutrauen zu jedem
Mann, der nach Mann roch, auch wenn sie an sich nichts
gegen die Homosexuellen, die sie ernährten, hatte.
Judejahn wandte sich nun doch der Familie, der harrenden
zu, die ihren vom Tode auferstandenen Helden wiederhaben

wollte. Er warf einen Blick auf den Stadtplan, den er gefaltet bei sich trug. Er orientierte sich schnell, das hatte er gelernt; in Wäldern, in Sümpfen und in Wüsten konnte er sich nicht verirren. Er würde sich auch im Dschungel der Stadt nicht verlaufen. Er ging nun die Via di Porta Pinciana entlang, ging neben einer hohen alten Mauer her, hinter der wohl ein großer schöner schattiger Garten lag, der einem der reichen Aristokraten gehören mochte, einem von der Königsclique, die den Duce verraten hatte. Die Luft war warm und roch nach Regen. Ein Windstoß wirbelte Staub auf und erregte Judejahn wie eine elektrische Dusche. An der Gartenmauer klebten Affichen. Ein Jahrgang der Jugend wurde zum Heeresdienst einberufen. Das konnte den Schwächlingen nur gut tun. Für Waffen sorgte Onkel Sam. Aber deutsche Ausbilder taten ihnen not. Ohne deutsche Ausbilder war jeder Dollar umsonst ausgegeben. Konnte Onkel Sam nicht mehr rechnen? Ein rotes Plakat der Kommunistischen Partei brannte wie ein Fanal. Judejahn dachte an die Nacht des Reichstagbrandes. Das war die Erhebung gewesen! Man war angetreten! Eine Epoche hatte begonnen! Eine Epoche ohne Goethe! Was wollte die russisch-römische Kommune? Judejahn vermochte den Text nicht zu lesen. Was brauchte er ihn zu lesen? Er war für an die Wand stellen. Hier an diese Mauer sollte man sie stellen. In Lichterfelde hatte man sie an die Wand gestellt. Nicht nur Rotfront; da hatten noch ganz andere an der Mauer gestanden. Judejahn hatte zum Spaß mitgeschossen. Wer sagte, daß die Menschen Brüder seien? Schwächlinge, die etwas haben wollten! Und wenn man sich mit Moskau geeinigt hätte? In Moskau saßen keine Schwächlinge. Wenn man es unter starken Brüdern ausgehandelt, wenn es zu einem größeren umfassenderen Stalin-Hitler-Pakt gekommen wäre? Judejahn tat sein armer Kopf weh. Versäumte Möglichkeiten, vielleicht noch nicht ganz versäumt, »und die Welt wird unser sein« dann kräftig in einen wieder strahlenden Morgen gekräht. Am Sonntag war irgendein Rennen Rom–Neapel, Neapel–Rom. Gladiatorenspiele für Schwachnervige. Wie hieß der Kämpfer mit Dolch und Netz, wie der Kämpfer mit dem Schwert? Germanen fochten im Zirkus gegen wilde Tiere. Germanen waren zu gutmütig, wurden überlistet. Auf weißem Grund mit schwarzem Kreuz stand ein kirchlicher Erlaß. Die Kirche siegte immer. Priester blieben schlau im Hintergrund. Ließen andere sich erschöpfen. Nach den Kriegen bauten sie dann ihre Parteien auf. Fledderer. Jesuiten-Jiu-Jitsu. Grünes Papier. Olio Sasso. War wohl alles in Öl. Krieg? Mobilmachung? Noch nicht. Kam auch noch nicht. Traute sich keiner. Kleine Übungen nur auf Versuchsfeldern, in Wüsten, Dschungeln und entlegenen Gebieten. Wie einst in Spanien. Im Parterre eines großspurigen Mietshauses lockte ein Kojote. Der Kojote war ein Präriewolf; Judejahn erinnerte sich an Karl May. Hier war der Kojote eine American Bar. Er hatte viel blankgeputztes Messing an seiner Tür und sah vornehm und teuer aus. Judejahn hatte Geld, aber er traute sich nicht in die Bar. Judejahn hatte Durst, aber er traute sich nicht in den Kojoten. Warum traute er sich nicht? Der kleine Gottlieb stand ihm im Weg, und nur eine Uniform am Leib überwand den kleinen Gottlieb. Judejahn ging weiter. Er fand eine Fiaschetteria. Strohumwundene Flaschen lagen in Haufen da, Wein näßte den Boden. Hier trank das Volk. Das Volk brauchte man nicht zu fürchten. Das Volk konnte man lenken. Mit dem Volk brauchte man nicht zu reden. Das Volk wurde eingesetzt. Der Führer stand über dem Volk. Judejahn verlangte Chianti. Er stürzte ihn hinunter. Der Wein tat ihm gut. Er forderte ein zweites Glas. Er schmeckte den Wein nicht, aber er fühlte sich gestärkt. Mit festem Tritt erreichte er den berühmten Platz vor der Kirche Trinitá dei Monti. Die Kirche hatte zwei spitze Türme. Nonnen vom Kloster du Sacré Cœur standen auf den Stufen, die zur Kirche führten. Judejahn ekelte sich vor ihren langen Röcken, ihren Umhängen, ihren Hauben. Hexen!

Zu seinen Füßen war nun die Spanische Treppe, lag Rom, und im Hintergrund erhob sich mächtig die Kuppel von St. Peter, – der alte Feind. Er war nicht geschlagen. Niemand war geschlagen. Die Partie war – durch Verrat – remis ausgegangen; der Führer hatte alle Trümpfe in der Hand gehabt, Gnomen hatten sie ihm entwunden, Befehle wurden nicht ausgeführt, – nur Judejahn hatte jeden Befehl ausgeführt. Er hatte reinen Tisch gemacht. Hatte er überall reinen Tisch gemacht? Leider nein. Wie es schien, gar nirgends. Die Hydra hatte mehr als neun Köpfe gehabt. Sie hatte Millionen Köpfe gehabt. Ein Judejahn war zu wenig. Nun kehrte er aus dem Kriege heim, kein Eroberer, ein Bettler, namenlos. Er mußte nach der Brüstung greifen. Seine Finger klammerten sich an die bröckelnde Mauerung. Schmerz wühlte ihn auf. Rom schwamm vor seinem Blick, ein Meer von sich auflösenden Steinen, und die Kuppel von St. Peter war eine schaukelnde Luftblase auf dieser wilden See. Schluchzen schüttelte Judejahn. Eine alte vornehme Dame mit blaugepudertem Haar deutete mit ihrem Schirm über die Ewige Stadt, über das große Panorama, das sie bot. Die alte Dame rief: »Isn't it wonderful!« Der linke Turm von Trinitá dei Monti läutete einen Segen.

Er stieg hinab. Er stieg die Spanische Treppe hinab, stieg über das malerische Italien, stieg über den Müßiggang des Volkes, das hier auf den Stufen hockte, lag, schlief, spielte, las, lernte, das sich hier unterhielt, sich stritt und sich umarmte. Ein Knabe bot Judejahn Mais an, geröstete gelbe Körner. Er hielt dem Fremden, dem Barbaren aus dem Norden die spitze Tüte hin, sagte mit schmeichelnder Stimme »cento Lire«, und Judejahn stieß gegen die Tüte, und der Mais fiel auf die Treppe und Judejahn zertrat die Körner. Er hatte es nicht gewollt. Es war Ungeschick. Er hätte den Knaben prügeln mögen.

Er überquerte den Platz und erreichte keuchend die Via Condotti. Der Bürgersteig war schmal. Menschen drängten sich in der belebten Geschäftsstraße, drängten sich vor den Schaufenstern, drängten aneinander vorbei. Judejahn stieß und wurde gestoßen. Er wunderte sich. Er staunte, daß keiner ihm Platz machte, niemand vor ihm zurückwich. Es wunderte ihn, daß auch er gestoßen wurde.

Die zweite Gasse suchte er, suchte sie nach dem Plan, – aber suchte er sie wirklich? Die Jahre am Wüstenrand erschienen ihm nun wie eine in Narkose verbrachte Zeit, er hatte keinen Schmerz gefühlt, doch jetzt war ihm übel, er spürte Schmerz und Fieber, empfand die Schnitte, die sein Leben nur noch zu einem bloßen Rest machten, empfand die Schnitte, die diesen Rest aus der breiten Fülle seiner Macht trennten. Was war er? Er war ein Clown seines Einst. Sollte er auferstehen von den Toten, oder sollte er ein Spuk in der Wüste bleiben, ein Gespenst in den Illustrierten Zeitungen des Vaterlandes? Judejahn fürchtete sich nicht, der Welt die Stirn zu bieten. Was wollte die Welt von ihm? Sie sollte nur kommen, sie sollte nur kommen in all ihrer Schlappheit, in all ihrer Käuflichkeit, mit all ihren schmutzigen, mit all ihren raubtierhaften Gelüsten, verborgen unter der Maske des Biedermanns. Die Welt sollte froh sein, wenn sie Kerle von seiner Art hatte. Judejahn bangte nicht, gehängt zu werden. Er fürchtete sich, zu leben. Er fürchtete die Befehlslosigkeit, in der er leben sollte; er hatte viel verantwortet, je höher er stieg, um so mehr hatte er verantwortet, und die Verantwortung hatte ihn nie gedrückt, doch seine Rede »auf meine Verantwortung« oder »das verantworte ich« war Phrase gewesen, eine Phrase, an der er sich berauschte, denn in Wahrheit hatte er immer nur gehorcht. Judejahn war mächtig gewesen. Er hatte die Macht ausgekostet, aber um der Macht froh zu werden, brauchte er eine Einschränkung seiner Allmacht, brauchte er den Führer als Verkörperung und weithin sichtbaren Gott der Macht, den Befehlsgeber, auf den er sich berufen konnte vor dem Schöpfer, den Menschen und dem Teufel: ich habe immer nur gehorcht, ich habe stets nur Befehle ausgeführt. Also hatte er Gewissen? Nein, er hatte nur Angst. Er hatte Angst, man könne dahinterkommen, daß er der kleine Gottlieb war und sich Größe angemaßt hatte. Judejahn hörte insgeheim eine Stimme, nicht die Stimme Gottes, und er vernahm sie nicht als Gewissensruf, es war die dünne, die hungrige und fortschrittsgläubige Stimme des Vaters Volksschullehrer, die flüsterte: du bist dumm, du hast deine Aufgaben nicht gelernt, du bist ein schlechter Schüler, eine Null, die aufgeblasen wurde. Und so war es gut, daß er sich immer im Schatten eines Größeren gehalten hatte, daß er ein Trabant geblieben war, der glanzvolle Trabant des mächtigsten Gestirns, und er begriff noch immer nicht, daß diese Sonne, von der er Licht und die Befugnis zu töten geliehen hatte, auch nur ein Betrüger gewesen war, auch nur ein schlechter Schüler, auch nur ein kleiner Gottlieb, doch des Teufels auserwähltes Werkzeug, eine magische Null, eine Chimära des Volkes, eine Luftblase, die schließlich platzte.

Judejahn spürte Gier, sich zu füllen. Schon im Freikorps hatte er Anfälle von Gefräßigkeit gehabt und Schlag nach Schlag die Löffelerbsen der Gulaschkanone in sich hineingefüllt. Jetzt roch er am Eingang der gesuchten Gasse Speisegeruch. Ein Garkoch hatte in seinem Schaufenster allerlei Gerichte zur Schau gestellt, und Judejahn ging in den Laden und verlangte gebackene Leber, auf der im Fenster ein Täfelchen »fritto scelto« gelegen hatte, und Judejahn forderte die Leber mit dieser Täfelchenbezeichnung »fritto scelto«, das hieß aber nur »nach Wahl«, und man brachte ihm aus Mißverständnis und nicht rechtem Hinhören in Teig und Öl gebackene kleine Meertiere. Er schlang sie hinunter; sie schmeckten ihm wie gebackene Regenwürmer, und ihn grauste. Er fühlte, wie sein schwerer Leib sich in Würmer auflöste, er erlebte lebendigen Leibes seine Verwesung, aber um der Auflösung zu begegnen, schlang er gegen alles Grausen weiter hinunter, was auf dem Teller lag. Danach trank er ein Viertel Wein, auch diesen im Stehen, und nun konnte es weitergehen

ein paar Schritte nur noch, und da war das von seinen Landsleuten und von seiner Familie bevorzugte Hotel. Wagen mit dem deutschen D-Schild standen in Reihen geordnet vor dem Haus. Judejahn sah die Symbole des deutschen Wiederaufstiegs, das Stromlinienblech des deutschen Wirtschaftswunders. Es imponierte ihm. Es zog ihn an. Sollte er hineingehen, die Hacken zusammenschlagen, schnarren: »Ich stelle mich zur Verfügung!« Sie würden die Arme ausbreiten. Würden sie die Arme ausbreiten, ihn an die Brust zu ziehen? Etwas stieß ihn auch ab an diesen gelackten Wagen. Der

Aufstieg, das Weiterleben, das gute fette und erfolgreiche Weiterleben nach totalem Krieg, nach totaler Schlacht und totaler Niederlage war und blieb auch Verrat, Verrat an den Absichten, der Vorsehungsschau und dem Testament des Führers, es war und blieb schmähliche Kollaboration mit den westlichen Erbfeinden, die das deutsche Blut, die den deutschen Soldaten gegen den östlichen Teilhaber ihres erschlichenen Sieges brauchten. Wie sollte er sich verhalten? Schon zündete man die Lichter im Hotel an. Fenster nach Fenster erleuchtete sich, und hinter einem saß Eva und wartete. Nach den Briefen, den rätselvollen Wendungen, die von Enttäuschung, die ihn erwarte, von Entartung und Schande sprachen, durfte er nicht hoffen, auch Adolf, seinen Sohn hier zu treffen. Lohnte es sich, heimzukehren? Noch stand ihm die Wüste offen. Noch war das Netz deutscher Bürgerlichkeit nicht über den alten Kämpfer geworfen. Zweifelnd, unsicher schritt er durch die Tür, kam in die getäfelte Halle, und da sah er deutsche Männer, Schwager Friedrich Wilhelm Pfaffrath war unter ihnen, er hatte sich kaum verändert, und die deutschen Männer standen sich nach deutscher Art und Sitte gegenüber, sie hielten ihre Gläser in der Hand, keine Humpen mit deutschem Gerstensaft, Gläser mit welschem Gesöff, aber auch er, Judejahn soff das Gesöff ja und noch ganz anderes Zeug, kein Vorwurf in der Fremde, und diese Männer, sie waren markig, kernig, er hörte es, sie sangen, sie sangen »ein feste Burg ist unser Gott«, und dann fühlte er sich beobachtet, nicht von den Sängern, von der Tür her fühlte er sich beobachtet, es war ein ernster, ein suchender, ein flehender, ein verzweifelter Blick, der ihn traf.

Es entsetzte Siegfried nicht, aber es beirrte ihn doch, das breite ungemachte Bett zu sehen, es zog seinen Blick an, den er nicht hinzuwenden sich vergebens bemühte, das breite Bett, das Ehebett stand großmächtig im geräumigen Zimmer, es war sachlich und schamlos, es war ganz unsinnig und schamlos, es war aufgedeckt, kaltes und reines Linnen, und sprach kalt und rein von Gebrauch, den niemand ver-

bergen wollte, von Umarmungen, deren niemand sich schämte, von tiefem gesundem Schlaf

und auf einmal begriff ich, daß Kürenbergs mir voraus waren,
sie waren der Mensch der ich sein möchte, sie waren sündelos,
sie waren der alte und der neue Mensch, sie waren antik und
avantgarde, sie waren vorchristlich und nachchristlich, grie-
chisch-römische Bürger und Flugreisende über den Ozean,
sie waren in Körper gesperrt, aber in saubere gekannte und
klug unterhaltene Leiber; sie waren Exkursanten, die sich's
in einer vielleicht unwirtlichen Welt wirtlich gemacht hatten
und sich des Erdballs freuten.

Kürenberg hatte sich auf Nomadie eingestellt. Er wirtschaf-
tete im Hemd und in weißen Leinenhosen, über die eine
Gummischürze gehalftert war, an zwei Extratischen, die das
Hotel ihm in sein Zimmer gestellt hatte, und überhaupt fragte
ich mich, wie er es sich mit der Direktion arrangierte, denn
man mußte ihm Sondersicherungen gebaut haben, in die
Stromdosen hatte er Drei- und Vierfachstecker gepreßt und
Leitungsschnüre liefen wie ineinander verschlungene Schlan-
gen zu blinkenden elektrischen Geräten, Grillrosten, Back-
hauben, Infrarotstrahlern, Dampftöpfen, Schnellkochern, es
war die vollkommenste transportable Küche, an der er seine
Freude hatte und die mit ihm reiste, und hier bereitete er das
Mahl, zu dem er mich geladen, er rührte, schmeckte, klopfte,
würzte und hatte ein festes ernstes Männergesicht, das in seiner gesammelten Ruhe anzusehen mir gut tat, während Frau
Kürenberg, nachdem sie mir freundlich zur Begrüßung die
Hand gereicht und ein paar Worte mit mir gesprochen hatte
»wie gefällt Ihnen Rom? Sie sind zum erstenmal hier?«,
zwitschernde Schwalben einer kleinen Konversation, erd-
nahe Flüge, den Tisch deckte, beim Decken hin und her lief,
ins Badezimmer ging, die Tür stets offen ließ, dort Gläser
spülte, Blumen in eine Vase tat und den Wein in das laufende
Wasser des Brunnens stellte.

Ich wollte nicht müßig stehen. Ich fragte Kürenberg, ob ich
helfen könne, und er drückte mir eine Schüssel, eine Reibe
und ein Stück Parmesan in die Hände und forderte mich auf,

den Käse zu reiben. Erst bröckelte der Käse vom steinharten Klumpen in die Schüssel, und Kürenberg zeigte mir, wie es zu machen sei, und dann fragte er mich, ob ich nie meiner Mutter in der Küche geholfen habe. Ich sagte: »Nein.« Und ich erinnerte mich an die große kalte Küche unseres Hauses, deren Fliesenboden immer von frischem Aufwisch feucht war, und die Stiefel der uniformierten Amtsboten und Dienerschaftsfreunde zeichneten immer wieder neuen Schmutz in den feuchten spiegelnden Fliesengrund zum Ärger des bei uns stets unwirschen, hektisch lauten und hektisch fahrigen Personals. »Wo stammen Sie her«, fragte Kürenberg. Ich nannte ihm den Ort, und ich wollte noch erklären, daß nichts mich an ihn binde, nichts als der Zufall der Geburt, als ich merkte, daß Kürenberg mich überrascht ansah, und dann rief er »Ilse kommt aus derselben Stadt«, und sie, die Glas trocknete, richtete nun auch den Blick auf mich, aber einen Blick, der durch mich durchsah, und ich dachte, sie sieht die Allee, die alte Allee mit den Cafés und den Bäumen, die jetzt verbrannt sind, aber die Cafés hat man wohl wieder aufgebaut und Leute sitzen draußen in der Sonne, unter Schirmen vielleicht, weil die Bäume verbrannt sind, oder man hat neue Bäume gepflanzt, schnellwachsende Pappeln, sie sieht das wohl, genau wie ich es sehe, sachlich und doch ein wenig gerührt; weiß sie überhaupt, daß die Bäume verbrannt sind? Ich wollte sie fragen, aber sie ging hinaus, ging wieder beschäftigt ins Bad, und Kürenberg schlug eine Sauce mit dem Schneebesen, ich merkte aber, daß er abgelenkt blieb, gestört war, und dann sagte er, nachdem er zum Badezimmer geblickt hatte, als wolle er sich vergewissern, daß sie nicht in der Nähe sei: »Ich war bei Ihnen am Theater. Sie hatten ein gutes Orchester, gute Stimmen, ein schönes Haus.« »Es ist zerstört«, sagte ich, »man spielt in der Redoute.« Er nickte. Die Sauce war fertig. Er sagte: »Es gab da einen Regierungspräsidenten, er hieß Pfaffrath wie Sie, waren Sie verwandt?« Ich sagte: »Er ist mein Vater; aber jetzt ist er Bürgermeister.« Er beugte sich über einen dampfenden Topf und rief dann »Ilse, schnell, das große Sieb.« Und sie brachte das Sieb aus dem Badezimmer, ein straffes Geflecht, straff wie sie, und er schüttete den Reis in das Sieb, sprang mit dem Gefäß voll dampfenden Korns zur Wanne, ließ kaltes Wasser darüber schießen, tropfte durch Schütteln das Wasser ab, hing den Reis in dem Sieb zur Nachquellung und Wiedererwärmung in den Topf über den Wasserdampf und sagte zu mir: »Ein Rezept aus Batavia, der Reis wird gar und bleibt körnig.« Sie waren viel herumgekommen, er hatte überall dirigiert, und sie hatten sich ganz in dieses Leben gefügt, sie hatten kein Haus, keine feste Wohnung, sie besaßen Koffer, große schöne Koffer und ein Hotelzimmer hier oder dort und immer dem ähnlich, in dem ich stand. Und da wußte ich, daß ich Kürenberg länger gekannt habe, als ich gedacht hatte, ich erinnerte mich, natürlich war es mir damals nicht bewußt, ich war ein Kind, ich hatte keinen Einblick in die Vorgänge, aber jetzt sah ich's wieder, als sei es heute, ich sah meinen Vater Kürenberg hinausbegleiten, ich spielte in der Diele, und als mein Vater hinter Kürenberg die Tür geschlossen hatte, sah ich an seinem geröteten Gesicht, daß er verärgert war, und er schalt mich, weil ich in der Diele spielte, und ging zu meiner Mutter hinein, und ich folgte ihm, weil ich nicht wußte, wohin ich gehen sollte in dem großen Haus, und ich folgte ihm auch aus Neugierde, obwohl ich wußte, daß er schlechter Laune war, wie meistens wenn man ihn um Hilfe gebeten hatte, und die Leute schienen ihn schlecht zu kennen in unserer Stadt, denn sie baten ihn damals oft um Hilfe, doch er dachte gar nicht daran, sich für Verlorene einzusetzen, nicht weil er sie haßte, das nicht, er war nicht verrückt, er mochte sie nicht, so war es wohl, aber er fürchtete sie nun, da man sie für aussätzig erklärt hatte, als Aussätzige, und vor allem fürchtete er damals schon Onkel Judejahn, und ich hörte ihn jetzt, wie er damals zu meiner Mutter sagte: »Unser Generalmusikdirektor« – er drückte sich immer geschwollen aus und Titel imponierten ihm – »war bei mir und wünschte seinen Schwiegervater, den alten Aufhäuser, freizubekommen. Ich habe ihm geraten, an seine Laufbahn zu denken und sich scheiden zu lassen –« Und dann sah mein Vater mich und schickte mich wütend hinaus, und ich weiß heute, daß der alte Aufhäuser damals zum erstenmal verhaftet war, es war beim ersten kleinen Judenboykottag, doch erst am großen Judentag zündete man Aufhäusers Kaufhaus an, ich hatte Ferien von der Junkerschule und sah das Haus brennen, das erste, das ich lichterloh brennen sah, und Aufhäuser war wieder in Schutzhaft, und mein Vater teilte zu Hause am Familientisch die Suppe aus, zuweilen gab er sich patriarchalisch, und aus dem Lautsprecher geiferten Göring und Goebbels, und meine Mutter sagte »es kann einem leid tun, um all die schönen Sachen, die verbrannt sind«, und der alte Aufhäuser saß wieder in Schutzhaft, und später beschäftigte ich mich mit seiner Bibliothek, sie lag in ungeordneten Haufen auf dem Dachboden des Hitlerjugendheims, irgend jemand mußte sie dort hingeschleppt und dann vergessen haben, Aufhäuser war ein Bibliophile, und ich fand Erstausgaben der Klassiker und der Romantiker, seltene deutsche und lateinische Drucke der Alten, Erstausgaben des Naturalismus, Erstausgaben der Brüder Mann, die Werke von Hofmannsthal, Rilke, George, Zeitschriften wie die ›Blätter für die Kunst‹ und die ›Neue Rundschau‹ in Sammelbänden, die Literatur des ersten Weltkrieges, die Expressionisten bis zu Kafka, ich stahl mir was und trug es fort, und später verbrannte was dort blieb, wurde mit dem Hitlerjugendheim von Bomben zerrissen, und Aufhäuser der Schutzhäftling wurde erschlagen, – und sie war nun die Tochter. Konnte ich sie ansehen? Wohin fliehen die Gedanken? Die Gedanken wehrten sich. Sie sagten mir: sie hat sich gut gehalten, sie muß über vierzig sein, dabei kaum eine Falte. Und der Gedanke wehrte sich weiter: die Aufhäusers waren reich, ob man sie entschädigt hat? Und dann: er heiratete nicht ihren Reichtum, die Zeit war schon zu vorgeschritten, er stellte sich gegen das Böse. Und dann: sie lieben sich, sie haben zueinander gehalten, sie lieben sich noch immer. Und wir gingen zu Tisch, wir setzten uns, Kürenberg tat die Speisen auf, sie schenkte den Wein ein, und sicher war es ein köstliches Mahl, ich hatte den Koch zu loben, aber ich konnte nicht, ich schmeckte nichts,

oder doch – Asche schmeckte ich, lebenlose zum Verwehen bereite Asche, und ich dachte: sie hat ihres Vaters Haus nicht brennen sehen. Und ich dachte: sie hat auch unsere Häuser nicht brennen sehen. Und ich dachte: das ist geschehen geschehen geschehen das ist nicht zu ändern nicht zu ändern das ist verdammt verdammt verdammt verdammt. Ganzblättrigen Spinat gab es, in feinstem Öl gesotten, und darüber streuten wir den Käse, den ich gerieben hatte, und die Steaks waren zwei Finger dick, wie in Butter schnitt das Messer und rot lief das Blut aus dem Mittelstück, und der Wein war kalt und herb wie eine frische Quelle, das spürte ich noch in all der trockenen filzigen Asche auf meiner Zunge, es wurde nicht gesprochen beim Mahl, Kürenbergs beugten sich über ihre Teller und nährten sich ernst, und ich sagte einmal »herrlich«, vielleicht zu zag, niemand antwortete, und dann gab es einen flambierten Auflauf von Himbeeren, tropisch fast und dennoch von deutschem Waldaroma, und Kürenberg sagte: »Den Kaffee soll der Kellner bringen; keine Zubereitung übertrifft das Konzentrat der Espressomaschinen.« Ilse Kürenberg bestellte über das Haustelephon den Kaffee; Cognac kam auf den Tisch, und dann sprachen wir von Rom.
Sie lieben das alte, das antike, das römische Rom, sie lieben die Foren mit ihrer zerschlagenen Größe, sie lieben den Blick am Abend über die alten Hügel, über die Zypressen, die einsamen Pinien, sie lieben die sinnlos gewordenen nichts mehr tragenden Säulen, die Marmorstufen die nirgendwohin führen, die gespaltenen Bogen über den zugeschütteten Abgründen der Bildung gewordenen Siege, sie lieben das Haus des Augustus und nennen Horaz und Vergil, sie bewundern die Rotunde der Vestalinnen, und sie beten im Tempel des Glücks. Ich höre ihnen zu, wie sie unterrichtet von neuen Funden sprechen, mit Kennerschaft von Ausgrabungen und Museumsschätzen; auch ich liebe sie, liebe die alten Götter, liebe die Schönheit, die, lange in der Erde verborgen, wieder ans Licht kam, liebe das Maß und die glatte kühle Steinhaut der alten Gestalten, aber noch mehr liebe ich Rom wie es lebt, wie es ist und mir sich zeigt, ich liebe seinen Himmel,

Jupiters unergründliches Meer, und ich denke, wir sind versunken, sind Vineta, und droben über dem Element, das uns umschließt, ziehen auf blendender Woge nie von uns gesehene Schiffe, und der Tod wirft sein unsichtbares Netz über die Stadt, ich liebe die Straßen, die Winkel, die Treppen, die stillen Höfe mit Urnen, Efeu und Laren und die lauten Plätze mit den tollkühnen Lambrettafahrern, ich liebe das Volk am Abend vor den Haustüren, seine Scherze, seine ausdrucksvollen Gesten, seine Begabung für die Komödie, sein Gespräch, das ich nicht verstehe, ich liebe die rauschenden Brunnen mit ihren Meergöttern, Nymphen und Tritonen, ich liebe die Kinder auf dem Brunnenrand aus Marmelstein, die gaukelnden bekränzten grausamen kleinen Neronen, ich liebe das Drängen, Reiben, Stoßen, Schreien, Lachen und die Blicke auf dem Corso und die obszönen Worte, die den Damen im Vorübergehen zugeflüstert werden, und ich liebe die starre leere Larve des Damenantlitzes, die der Schmutz mitformt, und ich liebe ihre Antworten, ihre Beschämungen und ihre Lust an geiler Huldigung, die sie eingegraben auf ihrem wirklichen Gesicht, verborgen unter der Straßenmaske, nach Hause und in ihre Frauenträume tragen, ich liebe die strahlenden Schaufenster des Reichtums, die Auslagen der Juweliere und die Vögelhüte der Modistinnen, ich liebe die kleine hochmütige Kommunistin der Piazza della Rotonda, ich liebe die lange blanke Espressobar mit der zischenden dampfspeienden Maschine und die Männer davor, die aus den kleinen Tassen den heißen starken bittersüßen Kaffee trinken, ich liebe Verdis Musik, wenn sie in der Passage vor der Piazza Colonna aus dem Lautsprecher des Fernsehstudios schallt und ihr Echo zurückschlägt von den Stuckfassaden der Jahrhundertwende, ich liebe die Via Veneto, die Kaffeehäuser des Jahrmarkts der Eitelkeit, ihre lustigen Stühle, ihre bunten Markisen, ich liebe die hochbeinigen schmalhüftigen Modemädchen, ihr brandrot gefärbtes Haar, ihre blassen Gesichter, ihre großen staunenden Augen, Feuer, das ich nicht greifen kann, ich liebe die wartenden glücklichen dummen athletischen Gigolos, die von den wohlhabenden Elastikformdamen eingehandelt werden, ich liebe die würdigen amerikanischen Senatoren, die der Heilige Vater empfängt und die sich alles kaufen können, ich liebe die weißhaarigen sanften Automobilkönige, die ihr Vermögen herschenken, die Wissenschaft, die Kunst und die Dichtung zu fördern, ich liebe die homosexuellen Poeten in engen Röhrenhosen und spitzen dünnsohligen Schuhen, die von den Stiftungen leben und ihre klingenden silbernen Armbänder kokett aus den überlangen Manschetten ihrer Hemden schütteln, ich liebe das alte faulende Badeschiff, verankert auf dem trüben Tiber vor der Engelsburg, und seine roten unbeschirmten Glühbirnen in der Nacht, ich liebe die kleinen heimlichen weihrauchdurchzogenen, mit Kunst und Schmuck ausgepolsterten Kirchen, obwohl Kürenberg sagt, das barocke Rom sei enttäuschend, ich liebe die Priester in ihren schwarzen, roten, violetten und weißen Gewändern, die lateinische Sprache der Messe, die Priesterschüler und die Angst in ihrem Gesicht, die alten Kanoniker in befleckter Soutane und schönem speckigem Monsignorehut mit lustiger roter Kordel und die Angst in ihrem Gesicht, die alten Frauen, die vor den Beichtstühlen knien, und die Angst in ihrem Gesicht, die armen rilligen Hände der Bettler vor den geschnitzten und geschmiedeten Portalen der Kapellen und ihre Angst dort wo die Schlagader zittert im Hals, ich liebe den kleinen Lebensmittelhändler in der Straße der Arbeiter, der die großen Scheiben der Mortadella aufschneidet, als wären sie Blätter eines Baumes, ich liebe die kleinen Märkte, die Stände der Fruchthändler grün rot orange, der Fischhändler Bottiche mit den unverstandenen Wesen der See und alle Katzen Roms, die längs den Mauern streichen

und sie, zwei feste Schatten, sie waren an das Fenster getreten, an das hohe Fenster, das bis zum Erdboden zu öffnen und wie die Kanzel eines Turmes war, und sie blickten in den lichtervollen Graben der Straße, blickten in dieser dem Bahnhof nahen Gegend auf andere Herbergen in hochgestockten Steinkästen, der ihren ähnlich und Wanderer voll, Leuchtschilder flammten auf und lockten, und Rom war wie je bereit, erobert zu werden, und Kürenberg dachte an Siegfrieds Musik, die er morgen für diese Stadt aufs neue straffen, kühlen und im Strom ihres Gefühls komprimieren wollte, und Ilse stand neben ihm und sah die Dächer der Automobile wie einen Heerbann großer Wanzen im Grunde der Straße kriechen, sie sah den für eine Weile gebändigten Blitz mit dem Anschein der Harmlosigkeit an den Kontaktstangen der Oberleitungsomnibusse flattern, sie durchschaute die Konvention, den Tod nicht zu sehen, das allgemeine Übereinkommen, den Schrecken zu leugnen, der Besitz an den Gebäuden, die sie sah, war im Grundbuch eingetragen, und selbst die Römer, mit Stätten vernichteter verschütteter Pracht wohl vertraut, glaubten an die Ewigkeit der gerade jetzt auf der alten Erde nützlich aufgeschichteten Steine, sie sah die Mysterienspiele des Handels, auch diese auf den Wahn von Ewigkeit, Vererbbarkeit und Sicherheit gegründet, sie erblickte die aufblühenden und verlöschenden Wunder der Reklame, bunte Schimmer auch über ihrer Kinderzeit, Merkurlichter oder Unholdskerzen, und wie einfältig war es von ihrem Vater, zwischen ihrem Mädchenleben und dem Kaufhof eine Mauer aus Büchern, Musik und Kunst zu errichten, eine Bastion, die trog, einen milden Lampenschein, der für immer erlosch, – es fröstelte sie, und sie dachte, wie kalt alles sei. Sie dachte: es ist spät. Und sie dachte: dieser junge Mann aus meiner Stadt schreibt Symphonien, und sein Großvater hat vielleicht am Spinett gesessen oder die Flöte gespielt, aber sein Vater hat meinen Vater erschlagen, meinen Vater, der Bücher sammelte und gern ins Brandenburgische Konzert ging. Sie nahm Kürenbergs Hand, drängte ihre Hand, die kalt und für einen Augenblick wie gestorben war, in die Faust des Dirigenten, die sich warm, trocken, fleischfest und vertrauenswürdig anfühlte. Kürenberg schaute noch in die Straße hinunter, und er dachte: man kann ihnen ihre Zukunft voraussagen. Er war Analytikern, Soziologen, Planwirtschaftlern, Atomspaltern, Völkerrechtlern, Politikern und Public-Relation-Männern begegnet. Sie waren eine Teufelszunft. Die Teufelszunft war sein Publikum. Sie kamen in seine Konzerte. Er schloß das Fenster und fragte Siegfried: »Kennen Sie das Wort des Augustinus von der Musik, der sich große Männer nach vollbrachter Arbeit hingeben, um ihre Seele wiederherzustellen?« Siegfried kannte das Wort nicht. Er kannte Augustinus nicht. So wenig wußte er. So viel Erkenntnis fehlte ihm. Er errötete. Sind es große Männer die ich kenne, fragte sich Kürenberg. Und wenn es diese nicht sind, wo sind die wirklich großen Männer? Und haben sie eine Seele, die am Abend durch Musik wiederherzustellen ist? Kannte Augustinus denn große Männer? Und hielten sie, die er vielleicht für große Männer hielt, ihn für einen großen Mann? So viele Fragen! Kürenberg schätzte Siegfrieds Begabung. Er erwartete von Siegfried die Überraschung, eine noch nie gesprochene Sprache. Sie mochte dem allgemeinen Gehör, das hinter dem schnellen Lauf der Zeit zurückgeblieben ist, schrecklich klingen; aber sie würde neue Kunde bringen. Neue Kunde für ein paar Menschen, die neue Botschaft hören konnten. Waren dies die großen Männer von denen Augustinus sprach? Es drängt uns zu wissen, selbst wenn es uns unglücklich macht. Kürenberg sah Siegfried freundlich an. Aber er sagte ernst: »Ich weiß nicht, für wen Sie Ihre Musik schreiben. Aber ich glaube, daß Ihre Musik eine Funktion in der Welt hat. Vielleicht wird der Unverstand pfeifen. Lassen Sie sich nie von Ihrem Weg bringen. Versuchen Sie nie, Wünsche zu erfüllen. Enttäuschen Sie den Abonnenten. Aber enttäuschen Sie aus Demut, nicht aus Hochmut! Ich rate Ihnen nicht, in den berühmten Elfenbeinturm zu steigen. Um Gottes willen – kein Leben für die Kunst! Gehen Sie auf die Straße. Lauschen Sie dem Tag! Aber bleiben Sie einsam! Sie haben das Glück, einsam zu sein. Bleiben Sie auf der Straße einsam wie in einem abgeschlossenen Laboratorium. Experimentieren Sie. Experimentieren Sie mit allem, mit allem Glanz und allem Schmutz unserer Welt, mit Erniedrigung und Größe – vielleicht finden Sie den neuen Klang!« Und Siegfried dachte an die Stimmen, an die Stimmen der Straße, er dachte an die Stimmen der Rohheit, der Angst, der Qual, der Gier, der

Liebe, der Güte, des Gebets, er dachte an den Laut des Bösen, an das Geflüster der Unzucht und den Schrei des Verbrechens. Und er dachte: und morgen wird er mich ducken, wird mir mit den Harmoniegesetzen und schulmeisterlicher Strenge begegnen, ein berühmter Orchesterleiter, ein genauer Notenleser, vielleicht ein Gärtner, der alles beschneidet, und ich bin Wildwuchs und Unkraut. Und Kürenberg sagte, als habe er Siegfried gehört: »Ich glaube an unsere Arbeit. In mir sind Widersprüche, und Widersprüche sind in Ihnen, – das widerspricht sich nicht.« Und widerspruchsvoll war das Leben, in das sie geworfen waren, und sie widersprachen der Art.

Judejahn hatte sich beobachtet gefühlt und sich zurückgezogen. Er zog sich zurück, den kantigen Schädel zwischen die gewölbten Schultern genommen, Flucht oder Taktik, wie die Patrouille im Niemandsland zwischen den Fronten sich zurückzieht, wenn sie sich entdeckt glaubt, Flucht oder Taktik, kein Schuß ist gefallen, keine Leuchtspur zielt durch die Nacht, noch wartet das Schicksal ab, aber man kriecht zurück, kriecht zurück durch Verhau und Gestrüpp, zurück in die eigene Stellung und ahnt für einen Augenblick, daß die Position des Gegners uneinnehmbar ist. Aber auch der Mörder, der gehetzte Verbrecher drückt sich zurück in Schatten, Dschungel und Stadt, wenn er das Nahen der Spürhunde fühlt, wenn er sich im Sehfeld des Polizistenauges weiß. Der Sünder gar flieht das Angesicht Gottes; aber wer Gott leugnet und nicht die Gnade erfährt, sich als Sünder zu fühlen, wohin flieht er? An Gott vorbei, und in welche Wüste! Judejahn wußte nicht, wer ihn beobachtete. Er sah keinen Späher. Nur ein Priester war im Empfangsraum, die Brüder wimmelten in Rom, stand seltsam versteint und starrte gleich Judejahn durch das durchsichtige Glas der Flügeltür und auf die animierte Tafelrunde, die da saß, redete und zechte. Ein Stammtisch war es, ein deutscher Stammtisch mit deutschem Recht zufällig und vorübergehend etabliert auf südlichem Breitengrad, und gegenständlich genommen trennte nichts als das Holz und Glas der Flügeltür Judejahn von seinem Schwager Friedrich Wilhelm Pfaffrath, aber der war sitzengeblieben, ob er nun hier schwadronierte oder im Stadtrat zu Hause, er war sitzengeblieben, während Judejahn tapfer vorangeschritten war, tapfer und blind vorangeschritten nach der Losung, daß Gott tot sei. Er war weiter gegangen als die Bürger in der Halle, aber sie waren es, die ihm erlaubt hatten, so weit zu gehen. Sie hatten sein Wandern mit dem Tod gebilligt. Sie hatten das Blut beschworen, sie hatten ihn gerufen, sie hatten ihn angefeuert, dem Schwert gehört die Welt, sie hatten Reden geschwungen, kein schönerer Tod als in der Schlacht, sie hatten ihm die erste Uniform gegeben und hatten sich vor der neuen Uniform, die er sich schuf, geduckt, sie hatten all sein Tun gepriesen, sie hatten ihn den Kindern als Vorbild gezeigt, sie hatten »das Reich« gerufen und Mord und Schlag und Leichenrauch für Deutschland hingenommen, doch selber waren sie an ihrem Stammtisch geblieben in altdeutscher Bierstube, die germanische Phrase auf der geschwätzigen Zunge, die Phrase ihrer Nietzschedeutung im Hirn, und Phrase, an der sie sich berauschten, war ihnen selbst Führerwort und Rosenbergmythos, während sie für Judejahn Aufruf zur Tat gewesen waren, er war vorangeschritten, der kleine Gottlieb hatte die Welt ändern wollen, sieh an, er war ein Revolutionär, und er verabscheute doch Revolutionäre und ließ sie peitschen und hängen, er war dumm, ein dummer Kopf, der kleine Gottlieb, der die Strafe anbetete, der kleine Gottlieb, der Prügel fürchtete und prügeln wollte, der ohnmächtige kleine Gottlieb, der zur Macht gepilgert war, und als er die Macht erreicht hatte und ihr ins Gesicht sehen durfte, was hatte er gesehen? Den Tod. Die Macht war der Tod. Der Tod war der einzige Allmächtige. Judejahn hatte es hingenommen, er war nicht erschrocken, denn der kleine Gottlieb hatte es immer schon geahnt, daß es nur diese eine Macht gab, den Tod, und nur eine wirkliche Machtausübung, nur eins, was Klarheit schuf: das Töten. Es gab kein Auferstehen. Judejahn hatte dem Tod gedient. Er hatte ihn reich beliefert. Das entfernte ihn von den Bürgern, von den Italienschwärmern und Schlachtfeldreisenden; sie besaßen nichts, sie hatten nichts außer dem Nichts, saßen fett im Nichts, stiegen auf im Nichts, bis sie endgültig in das Nichts eingingen, ein Teil von ihm wurden, wie sie es immer schon gewesen waren. Aber er, Judejahn, er hatte seinen Tod, den hielt er fest, und höchstens der Priester mochte versuchen, ihn ihm zu stehlen. Doch Judejahn ließ sich nicht bestehlen. Auch Priester konnten erschlagen werden. Wer war der Schwarzrock hier? Ein finniger Junge, übernächtigten Gesichts, ein Stück schmorender Geilheit unter der weibischen Kutte. Auch der Priester blickte auf die Hallengesellschaft, auch ihn schien zu grauen. Aber er war kein Bundesgenosse für Judejahn. Judejahn grauste es vor dem Priester und vor den Bürgern. Er sah, daß die Stellung der Bürger an diesem Tag uneinnehmbar war. Aber die Zeit arbeitete für Judejahn, und so wollte er zurück in die Wüste, Rekruten für den Tod drillen, und erst wenn Schlachtfelder nicht zu besichtigen, sondern frisch aufzureißen waren, würde Judejahn wieder marschieren.

Er floh aus dem Hotel. Er floh den Anblick der Bürger, floh den Anblick des Priesters, er floh das Auge des unsichtbaren Spähers. Es war nicht schändlich, es war nicht feig; es war ein taktisches Sichabsetzen. Wenn Judejahn in die Halle getreten wäre, wenn Judejahn sich zu erkennen gegeben hätte, die Bürger wären aufgesprungen, sie hätten ihn umjubelt, aber es wäre eine Heldenverehrung für einen Abend gewesen, und dann hätten sie ihm das Netz ihrer Bürgerlichkeit übergeworfen. Hinter einem der erleuchteten Fenster mochte Eva warten, – eine Heldenmutter, wenn sie im Mai der Schmach gestorben wäre. Sie lebte aber; und Judejahn sah sich mit ihr in deutscher Stube sitzen, er ging in den Dienst, den Pfaffrath ihm besorgen würde, er kam aus dem Dienst heim, den Pfaffrath ihm besorgt hatte, sie konnten Gänsebraten essen und Rheinwein trinken, das würde der Schwager-Pfaffrath-Dienst wohl abwerfen, und am Führergeburtstag und am neunten November würde Eva die Brosche ans Kleid stecken, wenn man die Brosche ihr nicht gestohlen hatte, Besatzungssoldaten waren Wert- und Andenkenjäger, das wußte Judejahn, die Brosche mit dem goldenen Hakenkreuz, das Führergeschenk, und sie würde ihn anstieren, wenn aus dem Radio die Nachrichten kamen, wenn Heuss sprach, wenn Adenauer redete, wenn aus der Nachbarwohnung amerikanischer Niggersong drang, und sie würde stieren und denken: du lebst du lebst du lebst. Und er würde leben und an die Wüste denken, an die Wüste von der aus Deutschland zu erobern war. Er ging in eine Garküche irgendwo an seinem Weg, der jetzt ziellos war, er trat ein in Öl- und Teig- und Meergerüche, er stellte sich an das Büfett, er hätte alles in sich hineinschlingen mögen, ein wahnsinniger Hunger quälte ihn. Da waren dicke weiße Bohnen, ein deutsches Gericht, ein Schulhauskinderzeitgericht, er deutete drauf hin, aber die Bohnen waren kalte Speise, kein deutsches Gericht, sie glitschten glatt in Öl, schwammen scharf in Essig, und überdies schmeckten sie fischig, denn was er für Fleisch gehalten hatte auf seinem Teller, war traniger Fisch, aber er schlang alles hinunter und hinterher noch eine Pasta, Nudeln jetzt ganz italienisch, die Tomatensauce schmierte sich ihm weich und fettig um den Mund, ein welscher Kuß, die Spaghetti hingen die Lippen abwärts, man hatte ihm kein Messer gegeben, sie zu schneiden, nun schnaufte er sie hoch wie eine Kuh das lange Gras, und erst ein neuer halber Liter Chianti reinigte Judejahn und machte ihn wieder zum Menschen. Das glaubte er.

Der Mensch erreichte durch Gassengeschlängel die Piazza S. Silvestro. Er sah die Leuchtschrift des Telephonamtes. Das war ihm recht. Er ging in das Haus, sah die Zellen mit den Sprechapparaten, wußte sie nicht zu bedienen, er schrieb den Namen von Pfaffraths Hotel auf einen Zettel, reichte ihn der Schalterbeamtin, die suchte für ihn die Nummer aus dem Verzeichnis, verkaufte ihm eine Telephonmarke, er stand in der Zelle, er wählte die Ziffern der Drehscheibe, er hörte »Pronto« rufen, sprach deutsch in die Sprechmuschel, verlangte Pfaffrath, hörte im Ohr Knacken, Sausen und Schritte, und dann war Pfaffrath da, war in der Leitung, meldete sich amtlich korrekt und würdebewußt »hier Oberbürgermeister Pfaffrath, wer dort«, und Judejahn hätte gern »du Arschloch« gerufen, oder sollte er seine Titel abschnarren, die militärischen und die parteiamtlichen oder gar den windig orientalisch blumenreichen, den er jetzt trug, sollte er sich als Obereunuch melden, als Haremsbeschäler, als Wüstenschreck, oder sollte er piepsen, »hier ist Gottlieb«, und schon wurde er so klein, der kleine Gottlieb, daß er die ganze Sprechapparatur nicht mehr erreichen konnte, und so sagte er nur »Judejahn«, aber er betonte den schlichten Namen dergestalt, daß Macht, Gewalt und Tod mit durch den Draht schwangen. Nun räusperte sich Pfaffrath, räusperte sich vom Oberbürgermeister zum Schwager hin, überwand wohl auch ein wenig Schreck und Grauen vor der Stimme des geliebten und gefürchteten Toten, des Familienstolzes und der Familienangst, je nachdem, den er als Auferstandenen erwartete, brauchte wohl auch etwas Zeit, um den Mut wieder zu finden, mit dem er sich jetzt zu Judejahn stellen wollte, und er sprach aufgeregt »wo bist du denn, wir warten schon auf dich«, und Judejahn versicherte hoheitsvoll, viele Geschäfte und wenig Zeit zu haben, und er bestellte sie für den anderen Tag in sein Hotel, in den großen prächtigen Palast an der Via Veneto, sie sollten Judejahn in all seinem Glanz sehen, und er nannte ihm den falschen Namen, den Deck- und Paßnamen den er führte, befahl in dem engen Sprechraum, an dessen Wänden in italienischer Sprache wohl Schweinereien standen wie in jeder Zelle, und Judejahn dachte ob zu Hause schon wieder »erwache« in die Latrinen geschrieben wurde, befahl ihm »wiederhole den Namen«, und Oberbürgermeister Friedrich Wilhelm Pfaffrath wiederholte brav den Falschnamen, die Urkundenlüge, – er würde nicht mehr in Gönnerhaltung vor Judejahn treten, er würde stramm stehen, und Judejahns Abschlich aus dem von Deutschen bevorzugten Haus war keine Flucht, der Abschlich war bewährte hohe Taktik gewesen.

Und der Mensch fühlte sich wieder obenauf, war wieder Herr seines Schicksals. Ein Sieger verließ das Telephonamt. Er wollte über die Piazza S. Silvestro gehen, er wollte Rom erobern, da knisterte und krachte es, und war ein Lärm wie von Krieg und Schlacht, es schmetterte und brach, und Entsetzensgebrüll erhob sich und Todesschrei, ein Neubau war eingestürzt, sein Fundament war falsch berechnet worden, aus einer Wolke von Staub ragten verbogene Träger, Menschen rannten kopflos herbei, und Judejahn kommandierte »absperren, zurückbleiben, absperren«, er wollte Disziplin in den Tod bringen, aber niemand hörte auf seinen deutschen Ruf, niemand verstand ihn, und dann kamen schon Sirenen und Glocken, Polizei kam und Rettungswagen und Feuerwehr, und aus der Kirche am Platz kam ein Priester, die mischten sich überall ein, und Judejahn erkannte, daß er fremd hier war und lästig und im Wege stand oder bestenfalls unbeachtet blieb, und er trat zur Seite, drängte sich aus der Menge, und dann fiel ihm ein, daß er in der Schule, dem verhaßten Gymnasium gelernt hatte, daß die Römer an Omen glaubten, und dies hier war ein schlechtes Zeichen. Gellend heulte ein Weib. Hatte sie Angehörige unter den Trümmern? Die Opfer, die Judejahn dem Tod darbrachte, hatten nie geheult. Es war merkwürdig, er hatte sie nie heulen hören.

So trieb er ab, trieb in den Corso hinein, einen langen Darm, gefüllt mit Wagen und Menschen. Wie Mikroben, wie Maden, wie Stoffwechsel und Verdauung zog es durch den Längsdarm der Stadt. Judejahn schwemmte der Sog des Verkehrs nach rechts, in die Richtung der Piazza del Popolo, aber er fühlte, daß es das falsche Ende war, auf das er sich zubewegte, und er stemmte sich gegen den Strom, wurde gepufft und gestoßen, aber er wandte sich um, blickte zurück, und da sah er es leuchten, Weiß und Gold und von Scheinwerfern angestrahlt, und jetzt wußte er Bescheid, da war er drauf zu gefahren, den Schutzwagen voran, eine Kraftradfahrereskorte zu beiden Seiten, und viele Wagen hinter ihm drein mit Deutschen und Italienern, mit den Spitzen der Ämter, mit den Würdenträgern der Partei und der Wehrmachtsteile. Er schob sich voran, zurück, er hatte Richtung und Zeit verloren, Gegenwart wurde Vergangenheit, aber das Ziel hielt er im Auge, die Marmorstufen, den Steinkoloß, das weiße Ehrenmal an der Piazza Venezia, das Nationaldenkmal des zweiten Viktor Emanuel, das Judejahn nach irgendeiner Verwechselung, einer falschen Erklärung für das Kapitol hielt und zugleich für einen Mussolini-Bau, für ein vom Duce errichtetes Monument, die Historie zu ehren, die alten Fundstätten zu krönen, und dies war die weiß und golden strahlende Verkündigung der Wiederauferstehung des Imperiums. Da war er drauf zu gefahren. Er eilte drauf zu. Hier rechts war der Palast des Duce. Keine Wache? Keine Wache. Gelblich schmutzig lag die Mauer im Schatten der Nacht. Niemand stand vor dem Tor. Kein Fenster war hell. Hier war er vorgefahren. Ein alter Besucher kam wieder. Klopf an, klopf an, – der Hausherr ist tot. Die Erben kennen dich nicht, – suche sie unter den Geschäftigen des Corso. Ja, mit dem Duce war er über diesen Platz geschritten, an seiner Seite war Judejahn gegangen, den Kranz des Führers am Ehrenmal des toten Soldaten niederzulegen. Da standen sie noch, die Wachen, standen breitbeinig, stramm und starr. Es war nichts an ihrer Haltung auszusetzen. Aber Judejahn fühlte nichts, – keine Ehrung, keinen Stolz, keine Trauer, keine Bewegung. Es ging ihm wie einem Frommen, der in der Kirche nichts fühlt. Er will beten, und Gott ist nicht da. Er will niederknien, und er denkt: der Boden ist kalt und schmutzig. Er sieht die Madonna, und er denkt: das ist Holz und etwas Farbe, und der Wurm sitzt drin. Das Volk jubelte nicht. Kein Vivat erscholl, kein Gesang. Motorroller knatterten vorüber. Keine Photographen waren erschienen, Judejahn in Blitzlicht zu tauchen. Ein paar müde Droschkenpferde schauten vom Rondell zu ihm hinüber. War er ein Gespenst? Er eilte die Marmorstufen hinauf. Hinter sich hatte er nun die Säulenreihe des pompösen Tempels, dessen Errichtung er fälschlich Mussolini zuschrieb, und die weiße Pracht erinnerte ihn an etwas, sie erinnerte ihn an eine Torte im Schaufenster des Konditors Süfke, an eine Torte, die der kleine Gottlieb bewundert und nie bekommen hatte, und vor ihm war das schwarze Hinterteil von des Königs Pferd, Judejahn wußte nicht, welcher König da in Eisen ritt, und es war ihm auch gleichgültig, denn er mochte Italiens Könige nicht, die er sich seit Kindertagen, durch Witzblätter des ersten Weltkrieges dazu verführt, mit Regenschirmen statt mit einem Säbel in der Faust vorstellte, aber wie er da stand, er oder der kleine Gottlieb, er empfand Größe, er dachte an den Duce, der dies alles gebaut und den man geschändet hatte, und er empfand die Größe der Geschichte, der man Denkmale setzte und hinter der immer der Tod als letzte Weihe war. Viel Licht breitete sich um Judejahn. Rom leuchtete. Aber ihm schien es eine tote Stadt zu sein, reif zum Abservieren, der Duce war geschändet, die Geschichte hatte Rom verlassen und mit ihr der zu rühmende Tod. Nun lebten die Leute hier, wagten es, nur so zu leben, lebten für ihre Geschäfte, lebten für ihr Vergnügen – gab es Schlimmeres? Judejahn sah auf die Stadt. Sie dünkte ihm toter noch als tot zu sein.

Am späten Abend ist die Via del Lavatore eine tote Straße. Der Markt hat seine Stände weggekarrt, und die vor den kleinen Comestibles heruntergelassenen Rolläden, altersgrau und altersgrün, machen die Front der Häuser blind wie grauer oder grüner Star das altersmüde Auge. In den Seitengassen, den dunklen Sackgängen sind die einfachen Weinschänken des Volkes, das hier in vielen Stockwerken in engen und hohen Kammern wohnt. Sie sitzen auf Bänken und Schemel an ungedeckten von Resten und Lachen gefärbten Tischen, sie bestellen einen halben Liter roten oder einen halben Liter weißen Wein, dolce oder secco, und wer essen will, bringt die Speisen mit, in Papier eingeschlagen oder in Töpfen, und breitet sie ungeniert über den Tisch. Fremde finden selten den Weg in diese Winkel. Doch Siegfried sitzt draußen vor einer solchen Schänke im blassen künstlichen Mondlicht der weißen Kugellampe. Ein Mann wirschaftet am Tisch. Aus einer Zwiebel wird ein Salat bereitet. Siegfried mag den Geschmack der Lauchgewächse nicht, aber der Mann schält und schneidet mit so viel Vorfreude die junge noch grüne Knolle, er mischt die Scheiben so sorgsam mit Essig und Öl

und Pfeffer und Salz, er bricht so andächtig sein trockenes
Brot, daß Siegfried nicht umhin kann, ihm »buón appetito«
zu wünschen. Den Mann freut Siegfrieds Teilnahme, und er
bittet ihn, doch seinen Wein zu probieren. Siegfried graust
es vor dem Glas des Mannes, dessen Zwiebelmund schon
ölig und ätherisch den Rand beschmiert hat, aber er überwin-
det den Ekel und kostet den Wein. Nun bietet Siegfried dem
Mann von seinem Wein an. Sie trinken und reden. Das heißt,
der Man redet. Er redet lange schöngebaute und schönver-
schlungene Sätze, deren Sinn Siegfried, der nur ein paar
Floskeln nach dem Wörterbuch stottert, nicht versteht. Aber
gerade weil er den Mann nicht versteht, unterhält er sich gern
mit ihm. Für einen Augenblick ist Siegfried froh, und die beiden sitzen beisammen wie zwei alte Freunde, von denen der
eine viel zu erzählen weiß, während der andere zuhört oder
auch nicht zuhört und vielleicht dankbar und freundlich
einer Geisterstimme lauscht die er auch nicht versteht aber
für eine Weile zu begreifen glaubt. Als der Mann die Zwiebel
verzehrt hat, stippt er mit dem Rest des Brotes das letzte Öl
aus der Kumme. Das fettdurchzogene Brot reicht er der
Katze, die ihn schon lange bittend beobachtet hat. Die Katze
bedankt sich und geht mit dem Brot in den Torgang; dort hat
sie ihre Jungen. Siegfried wünscht »felice notte«. Er verneigt
sich. Er wünscht die glückliche Nacht dem Mann, der
Schänke, der Katze und ihren Jungen. Vielleicht wünscht er
die glückliche Nacht auch sich. Er ist zufrieden in dieser
Abendstunde. Nun geht er in die Schänke, um einen Fiasco
zu kaufen. Vielleicht wird er nicht schlafen können. Es ist
gut, wenn man nicht schlafen kann, etwas Wein im Haus zu
haben. Siegfried möchte noch eine zweite Flasche Wein
kaufen. Er würde sie gern dem Mann schenken, mit dem er
gesprochen hat. Siegfried hält den Mann für arm. Vielleicht
würde der Wein ihn erfreuen. Aber Siegfried fürchtet, den
Mann, weil er arm ist, zu kränken. Er unterläßt es, die zweite
Flasche zu kaufen. Beim Hinausgehen verneigt er sich noch
einmal vor dem Tischgenossen. Noch einmal »felice notte«.
Aber hat er recht gehandelt? Warum schämte er sich seines

freundlichen Einfalls? Er weiß es nicht. Schon wieder zweifelt er. Es ist schwer, das Rechte zu tun. Und schon ist er nicht mehr froh. Er ist nicht mehr zufrieden.

Siegfrieds Schritte hallen in der nächtlich stillen Via del Lavatore. Sein Schatten läuft ihm voran, sein Schatten kriecht in ihn hinein, sein Schatten verfolgt ihn. Und schon überfällt Siegfried der Lärm und das Rauschen am Platz der Fontana di Trevi. Die Scharen der Fremden stehen am Rande des Wunderbrunnens und reden wie einst in Babel in vielen Sprachen. Reisegesellschaften sind fleißig und absolvieren noch in der Nacht ihren Schnellkurs in Kulturgeschichte und Länderkunde. Photographen lassen ihr Blitzlicht leuchten: auch ich war in Rom. Übernächtigte römische Jugend beugt sich über das Becken der Fontäne und fischt mit langen Stecken das Geld aus dem Wasser, das die Fremden leichtsinnig oder abergläubisch oder aus purem Jux hineinwerfen. Der Reiseführer lehrt, man komme nach Rom zurück, wenn man Geld in den Brunnen geworfen habe. Will der Fremde wiederkommen, will er zurückkehren, fürchtet er in freudloser Heimat zu sterben, will er in Rom begraben werden? Siegfried möchte wiederkommen, er möchte bleiben, er wird nicht bleiben, er wirft kein Geld in den Brunnen. Er möchte nicht sterben. Er möchte nicht zu Hause sterben. Möchte er hier begraben werden? Am Brunnen steht sein Hotel. Schmal und schief spiegelt sich die alte Fassade im Wasser. Siegfried tritt ein. Er geht durch den Windfang. Allein

der alte Mann hinter dem Windfang fror. Er fror an seinem Pult vor dem Schlüsselbrett im zugigen Treppenhaus. Er trug Filzschuhe wegen der Kühle des Steinbodens, er hatte den Mantel nach abgekämpfter Krieger Art über die Schulter geworfen, er deckte seinen kleinen kahlen Schädel nach alter Professoren Weise mit einem schwarzen Schlapphut, er sah wie ein Emigrant aus, wie ein liberaler Exilpolitiker aus einer liberalen Zeit, aber er war nur der Verwalter dieses kleinen Hotels, doch war er als Österreicher geboren, und als Italiener würde er sterben, bald, in wenigen Jahren, und ihm war es gleichgültig, ob er als Italiener oder als Österreicher sterben mußte. Manchmal unterhielten wir uns, und jetzt, als ich heimkam, empfing er mich eifrig: »Ein Priester wartet auf Sie!« »Ein Priester?« fragte ich. Und er sagte: »Ja, er wartet auf Ihrem Zimmer.« Und ich dachte: es muß ein Irrtum sein, und es ist sonderbar zu dieser Stunde. Ich stieg die Treppe hinauf, die Treppe des alten Hauses, die Steinstufen waren zu kleinen Mulden ausgetreten, das Gemäuer senkte sich, der Boden meines Stockwerks hing schief, ich ging wie bergan und erreichte die schlecht sperrende Tür meines Zimmers. Kein Licht schimmerte durch die breiten Ritzen im aufgesprungenen Holz, und wieder dachte ich: ein Irrtum. Ich öffnete die Tür, und da sah ich ihn der Tür gegenüber am Fenster stehen, ein hoher schwarzer Schatten, wirklich ein Priester, im Licht der Scheinwerfer, die draußen noch immer die Fontana di Trevi anstrahlten, ihre üppigen Fabelwesen, ihren barocken fleischigen Olymp und ihre ständig strömenden wie Meeresschlag rauschenden und einschläfernden Wasser. Er war groß und wirkte hager. Sein Gesicht war bleich, aber vielleicht kam das von dem tünchenden Strahl der Scheinwerfer. Ich schaltete das Zimmerlicht an, die unverhüllte Glühbirne, die über dem breiten Bett hing, dem letto grande des Beherbergungsgewerbes, dem letto matrimoniale, dem Ehebett, das jetzt mir vermietet war, mir allein, und auf dem ich nackt liegen mochte, bloß, keusch oder nicht keusch, allein, und die nackte bloße Glühbirne über mir, allein oder fliegenumsummt, und das Rauschen des Brunnens und das Gebabel der Stimmen aus aller Herren Länder, so sagt man, und er, der Priester, wandte sich mir nun mit einer in sich gehemmten Geste der Begrüßung zu, die er nicht vollendete, er hob und breitete die Arme, eine Bewegung die, da er die Kutte trug, an einen Kanzelredner denken ließ, und gleich senkte er die Arme wieder, wie verzagt oder als ob er sich der Geste schäme, und seine Hände versteckten sich wie zwei schüchterne rötliche Tiere in den Falten seines schwarzen Gewandes. Er rief: »Siegfried!« Und dann sprach er hastig, sich überstürzend: »Ich habe deine Adresse ausfindig gemacht, verzeih. Ich will dich nicht stören. Ich

64

störe dich sicher, und ich gehe besser gleich wieder, wenn ich dich störe.«

Es war Adolf, der groß und hager, verwirrt und im geistlichen Kleid vor mir stand, Adolf Judejahn, der Sohn meines einst so mächtigen und schrecklichen Onkels, und ich sah Adolf wie ich ihn zuletzt gesehen hatte, auf der Ordensburg, klein, er war jünger als ich, ein kleiner armer Soldat in der Uniform der Junkerschule, klein in langer schwarzer Militärhose mit roter Biese, klein in dem braunen Parteirock, klein unter dem schwarzen Schiffchen, das schräg auf das kurzgeschnittene nach Vorschrift gescheitelte Haar gesetzt war, auch ich war so rumgelaufen, und ich hatte es gehaßt, mich wie die Soldaten oder wie die Bonzen kleiden zu müssen, und vielleicht hatte auch er den Anzug gehaßt, aber ich wußte es nicht, ich hatte ihn nicht gefragt, ob er die Ordensburg, den Dienstbetrieb, die Soldaten und die Bonzen hasse, ich dachte an Onkel Judejahn und ich traute Adolf nicht, ich ging ihm aus dem Weg, und ich dachte gar, daß er wie mein Bruder Dietrich gern in der Uniform steckte oder seinen Vorteil draus holte und sich zu Posten drängte, und darum belustigte es mich, ihn nun im Gewand des Priesters zu sehen, und ich überlegte, in was für Verkleidungen wir doch auftreten, traurige Clowns in einer mäßigen Verwechselungsposse. Ich sah ihn stehen, und ich sagte: »Setz dich doch.« Und ich schob ihm den schäbigen wackligen Stuhl der Herberge hin, drängte von der Marmorplatte der Kommode Bücher, Zeitungen und Notenblätter zurück, ich holte aus der Schublade den Korkenzieher, öffnete den Wein, den ich mitgebracht hatte, und spülte das Zahnputzglas im Waschbecken aus. Ich dachte: Judejahn ist verschollen, Judejahn hat es erwischt, Judejahn ist tot. Und ich dachte: wie schade, daß Onkel Judejahn seinen Sohn nicht sehen kann; wie schade, daß er ihn nicht bei mir auf wackligem Stuhl sehen kann; wie schade, denn ich glaube, er wäre geplatzt, und noch heute würde ich ihn gern platzen sehen. Übertrieb ich nicht? Maß ich ihm nicht zuviel Bedeutung zu? Ich schenkte den Wein ein und sagte: »Trink zuerst. Wir müssen aus einem Glas trinken. Ich habe nur ein Glas.« Und er sagte: »Ich trinke nicht.« Und ich: »Als Priester darfst du doch ein Glas Wein trinken. Das ist doch keine Sünde.« Und er: »Eine Sünde ist es nicht. Aber ich danke dir. Ich mag nicht.« Und nach einer Weile sagte er: »Ich bin noch nicht Priester. Ich habe erst die Diakonatsweihe.« Ich trank von dem Wein, schenkte das Glas wieder voll und nahm es mit mir zu dem breiten Bett. Ich legte mich auf das breite Bett, und es war, als wolle ich andeuten, daß ich unkeusch lebe, was in diesem Zimmer gar nicht mal zutraf, und ich weiß auch nicht, was unkeusch ist, oder ich weiß es, aber ich will es nicht wissen, und ich lehnte mich zurück, stützte mich gegen das Kopfkissen und fragte ihn: »Was ist der Unterschied?« Und er sagte: »Ich darf taufen.« Und dann, als ob er sich besonnen hätte, sagte er: »Ich kann noch nicht die Messe feiern. Ich habe noch keine Absolutionsgewalt. Ich kann die Sünden nicht vergeben. Erst wenn mich der Bischof zum Priester geweiht hat, darf ich die Sünden nachlassen.« Ich sagte: »Da wirst du viel zu tun haben.« Und dann ärgerte ich mich, weil ich das gesagt hatte. Es war dumm und witzlos und gemein, und eigentlich mag ich die Priester. Ich mag die Priester, die ich nicht kenne. Ich mag die Priester, die ich sehe ohne sie zu kennen. Ich mag die Priester von weitem, ich mag sie aus sicherer Entfernung. Ich mag die Priester, die lateinisch sprechen, weil ich sie dann nicht verstehe. Ich verstehe sie nicht, aber ihre lateinische Sprache gefällt mir, und ich höre ihnen gern zu. Wenn ich sie verstehen könnte, würde ich ihnen gewiß weniger gern zuhören. Vielleicht verstehe ich sie auch, aber nur ein wenig. Vielleicht bilde ich mir bloß ein, sie ein wenig zu verstehen, und es gefällt mir, weil ich sie, genau genommen, doch nicht verstehe. Vielleicht verstehe ich sie sogar falsch, aber es gefällt mir dann, sie falsch zu verstehen, und es wird schon richtig sein, wenn ich sie falsch verstehe, denn wenn sie recht haben und es gibt Gott, dann wird Gott mir durch ihren Mund das Richtige verkünden, auch wenn der Mund seiner Diener ganz andere Sätze spricht, als ich sie verstehe. Wenn ich die Wörter der Priester so verstehen könnte, wie die Priester sie reden, würde ich sie nicht mehr mögen. Sicher sind auch die Priester dumm und rechthaberisch und eigensinnig. Sie berufen sich auf Gott, um zu herrschen. Judejahn berief sich, als er herrschte, auf Hitler und die Vorsehung. Und Adolf? Auf wen mochte er sich berufen? Ich sah ihn an. Er sah mich an. Wir schwiegen. Die Fremden, keine Pilger, redeten nach Babel Weise. Das Wasser rauschte Vergänglichkeit. Das war draußen. Hier summten Fliegen. Fliegen summten hier. Schmutzige Fliegen.

In dem Keller mochten Ratten nisten, aber es zog Judejahn hinab, es zog ihn von der breiten langweiligen Via Nazionale hinunter in diesen Keller, die feuchten schmutzigen Steinstufen hinab, die Freßlust trieb ihn, der Durst trieb ihn, ein Schild »Deutsche Küche« lockte, ein Schild »Pilsener Bier«, deutsch sei der Mann, deutsch sei das Essen, Pilsen war eine deutsche Stadt, man hatte sie nicht genug verteidigt, Pilsen war eine tschechische Stadt, man hatte sie durch Verrat verloren, die Skodawerke waren kriegswichtig, das Bier war kriegswichtig, Galgen waren kriegswichtig, Verschwörung, Untermenschentum, Ratten, die Fremdarbeiter, Gefahr vom Reichssicherheitshauptamt erkannt und bereinigt, Kamerad Heydrich hatte durchgegriffen, Kamerad Heydrich war tot, war Blut von seinem Blut, war sein Spiegelgesicht, – Judejahn lebte. Immer der gleiche Vorwurf. Es war Eva, die den Vorwurf in ihm dachte. Und er dachte, warum lebt sie, warum überlebte sie? Denken wir nicht seine Art. Das war Treibsand, gefährliches verbotenes Territorium. Literaten dachten. Kulturbolschewisten dachten. Juden dachten. Schärfer dachte die Pistole. Judejahn hatte keine Waffe bei sich. Er fühlte sich wehrlos. Was war mit ihm? Warum ging er nicht gutgekleidet, mit einem guten Paß ausgestattet, mit Geld reichlich versehen in ein gutes Restaurant, füllte sich den Bauch bis zum Speien, füllte sich wie ihn sich die Juden wieder füllten, füllte ihn sich mit Gänseleber, mit Mayonnaisen, mit zarten gemästeten Kapaunen, ging dann in ein Dancing, gutgekleidet, mit Geld versehen, trank sich voll und gabelte für die Nacht was auf, wohl gekleidet, wohl versehen, geil wie die Juden, er konnte konkurrieren, er durfte Ansprüche stellen, warum tat er es nicht? Fressen, Saufen, Huren, das war Landsknechtsweise, so ging das Landsknechtslied, im Freikorps hatten sie es gesungen, bei Roßbach hatten sie es am Lagerfeuer gesungen, im Schwarzenreichswehrlager hatte man es gebrüllt, im Femewald, Judejahn war ein Landsknecht, er war der letzte übriggebliebene Landsknecht, er pfiff das Lied in der Wüste, er wollte fressen, saufen, huren, er hatte Lust dazu, Unruhe zwickte seine Hoden, warum nahm er sich nicht was er haben wollte, warum die Garküchen, die Stehkneipen, warum dieser Keller? Es zog ihn hinunter. Es war ein verhängnisvoller Tag. Lähmung lag in der alten Luft dieser Stadt, Lähmung und Verhängnis. Ihm war, als könne in dieser Stadt keiner mehr ficken. Ihm war, als hätten die Priester der Stadt die Hoden abgeschnitten. Er ging hinunter, Pilsener Bier, stieg in die Unterwelt, tschechische Ratten, Pilsener Fässer, es empfing ihn ein Steinkeller, groß, gewölbig, ein paar Tische, ein paar Stühle, hinten eine Theke, oxydierende rostige Bierhähne, Bierschaum wie erbrochen auf dem Zink. An einem Tisch saßen zwei Männer. Sie spielten Karten. Sie musterten Judejahn. Sie grinsten. Es war kein gutes Grinsen. Sie begrüßten ihn: »Sie sind auch nicht von hier!« Sie sprachen deutsch. Er setzte sich. »Hummel Hummel«, sagte der eine. Der Kellner kam. Judejahn sagte: »Ein Pils.« Die Männer grinsten. Judejahn sagte: »Eine Runde.« Die Männer grinsten. Mit dem Kellner sprachen sie italienisch. Es waren gesengte Zungen. Der Kellner grinste. Die Männer sagten »Kamerad« zu Judejahn. Einer sagte vom andern: »Der ist mein Kumpel.« Judejahn fühlte sich angezogen. Er kannte die Sorte: Galgenvögel, verlorene Haufen. Ihre Gesichter waren wie die Gesichter von Leichen, die an einer widerlichen Krankheit gestorben waren. Das Bier kam. Es schmeckte stechend. Es schmeckte wie eine mit Gift gemischte Brauselimonade, doch es war kalt. Die Gläser waren beschlagen. Die Männer hoben die frostbeschlagenen Gläser mit dem giftig schmeckenden Bier gegen Judejahn. Sie hatten Komment. Unter dem Tisch preßten sie Knie und Hacken zusammen, auch den Arsch. Judejahn kam nach. Er hatte immer Komment gehabt. Der Kellner servierte Speisen. Die Männer hatten sie wohl bestellt. Braungebrannte Zwiebeln bruzzelten auf großen gehackten Steaks. Man aß. Man stopfte sich voll. Die Zwiebeln schmeckten den Männern. Die Zwiebeln schmeckten Judejahn. Man freundete sich an. »Das schmeckt wie zu Haus«, sagte der eine. »Quatsch!« sagte der andere, »wie beim Barras. Ich hab immer nur beim Barras gut gefuttert.« »Bei welchem Haufen?« fragte Judejahn. Sie grinsten. »Nimm mal die Brille ab«, sagten sie. »Du bist auch kein heuriger Hase.« Judejahn nahm die Brille ab. Er sah die beiden an. Sie waren seine rechten Söhne. Er hätte sie gern gedrillt. Gedrillt waren sie brauchbar. Er dachte: durchgevögelte Scheißkerle. »Kenne ich dich nicht?« fragte der eine. »Bestimmt habe ich dich schon mal gesehen. Na, macht nichts.« Was machte schon was? Sie nannten eine Formation. Judejahn kannte die Formation gut, eine Truppe verruchter Kerle, ein anrüchiger Verein, Helden, gingen ran, wo die Wehrmacht nicht mitzog. Die hatten viele umgelegt. Sie waren Judejahn unterstellt gewesen. Sie hatten Bevölkerungsfragen für den Führer gelöst. Sie hatten Völkermord getrieben. Judejahn fragte nach ihrem Kommandeur, einem fixen Kerl, einer brauchbaren Bestie. Sie grinsten ihn an. Einer zeichnete eine Schlinge in die Luft und zog sie zu. »In Warschau«, sagte der andere. War Warschau nicht erobert worden, war Paris nicht erobert worden, war Rom nicht besetzt? »Was macht ihr?« fragte Judejahn. »Och, wir fahren so rum«, sagten sie. »Wie lange schon?« »Lange.« »Woher?« »Wien.« Sie waren keine Germanen, waren ostische Mischrasse, österreichische SS, sie waren überall durchgerutscht. Judejahn betrachtete sie wie die Kobra die Kröte betrachtet, und sie hielten ihn für den großen Ochsenfrosch. Aber er sah sie auch mit dem Wohlwollen und der Berechnung des Schlangenzüchters an, mit dem Wohlwollen und der Berechnung des Reptiliengärtners, der das Ungetier zu Giftgabe und

Vivisektion in die Laboratorien liefert. Judejahn schickte Männer und Jünglinge in das stinkende blutige Labor der Geschichte, er schickte sie in die Versuchsstation des Todes. Sollte er sich zu erkennen geben? Sollte er sie für die Wüste verpflichten? Er fürchtete sich nicht, seinen Namen zu nennen; aber nachdem er mit ihnen gegessen und getrunken hatte, verbot ihm sein Rang, sich zu offenbaren. Der kommandierende Mörder saß nicht mit den Handlangern bei Tisch; das widersprach den Kasinositten. Sie sagten: »Wir haben einen Wagen.« Sie nannten das »organisieren«. Sie hatten zu organisieren gelernt. Sie organisierten noch immer. Judejahn beglich die Rechnung. Es amüsierte ihn, daß sie nun meinten, er würde die Zeche bezahlen. Judejahn zahlte nie die Zeche. Er hatte verschiedene Geldsorten in seiner Brieftasche und kam nicht zurecht mit den großen zerknitterten Scheinen, den aufgeblähten Zahlen einer vom Kriege korrumpierten Währung. Der Krieg, das war Judejahn; und es war ihm, als habe er geholfen, das Geld zu entwerten und die Zahlen aufzublähen; es befriedigte ihn und ekelte ihn. Die Männer standen Judejahn bei, den Kurswert des Geldes zu erkennen; sie organisierten auch im Devisenhandel; sie konnten Geld verschwinden lassen, Dollar gegen Blüten wechseln. Judejahn verachtete das Geld und brauchte viel. Dabei paßte er auf, daß er nicht bestohlen wurde. Der kleine Gottlieb hatte die Reichen immer bewundert, er hatte sie immer gehaßt. Judejahn lebte gern wie die Reichen, aber er achtete ihr Leben nicht. Er hatte versucht, sie zu übertreffen. Die Reichen waren dumm. Sie hatten Judejahn für einen Lakaien gehalten, der ihre Geschäfte besorgen würde. Aber der Lakai wurde ihr Kerkermeister und hielt sie gefangen. Doch am Ende waren auch diese Gefangenen Judejahn entkommen. Die Reichen waren wieder reich. Sie waren wieder frei. Sie waren wieder klug. Der kleine Gottlieb stand wieder bewundernd und hassend in der Ecke. Zuweilen fiel ein Stück vom Kuchen für ihn ab. Die Konstellationen waren für Judejahn nicht ungünstig. Wallenstein glaubte an die Sterne. Mars Merkur und Klio hausen in Rattenwinkeln. Erschöpft lustlos zänkisch mißgönnig habsüchtig begehrlich und ewig gierig hören sie nicht auf, einander beizuwohnen. Die Presse zeigt ihre Fehlgeburten an. Judejahn verließ mit den ostisch germanischen, er verließ mit den leichengesichtigen, den grinsenden Mannen, verließ mit den sehr verwendbaren Organisatoren, den ostmärkischen Hummel-Hummel-Brummern, den Seelenbrüdern und Kampfgenossen den Pilsener Keller. Kameraden. Ratten. Ratten stiegen über die Kellerstufen.

Er war erschöpft, und ich bot ihm noch einmal von dem Wein an, und er wehrte noch einmal den Wein ab, und ich dachte, ob er auch so erschöpft sei, wenn er seinen Oberen gebeichtet hatte. Ich war nicht sein Beichtiger, und ich konnte ihm nichts vergeben. Ich sah keine Sünden. Ich sah nur das Leben, und das Leben war keinem zu vergeben. Ich konnte ihm auch nicht raten. Wer darf raten? Es sagte mir nichts, und es sagte mir so viel, daß er rief: »Sie ist doch meine Mutter, er ist doch mein Vater!« Und so erfuhr ich, daß sie in Rom waren, meine Eltern, mein Bruder Dietrich, Tante und Onkel Judejahn, auch er, er lebte, und Adolf saß vor mir, wenn auch nicht ganz, wie ich empfand, denn durch sein Priesterkleid hatte er sich von uns gelöst, er hatte sich befreit, ich wollte nicht wissen, um welchen Preis, wie auch ich mich von ihnen befreit hatte und den Preis nicht wissen wollte. Wohin denn nun fliehen, da sie hier waren, mich verfolgten, denn Adolf war ja ihnen gefolgt, oder ihr, seiner Mutter, die er mir entsetzlich schilderte? Und wenn er mir sagte: »Er ist mein Vater, sie ist meine Mutter«, – ich wollte es nicht hören. Ich wollte nicht mehr. Ich hatte mich befreit. Ich fühlte mich frei. Ich glaubte mich befreit und wollte frei bleiben, – und ich war kein Christ. Ich meine, ich war nicht wie Onkel Judejahn kein Christ, ich war kein Christenfeind, ich ging nur nicht in die Kirche, oder ich ging viel in die Kirchen, doch nicht zum Gottesdienst, oder ich ging auch zum Gottesdienst hin, aber nicht zu ihrem, den sie dort feierten. Aber wenn er nun Christ war und Priester, dann gab es für ihn doch das Wort, daß man Vater und Mutter lassen solle, – und hatte er sie nicht gelassen?

Er stützte sein Gesicht in die Hände. Er hatte mir das Ende der Ordensschule erzählt, das Ende der nationalsozialistischen Erziehungsburg, in der sie uns schmoren ließen, aus der sie ihren Führernachwuchs holen wollten. Wir hatten schon immer mit Handgranaten geschmissen, mit Übungshandgranaten, die mit einem spitzen Knall und einer spitzen kleinen Flamme auf der Schulwiese explodierten, und dann hatte man ihnen richtige Handgranaten an das Wehrgehenk gegeben, aber es waren nicht genug Granaten für alle Kinder da, und es wurden alte unzuverlässig gewordene Beutehandgranaten griechischer Herkunft hinzugenommen, und einem Jungen hatte eine Granate den Leib zerfetzt, weil die Abzugschnur sich um seinen Schulterriemen gewunden und sich beim Gehen gelöst hatte, so erklärten die Erzieher den Unfall, und die Erzieher hatten ihnen dann Gewehre gegeben, Beutegewehre aus Siegestagen mit verrosteten Läufen, und sie sollten zusammen mit den alten Männern des Volkssturms den Adlerhorst verteidigen, das Refugium der geschlagenen und noch immer blutdürstigen Götter, aber die Götter fraßen zum Glück einander und verloren den Kopf bevor sie tot waren, und die alten Männer des Volkssturms verdrückten sich in den Wald und in die Berge, oder sie versteckten sich in Heumieten und in Kartoffelkellern, und die forschen Erzieher huschten wie Mäuse umher, denn nun sollten sie für den Speck zahlen, den sie gegessen hatten, nun saßen sie in der Falle, saßen im Netz des Käfigs, den sie Masche für Masche mitgeflochten hatten, und dann hieß es, es gehe noch ein Zug, und die Erzieher schickten die Kinder nach Hause, ohne Gewehr, ohne Handgranaten, aber in der braunen Schuluniform, und das Zuhause war nicht mehr zu erreichen, das Zuhause war eine Erinnerung. Der Zug kam nicht weit. Er wurde von Tieffliegern beschossen. Wie wütende Hornissen stachen die Flieger mit Schußgarben durch splitterndes Glas, Blech und Holz der Abteile. Adolf war unverletzt. Aber der Zug blieb auf der Strecke, ein regloser zur Strecke gebrachter Wurm. Die Kinder gingen zu Fuß den Bahndamm weiter, dem Schotter nach, sie stolperten über die

Schwellen, und dann trafen sie den anderen Zug, es war ein Konzentrationslager das verladen und auf dem Gleis liegengeblieben war. Gerippe guckten die Kinder an. Tote guckten sie an. Die Kinder in der Uniform der Parteischule fürchteten sich. Aber eigentlich wußten sie nicht, warum sie sich fürchteten. Sie waren doch deutsche Kinder! Sie waren sogar auserwählte Kinder! Aber sie flüsterten nun: »Das sind Kazetler!« Und sie flüsterten: »Das sind Juden!« Und die Kinder sahen sich um und flüsterten: »Wo sind die Unsern, wo ist die Wachmannschaft?« Aber es war keine Wachmannschaft mehr da, und der Zug stand zwischen Wald und Wiese, es war ein Frühlingstag, die ersten Blumen blühten, die ersten Falter schwirrten, die Kinder in braunen Jacken standen allein den Häftlingen im blauweißen Sträflingskleid gegenüber, und die Gerippe und die Toten schauten aus tiefliegenden Augenhöhlen wie durch die Parteijunker hindurch, und denen war es auf einmal, als ob sie selbst keine Skelette mehr hätten, kein Knochengerüst, als ob sie nur noch eine braune Parteijacke seien, die durch bösen Zauber in der Frühlingsluft hing. Die Kinder liefen vom Bahnkörper hinunter in den Wald. Sie blieben nicht beisammen. Sie zerstreuten sich. Sie gingen grußlos auseinander. Kein Arm wurde gereckt, kein »Heil Hitler« geschrien. Und Adolf setzte sich vor ein Gebüsch ins Gras, denn er wußte nicht, wohin er gehen sollte. In dem Gebüsch hatte sich aber ein Gespenst versteckt, und das Gespenst beobachtete Adolf. Das Gespenst war genau so alt wie Adolf, aber es hatte nur die Hälfte von Adolfs Gewicht. Adolf weinte. Immer hatte man ihm verboten, zu weinen. »Ein deutscher Junge weint nicht«, sprachen die Eltern und Erzieher. Jetzt weinte Adolf. Er wußte aber nicht, warum er weinte. Vielleicht weinte er, weil er zum erstenmal allein war, und weil niemand da war, der zu ihm sagen konnte: »Ein deutscher Junge weint nicht.« Doch als das Gespenst Adolf weinen sah, nahm das Gespenst den Knüppel der neben ihm lag und kam aus dem Gebüsch, eine schlotternde Gestalt, ein ausgemergelter Leib, eine verprügelte Haut, ein kahlgeschorener Kinderschädel, ein Totenantlitz, und das Gespenst in seiner blauweißgestreiften Zwangsjacke hob den Knüppel, und seine Nase stand groß und knochig in dem Hungertodgesicht, und Adolf Judejahn erblickte das ›Stürmer‹-Bild und sah zum erstenmal einen lebenden Juden, wenn der Jude auch kaum noch am Leben war, und das Gespenst, den Knüppel erhoben in der zitternden Hand, schrie nach Brot. Adolf öffnete seinen Rucksack, er hatte Brot und Wurst und Margarine, sie hatten Marschverpflegung bekommen und seltsamerweise ein Pfund Mandeln weil Mandeln gerade da waren, und Adolf reichte die Verpflegung dem Gespenst, das den Rucksack an sich riß und sich in einiger Entfernung von Adolf niedersetzte und die Wurst und das Brot in großen Stücken in sich hineinstopfte. Adolf sah ihm zu. Er dachte nichts. Er dachte gar nichts. Es war eine absolute Leere in seinem Kopf, es war so, als ob alles, was er bisher gedacht und gelernt hatte, nun ausgeräumt war, um vielleicht einem neuen Denken, einer neuen Lehre Platz zu machen, aber das wußte man noch nicht. Und vorerst war sein Kopf nur leer, ein leerer Luftballon, der schlapp über dem Gras hing. Und das Gespenst, das sah, wie Adolf ihn ansah, warf ihm von der Wurst und vom Brot zu und rief: »Iß auch! Es reicht für uns beide!« Und Adolf aß, ohne Hunger und ohne daß es ihm schmeckte, aber auch ohne Ekel. Als er Adolf essen sah, kam der andere näher. Er setzte sich zu Adolf. Die Mandeln aßen sie zusammen. Die Tüte mit den Mandeln lag zwischen ihnen, und sie langten beide mit etwas abwesenden Bewegungen in die Tüte. »Jetzt kommen die Amerikaner«, sagte der jüdische Junge. »Wo willst du hin?« fragte er. »Ich weiß nicht«, sagte Adolf. »Bist du Nazi?« fragte der jüdische Junge. »Mein Vater«, sagte Adolf. »Meine Leute sind tot«, sagte der jüdische Junge. Und da dachte Adolf, daß auch sein Vater tot sein würde, er mußte tot sein; aber es sagte ihm nichts, daß sein Vater tot war. Wenn er weinte, dann weinte er um sich, oder nicht einmal um sich, er wußte nicht, warum er weinte, vielleicht weinte er um die Welt, aber er weinte nicht um seinen Vater. Hatte er ihn nicht geliebt? Er wußte es nicht. Hatte er ihn gehaßt? Er glaubte es nicht.

Er sah ihn nur als Bild, als das parteioffiziöse Wandbild, – es sagte ihm nichts. Der jüdische Junge erbrach sich. Er gab die Wurst und das Brot und die Margarine wieder von sich. Er gab auch die Mandeln wieder von sich. Er klapperte mit den Zähnen, und es war, als klapperten alle seine durch die bleiche Haut drängenden Knochen. Adolf zog seine braune Parteijacke aus und legte sie über den Jungen. Er wußte nicht, warum er es tat. Er tat es nicht aus Mitleid. Er tat es nicht aus Liebe. Nicht einmal aus Scham deckte er den Jungen zu. Er tat es einfach, weil der andere zu frieren schien. Nachher tauschten sie ihre Jacken. Adolf zog die blauweißgestreifte Sträflingsjacke mit dem Judenstern an. Das berührte ihn. Sein Herz schlug so, daß er den Schlag in den Adern spürte. Die Jacke brannte. Er fühlte es. Später hörten sie auf der Chaussee ein Rollen. »Panzer«, sagte Adolf. »Die Amerikaner«, flüsterte der Junge. Ihm war das Leben geschenkt, aber er war zu schwach, um zu den Panzern zu kriechen. Und Adolf? War ihm das Leben genommen, zerbrach es der Heerbann, der da rollend und ratternd durch deutsches Land zog? Die Jungen legten sich in das Laub und deckten sich mit Zweigen zu. Sie lagen beieinander und wärmten einander in dieser Nacht. Am Morgen gingen sie in das Dorf. Der junge Jude suchte die Amerikaner. Er sagte: »Komm mit!« Aber Adolf ging nicht mit ihm; er suchte nicht die Amerikaner. Adolf wanderte durch das Dorf. Man starrte ihn an, einen Jungen in schwarzer Militärhose mit roter Biese, mit soldatischem Haarschnitt und in einer Zuchthäuslerjacke. Er setzte sich in die Dorfkirche. Er setzte sich in die Dorfkirche, weil ihr Tor offen stand, und weil sonst kein Tor offen stand, und weil er müde war, und weil er nicht wußte, wohin er gehörte. So fand ihn der Priester. Er fand ihn schlafend. War es Berufung? Hatte Gott ihn gerufen? Am Sonntag predigte der Priester: »Wahrlich, wahrlich, ich sage euch, wer mein Wort hört und dem glaubt, der mich gesandt hat, der hat das ewige Leben und kommt nicht ins Gericht, sondern ist schon vom Tod zum Leben übergegangen. Wahrlich, wahrlich, ich sage euch: Es kommt die Stunde, ja sie ist jetzt schon da, in der die

Toten die Stimme des Sohnes Gottes hören werden; und die auf sie hören, werden leben.« Wünschte Adolf zu leben? Wollte er nicht ins Gericht kommen? Es waren Frauen und Flüchtlinge in der Kirche und Männer die schnell in einen Zivilrock geschlüpft waren, um der Gefangenschaft zu entgehen. Es waren auch amerikanische Soldaten in der Kirche, und sie hielten ihre Stahlhelme in den gefalteten Händen, und sie hatten ihre leichten kurzen Gewehre gegen die Kirchenbänke gelehnt. Sie hatten das Leben behalten. Sie sagten, sie seien die Befreier. Sie waren über das Meer gekommen. Sie waren Kreuzritter. Adolf Judejahn hatte in nationalsozialistischer Erziehungsanstalt von den Kreuzzügen gehört; aber seine Erzieher hatten die Kreuzzüge nicht gebilligt. Die Erzieher lehrten die Eroberung der Erde und nicht des Himmels. Für sie lohnte es sich auch nicht, das Heilige Grab zu erobern; doch scheuten sie Gräber nicht. Adolf glaubte seinen Erziehern nicht mehr. Er glaubte den Menschen nicht mehr. Er wollte dem Herrn dienen. Gott Vater Sohn und Heiliger Geist

Er wollte nicht sterben. Er spürte die Todesnähe. Er fürchtete sich. Judejahn war in das Automobil der ergebenen Untergebenen, der freigelassenen und nicht freigelassenen Knechte gestiegen, es war ein verbeultes Vehikel, fast ein Kriegs- und Kübelwagen, sie waren auf Feldfahrt, auf Spähtour, sie stießen vor. In welcher Richtung stießen sie vor? Die Richtung war gleichgültig. Der Vorstoß war ein Wert an sich. Judejahn hatte »zum Bahnhof« befohlen. Er wußte nicht, was er auf dem Bahnhof wollte. Aber der Bahnhof war ein Ziel. Er war ein Gelände. Man konnte sich verstecken. Man konnte in Deckung gehen. Man konnte untertauchen, abreisen, wieder verschwinden, wieder gestorben sein und nicht gestorben sein; Judejahn konnte eine Sage werden wie der »Fliegende Holländer«, und Eva würde stolz auf ihn sein. Der Bahnhof, das Ziel lag in der Nähe. Aber Judejahn, neben dem Fahrer sitzend, der andere hockte hinter ihm, hockte in seinem Rücken, Judejahn merkte, daß die Fahrt nicht zum Bahnhof ging, daß sie schweifend war, weiter, planlos, suchend, in Bogen fuhren sie, forschten wohl nach Winkeln und Sackgassen, nach stillen Mordplätzen oder auch nach Lärm und Verkehrsgewühl, wo ein Schuß nicht zu hören war; die dachten wirklich, er würde die Zeche bezahlen, blöde Hunde, sie meinten ihn im Netz zu haben, doch Judejahn kannte sich aus, so fuhr man in den Femewald, ein Schlag von hinten, ein Schuß von hinten und dann dem Toten die Brieftasche weggenommen und im Mauerschatten die Wagentür geöffnet und die Leiche in den Kehricht gestoßen, er kannte sich aus, und Führerbefehl war es am Ende, den Befehlshaber der versagte, den Feigen der kapitulierte, umzulegen, Befehl an jedermann, besonderer Befehl an diese hier, österreichische SS, des Führers angestammte Garde, aber Judejahn hatte nicht versagt, er hatte nicht kapituliert und Angst hatte er nur in Rom, der verfluchten Pfaffenstadt, er hatte Angst, aber er war nicht feig und mit ihm war das nicht zu machen, die wollten mit seinem Geld ins Puff gehen, aber Judejahn ließ sich nicht auf der Flucht erschießen, er war der Erfinder der Methode und ließ sich nicht in die Flucht treiben, er war auf taktischen Umwegen, auf Umgehungspfaden, auf Wüstenrouten, folgte Schakallosungen, aber sein Ziel blieb Deutschland, seine Fata Morgana war Großdeutschland, nichts konnte ihn beirren, er kotzte sie an. Der Wagen stand augenblicklich. Das morsche Blech zitterte. Es tat Judejahn wohl, sie anzukotzen. Sie waren seine Leute, waren seine Bluthunde, seine Jungens. Er stauchte sie zurecht. Sie erkannten die Stimme ihres Herrn. Sie widersprachen nicht. Sie leugneten nichts. Sie hätten ihm nun die Stiefel geleckt. Er stieg aus dem Wagen. Er befahl: »Kehrt!« Sie wendeten den Wagen. Sie brausten ab. Sie fuhren ihren Weg nach Walhall. Judejahn hätte sie gern zur Meldung bestellt. Aber wohin hätte er sie bestellen sollen? Zur Meldung in die Hölle? Judejahn glaubte nicht an die Hölle. Er war erwachsen. Er war aufgeklärt. Die Hölle existierte nicht. Sie war ein Kinderschreck. Der Teufel war der schwarze Mann der Pfaffen. So blieb nur die Meldung beim Tod, beim Freund

Tod, beim Kamerad Tod sollten sie sich melden, beim Tod, den der kleine Gottlieb fürchtete, und Judejahn hatte getreu nach dem Schullied vom Andreas Hofer, das der kleine Gottlieb gelernt hatte, den Tod so oft ins Tal geschickt, – und nicht nur ins Tal.

Hinter ihm war der Tunnel. Er lockte Judejahn. Er lief hinein, er wurde hineingezogen. Wieder ging er durch ein Tor ins Unterirdische. Es war eine Hadespforte. Der Tunnel war gerade und kühl gekachelt, er war eine Kanalisationsröhre des Verkehrs, in der die Omnibusse dröhnten und Neonlichter der Unterwelt Leichenfarben gaben. Hier hatten sie ihn abknallen wollen. Sein Instinkt hatte ihn nicht betrogen; er war im letzten Moment aus dem Kübelwagen gesprungen. Er lief auf dem schmalen Gehsteig längs der Tunnelwand. Es war ihm, als laufe er durch sein Grab. Es war ein langes Grab, ein hygienisches Grab, es hatte was von Küche, Kühlhaus und Pissoir. Man bekam in der Morgue keine Erde zu schlucken. Das Femeopfer hatte Erde geschluckt. Das Opfer war ein junger Mensch gewesen. Auch Judejahn war damals ein junger Mensch. Das Opfer war sein Kamerad. Schnell grub der Feldspaten das Opfer ein. Auch die andern hatten Erde geschluckt. In Polen, in Rußland, in der Ukraine hatten sie Erde geschluckt. Sie mußten einen Graben ausheben. Dann mußten sie sich entkleiden. Nackt standen sie vor dem Graben. Photographien erreichten die höchsten Dienststellen, wurden weitergereicht, wurden beim Frühstück besehen; es gab einen Witz, einen Witz von Titten, Schwänzen und Votzen. Zeugung und Tod, die Todesvermählung, eine uralte Mythe. Ein Rassenprofessor, ein Brauchtumsdozent wurden ausgeschickt, die letzten Erektionen zu studieren. Bilder im ›Stürmer‹. Der ›Stürmer‹ war ausgebreitet an die Schulmauer geklebt. Achtjährige lasen ihn. Achtzehnjährige schossen. Durchsiebte Leiber füllten den Graben. Der geschundene Mensch der geschändete Mensch der Schandmensch und darüber der Himmel. Die nach ihnen kamen, deckten die ersten mit Erde zu. Erde war über Judejahn; über dem Tunnel war der Garten des Quirinals. Päpste waren durch den Garten gewandelt. Päpste hatten im Garten gebetet. Ihr Gebet war nicht erhört worden; oder was um Himmels willen hatten sie von Gott verlangt? Zweitausend Jahre christlicher Erleuchtung und am Ende lebte Judejahn! Warum dann die Vertreibung der alten Götter? »Du sollst nicht töten!« Dröhnte es von Tunnelwänden? Der Pontifex maximus im alten Rom hatte das Gebot nicht gekannt. Er sah freundlich den Gladiatorenkämpfen zu. Der Pontifex maximus im neuen Rom war ein Diener des Dekalogs, er ließ das Gebot lehren, er befahl, es zu halten. Und war nun nicht mehr getötet worden, oder hatte der Hirt der Christenheit sich wenigstens vom Töten abgewandt, er wenigstens, er allein, und hatte vor aller Welt bekannt: »Seht, ich bin machtlos, sie töten gegen Gottes Gebot und gegen mein Hirtenwort?« »Gerechtigkeit für Judejahn«, dröhnten die Tunnelwände. Der kleine Gottlieb hatte in der Schule gelernt, daß auch die Päpste sich dem Tod verbündeten, und es gab eine Zeit, sie war noch nicht so lange her, da beschäftigten die Päpste sogar Henker, Menschen wie Judejahn, und wie viele Feldherren hatten die Päpste geehrt, und wie oft hatten sie die siegreichen Standarten gesegnet! Gerechtigkeit für Judejahn! Auch Könige waren durch den Garten des Quirinals geschritten, den Sonnenuntergang zu genießen. Die Könige waren nicht so imposant wie die Päpste; Judejahn sah sie immer noch als Zerrbilder aus den Witzblättern des ersten Weltkrieges, der kleine Gottlieb hatte gerade lesen gelernt, klein waren die Könige von Gestalt, der Verrat war ihnen ins Gesicht geschrieben, und in der Hand hielten sie ängstlich den Regenschirm. Hatte nicht auch Chamberlain einen Regenschirm getragen, Chamberlain der Friedensbringer, der dem Führer den Krieg stehlen wollte, eine lächerliche Figur, – Könige und ihre Diplomaten, was waren sie anderes als armselige Regenschirmfuchtler gegen die dräuenden Wolken des Verhängnisses? Judejahn war gegen Schirme. Der kleine Gottlieb wollte ein Mann sein; er wollte dem Schullehrer-Vater und Gott-Vater trotzen. Männer stellten sich jedem Wetter, sie spotteten des Himmels Wüten; Män-

ner schritten aufrecht im Kugelregen dem Feind entgegen, Männer gingen durch den Feuersturm, – so sah es der kleine Gottlieb, und Gerechtigkeit für Judejahn! Die Scheinwerfer der Automobile waren im Tunnel wie die Lichter großer Raubtiere. Die Raubtiere taten Judejahn nichts. Sie liefen anderen Beuten nach. Die Höllenhunde bissen Judejahn nicht. Sie jagten ein anderes Wild. Judejahn kam durch den Tunnel. Die Unterwelt gab ihn frei. Er erreichte den Ausgang. Das Grab entließ ihn. Der Hades spuckte ihn aus
er stand am Anfang der Via del Lavatore. Sie lag still und verlassen da. Die Nacht war lind. Doch vom Ende der dunklen Straße lockte Gesang.

Ich wollte das Fenster schließen, ich wollte die sonnenausgedörrten windverwundenen hölzernen Läden vor das Fenster klappen, ich wollte zuriegeln, denn nun war Babel zerstört, sie sprachen nicht mehr wie einst in Babel auf der Piazza der Fontana di Trevi, eine Sprache hatte sich durchgesetzt, und ein deutscher Frauenchor stand nun vor der Säulengrotte, stand vor den Göttern und Halbgöttern und Fabelwesen im barocken Gewand, stand vor der Stein gewordenen Mythe aus der alten Zeit, stand vor dem Wasser aus der römischen Wasserleitung, stand im Scheinwerferlicht des Fremdenverkehrs und im Kandelaberschein der Stadtbeleuchtung und sang »Am Brunnen vor dem Tore, da steht ein Lindenbaum«, sang das Lied inmitten von Rom, sang es inmitten der Nacht, keine Linde rauschte, weit und breit wuchs kein Baum, aber sie unten am Wasserbecken, sie blieben sich treu, blieben treu ihrem treuen Gemüt, sie erlebten ihren Lindenbaum, ihren Brunnen, ihr Vor-dem-Tor, eine erhabene Stunde, sie erlebten sie mit Gesang und hatten gespart und waren weit gereist, was konnte ich tun, als die Fenster schließen, die hölzernen Läden zuklappen, doch er kam zu mir ans offene Fenster, berührte mich mit seiner Kutte, und wir beugten uns hinaus, und er erzählte mir noch einmal wie er meine Eltern gesehen hatte, meine Eltern und meinen Bruder Dietrich, durch eine Glastür in ihrem Hotel hatte er sie gesehen, und er sagte mir »deine Eltern sind noch fürchterlicher als meine, sie haben ihr Leben ganz und gar verloren«, und ich, ich sah sie hinter der Glastür ihres Hotels sitzen, ich war nicht dort gewesen, aber ich sah sie, ich war zu hochmütig, um hinzugehen, sie zu sehen, und was konnte ich tun, ich sagte »komm mir nicht mit Theologie« aber was konnte ich tun, sie sangen da unten alle Strophen des Lindenbaums, und ein Italiener, der schlafen wollte, schimpfte zu einem Fenster hinaus, und ein Mann der zum Frauenchor gehörte und den Frauenchor bewunderte, schrie »Fresse, alter Makkaroni«, schrie »Fresse, alter Makkaroni« zum unbekannten Fenster hinauf, was konnte ich tun, und ein Polizeiwagen kam und hielt beim Brunnen, und die Polizisten betrachteten staunend die singenden Frauen, und dann fuhren die Polizisten langsam weiter, verschwanden in einer Straße, was konnten sie tun, und ein Mann kam aus der Via del Lavatore und gesellte sich zu den Frauen und zu dem Mann der »Fresse, alter Makkaroni« gerufen hatte, und

er war froh, sie zu finden, froh sie getroffen zu haben. Er freute sich. Judejahn war dem Lied nachgegangen, dem deutschen Lied, und andächtig lauschte der mächtig gewesene Mann dem Gesang der deutschen Frauen, ihr Singen war Deutschland, ihr Singen war die Heimat, war »Am Brunnen vor dem Tore«, war der deutsche Lindenbaum, war alles, für das man lebte, kämpfte und starb. Er dachte nicht: und mordete. Judejahn hatte nie gemordet. Er war nur ein braver alter Kämpfer, und dies war Labsal für des braven alten Kämpfers Gemüt, war Musik, die in der Nacht die Seele erneuerte. Judejahn rief »Bravo«, als sie geendet hatten, und er trat näher zu ihnen und machte sich bekannt, wenn auch unter falschem Namen, und da sie in einer Reihe wie eine Truppe beim Appell standen, folgte er seinem Gefühl, hielt eine kleine Ansprache, redete vom erhabenen Gesang, historischer Stunde, deutschen Frauen, denkwürdiger Begegnung im Welschland, schönsten Gruß der Heimat im leider verräterisch gesonnenen Land der deutschen Sehnsucht, und sie verstanden ihn, sie begriffen ihn, und der Mann der

»Fresse, alter Makkaroni« gerufen hatte, schüttelte Judejahn die Hand und dankte ihm für seine markige Rede, und beide spürten sie Tränen fließen, und beide drängten sie männlich die Tränen zurück, denn deutsche Männer weinen nicht und sind voll deutscher Härte, aber weich ist ihr Gemüt, gedenken sie in der Fremde der Heimat, des Brunnens vor dem Tore, des Lindenbaumes beim Gesang deutscher Frauen
ich dachte:
ich glaube dir nicht, du bist nicht berufen, und du weißt, daß Gott dich nicht gerufen hat; du warst frei, eine einzige Nacht lang bist du frei gewesen, eine Nacht im Wald, und dann ertrugst du die Freiheit nicht, du warst wie ein Hund, der seinen Herrn verloren hat, und du mußtest dir einen neuen Herrn suchen; da fand dich der Priester, und du bildest dir ein, Gott habe dich gerufen.
Ich sagte ihm aber nicht, was ich dachte. Er störte mich. Er störte mich mit seinem Familienbericht. Was konnte ich tun? Ich wollte nichts von ihm wissen. Ich wollte nichts von ihnen wissen. Ich wollte mein Leben leben, nur mein kleines Leben, kein ewiges Leben, ich war nicht anspruchsvoll, kein sündiges Leben, was war schon ein sündiges Leben, ich wünschte nur mein egoistisches Leben zu leben, ich wollte nur für mich da sein und allein mit mir und dem Leben fertig werden, und er wollte mich bewegen, mit ihm zu gehen, ich sollte mit ihm, der sich fürchtete, die Sippe suchen, und wie verabscheue ich dieses Wort, und wie absichtlich gebrauche ich es, um mein Grausen auszudrücken, – die Sippe, dieses Gefängnis, in das sie mich sperren wollten, lebenslänglich, doch ich war ausgebrochen, man hatte mich befreit, ich hatte mich befreit, ich war wirklich frei, ich wollte nicht zurück! Und warum suchte Adolf sie? Und warum ging er nicht zu ihnen, als er sie gefunden hatte, warum kam er zu mir? Wollte er sie bekehren? Wollte er mich bekehren? Er sagte: »Er ist mein Vater!« Und ich sagte: »Er ist mein Vater, aber ich will ihn nicht sehen.« Und er sagte: »Sie ist meine Mutter.« Und ich sagte: »Sie ist meine Mutter, aber ich will sie nicht sehen.« Und von Dietrich, dem Bruder, wollte ich schon gar nichts

wissen. Und Judejahn hatte der Teufel geholt, so hatte ich gehofft, und wenn der Teufel ihm nun Urlaub gegeben hatte, dann war es des Teufels Sache. Ich wünschte nur, ihm aus dem Weg zu gehen, dem Onkel Judejahn, dem mächtigen Parteigeneral, dem Herrn über Leben und Tod, meinem Kinderschreck, dem schwarzen Kasper des braunen Oberschauten. Doch er sagte: »Wir müssen etwas tun. Wir müssen ihnen helfen.« Er sagte nicht: »Ich muß sie erlösen.« Dazu fehlte ihm der Glaube, auch wagte er es mir nicht zu sagen. Und ich sagte: »Nein.« Und ich sah ihn an. Hager, unsicher, ärmlich wirkte er in seinem geistlichen Gewand, der hochgeschossene Diakon, noch nicht einmal Priester war er. Und ich spottete: »Wie willst du deinem Vater Judejahn helfen? Willst du ihn taufen, da du die Sünden nicht vergeben kannst? Du sagtest mir, daß du die Sünden nicht vergeben darfst.« Er zitterte. Ich sah ihn noch immer an. Er war machtlos. Er tat mir leid. Er glaubte mit Gott im Bunde zu sein, und er war machtlos.

Da lagen Notenhefte auf der Marmorplatte der Wäschekommode, da lag Notenpapier, und Kürenberg erwartete von mir die Musik, die bedeutende Männer sich anhören sollten um ihre Seele zu erneuern. Die Fliegen umtanzten die unverhüllte Glühbirne. Keusch und unkeusch lag aufgedeckt das breite Hotelbett, das letto matrimoniale, das Ehebett und Konkubinatsbett unter der Glühbirne mit den Fliegen. Ich sah einen Mann ein Weib begatten, und mich ekelte, weil ihre Vereinigung das Leben fortsetzen konnte. Auch ich war machtlos; und ich wollte nicht einmal Macht haben. Eine Fliege war im Rest des Weines im Zahnputzglas ertrunken. Sie war in einem großen Rausch ertrunken, in einem Meer der Besäufnis; und was war für uns die Luft, was bedeutete uns Wasser, Erde und Himmel! Hatte Gott die Fliege geleitet? Kein Sperling fällt vom Dach – Ich fragte: »Wo wirst du schlafen?« Und ich dachte: soll ich ihm die Hälfte des Bettes anbieten? Und ich dachte: ich darf ihm mein Bett nicht anbieten. Er hatte ein Unterkommen in einer Herberge für Priester. Er ging. Und ich sah wie er zur

Tür ging, und wieder tat er mir leid, und ich dachte: er versucht doch, sich von ihnen zu lösen. Und ich fragte ihn, was er morgen tun wolle, und er schien es nicht zu wissen, er zögerte, mir zu antworten, und vielleicht wollte er mir auch nicht antworten, und dann sagte er, er werde in den Petersdom gehen, und ich erbot mich, ihn an der Engelsbrücke zu treffen, vor der Engelsburg, ich hatte kein Verlangen, ihn wiederzusehen, aber ich nannte ihm eine Zeit, und er sagte, er werde dort sein. Jetzt wurde es still in Rom. Der Frauenchor war gegangen, die Wanderer hatten sich entfernt, und irgendwo drehte ein Mann an einem Absperrhahn, und das Wasser der Fontana di Trevi sprudelte nicht mehr über den nach barockem Geschmack aus Stein gemeißelten Olymp der Götter, Halbgötter und Fabelwesen. Das Rauschen des Brunnens fiel aus; es fiel aus der Zeit. Die Stille war zu hören. In der Stille, die ich hörte, vernahm ich nun seinen Schritt, der die Steinstufen der Treppe hinunterstieg, er, ein Priester, ein Diakon, er stieg wie in einem Schacht durch die Zeit. Ich schaute zum Fenster hinunter, ich sah ihn aus dem Haus kommen, ich blickte ihm nach. Wie ein hagerer schwarzer Hund strich er über den stillen und toten Platz und bog um die Ecke der Straße, die zu der Passage an der Piazza Colonna führt. Ich nahm das Glas mit dem Weinrest und der ertrunkenen Fliege, und ich schüttete den Wein und die Fliege in den Ausguß. Machtlos war er

sie strichen um die Passage herum, er schon am Ausgang zum Corso, und er noch bei den Kirchen in der Via S. Maria in Via, und Arbeiter reinigten den Mosaikboden der Passage, sie streuten Sägemehl in den von Menschenfüßen herbeigetragenen Dreck, und sie kehrten mit großen Besen das Sägemehl und den Dreck zusammen, während andere auf die gefegten Steine angerührten Gips schmierten, den sie mit einer Schleifmaschine in die Ritzen und Sprünge des Mosaiks bügelten. Es hörte sich wie das Wetzen langer Messer an. Judejahn fühlte sich durch die schlafende Stadt herausgefordert. Die Stadt spottete seiner. Nicht die Schläfer ärgerten Judejahn, sie mochten in ihren stinkenden Betten, mochten in den Armen ihrer geilen Frauen liegen, sich schwächen und die Schlachten des Lebens verlieren; ihn empörte die schlafende Stadt in ihrer Gesamtheit, jedes geschlossene Fenster, jede verriegelte Tür, jeder heruntergelassene Rolladen empörte ihn; es ergrimmte ihn, daß die Stadt nicht auf seinen Befehl schlief; dann würden Streifen durch die Straßen gehen, den Stahlhelm auf dem Haupt, die Feldpolizeikette über der Brust, Maschinenpistolen in den Händen, und die Streifen würden darauf achten, daß Judejahns Schlafbefehl eingehalten wurde; aber Rom schlief ohne seine Erlaubnis, es wagte zu träumen, es wagte, sich in Sicherheit zu wiegen. Es war Sabotage, daß Rom schlief, es war Sabotage eines Krieges, der noch lange nicht zu Ende war oder der noch gar nicht recht begonnen hatte und der in jedem Fall Judejahns Krieg war. Wenn er es vermochte, hätte Judejahn die Stadt geweckt; selbst mit den Posaunen von Jericho hätte er Rom wecken mögen, mit den Posaunen, die Mauern einstürzen ließen, den Posaunen des Jüngsten Gerichts, die der kleine Gottlieb in der Schule erst erschrocken bewundert und später aufgeklärt ungläubig verlacht hatte. Judejahn war entmachtet. Es entmutigte ihn. Er ertrug es nicht. In der Wüste hatte er in einem Traum gelebt. Die Kaserne in der Wüste gehorchte ihm; die Kaserne hatte ihm die Illusion der Macht gelassen. Eine Mauer war mit frischen Plakaten beklebt; sie waren feucht und rochen nach Druckerschwärze und Kleister. Wieder hing ein Gebot der Kirche neben einem Aufruf der Kommunisten; rot, aggressiv der Aufruf, weiß und mühsam die Würde wahrend der kirchliche Erlaß. Es waren Kundgebungen einer alten und einer neuen Macht, und beiden Offenbarungen fehlte die unbekümmerte Brutalität, der endgültige Verzicht auf das Denken und Überzeugenwollen, es fehlte der Faustschlag, der absolute Glaube an Gewalt und Befehl, und Judejahn überlegte, ob er sich nicht mit den Roten verbünden sollte, er würde sie auf Vordermann bringen, aber der kleine Gottlieb war dagegen, er haßte die vaterlandslosen Gesellen und glaubte an Deutschland, er glaubte auch an den Besitz, wenn auch an eine neue Verteilung des

Besitzes zu Judejahns Gunsten und in rein deutsche Hände, und weil der kleine Gottlieb nicht wollte, konnte Judejahn nicht mit den Kommunisten gehen; er war angetreten, sie totzuschlagen, aber eine schwächliche und korrupte Welt hinderte ihn, es zu tun. An der Piazza Colonna fand er ein Taxi und ließ sich zur Via Veneto fahren, zurück zu dem großen Hotel, zurück zu der Burg, die sein Befehlsstand gewesen war, der Befehlsstand des mächtigen, des großen Judejahn. Und Adolf, der das Messerschleifen nicht hörte und die Plakate an der Mauer nicht sah, Adolf fand die schlafende Stadt still und der unruhigen Seele ihren Frieden gebend, sein Weg war wie ein Gang über einen großen Friedhof mit erhabenen Grabdenkmälern, efeuumwachsenen Kreuzen und alten Kapellen, und es war Adolf recht, daß die Stadt den Frieden eines Friedhofs hatte, und vielleicht war auch er gestorben, es war ihm recht, und ging als Toter durch die tote Stadt und suchte als Toter die Gasse mit der Absteige der reisenden Kleriker, auch sie Tote, tot in ihren toten Betten in ihrer Totenabsteige, – sie mußte in der Nähe sein. Da leuchtete auch schon das Licht, eine Ewige Lampe. Und Judejahn ließ das Taxi vorzeitig halten und stieg aus dem Wagen

die Homosexuellen waren gegangen. Judejahn brauchte ihr Girren nicht zu hören. Die schönen Kellner in ihren schönen lila Fräcken stellten die Stühle auf die Tische, schlugen mit leichter Hand leicht gegen die roten Polster der Gesäße, parfümbeladener Staub wirbelte hoch, Lavendel, Portugal und herbe Rasierwasser, und die lächelnde schöne Laura zählte das Geld in der Kasse und zählte die Bons der Kellner, und die Summe der Bons stimmte wieder nicht mit der Summe des Geldes überein, doch Laura lächelte ihr beglückendes Lächeln, das bezaubernde strahlende und von keinem Gedanken getrübte Wunder ihres Lächelns, und der heterosexuelle Besitzer der homosexuellen Bar nahm Lauras Lächeln und die nicht aufgegangene Rechnung beglückt und gnädig entgegen, er war ein guter Mensch und hatte gut verdient, und Judejahn, von Laura, von dem Besitzer, von den Kellnern nicht gesehen, sondierte das Terrain, er hatte die Jagd nicht vergessen, spähte durch einen Spalt in der nun verhangenen Tür, ein Dieb späht so oder ein Mörder, und er sah Laura, er sah ihr Lächeln, es berührte auch ihn, auch auf ihn wirkte der Zauber, aber das Lächeln quälte ihn auch, Lauras Lider waren zur Nacht blau geschminkt, und groß war so der Blick ihrer Augen, und ihr Gesicht war weiß gepudert, und ihr Mund war kaum bemalt, so wirkte sie sehr blaß, sie wirkte zart und aufgescheucht, aus Nacht gesponnen, in die Nacht gescheucht, und Judejahn drückte gegen die Klinke der Tür, sie gab nach, seine Hand lag groß und schwer auf der Klinke, einer zierlichen Klinke aus Silberbronze, aber Judejahn zog seine Hand zurück, er dachte, man weiß es hier nicht, eine Jüdin ist sie, eine Judenschickse, wer sich in Polen mit einer Judenschickse einließ, der hing, und wieder drückte er die Klinke und wieder ließ er sie, eine Judensau. Fürchtete er sich? Der Nachtpförtner des Hotels grüßte ihn, grüßte ihn mit der behandschuhten Hand am Mützenschirm, grüßte Judejahn den Kommandierenden, der hier Herr war, wenn auch unter angenommenem Namen. Die Seide der Zimmerwände glitzerte, es war ein Zimmer wie im Puff, der kleine Gottlieb hätte es nicht besser träumen können. Warum hatte er das Mädchen nicht abgefangen? Warum hatte er sie nicht mitgenommen? Er hätte sie gevögelt, und nachher hätte er sie rausgeschmissen. Es hätte ihm gut getan, sie zu vögeln, und es hätte ihm gut getan, sie rauszuschmeißen. Auf dem Damast des Bettes lag der räudige Kater Benito. Er reckte sich, machte einen Buckel und blinzelte. Judejahn kraulte ihm das schüttere Fell. Das Tier stank. Überall stank es. Der Kater blickte ihn spöttisch an: du hast dich überlebt, du bist machtlos. Ob Judejahn dem Pförtner befehlen konnte, ihm ein Mädchen zu besorgen? Einmal hätte er es gekonnt. Er hätte hundert Mädchen holen lassen können. Er hätte sie umarmen und verurteilen können. Sollte er Eva anrufen? In ihrem bürgerlichen Hotel würde man erschrecken. Man erschrak dort in der Nacht. Man erschrak dort vor dem Tod. Warum sollte Judejahn das bürgerliche Hotel nicht erschrekken? Vielleicht hätte er jetzt in der Nacht mit Eva sprechen können. Er hätte sich mit ihr aussprechen können. Es war gut, durch das Telephon zu sprechen. Den Befehl an das Himmelfahrtskommando funkte man, oder man gab ihn durch den Draht. Man ging nicht persönlich hin. Eva war eine deutsche Frau, eine Nationalsozialistin, sie mußte ihn verstehen, sie mußte verstehen, daß Judejahn noch nicht gestorben war, daß er am Rande des Lebens wanderte. Eva war eine deutsche Frau wie die Frauen, die an dem Brunnen das schöne deutsche Lied gesungen hatten, aber sie war mehr als diese Frauen, sie war eine Führerfrau, sie war seine Frau, – sie würde ihn verstehen. Es war dumm von Judejahn gewesen, daß er sich vor der Begegnung mit Eva gefürchtet hatte. Was lockte ihn das welsche, vielleicht gar jüdische Mädchen aus der lila Bar? Das Mädchen war nicht sein Fall. Sie war nicht deutsch. Aber irgend etwas war an ihrem Wesen, daß er gerade sie haben wollte. Sie war halt eine Hure. Oder sie war doch eine Jüdin. Eine magere geile jüdische Hure. Das war Rassenschande. Er brauchte das Mädchen nicht zu fürchten. Er konnte sie hassen. Das war es, er brauchte eine Frau, um sie zu hassen, er brauchte für seine Hände, für seinen Leib einen anderen Leib, ein anderes Leben, das zu hassen und zu vernichten war, nur wenn man tötete, lebte man, – und wer als ein Barmädchen war jetzt für Judejahns Haß noch erreichbar? Er war entmachtet. Er war machtlos

und Eva schlief, schlief gerade ausgestreckt, schlief auf dem schmalen Bett der engen Hotelkammer, schlief unentspannt, nur der Haarknoten war gelöst, vergilbter auf dem Feld gebliebener Weizen, Stroh nicht in die Scheuer gekommen, erbleicht und ergraut, aber sie schlief fest, traumlos, törichten offenen Mundes, ein wenig röchelnd, ein wenig nach der Haut der aufgekochten Milch riechend, die schlafende zürnende Norne nächtlichen Nichtdenkens

nächtlichem Nichtdenken anheimgegeben, nur von seinem Schnarchen bewegt, schlief Dietrich Pfaffrath im weicheren Bett des Hotels. Der Wein, den er mit seinen Eltern und anderen deutschen Gästen gleichen Standes und gleicher Gesinnung in der Halle getrunken, hatte ihn nicht müde gemacht, und sein Koffer stand geöffnet vor seinem Lager, denn Dietrich war strebsam und fleißig und bereitete sich selbst auf der Familienreise und schönen Italienfahrt auf die große juristische Staatsprüfung vor, und er war sicher, sie zu bestehen, und so hatte er noch in den Fachbüchern gelesen, die sein Koffer barg. Auch seine Burschenschaftermütze hatte Dietrich mit auf die Reise genommen, denn vielleicht begegnete man Angehörigen anderer Korporationen und konnte eine Kneipe halten. Die Mütze mit dem bunten Band lag neben den Gesetzesbüchern, und Dietrich war sicher, daß ihm die Burschenschaft und das Gesetz im Leben helfen würden. Dann lagen die Straßenkarten im geöffneten Koffer, denn Dietrich lenkte gern den Wagen des Oberbürgermeisters, seines alten Herrn, und er hatte auf den Karten sorgsam die Orte angekreuzt, die zu erreichen und zu besuchen waren, und ihren Namen hatte er extra auf ein Extrablatt geschrieben und ordentlich die Sehenswürdigkeiten verzeichnet und mit Rotstift die Schlachtfelder, die besichtigt werden sollten und die genauen Daten der Kämpfe. Doch neben dem Koffer lag, aus dem Bett dort hingeworfen, erst beim Löschen des Lichtes schlecht gezielt geworfen und nicht in den Koffer gefallen, eine Zeitschrift, ein bunt illustriertes Blatt, das er sich an einem Kiosk gekauft hatte, als er sich von keinem beobachtet glaubte, in Rom, wo er sich nicht auskannte und wo niemand ihn kannte, und ein Mädchen stand mit breitgespreizten Beinen auf der Titelseite des Heftes, stand farbig fleischig da mit bis zum Nabel geöffneter Bluse und in weitmaschigen Netzstrümpfen über den prallen fleischig farbigen Schenkeln, – sie hatte Dietrich an diesem Abend das Bier ersetzt, diese Schenkel hatten ihn müde gemacht. Machtlos war er gegen den Trieb, aber mächtig trieb es ihn zu den Mächtigen, denen er dienen wollte, um im Haus der Macht zu sitzen, teilzuhaben an der Macht und selber mächtig zu werden zufrieden schlummerte Friedrich Wilhelm Pfaffrath mit seiner Frau Anna auf der Reise noch einmal im Ehebett, wenn auch nicht in Umarmung vereint; zu Hause hatten sie nun getrennte Betten. Warum sollte er unzufrieden sein? Sein Leben dünkte ihm makellos, und das Leben zeigte sich im ganzen gesehen nicht undankbar gegen die Makellosen. In Deutschland fühlte man wieder deutsch und dachte man wieder deutsch, wenn auch in zwei von einander getrennten Hälften, und Friedrich Wilhelm Pfaffrath war durch Zustimmung, Sympathie, Anhänglichkeit und demokratische Wahl wieder Oberhaupt seiner Stadt geworden, makellos, nicht durch Machenschaften, Wahlschwindel und Bestechung oder gar von Besatzungsgnaden, sie hatten ihn freiwillig gewählt, und er war es zufrieden, ihr Oberbürgermeister zu sein, wenn er auch Oberpräsident gewesen war und Verwalter großer Parteivermögen, er war zufrieden, er war makellos; doch ein Albtraum beunruhigte unverdient und ungerecht des Makellosen Schlummer: Schwager Judejahn kam in schwarzer Uniform auf schnaubendem Roß an sein Bett geritten, und ein Chor sang »das ist Lützows wilde verwegene Jagd«, und Schwager Judejahn riß Pfaffrath zu sich auf das schnaubende Pferd, hinein in Lützows wilde verwegene Jagd, und sie stürmten gen Himmel, wo Judejahn eine große leuchtende Hakenkreuzfahne entfaltete, und dann ließ er Pfaffrath fallen, stieß ihn hinab, und Pfaffrath fiel fiel fiel, – gegen diesen Traum war der mächtige Oberbürgermeister Friedrich Wilhelm Pfaffrath machtlos machtlos

machtlos bin ich. Ich wasche mich. Ich wasche mich mit dem kalten Wasser aus der Leitung des Waschbeckens, und ich denke, das Wasser fließt über die alte römische Wasserleitung, fließt aus den traurigen blauen Bergen zu mir, kommt über das verfallene Gemäuer der alten Aquädukte wie Piranesi sie zeichnete in dieses Becken, – es ist angenehm, sich mit diesem Wasser zu waschen. Ich gehe barfuß über den kalten Steinboden des Zimmers. Kühl und fest spüre ich den Stein unter der Sohle meines Fußes. Es ist angenehm, so den Stein zu fühlen. Ich lege mich nackt auf das breite Bett. Es ist gut, nackt auf dem breiten Bett zu liegen. Ich decke mich nicht zu. Es ist gut, allein zu liegen. Ich biete meine Blöße an.

Nackt und bloß starre ich gegen die nackte und bloße Glühbirne. Die Fliegen summen. Nackt. Bloß. Das Notenpapier
liegt weiß auf dem Marmor. Oder es liegt nicht mehr weiß
da; die Fliegen haben das Papier beschmutzt. Ich höre keine
Musik. Kein Ton ist in mir. Es gibt kein Erquicken. Nichts
vermag die dürstende Seele zu erquicken. Es ist kein Quell
da. Augustinus ging in die Wüste. Aber der Quell war damals
in der Wüste. Rom schläft. Ich höre den Lärm großer Schlachten. Er ist fern, aber es ist ein schreckliches Toben. Noch ist
die Schlacht fern. Sie ist fern, aber sie ist schrecklich. Sie ist
fern, aber sie kommt näher. Bald wird der Morgen scheinen.
Ich werde den Schritt der Arbeiter in den Straßen hören.
Die Schlacht wird näher rücken, und die Arbeiter werden
auf die Schlacht zu gehen. Sie werden nicht wissen, daß sie
zur Schlacht gehen. Wenn man sie fragt, werden sie sagen:
»Wir wollen nicht zur Schlacht gehen«; aber sie werden zur
Schlacht gehen. Die Arbeiter marschieren immer mit, wenn
es zur Schlacht geht. Auch die kleine Kommunistin wird mit-
gehen. Alle Hochmütigen gehen zur Schlacht. Ich bin nicht
hochmütig, oder ich bin auch hochmütig, aber ich bin nicht
auf diese Art hochmütig. Ich bin nackt, ich bin bloß, ich
bin machtlos. Nackt bloß machtlos.

Der Papst betete. Er betete in seiner Kapelle, dem kleinen Betraum seiner Wohnung im Vatikan, er kniete auf den mit Purpur belegten Stufen des Altars, ein Bild des Gekreuzigten blickte auf ihn herab, ein Bild der Mutter Gottes schaute ihn an, Sankt Petrus lugte aus Wolken herunter, der Papst betete für die Christen und für die Feinde der Christenheit, er betete für die Stadt Rom und für die Welt, er betete für die Priester in aller Welt und betete für die Gottesleugner in aller Welt, er bat Gott, die Regierungen der Länder nach seinem Willen zu erleuchten, und er bat Gott sich auch den Beherrschern der rebellisch gesonnenen Reiche zu offenbaren, er erflehte die Fürbitte der Mutter Gottes für Bankiers, Gefangene, Henker, Polizisten, Soldaten, für Atomforscher und die Kranken und Krüppel von Hiroshima, für Arbeiter und Kaufleute, für Radrennfahrer und Fußballspieler, kraft seiner Weihen segnete er die Völker und die Rassen, und der Gekreuzigte blickte schmerzlich auf ihn hinunter, und die Mutter Gottes schaute ihn lächelnd aber traurig an, und Sankt Petrus hatte sich wohl von der Erde in die Wolken erhoben, aber ein Zweifel blieb, ob er den Himmel erreicht hatte, denn der Weg in den Himmel fängt bei den Wolken gerade an und nichts ist erreicht, wenn man in Wolken schwebt, die Reise hat noch nicht einmal begonnen, und der Heilige Vater flehte für die Toten, er flehte für die Märtyrer, für die in Katakomben Begrabenen, für alle in der Schlacht Gefallenen, für alle im Kerker Gestorbenen, und er bat auch für seine Ratgeber, für seine spitzfindigen Rechtsgelehrten, für seine geldkundigen Finanzberater, seine weltgewandten Diplomaten, und ein wenig gedachte er der toten Gladiatoren seiner Stadt, der toten Cäsaren, der toten Tyrannen, der toten Päpste, der toten Condottieri, der toten Künstler, der toten Courtisanen, er dachte an die Götter von Ostia antica, an die irrende Seele der alten Götter in den Ruinen, den Erinnerungsmalen, den verfallenen Mauern, den christianisierten Tempeln, den entwendeten Kultstätten der alten Heiden, und er sah im Geist die Flugplätze, er sah im Geist den prächtigen Bahnhof von Rom, er sah Scharen von neuen Heiden ankommen zu jeder Stunde, und die neu angekommenen neuen Heiden mischten sich unter die neuen Heiden die schon in seiner Stadt wohnten, und sie waren gottloser und gottferner als die alten Heiden, deren Götter zu Schatten geworden waren. War auch der Papst ein Schatten? War auch er auf dem Weg zu den Schatten? Einen schmalen, einen unendlich flüchtigen, einen unendlich rührenden Schatten warf der Papst auf den Purpurboden seiner Kapelle. Der Schatten des Papstes dunkelte den Purpur des Teppichs zu Blut. Die Sonne war aufgegangen. Sie leuchtete über Rom. Wer, wenn der Heilige Vater stirbt, wird das sacrum imperium erben? Wer werden die Erben des heiligen Reiches sein? In welchen Katakomben beten sie, in welchen Gefängnissen schmachten sie, an welchem Richtblock sterben sie? Niemand weiß es. Die Sonne leuchtete. Ihre Strahlen wärmten, und dennoch war ihr Leuchten kalt. Die Sonne war ein Gott, und sie hatte viele Götter stürzen sehen; wärmend, strahlend und kalt hatte sie die Götter stürzen sehen. Es war der Sonne gleichgültig, wem sie leuchtete. Und die Heiden in der Stadt und die Heiden in der Welt sagten, der Sonnenschein sei ein astrophysikalischer Vorgang, und sie berechneten die Sonnenenergie, untersuchten das Sonnenspektrum und gaben die Sonnenwärme in Thermometergraden an. Auch das war der Sonne gleichgültig. Es war ihr gleichgültig, was die Heiden über sie dachten. Es war ihr so gleichgültig wie die Gebete und Gedanken der Priester. Die Sonne leuchtete über Rom. Sie leuchtete hell.

Ich liebe den Morgen, den Morgen Roms. Früh stehe ich auf; ich schlafe wenig. Ich liebe die Morgenkühle in den engen Gassen im Schatten hoher Häuser. Ich liebe den Wind, wenn er von krummen Dächern in alte Winkel springt; er ist der Morgengruß der sieben Hügel, er trägt den Spott der Götter in die Stadt. Die Sonne neckt die Türme und Kuppeln, sie neckt die mächtige Kuppel von S. Pietro, sie streichelt altes Gemäuer, sie tröstet das Moos in den Dachrinnen, die Mäuse des Palatins, die gefangene Wölfin des Kapitols, die Vögel die im Colosseum nisten, die Katzen des Pantheons. In den Kirchen wird die Messe gelesen. Ich brauche nicht weit zu gehen, um die Messe zu hören. Neben der Fontana di Trevi steht eine Kirche, und eine zweite steht an der Ecke der Via del Lavatore, und dann gibt es noch fünf oder sechs andere Gotteshäuser, alle in unmittelbarer Nähe, und ich weiß ihre Namen nicht. Ich gehe gern in die Kirchen. Ich rieche den frommen Geruch aus Weihrauch, schmelzendem Wachs, Staub, Firnis, alten Gewändern, alten Frauen und alter Angst, so groß- und so engherzig. Ich höre den Litaneien zu, ab omni peccato libera, dem eintönigen Gemurmel, a subitanea et improvisa morte, dem festgelegten und festgefahrenen Wechselgespräch zwischen dem Priester und den alten Frauen, die einen Schleier auf ihr Haupt tun, die sich demütigen um erhoben zu werden, die auf dem Kirchenboden knien, te rogamus audi nos, ich höre das helle Glöcklein des Ministranten. Ich stehe bei der Tür, ein Fremder, beinahe ein Bettler; ich stehe außerhalb der Gemeinde, und das vorbedacht. Ich sehe die Kerzen vor den Bildern der Heiligen brennen, und einmal kaufte ich eine Kerze, steckte sie an, stellte sie in eine leere ungeschmückte noch keinem Heiligen geweihte Nische; ich weihte meine Kerze dem unbekannten Heiligen, so wie die Römer dem unbekannten Gott einen Tempel bauten, denn viel wahrscheinlicher, als daß ein Gott unbekannt geblieben, ist es, daß wir einen Heiligen nicht erkannt haben. Vielleicht lebt der unbekannte Heilige sogar unter uns, vielleicht gehen wir an ihm vorbei, vielleicht ist er der Zeitungsverkäufer in der Passage, der die Schlagzeilen des großen Raubes ausruft, die Betrachtungen über die Kriegsgefahr, vielleicht ist der Heilige der Schutzmann, der in der Via del Tritone den Verkehr stoppt, vielleicht ist er der zu lebenslänglichem Zuchthaus Verurteilte, der nie mehr durch Rom gehen wird, und unwahrscheinlich ist es, daß der Direktor der Banca Commerciale Italiana, die am Corso ihr stolzes Gebäude hat, ein

Heiliger sei und noch dazu ein unbekannter, aber die Frommen sagen, bei Gott ist nichts unmöglich, und so mag es denn sein, auch der Bankier ist berufen; doch zu keinem von ihnen wird der Heilige Vater kommen und ihm die Füße waschen, denn der Heilige Vater ahnt ja nicht, daß sie Heilige sind, die in seiner Nähe wohnen, und die Kirche wird nie ihre Namen erfahren, nie wissen, daß sie gelebt haben und daß sie Heilige waren. Aber es ist möglich, daß es überhaupt keine Heiligen mehr gibt, so wie es keine Götter mehr gibt. Ich weiß es nicht. Vielleicht weiß es der Papst. Er wird es mir nicht sagen, wenn er es wissen sollte, und ich werde ihn nicht fragen. Schön sind die Morgenfreuden. Ich ließ mir die Schuhe putzen; sie glänzten wie ein Widerschein der Sonne. Ich ließ mich rasieren; man streichelte meine Haut. Ich ging durch die Passage; der Auftritt meiner Füße auf dem Steinboden hallte lustig im Raum. Ich kaufte die Zeitung; sie roch frisch nach der Druckerei und bewertete Geist und Güter der Welt nach den neuesten Kursen. Ich ging in die Espressobar der Passage, stellte mich an die Theke, stellte mich zwischen die Männer, die wohlgewichsten, wohlrasierten, wohlgekämmten, wohlgebürsteten, die saubergehemdeten, steifgeplätteten, streng parfümierten Männer, und ich trank, wie sie, den heißen starken Dampfmaschinenkaffee, ich trank ihn à la cappuccino mit Zucker und Rahm gequirlt, hier stand ich gern, hier war ich froh, und auf der sechsten Seite der Zeitung fand ich mein Bild und meinen Namen, und ich freute mich, das Bild des Urhebers der Symphonie, die am Abend gespielt werden sollte, in der italienischen Zeitung zu sehen, wenn ich auch wußte, daß niemand die Photographie betrachten würde, nur ein paar Komponisten würden sie sich genauer ansehen, um den Ausdruck der Dummheit, die Züge der Erfolglosigkeit, der Unbegabung oder des Wahnsinns in meinem Gesicht zu entdecken, und dann würde das Bild Makulatur werden, Einwickelpapier oder von anderer Nützlichkeit, und es war mir recht, es war gut so, ich stimmte zu, denn ich will nicht bleiben wie ich heute bin, ich will nicht dauern, ich will in ewiger Verwandlung leben, und ich fürchte das

Nichtsein. So gehe ich zur letzten Probe zur Santa Cecilia der Schutzheiligen der Musik. Wird sie mir hold sein? Ich habe ihr keine Kerze geweiht, und ich stelle ihr Klänge vor, die ihr vielleicht mißfallen. Ich gehe zu Kürenberg, dem wissenden Zauberer, zu den hundert Musikern, die meine Noten spielen und die mich einschüchtern, ich treffe wohl Ilse Kürenberg, die nichts zu berühren scheint, die Leben und Tod hinnimmt wie die Sonne lacht, wie der Regen fällt. Sie ist keine Schutzheilige, ich fühle es, aber vielleicht ist sie die Göttin der Musik oder doch Polyhymnias Stellvertreterin, die Muse des Tages unter der Maske der Flucht, der Verhärtung, der Gleichgültigkeit. In der Via delle Muratte bleibe ich ehrfürchtig vor der Agentur der Società delle pompe funebri stehen. Der Tod zieht an; doch wie lächerlich sind die Requisiten, die der Mensch kauft, um sich würdig ins Grab zu legen. Der Agenturleiter, ein schöner dicker Herr mit gelockten, lackschwarz gefärbten Haaren, als gehe es in seinem Beruf darum, alle Vergänglichkeit zu leugnen, schließt die Tür des Ladens auf, und seine Katze, die auf den Särgen, seine Katze, die auf den Bronzekränzen träumte, den gußeisernen Immortellen, die dem Verfall, der Verwesung, dem schmutzigen Zu-Erde-Werden trotzen, seine kleine Katze schritt ihm munter entgegen, und er begrüßte sie liebenswürdig »Guten Tag, liebe Katze«, – fürchtet der Herr die Mäuse, fürchtet er, nachts könnten Mäuse an seinem Totenpomp nagen, am Leichenkleid aus Papier schon den Leichenschmaus halten, die künstlichen Blumen entblättern?

Er saß am unteren Ende der Tafel im Speisesaal der Herberge der reisenden Priester und war in einem bräunlichen schmutzigen Zwielicht, denn das Fenster des Zimmers ging auf einen engen Hof hinaus und war durch Gardinen noch verhängt, so daß Dämmerung herrschte, eine Dämmerung, die man durch ein paar schwache Glühbirnen spärlich erhellte und die dem Tagesschein die bräunlich zwielichte Farbe gaben; sie alle sahen übermüdet wie nach einer schlechten

Nachtreise oder einer stürmischen Überfahrt aus, dabei hatten sie im Haus geschlafen oder nicht geschlafen, jedenfalls hatten sie in ihren Betten gelegen, schlafend oder wachend, und schlafend oder wachend waren sie stolz darauf, in Rom, in der Hauptstadt der Christenheit zu weilen. Einige waren schon zu frühen Messen gegangen und nun zum Frühstück zurückgekehrt, das im Preis der Übernachtung eingeschlossen und ohne Aroma war wie alle Frühstücke in Seminaren, Krankenhäusern und Erziehungsanstalten, ein Kaffee wie Spülicht, eine Marmelade ohne Farbe und ohne Frucht, ein altbackenes krümelndes Brot, und sie würgten es hinunter und studierten ihre Reisehandbücher und stellten Adressen zusammen, wo sie hingehen oder vorsprechen wollten, und der Hausvater fragte Adolf, ob er sich an einer Stadtbesichtigung beteiligen wolle, alle Kultstätten sollten besucht werden, die Gräber der Märtyrer, die Orte der Offenbarungen, die Wege der Erscheinungen, und der Heilige Vater wollte die Teilnehmer an der Exkursion empfangen, doch Adolf dankte, er lehnte ab, er wollte allein sein. Sie waren Priester, sie hatten die Weihe empfangen, der Bischof hatte sie aufgerufen, sie hatten sich zur Stelle gemeldet, sie hatten »Adsum« gerufen, und der Bischof hatte den Archidiakon gefragt »Weißt du, ob sie würdig sind?«, und der Archidiakon hatte geantwortet: »Soweit es menschliche Gebrechlichkeit erkennen läßt, weiß ich und bezeuge, daß sie würdig sind der Bürde dieses Amtes.« Und »Deo gratias« hatte der Bischof gerufen, und sie waren Priester geworden, waren gesalbt worden, sie hatten den Gehorsam versprochen dem Bischof und seinen Nachfolgern, sie hatten die Absolutionsgewalt erhalten: »Accipe Spiritum Sanctum, quorum remiseris peccata, remittuntur eis, et quorum retinueris, retenta sunt.« Er war noch nicht Priester, er war erst Diakon, er stand eine Stufe unter ihnen, sie waren seine Oberen, er sah sie an wie sie ihr Brot verzehrten, wie sie ihre Pläne machten für den Tag, ihn nützlich in Rom zu verwenden, und er fragte sich, ob Gott sie erwählt, ob Gott sie gesandt hatte, ehrgeizige Raben und schüchterne Vogelscheuchen, und er zweifelte, denn warum hatte Gott dann nicht mehr getan, warum wehrten seine Diener sich nicht entschiedener gegen der Welt unglücklichen Lauf? Adolf war nach einem großen Unglück zu ihnen gekommen, und da es ihm nun schien, daß er auch als Priester neues Unglück kaum hindern werde, ja daß es nicht einmal sicher war, ob er unbeteiligt bleiben könne in der anfechtbaren Rechtlichkeit des Pharisäers, fragte er sich, ob er wirklich berufen sei, wenn die andern berufen waren. Er fand keine Antwort, wie er auch keine Antwort auf die Frage fand, ob er seine Mutter aufsuchen, ob er sich seinem Vater stellen sollte; vielleicht liebte er seine Eltern, oder es war Pflicht, sie zu lieben, für einen Priester war es vielleicht besondere Pflicht, sie zu lieben, wie es für einen Priester auch wieder nicht besondere Pflicht war, ein Priester hatte alle Menschen gleichermaßen zu lieben, die Eltern hatten ihn gezeugt, aber Gott verdankte er die Seele, und die Eltern hatten ihn nicht um Gottes willen gezeugt, nicht um Gott zu dienen und nicht um Gottes Gebot zu erfüllen, sie hatten ihn aus Lust gezeugt, weil sie sinnlich gewesen waren, oder sie hatten ihn aus Unachtsamkeit gezeugt oder einfach, weil sie ein Kind haben wollten, oder weil es im Dritten Reich Mode war, Kinder zu bekommen und weil der Führer Kinder liebte, vielleicht waren auch alle Gründe zusammengekommen, daß er wurde, Wollust, Achtlosigkeit, Wunsch nach Nachkommenschaft und Führergunst, und doch war Gott unsichtbar und ungenannt dabei gewesen, denn keine Zeugung geschieht ohne ein Wunder, und selbst der Betrunkene, der am Wegrand die junge Magd vergewaltigt, zeugt nach Gottes unerforschlichem Ratschluß, aber Adolf, der Diakon fragte: »Wozu wozu wozu?« Und in dem Zwielicht der Herberge aus dummer sinnloser Freudlosigkeit und sinnwidriger säuerlicher Frömmigkeit erschien ihm Christus nicht, und er konnte ihn nicht wie Petrus fragen: »Herr, wohin gehst du?«

Sie hatten alles für ein Mittagessen in den Wagen gepackt, Brot, kalten Braten, ein Stück Fasan, Früchte und Wein, sie

wollten nach Cassino fahren, nicht zur Abtei, zu den Schlachtfeldern wollten sie reisen, sie hatten sich mit anderen Deutschen verabredet, Teilnehmern an den Kämpfen, die alles
erklären würden, aber sie verspäteten sich, denn vorher mußten sie Judejahn aufsuchen, doch wollten sie ihn einladen,
mitzufahren, die Schlachtfelder würden ihm nicht gleichgültig sein, und so kam man sich wieder näher, wärmte sich
an gemeinsamen Idealen, dem nie gebeugten Siegerstolz
auch nach verlorener Schlacht, aber Eva, hier die Haupt-
person, vereitelte alles, sie weigerte sich, teilzunehmen, teilzunehmen am Wiedersehen, teilzunehmen am Ausflug, sie
wünschte in ihrem Zimmer zu bleiben, dem Zimmer zum
Hof hin mit Küchengerüchen und Küchenlärm, oder sie
wünschte heimzufahren nach Deutschland, auch dort in eine
enge Kammer zu gehen, und sie waren wütend und beschworen sie, »warum willst du ihn nicht sehen, was soll er denken«,
und sie konnte es ihnen nicht sagen, ihnen, die wieder den
Tag genossen und sich abgefunden hatten, sich abgefunden
mit allem Zusammenbruch, mit Verrat und Fledderei, sie
konnte ihnen nicht erklären, daß ihr und Judejahns Ehebund
so eng mit dem Dritten Reich verknüpft war und nur in diesem Glauben bestanden, nur aus diesem Quell sich genährt
hatte, daß er nun aufgelöst war, daß der Bund sich von selbst
gelöst hatte, als Hitler starb, als das Reich verging und fremde Soldaten auf deutschem Boden der Vorsehung und Zu-
kunftsschau des Führers spotteten. Wer das nicht begriff, und
wem es nicht unvorstellbar war, daß man anders es sehen und
denken mochte, dem war es nicht mitzuteilen, und man
schwieg besser und schändete nicht den eigenen Gram. Nicht
sie war schuldig, und Judejahn war nicht schuldig, sie hatten
beide nicht schuld, an dem was geschehen und nicht wieder
gutzumachen war, aber sie teilten zwangsläufig die Schuld
eines jeden Überlebenden, Eva hatte diese Schuld getragen,
nicht die Schuld am Bau des Weges, der zum Unheil führte,
sondern die Schuld der Heilsüberlebung, sie schwand nicht
aus ihrem Bewußtsein, und sie fürchtete, daß Judejahn diese
Schuld des bloßen Daseins nun mittragen sollte und mit-

tragen mußte, sie wollte es nicht, denn ihn hatte sie noch schuldlos gesehen, einen Helden in Walhall, aber die Teilhaberschaft an der Schuld war jedem Lebenden aufgebürdet, und der Brief der von Judejahn kam, die Kunde, er lebe, hatte sie erschreckt, statt beglückt. Aber wem konnte sie es sagen, wem durfte sie ihr Entsetzen zeigen? Ihr Sohn war ihr Feind. Er war ihr bitterster Feind, wenn das Wort bitter Bitternis enthält, und wäre sie fromm gewesen, hätte sie den Sohn verflucht, aber er war ja der Fromme, und ihr stand als Heidin kein Fluch zu Gebot, die Heidin war arm, sie glaubte nicht an Verwünschungen, nicht an Segensentziehungen, sie glaubte an ein völkisches Leben, und für den wider das völkische Leben Frevelnden gab es allein den Tod. Aber sie konnte ihn ja nicht töten. Sie hatte die Macht nicht mehr. Sie konnte ihn nur vergessen. Das Vergessen dauerte seine Zeit, und am Vergessen war sie, aber nun brachte Judejahn mit seinem Erscheinen alles Vergessene zurück, allen Zusammenbruch, alle Verluste, alle Lossagungen, und sie wollte Judejahn nicht sehen, und sie blieb im Hotel, und es war ihr, als werde sie ausgepeitscht.

Die Pfaffraths dachten im Wagen, den Dietrich zu Judejahns Hotel lenkte: wir können es ihm nicht sagen, wir müssen es ihm schonend beibringen, sie ist verrückt, und nach allem was sie durchgemacht hat, ist es kein Wunder, daß sie verrückt wurde, aber wir haben getan, was wir konnten, wir haben uns nichts vorzuwerfen, niemand kann uns etwas vorwerfen, wir haben ihr beigestanden, das wird Judejahn einsehen, wir haben sie hierher gebracht, und jetzt muß Judejahn entscheiden, was geschehen soll. Dietrich dachte: er wohnt in einem viel besseren Hotel als wir, er muß Geld haben, auf der Ordensburg beneidete ich Adolf, weil sein Vater so viel mehr war als mein Vater, ich möchte wissen, ob er es noch ist, noch mehr ist als mein Vater, wie ist er den Feinden entwischt, wie hat er sich durchgeschlagen, und ist er der Alte, wird er die Macht ergreifen, wird er kämpfen wollen, und darf man sich schon zu ihm bekennen, oder riskiert man noch zuviel? Und Friedrich Wilhelm Pfaffrath

sagte: »Vielleicht war es doch noch zu früh, an seine Rück-
kehr zu denken! Vielleicht sollte er noch ein, zwei Jahre ab-
warten, bis man klarer sieht. Die Souveränität wird uns gegeben werden, wir werden ein neues Heer bekommen, man
darf nicht verkennen, daß die Bonner hier gute Arbeit ge-
leistet haben, und immerhin müssen wir noch lavieren, aber
wenn das Heer erst steht, vielleicht ist dann die Zeit für die
wirklich nationalen Kräfte gekommen, das Heft in die Hand
zu nehmen und mit den Verrätern abzurechnen.« »Abge-
rechnet wird«, sagte Dietrich. Sein Gesicht bekam einen verkniffenen Zug, und krampfhaft hielt er das Steuer. Fast über-
fuhr er einen Herrn mit diplomatisch aufgerolltem Regenschirm, der bei der Porta Pinciana die Straße überquerte und
offenbar und offensichtlich zu seiner Gefährdung an die
Vernunft glaubte.
Er empfing sie in einem Schlafrock, er hatte sich mit Franz-
branntwein abgerieben und ein duftendes Haarwasser auf
seine grauen Borsten geschüttet, und er sah wie ein alter er-
folgreicher Boxer aus, der für viel Geld noch einmal in den
Ring klettert. Der Luxus, der ihn umgab, beirrte sie. Sie
standen wie Bittsteller da, wie arme Verwandte, wie sie stets
bei ihm gestanden hatten, er merkte es und fühlte sich, es war
alles wohlberechnet, und sie sahen die mit Seide bespannten
Wände, spürten den dicken Teppich unter ihren Füßen,
seine Koffer bestachen sie, und in dem Bett bemerkten sie als
Krönung des Reichtums und Zeichen unabhängigen Her-
rentums einen großen räudigen Kater. »Das ist Benito«,
stellte Judejahn den Kater vor, und er freute sich, wie sie sich
wunderten und sich insgeheim entsetzten. Friedrich Wilhelm
Pfaffrath grauste vor dem räudigen Tier, doch ließ er es sich
nicht anmerken; es war ihm, als hätten sich die schwarzen
Rosse seines Traumes von Lützows wilder verwegener Jagd
in einen räudigen Kater verwandelt. Judejahn fragte nicht
nach Eva. Er durchschaute Pfaffraths. Er kniff die Lider zusammen und bekam kleine listige böse Schweinsaugen, er
senkte das Haupt im breiten Nacken, wie ein Eber, und
der Gegner im Ring mochte sich vor dem alten Schläger

vorsehen. Eva war nun die arme Verwandte, und Pfaffraths waren die Wohltäter; das konnte nicht länger geduldet werden. Judejahn beschloß, für Eva zu sorgen. Er würde Geld auftreiben, sie sollte sich ein Haus kaufen, sie sollte unabhängig werden. Als Pfaffraths anfingen, von Eva zu sprechen, winkte Judejahn ab. Er würde für alles sorgen; er machte eine große, er machte eine diktatorische Geste. Er äußerte nicht den Wunsch, Eva zu sehen. Er verstand sie. Er begriff, warum sie nicht gekommen war, und er billigte es. Sie konnten sich nicht sehen, sie konnten sich nicht in die Augen sehen, und sie konnten sich nicht vor Pfaffraths sehen, vor diesen Spießern, die nichts begriffen und verstanden hatten, aber vielleicht konnte Judejahn Eva heimlich sehen, wie eine heimliche traurige Geliebte, die zu sehen man sich fürchtet. Da gab er sich eine Blöße, deckte sich nicht ab, er fragte nach Adolf, und Dietrich fuhr es raus, Adolf sei Pfaffe geworden, und es war wie ein Hieb auf die Halsschlagader, Judejahn taumelte, sein Gesicht verzerrte sich, er wurde blaß und dann rötete sich die Haut, Stirn und Wangen flammten, die Adern schwollen an, er wirkte apoplektisch, faßte sich an den Hals, wie einer der erstickt, und dann brach es aus ihm heraus, eine Flut von Schimpfworten, ein Strom Unflat, er überschwemmte sie mit Auswurf, brüllte sie an, sie die nachlaufenden, sich anpassenden, gewinngierigen Pfaffraths, die nun zitternd sich nicht zu rühren wagten, wie zahme Schweine vor einem wilden Eber, er gab ihnen die Schuld, ihnen die Schuld am Verrat, am Untergang, an gebrochener Treue, an Fahnenflucht und Kapitulation, an Anbiederung an den Feind, sie waren Hosenscheißer, Speichelsammler, Kollaborateure, Zu-Kreuz-Kriecher und Arsch-Lecker, lahme Hunde, die wohl vor der Hölle greinten und vor dem Priester winselten, sie waren wohl in Rom, um dem Papst die Füße zu küssen, um Absolution zu erhalten, aber die Geschichte würde sie verurteilen, Deutschland sie verdammen, Germanien sie ausstoßen, sie seien wert, als Volk zugrunde zu gehen, der Führer hatte auch dies schon erkannt, der Führer war einem feigen Volk erschienen, einem morschen Stamm, das war seine

Tragik, und sie hörten sich's an, der Oberbürgermeister hörte sich's an, Frau Anna, Dietrich, sie hingen an seinen Lippen, stumm, sie bebten, aber sie hingen an seinen Lippen, es war wie in alten Tagen, der große Judejahn sprach, der große Bonze grollte, und sie unterwarfen sich, ja sie fühlten ein Wohlempfinden, eine Lust im Mark, ein wollüstiges Schneiden im Bauch und in den Genitalien, sie beteten an. Er brach ab. Er war erschöpft; früher wäre er nicht erschöpft gewesen; früher stärkten ihn solche Ausbrüche. Schweiß klebte in seinen Borstenhaaren, Schweiß näßte den seidenen Pyjama unter dem Schlafrock; noch immer war sein Gesicht rot wie der Kamm eines Puters. Aber er war hart im Nehmen, er ging nicht zu Boden, und bald hatte er sich wieder gefangen, klatschte sich auf die Schenkel, lachte, was für ein Witz es sei, was für ein prächtiger Witz, und er hätte noch mehr Pfaffen in den Himmel schicken müssen, da er ihnen nun einen in die Kirche geliefert habe, und dann ging er und schenkte sich einen Cognac ein, kippte ihn hinunter, er bot auch ihnen Cognac an, doch nur Friedrich Wilhelm Pfaffrath trank ein Glas, während Dietrich sich entschuldigte, weil er den Wagen lenken solle, eine Enthaltsamkeit, über die Judejahn nur verächtlich lachen konnte. »Was haben wir für Kinder«, rief er, es schien ihm etwas einzufallen, etwas Amüsantes, und er ging zum Bett und entriß Benitos Krallen die italienische Zeitung, die das Hotel mit dem Frühstück geliefert hatte. Judejahn hatte sie durchgeblättert, ohne sie zu verstehen, er hatte die Bilder besehen, die Unterschriften unter den Bildern gelesen und so seinen Neffen Siegfried entdeckt, an den er sich kaum erinnern konnte, aber es mußte wohl sein Neffe sein, Siegfried Pfaffrath, und nun hielt er Friedrich Wilhelm Pfaffrath das Bild hin, empört und hohnvoll, und weil er den Text zu dem Bild mißverstanden hatte, meinte er, daß des Schwagers Sohn ein Geiger sei, was freilich, er mußte es zugeben, nicht so übel wie ein Pfaffe war, aber doch übel genug, abgerutscht und gegen die Tradition der Sippe gehandelt, gegen die Herkunft und gegen die Erziehung in der Ordensschule, und so hatte Judejahn seine kleine Rache.

Pfaffrath nahm die Zeitung, er war verwirrt durch den plötzlichen Angriff und sagte, Siegfried sei nicht Geiger, er sei Komponist, und dann ärgerte er sich, weil er das gesagt hatte, denn für Judejahn war es gleichgültig, ob einer in einem Kaffeehaus fiedelte oder Konzerte schrieb, es blieb eine unmännliche Beschäftigung, eine anrüchige Lebensart, Pfaffrath verstand Judejahn, und doch berührte es ihn anders, das Bild seines Sohnes in der römischen Zeitung zu sehen, vielleicht erinnerte er sich seines Bücherschrankes, der Goetheausgabe und der Wagnerbiographie, er war stolz auf Siegfried, stolz auf seine Vaterschaft, und er reichte das Blatt Anna, die gackerte wie die Hühnermutter, wenn das Entenkind in seine Welt springt, in den Teich hüpft, in das Wasser geht und schwimmt, und Dietrich beugte sich über ihren Arm, sah den Bruder und murmelte »tolle Sache«, was Erstaunen, Bewunderung, aber auch Abscheu ausdrücken konnte. So blieb Judejahn mit dem frommen Sprößling blamiert, während Pfaffraths durch den fiedelnden oder komponierenden Sohn vielleicht sogar geehrt waren, obwohl man ja nicht wußte, von welcher Gesinnung Siegfried war, mit welchen Lastern behaftet, in welchem Schmutz er leben mochte, in unvölkischer und jüdischer Gesellschaft, und welcher Bestechung er die Publizität in der Zeitung verdankte. Judejahn ging in seinem Schlafrock durch sein Zimmer wie ein Boxer, der gegen eine Ungerechtigkeit des Kampfgerichts protestiert, erregt durch den Ring schreitet. Mit heftigen Worten lehnte er es ab, mit ihnen nach Cassino zu fahren. Was rührten ihn Schlachtfelder, höhnte er, die still und kampflos lagen, wo der Boden das Blut aufgesogen hatte, wo die Leichen begraben waren, wo wieder Pflanzen wuchsen, wo Esel weideten und Touristen lächerlich auf der Eselswiese herumkrochen. Und was war das Schlachtfeld von Cassino gegen das Schlachtfeld von Berlin! In Berlin war eine Schlacht geschlagen, die nie geendet hatte und nie enden würde, die immer weiterging, die im Geist weitergeschlagen wurde, und gern hätte er gesagt, in den Lüften geschlagen, aber Judejahn hatte die Mär von der katalaunischen

Schlacht vergessen, die der kleine Gottlieb in der Schule lernte, er erinnerte sich, daß in den Lüften gekämpft wurde, aber er dachte nicht an die Geister, die gab es nicht, nicht an die Toten, die gab es, aber sie kämpften nicht mehr, sie waren tot, und so waren es wohl Flieger, und es war natürlich, daß Flieger in der Luft kämpften, und sie würden weiter in der Luft kämpfen, und schließlich würden sie mit neuen Waffen kämpfen, mit der Gewalt der Atome, weil sie Berlin nicht erobert hatten. »Glaubst du an Krieg?« fragte Pfaffrath Judejahn. Und Judejahn sagte, er glaube immer an Krieg, woran solle man sonst glauben? Auch Pfaffrath glaubte an neuen Krieg, er mußte kommen, das erforderte die Gerechtigkeit, aber Pfaffrath hielt die Zeit noch nicht für reif, er hielt den Krieg noch nicht für nützlich für Deutschland, er errechnete noch zu unsichere Chancen, aber er wagte das Judejahn nicht zu sagen, denn er fürchtete, daß der Schwager ihn für feig halten mochte. »Wirst du dann zurückkehren?« fragte er ihn, und Judejahn sagte, er sei immer im Krieg und immer für Deutschland. Und dann erniedrigte er sich, indem er ihnen ein Theater vorspielte; er telephonierte mit der diplomatischen Vertretung des Landes, das ihn bezahlte, und bestellte in einem Gemisch aus französischen, englischen und arabischen Sprachbrocken den Gesandtschaftswagen, und er tat so, als ob er tyrannische Befehle erteile und über Krieg oder Frieden vorerst im Nahen Osten entscheide. Friedrich Wilhelm Pfaffrath und Frau Anna merkten die Hochstapelei des kleinen Gottlieb nicht und waren wieder gefangen von des Schwagers Größe, aber Dietrich Pfaffrath verkniff seinen Mund, auch er entwirrte das Sprachgemisch nicht, aber plötzlich hatte er das Gefühl, daß die große Zeit des Onkels für immer vorbei sei und daß Judejahn nun ein Abenteurer von unsicherer Existenz und dunkelem Geld war, »Vorsicht« mahnte eine Stimme in Dietrich, Judejahn konnte der Karriere schaden, und doch wäre Dietrich gern hinter Judejahn marschiert, an aussichtsreicher und postennaher Stelle natürlich, wenn Judejahn eine Fahne entfaltet und zu nationaler Sammlung gerufen hätte. Noch aber waren im Bund Stellen zu besetzen, und Dietrich würde sie nach bestandener Prüfung erlangen. Erst wenn Dietrich arbeitslos wird, erst wenn er kein Automobil zum Spielen bekommt, erst wenn er zum akademischen Proletariat geworfen wird, erst in einer Wirtschaftskrise wird Dietrich blind hinter einer falschen Fahne marschieren, wird er bedenkenlos in jeden falschen Krieg ziehen.

Siegfried kam zu spät zur Probe; er kam absichtlich zu spät, er fürchtete sich, er fürchtete seine Musik, er fürchtete Kürenberg, er war zu Fuß gegangen, er war mit einem falschen Autobus in falsche Richtung gefahren, er war einem Kind nachgegangen, er hatte geträumt, und seine Schritte waren gehemmt, und seine Schuhe waren wie mit Blei gesohlt, als er sich dem Konzerthaus näherte, und nun stand er zögernd im Foyer vor der Kleiderablage, ein paar Regenmäntel baumelten wie Erhängte an traurigen Haken, ein paar Schirme lehnten wie Besoffene an der Wand, eine Reinmachefrau aß eine Semmel, und aus der Semmel hing eklig das in der Wärme zerlaufende Fett des Schinkens, und eklig hingen die Brüste der Frau ungehalten in der verschwitzten weitgeöffneten Bluse, und Siegfried dachte an den Schoß des Weibes und daß sie Kinder hatte, und es ekelte ihn vor dem feuchten und warmen Schoß, vor den feuchten und warmen Kindern, dem feuchten und warmen Leben, und unheimlich und eklig dünkte ihm die Lebensgier zu der wir verdammt sind, die Fortpflanzungssucht, die noch die Ärmsten betört, dieser Schein von Ewigkeit, der keine Ewigkeit ist, die Pandorabüchse von Not, Angst und Krieg, und er hörte die Posaunen, seine Posaunen, und sie drohten ihm, und er hörte die Harfen, seine Harfen, und sie schienen zu zittern, und er vernahm die Geigen, seine Geigen, und es war ihm, als schrien sie, und seine Musik war ihm fremd, fremd, fremd. Und außerdem war sie furchterregend. Er ging im Gang auf und ab. Die Spiegel des Ganges zeigten ihm seine Gestalt, und er fand sich häßlich. Er dachte: ich sehe wie ein Gespenst aus, aber nicht wie das Gespenst der Musik. Er bemühte sich nicht, seinen Schritt zu dämpfen. Er ging ziemlich laut über den harten Linoleumbelag des Ganges, fast war es, als wolle er die Probe stören, als wolle er in den Saal stürzen und rufen: »Hört auf! Hört auf!«

Da kam Ilse Kürenberg auf ihn zu. Sie trug ein kornblumenblaues Tropical-Kostüm, und wieder sah sie jung aus, war von fester Gestalt, aber fettfrei, und sie war ihm sympathisch, weil sie kinderlos war. Er dachte: sie hat nicht geboren, sie hat so wenig geboren wie die Statuen in den römischen Gärten geboren haben und vielleicht ist sie doch die Göttin der Musik, die Muse Polyhymnia, erfahren und jungfräulich. Aber er täuschte sich. Ilse Kürenberg schien heute die Göttin der Betriebsamkeit unbekannten Namens zu sein, denn mit ihr kam ein Herr gegangen, der wie ein großer gefangener und überaus melancholischer Vogel aussah, und sie stellte ihn Siegfried als den Leiter der Musikabteilung eines bedeutenden Senders vor, oder sie stellte Siegfried dem Vogel vor, weil der Vogel in so bedeutender Stellung war, und Ilse Kürenberg und der Vogel sprachen französisch, sie sprachen es fließend, schnell und mit Wohlklang, vielleicht war der Vogel Franzose, und Ilse Kürenberg hatte die Sprache gelernt, vielleicht hatte der alte Aufhäuser seiner Tochter eine französische Erzieherin gegeben, vielleicht hatte Ilse Kürenberg in der Emigration Französisch gelernt, vielleicht traf beides zu, aber Siegfried schämte sich wieder, ungebildet dazustehen, die Ordensburg hatte für nichts gesorgt, sein Vater hatte für kein Französisch gesorgt, Friedrich Wilhelm Pfaffrath hielt nichts von Frankreich, nichts von französischer Wohlrede, vielleicht hielt er etwas von Französinnen, aber dies nur als Kriegsbeute, und nun stotterte Siegfried, suchte nach Vokabeln und verstand nicht, was der Vogel von ihm wollte, aber er wollte etwas, denn Ilse Kürenberg nickte und forderte Siegfried zu einer Zustimmung auf, und er stimmte zu, und er wußte nicht wem er zustimmte, und am liebsten wäre er fortgelaufen, hätte die Göttin der Musik und den eine Musikabteilung leitenden Vogel stehengelassen, – mochten sie sich fressen oder miteinander schlafen.

Aber da hörte Siegfried den Schlußakkord seiner Musik, wie ein Zusammenbruch aller Hoffnung hörte er sich an, wie eine Woge, die über ein Schiff schlägt, und dann waren nur noch Planken da und etwas Geplätscher. Kürenberg trat in den Gang. Er schwitzte und wischte sich die Stirn. Seltsamerweise benutzte er ein großes rotes Tuch, um sich den Schweiß von der Stirn zu wischen, und er sah so nicht wie ein Dirigent, er sah wie ein Bauer aus, der nach getaner Arbeit vom Felde kommt. Ein paar Leute folgten ihm, Journalisten, Kritiker mit Notizbüchern in der Hand, ein Photograph, der sofort sein Blitzlicht über der Gruppe leuchten ließ. Kürenberg sah, daß Siegfried niedergeschlagen war, und er drückte ihm die Hand und sagte: »Mut! Mut! Mut!« Aber Siegfried dachte: Mut? Ich bin nicht mutlos. Aber ich brauche keinen Mut. Vielleicht brauche ich Glauben. Ich glaube zwar; aber ich glaube, daß alles sinnlos ist. Oder nicht alles ist vielleicht sinnlos, aber daß ich hier bin, ist sinnlos, daß ich mit diesen Menschen rede, ist sinnlos, daß wir hier photographiert werden, ist sinnlos, der künstliche Blitz ist sinnlos, meine Musik ist sinnlos, aber sie brauchte nicht sinnlos zu sein, wenn ich nur etwas Glauben hätte. Aber woran soll ich glauben? An mich? Es wäre wohl vernünftig, an mich zu glauben, aber ich kann nicht an mich glauben, auch wenn ich es manchmal versuche, ich schäme mich dann, und doch muß man an sich glauben, aber man muß es ohne sich zu schämen tun. Glaubt Kürenberg an sich? Ich weiß es nicht. Ich vermute, er glaubt an seine Arbeit, und an seine Arbeit darf er auch glauben, aber wenn seine Arbeit nun meiner Musik gilt, an die ich nicht glaube, darf er dann noch an seine Arbeit glauben? Es war nett, daß er eben wie ein Bauer aussah, der von der Feldarbeit kommt. Aber auf welchem Felde arbeitet er? In welchem Acker? Und wer wird die Frucht ernten? Kürenberg stellte Siegfried vor. Die Kritiker sprachen zu ihm. Sie sprachen in vielen Sprachen zu ihm. Er verstand sie nicht. Er verstand sie in vielen Sprachen nicht. Er war bei ihnen, und er war nicht bei ihnen. Er war schon weit weg.

Schon nahe der Peterskirche, auf die Kirche zuschreitend, schon ihrem Anblick hingegeben, angesichts der so seltsam enttäuschenden, hier klein gedrungen wirkenden Kuppel, vor dem Prospekt der pompösen Fassade, vor dem Aufbau der stämmigen Säulen, vor der Kulisse der Kolonnaden, noch geleitet von den Pylonen der Via della Conciliazione, der auf den Großdom hinführenden Straße, deren Häuser zur Rechten wie zur Linken einnehmenden Versicherungspalästen gleichen, Verwaltungsgebäuden bedeutender Kapitalgesellschaften, Kontoren florierender Truste mit kühlen wohlgemauerten Fronten, die zu dieser Stunde schattenlos und langweilig wie veröffentlichte Bilanzen im Sonnenlicht lagen, an teure Mieten denken ließen und an den Heiland, der die Wechsler aus dem Tempel trieb, angesichts dieses berühmten, erhabenen und hochheiligen und, wie könnte es anders sein, sehr weltlichen Bildes, vor der sakralen altehrwürdigen und geschäftig begangenen Bühne, die alle Pilger mit frommem Schauer betreten, alle Gesellschaftsreisenden als Pflichtfach beflissen absolvieren, wurde Adolf von großer Bangigkeit befallen. Würde er vor dem Heiligtum genügen, würde er bestehen, würde es seinen Glauben stärken? Ein Omnibus hatte ihn und andere Besucher hier ausgeworfen wie eine Kiepe voll Geflügel, das man auf die Weide läßt, und schon scharrten sie und rüsteten sich, Bildung und bleibendes Erlebnis aufzupicken, kein Korn des Staunenswerten sollte ihnen entgehen, schon schnappten sie die Verschlüsse ihrer photographischen Apparate hoch, schon raschelte Stullenpapier, wurde Mitgebrachtes ausgepackt, den Hunger zu stillen, zu dem die Sterne im Baedeker anregen, während andere sich flink in die Andenkengeschäfte stürzten, die Cartolerien, die unter der Hand verliehenen kleinen Pfründen gleichen, die Ausgeflogenen, aus dem Käfig der Heimat, aus dem Pferch der Gewohnheit Geflogenen sandten Grüße aus Sankt Peter nach Hause, bevor sie die Stätte überhaupt betreten hatten, und Adolf stimmte es traurig, er weilte verloren wie ein Splitter im Strom der Menge, man stieß ihn, einen kleinen Priester, oder fragte ihn, den man für zuständig hielt, sinnlos um sinnlose Auskunft, und dummerweise nahm er die Pylonen der Straße wahr und erinnerte sich an andere Wegmarken, nicht an solcherart mit eigentlich billigen Fabriklaternen gekrönte, sondern an Schmuckpfeiler mit Flammen und Rauch, an glühende Feuerhäupter, an eine Gasse brennender Säulen, durch die er als bevorrechtigtes Kind, als Sohn seines Vaters stolz gefahren war, an Nürnberg erinnerte ihn die Via della Conciliazione, an das Parteitaggelände leider, nur jenes Aufmarschfeld war dem Knaben prächtiger erschienen als dieser Weg zur Erzkirche, von dem er Pracht nicht erwartete, Pracht nicht wünschte, der aber doch wiederum prächtig sein wollte und mit der allgemein verworfenen und verachteten Nürnberger Pracht sich maß und ihr unterlag, die freilich nach Pylonenfeuer Häuserbrand, Städtebrand und Länderbrand gebracht hatte. Gewiß, Hütten waren hier am Wege, so ist die Welt, nicht zu erwarten gewesen; entblößte Armut war an diesem Platz, so ist die Welt, nicht zu dulden gewesen; Bettelmönche, die um Brot und um des Herrgotts willen blecherne Schüsseln hinhalten, sind wohl ausgestorben, so ist die Welt; aber diese Neubauten, diese Häuser, die von kluger Bodennutzung und gelungener Spekulation sprachen, waren sie nicht allzudeutlich ein Triumph dieser Welt und ein spätes Siegesmal Simons des Zauberers, der mit Petrus in dieser Stadt gerungen hatte?

Eine Ellipse, eine ovale Kurve ist der Platz, und Adolf dachte, ob hier der Circus des Nero gewesen war, ob um den Obelisken in der Mitte des Platzes die vierbespannten Wagen gefahren waren, die man heute noch gern und zur Erregung der Sinne in Filmen sieht, ob hier das Kreuz gestanden, an dem Petrus das Haupt nach unten gehangen und über Nero und Neros Leier und alle Sänger und alle Kaiser, die nach ihm kamen, seinen tragischen Sieg errungen hatte. Vom Dach der Kolonnaden winkten Berninis Heilige mit großen pathetischen Gesten wie erregte Zuschauer in das Oval hinunter, aber niemand wurde heute sichtbar gekreuzigt, keine Tierhatz tobte, kein Netzkämpfer erschlug den Schwertfechter, kein Rosselenker umkreiste die Bahn, nur die Autobusse der

Reisebüros überrundeten einander in hartem Konkurrenz-kampf, Rom und der Vatikan und der Heilige Vater und das Apostelgrab wurden für wenig Geld in wenigen Stunden ge-boten und als Zugabe noch die blaue Grotte von Capri, Tiberius Schloß, Botticellis Frühling in Florenz, die Gondel-fahrt in Venedig und der schiefe Turm in Pisa. Andere kamen zu Fuß und schritten in Gruppen über den Platz, Mädchen-pensionate, kleine bebende Brüste in blauen Schulblusen, Pfadfinder mit Fähnchen, bloßen Knien, breiten verwegenen Hüten, Cowboyhalstüchern und aller Knabenlüsternheit, die Kongregationen grau alt und schwarz, zwischen den Bar-schen und Schleien einmal ein Hecht, der an seine Karriere dachte, Pfarrgemeinden unter der Hut ihres Hirten, der ein-mal sein Dorf verlassen wollte, englische Frauenvereine, amerikanische Damenklubs, überdrüssig der Bridgenach-mittage, deutsche Besucherorganisationen, vom Reiseleiter angetrieben, schnell hieß es nur schnell, soviel war noch zu sehen und das Mittagessen war schon in Cassino bestellt, schnell nur schnell, aber die Kinder weilen noch, sie halten die wachen, die erwartungsgierigen Pulse unter das kühl strömende Wasser der beiden Brunnen, doch die Mütter eilen mit neuer Frucht über die Stufen zur Kirche, die Täuf-linge in weiße Spitzen gekleidet auf schwankendem Arm.
»Weide meine Lämmer, weide meine Schafe«, also sah Chri-stus sie unverständig, hilflos und verletzbar, und Jesus wollte die Schutzlosen schützen lassen, und Petrus, im Circus ge-kreuzigt, den Kopf nach unten, und am Hang des Vaticanus genannten Hügels begraben, sollte Kephas der Fels sein, das unerschütterliche Fundament, das »die Pforten der Hölle nicht überwältigen werden«, er lag begraben, am Hügel Vaticanus, aber gern gibt sich der Wolf als Schäfer aus, klei-det der Räuber sich als Hirte; Könige, Tyrannen, Diktatoren, Präsidenten weiden ihre Lämmer, scheren ihre Schafe, schlachten ihre Herde zu eigenem Nutzen, und die Prediger der Vernunft, die dann auftauchten und riefen »ihr seid keine Lämmer, ihr seid frei, ihr seid keine Schafe, ihr seid Men-schen, brecht aus der Herde, verlaßt den Hirten«, in welche

Angst, in welche Wüste trieben sie die Herde, die sich nach dem heimlichen Geruch des Stalles sehnt und vielleicht auch nach dem Blutdunst des Schlachthofes. Adolf schritt durch die Pforte des Doms. Seine Erziehung schritt mit ihm. Diese Erziehung war nicht vollendet, sie war jäh abgebrochen worden, und zudem verleugnete er sie. Aber nun war sie doch wieder bei ihm und begleitete ihn. Wenn er allein war, wenn er mit einem sprach, mit den Mitdiakonen, den gebildeten Lehrern der Priesterseminare, mit seinem Beichtvater, dann war Adolf von der Vergangenheit der Ordensburg gelöst, frei von ihren Parolen, aber wenn er sich unter der Menge bewegte, wenn Massen ihn umdrängten, ihn verwirrten und ihn erbitterten, dann rührten sie die Listen der nationalsozialistischen Erzieher in ihm auf, die Lehre von der Massennützung, von der Massenverachtung, der Massenlenkung, auch die Bonzen hatten ihre Schafe geweidet, mit großem Erfolg, und die Lämmer waren ihnen gierig zugeströmt. Adolf verlangte es ehrlich, die Händel der Welt, das tobsüchtige Walten der Geschichte zu mißachten, ein Kübel von Blut blieb übrig, warmes ekelerregendes Blut von Ermordeten, aber immer wieder, wenn Welt und Geschichte ihm nahe kamen, sich in sein Denken drängten, zweifelte er, ob er sich mit dem Anziehen des Priesterkleides wirklich von all diesem Mord getrennt habe, ob er nicht wieder und trotz aller frommen Übungen in einer Organisation steckte, die mit allem Mordgesindel unwillentlich aber zwangsläufig grotesk und tragisch verbunden blieb. Lag das Heil in der Absage, im Fliehen, im Alleinsein, war der Eremit die einzig mögliche Gestalt der Bewährung? Aber der einsame Mensch, er schien Adolf sehr schwach zu sein, denn Adolf brauchte eine Stütze, weil er sich vor sich selber fürchtete; er brauchte Gemeinschaft, aber er zweifelte an ihrem Wert. Säulenpracht Säulenpracht Säulenpracht, Bramante, Raffael, Michelangelo, wer dachte ihrer hier nicht, aber die Säulen ihres Baues waren glänzend und kalt, der Stuck war prächtig und kalt, das Ornament des Bodens war bewundernswert und kalt, Karl der Große ritt, ein kalter Mann, auf einem kalten

Pferd, und Adolf schritt weiter ins Mittelschiff und dort war die Porphyrplatte auf welcher der Kaiser gekrönt wurde, Gußgestein, Kristalle von Quarz, Feldspat und Glimmer, kalt kalt kalt, und die Kaiser wurden gesalbt und nahmen die Salbung als Freibrief, als Freibeuterbrief und zogen aus, ihre Macht zu mehren, in gräßlichen Schlachten zu siegen, von geraubtem Gold und kalt war ihr Thron, und zerstampft war das Gras nach der Schlacht, und zerhauen und starr lagen die Krieger. Warum ließ die Kirche sich mit Kaisern und Generalen ein? Warum übersah man sie nicht in Purpur und in Fräcken, in lamettabehängten Uniformen und schlichten Diktatorenjoppen, warum erkannte man sie nicht, die sich für schmutzige Händel, für Freßlust und Fickgier, für Gold und Landbesitz und gemeiner Herrschsucht mit Gott verbündeten und das Kreuz mißbrauchen wollten? Kapellen waren zu allen Seiten, und an den Altären hantierten geschäftige Geistliche. Sie lasen Messen, sie sprachen Gebete, sie waren in Andacht versunken, fromme Männer von reinem Wandel, aber sie waren zugleich auch Angestellte oder Beamte, die ihren Dienst verrichteten, ihr Pensum erledigten, und kam einem dieser schlechte alle Verzauberung aufhebende Gedanke, dann wurden die Altäre zu Verkaufstischen in einem weitläufigen Warenhaus. Links und rechts standen Beichtstühle, kleine Burgen aus festem Holz, und Beichtväter saßen wie Schalterbeamte einer großen Bank in den geweihten Schreinen, – in allen Sprachen mochte der Gläubige seine Sünden bekennen, in allen Sprachen würde ihm verziehen werden. Auch die Beichtstühle schienen Adolf in kalter Luft zu stehen; sie dünkten ihm kalt wie die Marmorplatten der Geldwechsler.

Adolf fühlte sich einsam in der weiten prächtigen Erhabenheit, die ihm gar nicht so erhaben vorkommen wollte, es sei denn im hochmütigen Sinn des Wortes, er fühlte sich von Gott und von seinem Glauben an Gott verlassen, er fühlte sich von Zweifeln bedrängt, vielleicht vom Teufel versucht, der vielleicht gar kein Teufel war, denn wie hätte ein Teufel in das Haus Gottes, ein Teufel in die Burg Petri, ein Teufel in die vielfach geweihte Stätte gelangen können, und allein die brennenden Öllampen über dem Sarkophag des Apostels verliehen dem kalten Raum ein wenig Wärme, doch die Kolossalstatue eines Anbetenden verschattete wieder das milde besinnliche Licht der Öllampen und ließ an das Grabmal eines Kommerzienrats denken. Erst der Anblick der gepriesenen Pietà gab Adolf Glauben und Atem zurück, sie war Befreiung für den Versinkenden in krausen Gedanken, krausem Leid, krauser Erschütterung, und er deutete sie als Barmherzigkeit, als gewaltige, alles umschlingende Liebe, Adolf wollte lieben, auch wenn er sich zur Liebe zwingen mußte, er wollte jedem Menschen freundlich und liebend begegnen, selbst den Eltern wollte er freundlich und liebend begegnen, selbst dem eigenen Vater, den zu lieben am schwersten ist. Hier vor der zu Recht gepriesenen Pietà betete Adolf, er bat um Liebeskraft; kein weiteres Gebet sprach er in der Hauptkirche der Christenheit, und dann verließ er, hochgeschossen, hager und ärmlich, ein kleiner verwirrter, von allzu viel Pracht erschlagener Diakon den Petersdom, dessen Luft und Anblick er nicht ertrug.

Ich wußte die Stunde nicht mehr, zu der ich mit Adolf verabredet war. War es am Mittag, war es am Nachmittag? Ich wußte es nicht. Ich hatte es vergessen. Vielleicht wollte ich mich nicht erinnern. Ich wollte Adolf nicht sehen, und doch ging ich zum verabredeten Ort, schon war ich gefangen; ich ärgerte mich, weil ich in der Schlinge saß. Adolf störte meine Freiheit, er störte mein unmittelbares Empfinden des Lebens, störte mein unaufhörliches Staunen. Er ließ an alle Bedrückung der Jugend denken, er rief die Vergangenheit herbei, die Familie, den Frühsport und den völkischen Unterricht in der nationalpolitischen Erziehungsanstalt, und wenn Adolf sich auch gleich mir losgesagt hatte von jenen Tagen und Parolen, wenn er sich von der Familie getrennt hatte und in einem geistlichen Seminar sein eigenes Leben lebte, so haftete die Familie ihm doch an, ewig wie ein nicht zu beseitigender Geruch selbst noch im Priesterkleid, ewig wie ein Schweiß auf der Haut, den kein Bad wegbringt und der auch mir anhaftet, der Judejahn-Pfaffrath-Klingspor-Mief, die Schwestern Klingspor waren unsere Mütter, und das bedeutete ein Jahrhundert nationaler Dummheit, soldatischen Drills, deutschbürgerlicher Begrenzung, die leider größenwahnsinnig und tobsüchtig wurde, wenn sie endlich aus ihrem zu engen Bett brach. Aus Schwäche erschien ich hier zur Begegnung. Adolf rührte mich in seinem Priesterkleid. Es schien mir eine Verkleidung aus Angst zu sein. Jemand, der fliehen will und auf der Flucht unerkannt bleiben möchte, verkleidet sich so. Wohin aber floh er? Genügte ihm, wie mir, das Davonlaufen, und hatte auch er sich damit abgefunden, ewig auf der Flucht zu sein, ewig auf einem Weg, von dem man wußte, daß er woher kam, aber nirgends wohin führte? Ich fand mein Vergnügen am Weg, oder ich bilde es mir ein, aber Adolf meisterte das neue Leben nicht, die Freiheit von der Familie, die Freiheit von knechtender Überlieferung, so schien es mir, und ich war, gegen den Egoismus, den ich mir predigte, und manchmal schien mir die Selbstsucht die einzige Möglichkeit zur Bewahrung zu sein, wobei allerdings wieder fraglich blieb, ob man sich bewahren sollte, ich war gegen allen Erhaltungstrieb geneigt, Adolf beizustehen, ihm zu helfen, – aber konnte ich das? Meisterte ich das freie Leben? Und dann dachte ich: wenn Adolf und ich das Leben nicht meistern, dann sollten wir uns gegen die verbinden, die skrupellos sind und nach dem Grad ihrer Beschränktheit herrschen wollen, gegen die echten Pfaffraths, die echten Judejahns, die echten Klingspors, vielleicht könnten wir Deutschland ändern? Aber während ich das dachte, schien es mir schon nicht mehr möglich zu sein, Deutschland zu ändern, man konnte nur sich ändern, und jeder mußte das für sich selbst tun, ganz allein, und ich wünschte Adolf zum Teufel.

Ich ging über die Engelsbrücke zur Engelsburg, und die Engel auf ihren Postamenten, die Engel mit ihren Marmorflügeln sahen wie zu schwer geratene Möwen aus, die Blei im Leib tragen oder bleierne Gedanken und sich nie mehr in die

Luft erheben werden. Ich konnte mir die Engel der Brücke nicht am Himmel denken. Nie würden sie über Rom schweben, nie mein Fenster aufstoßen, nie an mein Bett treten, nie mich mit ihrem Flügelschlag beglücken, nie mir des Paradieses ungeheures Licht entzünden. Der Tiber floß trübe, schwärzlich, brackig durch die alten Steinbögen, er strömte unter mir nach Ostia und zum Meer, viele Erschlagene waren mit ihm geströmt, er war ein alter erfahrener Fluß, und es lockte mich nicht in seiner Flut zu baden, die wie das stinkende Waschwasser einer alten nymphomanen Vettel war, – es lockte mich doch, vielleicht würde auch ich einmal erschlagen werden!

Adolf wartete nicht an der Pforte der Engelsburg. Ich freute mich. Ich war zu früh gekommen. Jetzt wußte ich es: ich war um eine Stunde zu früh gekommen, und ich freute mich, daß ich eine Stunde zu früh gekommen war, ich stand gänzlich beziehungslos vor diesem Tor der Engelsburg, es war geschenkte Zeit, es war Freiheit!

Ein Fremdenführer saß auf einem Schemel in der Sonne. Er las den ›Avanti‹. Vielleicht träumte er von einer gerechten Welt. Er hatte seine amtliche Schirmmütze in den Nacken geschoben. Sein Gesicht war gut genährt; er sah ernst und dumm aus. Seine Schuhe waren alt, aber sie waren glänzend gebürstet. Zuweilen spuckte er zwischen seine glänzend gebürsteten Schuhe.

Eine Pferdedroschke wartete. Man wußte nicht, ob sie bestellt oder frei war, oder ob sie nur um des Wartens willen wartete. Der Kutscher schlief auf dem staubigen Polster des Fonds. Sein offener Mund gähnte zum Himmel. Ein Insekt umsummte ihn. Für das Insekt mußte der Mund des Kutschers der Eingang zur Hölle sein. Der Mund des Kutschers war Drohung und Verlockung. Das Pferd trug ein Fliegennetz über Stirn und Ohren. Es blickte mit dem leeren enttäuschten Ausdruck eines alten Moraltheologen auf das Pflaster. Wenn der Fremdenführer zwischen seine Schuhe spuckte, schüttelte das Pferd mißbilligend den Kopf.

Auch ein großes schwarzes Automobil stand vor der Engelsburg. Ein rechtes Höllenfahrzeug. Vielleicht hatte der Teufel in der alten Papstwohnung noch alte Geschäfte. Mir kam der Wagen bekannt vor. Ich mußte ihn schon einmal gesehen haben. Aber wer hatte nicht schon des Teufels Kalesche gesehen? Der Chauffeur stand in soldatischer Livree, stand in militärischer Haltung neben seinem Fahrzeug. Er hatte knarrende Ledergamaschen, ausgebuchtete Breeches und eine taillierte Jacke an. Sein Gesicht war kantig und braungebrannt. Sein Auge blickte kalt und zugleich mißtrauisch. Es war das Auge eines Soldaten und eines Wächters. Der Chauffeur war mir unheimlich. Ich mochte ihn nicht.

Ich ging zum Tiberufer. Ich lehnte mich über die Brüstung und sah unten auf dem Fluß in malerisch trügendem Glanz das Badeschiff liegen. Das Schiff wiegte sich auf dem trägen Wasser und sah wie die Arche Noah aus. Es war eine schöne und schmutzige Arche Noah. Allerlei Getier, kreischende junge Enten und Gänse, junge Katzen, junge Hunde verschiedenster Rassen und Mischungen wälzten sich verträglich an Deck. Auf dem mit dürrem Gras, mit Exkrementen und glitzernden verbogenen Blechstücken bedeckten Flußrain, zu dem von der Brücke eine steile Treppe hinunterführte, wurde ein Knabe von zwei Jünglingen verfolgt und rauh zu Boden geworfen. Der Knabe und die beiden Jünglinge trugen knappe dreieckige und auffallend grell rote Badehosen. Der Knabe war schön. Die beiden Burschen aber hatten eine fleckige und kranke Haut; sie hatten ordinäre und böse Gesichter. Ich kannte ihre Art. Sie waren mir widerwärtig. Sie waren Prostituierte und Erpresser, sie waren feige, mörderisch und gemein. Aber ich war einsam. Ich wollte einsam sein, aber manchmal sehnte ich mich nach Nähe, nach Berührung, nach einem Herden- und Stallgeruch, nach einer Welt leiblicher Gemeinsamkeit, die ich verloren und von der ich mich losgesagt hatte, einem Zwang, aus dem ich mich befreit glaubte, die Jungenswelt der Ordensburg, den Geruch der großen Schlafsäle, die nackten Knabenkörper in spartanischer Erziehung im Frühnebel des Waldlaufs über den frostigen Boden gejagt, und weiter die Welt der Männerbünde, die Horte, Lager und Heime der nationalen Bewegungen, auch die Kameradschaft der Soldaten schloß diese Welt ein, ich hatte mich von alldem losgesagt, ich war einsam, ich wollte einsam sein, und Kürenberg lobte mir die Einsamkeit des schöpferischen Menschen, aber mit diesen Burschen verbanden mich Herkunft und Erziehung in unterweltlicher Weise und sie waren Erscheinungen eines schlechten Gewissens, von dem ich mich noch befreien mußte. Als nun einer der Burschen zu mir aufblickte und mich auf der hohen Uferbrüstung bemerkte, griff er die Spitze seines Badehosendreiecks an und lockte mich mit einer obszönen Geste, die Treppe zum Uferrain und zum Badeschiff hinunterzukommen. Der Bursche hatte prankengleiche Fäuste und schwellende Muskeln, die aber keine wirkliche Kraft, die eher Entartung und Erschlaffung verrieten. Er war mir sehr widerlich. Auch der andere Bursche war mir widerlich. Aber der schöne Knabe lag zwischen ihnen, rauh angepackt, nicht von Adlerfängen, von scheußlichen unreinen Geiern, Zeus-Jupiter war tot, auch Ganymed war wohl tot, ich verfluchte mich, ich stieg zu den Toten hinab

hinab ins Verlies war er gestiegen, einen Wehrgang hinunter, tief und tiefer wand sich der düstere, nur von spärlichem Lampenschein erhellte Weg in den Leib der Papstburg, und dann kamen niedere Gewölbe, kam Grabesluft, man mußte gebückt gehen, abgeschirmte Falltüren zeigten noch finstere Löcher, bodenlose Abgründe schreckten, Mordgruben, Todesbrunnen, Ketten fielen aus der Mauer, Kettenringe für die Füße, Fangeisen für die Arme, geschmiedete Stachelschnallen für den Leib, allerlei Martergerät hing von der Decke, Streckzüge, Knochenbrecher, Werkzeug, die Haut zu schinden, Steinbetten daneben, auf denen die Gefesselten verfault waren und Fäulnis und Gerippe den Schattenriß des Verurteilten oder Vergessenen selbst in den harten fühllosen Granit gezeichnet hatten, und oben waren die Festgemächer, die traulichen Wohnungen, die geschmückten Kapellen, lebte der wache Sinn für die Kunst, waren schöne und fromme Bilder, geschnitzte Betschemel, die silbernen Leuchter Cellinis, in der Bibliothek freute man sich an Büchern, nahm Weisheit auf, erbaute sich, hörte vielleicht Musik, atmete den Abendwind, und ganz oben schwebte der Engel über der Burg, der Erzengel Michael sah die Sonne, erblickte die glitzernde Pracht der Sterne und schaute das berühmte Panorama der ewigen Stadt und steckte sein Flammenschwert in die Scheide

Adolf hatte den tiefsten Kerker erreicht. Eine Art Amphore senkte sich in den Urfels, und da mochte der Gefangene drin stehen, aufrecht, den Kopf noch über dem Boden, doch der Unrat, den er unter sich ließ, stieg langsam den Leib hinauf, er mauerte den Leib ein, den als sündig verschrienen, der Unflat stieg bis zum Hals, und wer hier bei schwelender Fackel des Menschen Haupt gesehen hatte, ein Haupt nur noch, durch die Kloake vom Leib befreit, dem brach wohl der Schrei von den Lippen »Ecce Homo – Sieh, welch ein Mensch«, und der Kerkerknecht mochte niederknien und das Wunder der Christwerdung begreifen, das im untersten Kerker an dem Ausgestoßenen geschehen war. Adolf kniete an der Grube nieder und betete. Er betete inbrünstiger, als er in der Peterskirche gebetet hatte; er betete für die Seelen der unbekannten Gefangenen. Seine Soutane berührte den Staub, der Stein drückte seine Knie. Er glaubte. Die Welt brauchte Erlösung. Er glaubte. Der Mensch mußte wieder erlöst werden. Er erhob sich und fühlte sich seltsam gestärkt. Er wollte wieder emporsteigen, wollte das Licht sehen, das man erst nach dem Dunkel hell sieht, da hörte er Schritte, feste Schritte wie von einem, der sich nicht fürchtet, den nichts bedrückt und der munter durch sein Haus geht, doch sein Haus ist ein Kerker, und Adolf, von Scheu befallen, als schäme er sich, an diesem Ort zu weilen, wollte durch eine Nische entweichen, aber der Weg war dort versperrt, und so stand Adolf versteckt, doch konnte er durch eine Scharte in der Nischenwand den so sicher auftretenden Besucher des untersten Kerkers sehen der Bademeister war wie ein Faun, feistbäuchig, faltenhäutig, listig, ich nahm Ganymed mit in die Zelle, ich löste das rote Dreieck von seinem Geschlecht, ich sah den Knaben an, er war schön, und Glück und Traurigkeit erfüllten mich beim Anblick seiner Schönheit

sie waren beim Kloster Cassino angekommen und hielten ein fröhliches Picknick auf dem Schlachtfeld. Der Wein kreiste, und die Damen fürchteten, einen Schwips zu bekommen, aber die Herren sagten, daß sie damals noch viel mehr Wein getrunken hätten, die besten Fässer aus den Kellern, und einer erinnerte sich noch sehr gut an alles, er war Regimentsadjutant gewesen, er hatte die Lage übersehen, er übersah sie wieder, dort war die Abtei, hier lagen sie, und da war der Feind. Es war alles in allem ein fairer Krieg gewesen. Der Krieg hatte die alte Abtei zerstört, aber sie war in einem fairen Krieg zerstört worden. Alle hatten fair gekämpft, selbst der Feind, und die Toten waren fair gestorben. Dietrich Pfaffrath hing an des Erzählers Mund. Die neuen weißen Mauern des Klosters leuchteten hell vom Berg. Wo waren die Trümmer der Schlacht? Gerüste kündeten den Aufbau, und es war schön und erhebend, in idyllischer Landschaft von einem fairen Krieg zu hören, nachdem man Mars so geschmäht hatte. Friedrich Wilhelm Pfaffrath, angeregt durch die Unterhaltung, sprach dann von Verdun. Er berichtete vom Grabenkrieg. Der Grabenkrieg war weniger fair gewesen, vielleicht weil man noch nicht so sportlich gesonnen war, aber anständig war der Krieg auch geführt worden, anständig und gerecht. Anständig und gerechterweise hatte man den Feind gehaßt, anständig und gerechterweise hatte man auf den Feind geschossen, und wenn man nun zurück dachte und sich erinnerte, – es war ja nicht nur gestorben worden, es gab auch heitere Episoden zu erzählen, lustige Anekdoten aus dem großen Morden. Sie holten noch Speisen und Flaschen aus ihrem Wagen. Sie aßen von einem weißen Tischtuch, das Frau Anna, eine aufmerksame Gastgeberin, mitgebracht hatte. Sie tranken fröhlich einander zu, die alten und die jungen Krieger, und die Frauen tranken auch, die Sonne schien, und ein Esel stand abseits, schlug mit dem Schweif nach den Fliegen und wieherte »iaah, ihr habt doch gesiegt!« Und Dietrich saß hochgemut und hochgereckt da, das Kreuz durchgebogen, und er war entschlossen, sich keinem Ruf des Vaterlandes zu versagen, wie kein aufrechter Mann sich ihm je versagen wird; doch könnte es sein, daß Dietrich dann amtlich unabkömmlich sein würde, er war nicht feig, aber er war ehrgeizig und dachte an seine Laufbahn

ich sah den Knaben an, glücklich und traurig. Ich wagte kein Wort ihm zu sagen. Ich wagte nicht, ihn zu berühren. Ich wagte nicht, sein Haar zu streicheln. Wehmut erfüllte mich, Wehmut aus Glück und Trauer und glücklich traurige Einsamkeit. Doch der übelste der Burschen trat in die Zelle, Wasser tropfte herab, er stank nach dem stinkenden Wasser des Tibers, wie auch das ganze Badeschiff nach diesem Wasser stank, das unter den Bohlen faulte und gluckste wie tausend gierige Münder, Flecken sprenkelten die Haut des verkommenen Jünglings, Pickel blühten rot und eitrig im schlaffen Felde des früh verdorbenen Gesichts, die Augen waren trübe, sie lauerten, sie blickten tückisch und hart, und sein Haar war strähnig von dem stinkenden Wasser. Ich verabscheute ihn. Er war nackt, und ich verabscheute ihn. Ich haßte mich. Mein Knabe schlüpfte zur Tür heraus. Ich haßte mich. Der Ekle war mit mir allein in der Zelle. Ich haßte mich und preßte mich an seinen geschändeten Leib, ich legte meinen Arm um seinen nassen Nacken, ich drückte meinen Mund auf seinen gemeinen käuflichen Mund. Es war Lust und Vergangenheit, die ich empfand, es war Erinnerung und Schmerz, und ich haßte mich

durch die Scharte in der Wand sah Adolf Judejahn in den untersten Kerker treten. Er erkannte ihn. Er erkannte seinen Vater. Er erschrak, er wollte zu ihm stürzen, und dann war er wie gelähmt, erstarrt und doch ein genauer Beobachter

Judejahn war durch die Engelsburg gegangen, er hatte Waffen und Rüstungen und Kriegsgerät gesehen, und der kleine Gottlieb hatte den Schauder der Geschichte empfunden, aber Judejahn war eigentlich gelangweilt durch die Säle geschritten, nichts Neues gab es aus alter Zeit zu sehen, er kannte das, er war nicht überrascht, er fühlte sich in seinem Handwerk bestätigt und ging wirklich selbstsicher und gelangweilt wie einer, der nach langer Abwesenheit sein altes Haus besichtigt, in die Verliese hinunter. Im untersten Kerker trat er gelassen an den Schacht im Fels, an das Grab des lebendigen Leibes. Kriege und Kerker, Gefangenschaft und Tod, immer hatte es sie gegeben, Petrus war am Marterkreuz gestorben und seine Amtswalter hatten den Martertod ihren Feinden bestellt, so würde es bleiben, und so war es gut. Es war menschlich. Wer sprach von Unmenschlichkeit? Judejahn lauschte eine Weile, und da ringsum alles still blieb, kein Schritt zu hören war, folgte er einem Bedürfnis und verrichtete seine Notdurft in das Loch für den ärmsten Gefangenen

Adolf sah wie Ham seines Vaters Noah Blöße, doch wie Sem und Japhet bedeckte er sein Gesicht mit den Händen

das Gesicht mit den Händen bedeckte Eva, seine Mutter, sie wollte das Stück blauen Himmels, sie wollte die heitere römische Sonne nicht sehen. Sie stand, die schwarzgekleidete Frau, das nach Rom verschlagene Gespenst aus Nord- und Nebelland, die Rachesinnende, die auf schreckliche Vergeltung Brütende, die wahre Wahrerin des Mythos des zwanzigsten Jahrhunderts, die Trauernde um den Führer, die an das Dritte Reich und seine Auferstehung ewig Glaubende, sie stand am Fenster und vor ihr lag der Hof des von Deutschen bevorzugten Hotels und im Hof ein Berg geleerter Flaschen. In ihrer Hast, noch rechtzeitig zum Picknick nach Cassino zu kommen, hatten Pfaffraths Eva nicht mehr über das Treffen mit Judejahn unterrichtet. Kein Gruß war zu ihr gelangt. Sie war allein. Im Hof sangen die Küchenjungen und die Küchenmaiden Negerlieder, die Eva nicht verstand und deren Rhythmus sie quälte. Auf dem Gang vor Evas Tür sagte ein Zimmermädchen zum Etagenkellner: »Das alte Weib geht nie aus, warum ist es nach Rom gekommen?« Der Kellner wußte es auch nicht, warum das alte Weib nach

Rom gekommen war. Er rief dem Mädchen eine Obszönität zu. Das Mädchen kreischte und sah entzückt dem weißen Rücken des weißgekleideten Kellners nach. Dann klopfte das Mädchen gegen Evas Tür, trat ein und begann mißgelaunt den Boden zu kehren. Eva stand vor dem Besen, vor dem Kehricht; sie wußte nicht, wohin. Das Mädchen öffnete das Fenster, und die Negerlieder klangen lauter; die Negerlieder klangen wilder, die Negerlieder drangen in das Zimmer, sie drangen in die Ecke, in der Eva standhielt
Adolf weinte

Ich stieg herauf vom Fluß, die zerschrammte Treppe, ich war froh, ich kam aus dem Wasser, ich kam vom alten freundlichen träg und trüb strömenden Tiber; am Ufer war die Zeit stehengeblieben. Der Kutscher schlief, sein Mund stand offen, das Insekt summte vor der Höllenpforte, das Pferd blickte bitter und tiefsinnig zu Boden, der Fremdenführer las den ›Avanti‹ und spuckte noch immer zwischen seine glänzend gebürsteten Schuhe. Nur der große schwarze Wagen mit der arabischen Nummer war weggefahren. Ich freute mich, daß er weggefahren war; ich brauchte den soldatischen Chauffeur nicht mehr zu sehen, nicht im Blick seiner kalten wachsamen Augen zu stehen. Der Teufel mochte sein Geschäft in der Papstburg erledigt haben; noch immer konnten die Engel auf der Engelsbrücke nicht fliegen, aber mir schienen sie nicht mehr plump und gedankenschwer, mir schienen sie licht und schwebend zu sein. Das trübe Wasser des alten götterbefreundeten Flusses, in dem ich nun doch gebadet hatte, die feuchte, umschlingende Umarmung des mythischen Elements hatten mich euphorisch erquickt.
Er trat aus der Pforte der Burg, und die Sonne schien ihn zu blenden, denn er sah mich nicht. Er war blaß, und einen Moment glaubte ich, meine eigene Blässe in seinem Gesicht zu erkennen. Adolf war nicht mein Spiegelbild, aber vielleicht war er es doch, ein blinder Spiegel, in dem man sich fremd und ähnlich findet. Als er mich wahrnahm, kam er heftig auf mich zu. Sein zorniger Schritt schien sein Priester-

kleid zerreißen zu wollen. Stoff und Staub wirbelten hinter ihm, und seine Schuhe, derbe bäuerische Schuhe wirkten fremd und ärmlich auf dem römischen Pflaster. Er rief: »Ich habe ihn gesehen.« Man konnte glauben, dem Priester sei der Leibhaftige erschienen. Er deutete auf das Tor. »Hier war er«, rief er. Ich verstand ihn; er hatte Judejahn gesehen, seinen schrecklichen Vater. Hatte er ihn auch gesprochen? Ich fragte. Sein Gesicht flammte. Er schämte sich. Also hatte er ihn nicht gesprochen, hatte sich versteckt, und ich dachte: er fürchtet sich vor seinem Vater, er versteckt sich, ein Analytiker würde sagen, vor Gott Vaters Antlitz, dem alten jüdischen Rachegott, er ist nicht frei. Adolf war mir gleichgültig, er war mir lästig, er blieb für mich ein Glied der Sippe, von der ich nichts wissen wollte, aber seine Verwirrung rührte mich, seine Bemühung, sein Suchen nach einem Weg; aber sein Weg führte nicht in die Freiheit, ich hätte Adolf gern geholfen, ich hätte ihn gern in die Freiheit geführt. Aber wollte er frei sein? Ich lenkte unseren Schritt auf die Brücke. Er war bedrückt, und ich stürmte gegen seine Bedrückung und rief: »Ist Rom nicht schön!« Ich deutete auf den Fluß und seine Ufer, als gehörten sie mir. Ich rief: »Schau den Tiber an, ist er nicht schön, alt und wohltuend? Ich habe im Tiber gebadet, faß mein Haar an, es ist naß vom guten Wasser des Tibers!« Mein Haar hing in Strähnen. Er sah es erst jetzt. »Sieh die Engel hier«, rief ich, »und male dir aus, sie schwingen sich auf, ihre schweren Marmorflügel flattern, sie fliegen zum Kapitol und tanzen mit den alten Göttern. Hörst du es nicht, Pan spielt das Saxophon, und Orpheus singt zum Banjo kleine Dschungellieder!« Wirklich, ich fand auf einmal die plumpen Engel schön; wirklich, ich sah sie fliegen, ich sah sie Boogie-Woogie tanzen; ich begrüßte sie, auch die Engel waren Freunde, ich freute mich, ich war frei. Der Himmel leuchtete, eine hohe blaue Kuppel. Ich war es, der den Himmel mit Engeln und Göttern bevölkerte; der Himmel war von Engeln und Göttern freundlich bewohnt, weil ich es wollte, weil mir es Spaß machte, weil ich es mir vorstellte; ich ließ die himmlische Jazzband auf dem Hügel des Kapitols musizieren, ich träumte die Musik, ich träumte die Tänze; der Himmel mochte, die Flieger berichten es, in der Höhe besehen schwarz sein und nur ein dünner abweisender Schleier vor dem eisigen Nichts, das unsere törichte Erde umgibt, – ich freute mich meiner Träume, denn ich war frei, war frei zu träumen, ich durfte träumen, ich hatte es mir erlaubt. Ich hätte Adolf gern in den Tiber geworfen, ich wollte ihn zur Freude taufen, aber da er mir nichts entgegnete, stumm neben mir her ging, die Brückensteine hämmernd mit seinen derben Diakonschuhen, und nur zuweilen mich anguckte, seltsam fest, fragend, bohrend, fordernd, und da ich irgend etwas für ihn tun wollte, lud ich ihn zu einem Eis ein.

Er trank nur Milch, entkeimte, sorgsam erhitzte, genauestens auf Euterwärme gebrachte Kindermilch. Eine Kinderschwester betreute ihn, rückte die Kissen im Zimmerrollstuhl zurecht, prüfte mißtrauisch den Geschmack der Milch und roch in ihrem weißblau gestreiften Schwesternkleid selber nach Milch, nach Säugung, nach sterilisierten Windeln und hygienischem Puder, während er mit pergamentfarbenen Händen das Glas vorsichtig zum pergamentenen Gesicht führte, behutsam die messerschnittschmalen Lippen mit dem milden Rahm netzte. Die Sonne schien, aber das Zimmer war abgedunkelt und starke elektrische Öfen verbreiteten eine schier unerträgliche Hitze, die zusammen mit dem faden Milchgeruch jeden Besucher benommen machte. Er nannte sich Austerlitz, und vielleicht hieß er wirklich Austerlitz, aber man konnte sich kaum denken, daß er überhaupt einen echten Namen hatte; kein Mensch wußte, welche Schmiede er besaß oder welche Aktienmehrheit oder welches Werk er vertrat, vielleicht besaß er alle Waffenschmieden, alle Mehrheiten oder vertrat sie zumindest alle; wo seine Lager waren, blieb immer sein Geheimnis, wie er expedierte war seine Sache, aber die Gewehre kamen an und die Geschütze landeten pünktlich im Hafen. Austerlitz war korrekt und vertrauenswürdig und seine Beziehungen zu allen Regierungen und zu allen Umstürzlern in aller Welt waren

wie sein Kredit sagenhaft. Gleich Judejahn trug auch Austerlitz eine blaue Brille, so daß sie sich beide albern geheimnisvoll und lemurenhaft blau anfunkeln konnten. Sie sahen wie
düstere Homunkuli aus. Die Kinderschwester hatte Judejahn einen Wagen mit kräftigen alkoholischen Getränken,
mit Eis und Mixbechern zugeschoben, und er hörte erfreut,
nur durch die Hitze und den Milchdunst gequält, die ihn zu
stärkerem Trinken veranlaßten, was die Großen für die Kleinen abfallen ließen. Manch wohlerhaltenes Mordinstrument
war zu überraschend günstigen Preisen zu haben, und es
sah aus, als gäbe es ungenannt bleibende Mäzene, stille
Wohltäter der Menschheit oder diskrete Freunde des Todes, die sich's was kosten ließen, kleinere tapfere Völker,
Länder von geringerem Vermögen mit Waffen zu versor-
gen, damit auch in abseitigeren Verhältnissen die Kriegsgefahr nicht erlösche. Man hielt den Krieg am Schwelen.
Vielleicht sprang der Funke einmal über und entflammte neu
die Welt. Investitionen lohnten sich, der Tod war ein sicherer
Schuldner. Judejahn wählte mit Bedacht und Kennerschaft,
was man in der Wüste brauchen konnte. Seine Vollmacht
wurde anerkannt. Aber vom Whisky angefeuert, mit dem er
die Hitze bekämpfte, die Hitze und die Milchschwaden, die
seinen Atem bedrängten und ihm Brechreiz machten, ärgerte er sich, daß er wieder nur für seinen Semiten- und
Mohrenhaufen kaufen durfte, für seine gedrillten Kerle im
Wüstenfort, und er sehnte sich nach der Heimat, nach dem
deutschen Wald, nach weiteren Verhältnissen und größeren
Aufgaben, die es ihm auch erlauben würden, bei Austerlitz
noch weit größere Bestellungen aufzugeben. Austerlitz, einen kleinen Milchbart auf der Pergamenthaut über dem
Strich der Oberlippe, war über die Bewegungen auf dem
wichtigen deutschen Markt natürlich wohl unterrichtet.
Sollte er Judejahn die Kurse zeigen? Judejahn war ein alter
Kunde. Aber Austerlitz konnte warten. Die Möglichkeiten
reiften, und da er Judejahn für einen Mann der zweiten Linie
hielt, der zur Stunde noch nicht am Zug war, von dem man
auch noch nicht wußte, wann und wo er wieder zum großen

Zug kommen würde, sagte er ihm nicht alles was er wußte. Doch erwähnte er einen General von Teufelshammer als zu den Getreuen gehörig und wieder am Werk und nannte den kleinen Doktor, der schon beim großen Doktor Zuträger gewesen war und nun mit idealistischen Augen die Doktorrolle der nationalen Politik spielen wollte. Judejahn kannte sie, er sah sie vor sich, den General mit dem Primusgesicht, der runden Brille, den abstehenden Ohren und dem kleinen wie zum Bellen geöffneten Mündchen, er sah ihn noch vor dem Führer tanzen, ganz durchgebogen, ganz Musterschüler und stramm bereit, bis zum Tod des ältesten Volkssturmmannes die Front zu halten, und den anderen kannte er auch, den kleinen Doktor, der bereit gewesen war, die Front bis zum Tod des jüngsten Hitlerjungen zu halten, er kannte ihn aus seinem Amtszimmer, er kam manchmal mit Botschaften vom großen Doktor zu ihm, so ein Klugscheißer mit einem Rattenmund, dem Mund einer lächelnden Ratte, Judejahn hatte ihn nicht gemocht, nicht weil er an eine Ratte erinnerte, sondern weil er studiert hatte und für einen ehrgeizigen Intellektuellen galt, – sieh an, die hatten sich verbündet, oder spielten sich's zu, und ob sie es in seinem Sinn taten und für ihn das Reich vorbereiteten, war fraglich, er war vielleicht schon zu lange tot, er mußte doch hinfahren, er mußte in Deutschland erscheinen, um im deutschen Spiel zu bleiben, er mußte diesen Schulbuben und Musterknaben auf die Finger sehen, und das hieß, daß er sich's doch von Pfaffrath richten lassen wollte, die Urteilsannullierung, die förmliche oder die stillschweigende Freisprechung, die Geschworenen brauchte Judejahn nicht mehr zu fürchten, die hatten Verständnis für ihn und dachten an ihre Zukunft, aber es wurmte Judejahn, daß er sich vorläufig an Pfaffrath halten, daß er Pfaffrath freundlich behandeln mußte. Er schlug mit der Faust zwischen die Gläser. Es klang, als zerschellten die Retorten, aus denen die Homunkuli gezeugt waren. Die Kinderschwester kam erschreckt gelaufen, aber Austerlitz winkte beruhigend ab. Er zeigte Judejahn noch, aus kleinem Wildlederbeutel geholt, das Modell einer neuen schallge-

dämpften Pistole, Judejahn – schon der kleine Gottlieb hatte
mit begehrlichen Augen vor den Schaufenstern der Waffen-
handlungen gestanden – verliebte sich gleich in den handli-
chen praktischen Todgeber und konnte sich nicht mehr von
ihm trennen. Austerlitz, gesetzeskundig, versicherte Judejahn, daß es gegen die italienischen Verordnungen sei, Schuß-
waffen zu verkaufen, zu kaufen und zu tragen, doch überließ
er Judejahn die Pistole als Muster für einen vielleicht größeren Wüstenbedarf. »Und wo«, fragte Austerlitz mit leiser
Stimme, kindisch lächelnd und am faden Milchnäpfchen
sabbernd, »wo sei keine Wüste, kein Dschungel?« Er fragte
nicht, wo kein Tod sei.

Der Eisladen hatte Tische und Stühle in den Hof des Hauses
gestellt; man weilte dort gut, genoß den Schatten, war abseits vom Lärm der Straße, und Siegfried und Adolf saßen,
wie zu unterrichtendem Gespräch zusammengekommen in
einer nach altrömischer Weise geschmückten Loggia; Säu-
lenstümpfe, Efeuranken, zerkratzte Masken traulicher Laren
umgaben sie, ein kleiner Brunnen plätscherte ein lustiges
Lied, eine Palme war freundlich zu sehen, und die Gipsköpfe
von Göttern, Dichtern und Philosophen, die schartigen
Häupter von Satyrn, Staatsmännern, Cäsaren, die lieblichen
von Lustknaben und Nymphen schauten ihnen mit verbeul-
ten Nasen, abgeschlagenen Ohren, blinden Augen zu, wie
sie ihr sizilianisch zu Granit gefrorenes Eis spachtelten.
Adolf, dem bedrückten Diakon, der erst nur unwillig Siegfried gefolgt war, löschte das Eis den Brand heiß empfunde-
ner Scham, es mundete ihm plötzlich, und er schluckte mit
gesunder Gier die auf der Zunge prickelnde und aromatisch
zerschmelzende künstliche Winterfrucht, während Siegfried
nun nachdenklich war, nur spachtelte und bröckelte und die
Speise in seiner Schale zu einer rötlich milchigen Sauce
zerrinnen ließ. Adolf, von Gaumenlust erfrischt und in
dieser Laube alles natürlicher empfindend, harmloser und
leichter zu lösen, wandte sich an Siegfried und fragte, warum
sie denn ihre Eltern nicht sehen wollten. Adolf schlug vor,

zu den Eltern zu gehen, vor sie hinzutreten und ihnen zu sagen, so sei man nun, anders wohl, als die Eltern es gewünscht hätten, aber man könne auch das Leben, das man führe, rechtfertigen. Siegfried rief: »Du bist wohl wahnsinnig! Ich will mein Leben ja nicht rechtfertigen! Wie käme ich dazu, mich vor den Eltern zu rechtfertigen? Ich denke gar nicht daran!« Adolf meinte darauf, man habe sich immer zu rechtfertigen, immer des Lebens wegen, vor Gott und vor den Menschen, und warum nicht auch vor den Eltern. »Hältst du deinen Vater für einen Gott oder gar für einen Menschen?« fragte Siegfried. Er war boshaft. Und Adolf erregte sich. »Das sind doch Phrasen«, rief er, »du bist in Phrasen befangen wie all die anderen, denen du dich weit überlegen wähnst, weil du deinen Phrasen einen negativen, einen zynischen, gegen alles frondierenden Sinn gibst, der mir sinnlos vorkommt oder mir zeigt, wie verzweifelt du bist!« Siegfried: »Lernst du's im Seminar, die Verzweiflung dem anderen vorzustellen als psychologische Vorbereitung einer möglichen Konversion?« Adolf: »Ich spreche nicht vom Seminar. Ich spreche von dir.« Siegfried: »Mich lass' in Ruhe. Ich lebe wie ich will. Ich brauche niemand.« Adolf: »Gut, du willst für dich leben. Du meinst, deinen Weg gefunden zu haben. Das genügt dir. Aber warum bist du dann so unversöhnlich? Mit dem gleichen Recht könnten auch unsere Eltern sagen, sie hätten ihr Leben gelebt, seien ihren Weg gegangen, es hätte ihnen Spaß gemacht.« Siegfried: »Das werden sie auch sagen.« Adolf: »Aber du billigst ihr Leben doch nicht?« Siegfried: »Nein, weil sie andere durch ihre Auffassungen und mit ihren Auffassungen gequält haben, weil sie mir eine militärische Erziehung aufbrummten, weil sie einen Krieg anfingen, weil sie Leid brachten, weil sie unendlich zerstörten, weil sie aus unserer Heimat ein Land der Intoleranz, der Dummheit, des Größenwahns, des Zuchthauses, des Richtblocks und des Galgens machten. Weil sie Menschen getötet haben oder behaglich in ihren Häusern blieben, obwohl sie wußten, daß Menschen getötet wurden.« Adolf: »Und glaubst du, das kann nicht wiederkommen?« Siegfried:

»Und ob ich das glaube! In Tag- und Nachtträumen sehe ich die Bräunlinge und die nationale Dummheit marschieren. Und darum will ich mein Leben leben, solange der nationalistische Gott noch entkräftet ist und mich nicht hindern kann. Es ist meine einzige Chance.« Adolf: »Und warum versuchst du nicht, eine dir so verhängnisvoll erscheinende Entwicklung zu bekämpfen?« Siegfried: »Wie soll ich sie bekämpfen?« Adolf: »Versuche die Menschen zu ändern!« Siegfried: »Sie sind nicht zu ändern.« Adolf: »Du mußt es versuchen!« Siegfried: »Versuche du es doch! Deine Kirche versucht es seit zweitausend Jahren.« Adolf schwieg. Wußte er nicht weiter? Sah er ein, daß es keine Hoffnung gab? Aber dann hob er an: »Und deine Musik? Willst du mit deiner Musik nicht die Welt ändern?« Siegfried sagte: »Nein. Du bist ein Phantast.« Aber Adolf blieb hartnäckig und fragte beharrlich: »Warum machst du Musik, warum komponierst du?« Siegfried: »Ich weiß es nicht«

wußte ich es nicht? Er hatte recht: aus Angst, aus Verzweiflung, aus bösen Gesichten, aus schrecklichen Träumen schrieb ich Musik, ich rätselte herum, ich stellte Fragen, eine Antwort wußte ich nicht, eine Antwort hatte ich nicht, eine Antwort konnte ich nicht geben; es gab keine Antwort. Die Musik war ein geheimnisvoller Bau, zu dem es keinen Zugang mehr gab oder nur noch eine enge Pforte, die wenige durchließ. Wer in dem Bau saß, konnte sich den Draußengebliebenen nicht mehr verständlich machen, und doch war auch für diese der geheimnisvolle nach magischer Formel errichtete unsichtbare Bau wichtig. Die Musik war nicht dazu da, die Menschen zu ändern, aber sie stand in Korrespondenz mit der gleichfalls geheimnisvollen Macht der Zeit, und so konnte sie vielleicht mit der Zeit zu großen Veränderungen beitragen, aber was ist in der Zeit ein Jahrhundert, was ein Jahrtausend, wir messen die Zeit aus dem Standort unseres flüchtigen Lebens, aber wir wissen nicht, was die Zeit ist. Vielleicht ist sie freundlich, ist gütiger als wir meinen, vielleicht ist sie auch eine Gorgo, deren fürchterliches Gesicht wir noch immer nicht ganz erkannt haben. Aber von

Zeit und Musik abgesehen, Adolf bewegte mich, denn war
es nicht auch mein Gedanke, daß wir, die Söhne, die wir andere Lebensweisen wünschten, auch für sie kämpfen sollten;
trotz allem Anschein der Aussichtslosigkeit? Ich wollte
Adolf die Hand reichen. Doch
Siegfried sagte: »Wir werden gegen Dietrich unterliegen.
Mein Bruder Dietrich siegt immer über uns. Und du wirst
auch als Priester unterliegen. Du wirst unterliegen und dich
mit Dietrich als dem Vertreter der Ordnung, des Staates und
der festen Hand auf Verderb verbünden, – oder du wirst
eben untergehen. Im übrigen glaube ich dir gar nichts! Ich
glaube dir nicht, daß du an dein Dogma glaubst, und ich
glaube dir nicht, daß du an den Menschen glaubst. Du bist
zu Gott gelaufen, du bist zu ihm übergelaufen, weil du einen
Herrn brauchtest, und du wirst einer der enttäuschten und
verbitterten Priester werden, die nicht glauben. Du wirst
äußerlich ein tadelloser Priester sein. Aber du wirst leiden.«
Adolf sagte: »Ich weiß es nicht.«
Ich war häßlich, häßlich wie Caliban. Es war kein Spiegel da, kein magischer Spiegel; er hätte mir Calibans Gesicht gezeigt »von Nattern ganz umwunden«. Ich sah Adolfs
abgetragene durchgescheuerte Kutte. Ich sah, obwohl ich
sie nicht sah, seine derben bäuerischen Stiefel unter dem
Tisch. Warum quälte ich ihn? Warum entmutigte ich ihn?
Weil ich selber entmutigt bin, oder weil mein Entmutigt-
sein mir das Außenseiterdasein sichert, die Panflöte am
Sumpf? Suche ich wirklich ein Vaterland, oder berufe ich
mich nur auf die Menschheit als auf einen Nebel, in den
ich verschwinden kann? Ich liebe Rom, weil ich ein Ausländer in Rom bin, und vielleicht möchte ich immer ein
Ausländer sein, ein bewegter Zuschauer. Aber andere brauchen ihr Zuhause, und wenn es ein Vaterland gäbe ohne
Geschrei, ohne Fahnen, ohne Aufmärsche, ohne betonte
Staatsgewalt, eine gute Verkehrsordnung nur unter Frei-
en, eine freundliche Nachbarschaft, eine kluge Verwal-
tung, ein Land ohne Zwang, ohne Hochmut gegen den
Fremden und den Nächsten, wäre es nicht auch meine

Heimat? Ich werde sie nicht finden. Ich glaube nicht dran.

Ich schenkte Adolf meine Karte für das Konzert. Ich sagte ihm, er im Priesterrock könne hingehen, aber ich könnte nicht hingehen, ich hätte keinen Frack. Ich sagte: »Aber du wirst wohl nicht hingehen mögen.« Er sagte: »Doch.« Er sagte: »Ich werde hingehen.«

Laura, die bezaubernd Lächelnde, ging zu ihrer Kasse, und da sie nicht rechnen konnte, hatte sie sich auch einmal in der Zeit verrechnet. Die Bar war noch geschlossen; ihr Besitzer war noch nicht erschienen, er hatte den Schlüssel noch nicht ins Schloß des Geschäftes gesteckt, und auch die schönen Kellner waren noch nicht da, sie hatten ihre lila Fräcke noch nicht angezogen, sie saßen alle bei ihren Familien, halfen ihren Frauen im Haushalt, spielten mit den Kindern, und müd und unlustig schickten sie sich langsam an, in den Dienst zu gehen, zu den Homosexuellen, von denen sie lebten. Laura stand vor der Tür, blickte sich um, lächelte in die Via Veneto und lächelte zum großen schwarzen Wagen, der lautlos vorfuhr, als glitte er mit unsichtbaren Kufen über unsichtbares Eis, sie lächelte dem Fahrer zu, der raussprang, tailliert, geschient, blank wie ein Blitz, der den Schlag aufriß, blankblitzende Hacken zusammenschlug, und Laura schenkte ihr Lächeln Judejahn, den sie erkannte als nichtschwulen Blauen-Brillen-Mann, der schon einmal dem Lokal die Ehre gegeben hatte, aus Unkenntnis seiner Sonderart und zu stiller Stunde. Judejahn hatte nach Laura schauen wollen, und da er sie nun unvermutet auf der Straße sah, vor der verschlossenen Tür, da begriff er, was geschehen war, daß sie sich verrechnet hatte in der Zeit, und er sagte auf englisch, daß es wohl noch nicht an der Zeit sei, die Tür noch versperrt, tat, als bedauerte er es, sprach vom Whisky der ihn gelockt hätte, und Laura lächelte, schickte Strahlen durch das Blau seiner Brille, wärmte das Herz, beglückte die Sinne, und das Lächeln umschloß auch den großen Wagen, wie allen Frauen war ihr die Stärke des

Motors, das kräftige pantherleise Gleiten des Fahrzeuges ein Sexualsymbol, das leicht dem Besitzer des Wagens schmeichelt und dem man sich weiblich unterwirft, nicht weil der Besitzer, wie zu vermuten, ein reicher Kerl ist, ein guter Freier, sondern aus Sklavinneninstinkt, weil er ein Mächtiger ist, Herr über die Pferdekräfte, die mächtig pulsend seines Lebens Wagen voranziehen, und dieser verfügte auch noch über einen Fahrer, der vor des Herrn Majestät erstarrte. Was war zu tun? Judejahn wollte vorschlagen, die Konditorei im Nebenhaus zu besuchen, er hatte Hunger und Austerlitz' widerliches Milchnäpfchen hatte ihm Appetit auf Rahmschnitten gemacht, und er dachte sich Lauras große Augen, ihr Traum- und Wollustlächeln über Kompotte und Törtchen schwebend in einer Zuckeratmosphäre, die er mit Kognak würzen wollte, aber als er Laura einlud, verhedderte er sich im stockenden stotternden Englisch, der kleine Gottlieb hatte seine Aufgaben nicht gelernt, und da er ihr Lächeln dem Wagen gelten sah, forderte er sie zu einer Spazierfahrt auf, und sie ließ sich vom Strammstehenden den Schlag aufhalten, stieg ein und, so sind die Frauen, das Lächeln stieg in einen Käfig.

Sie glitten langsam dahin, unsichtbare Kufen auf unsichtbarem Eis, drunten schillerte die Unterwelt, tobten die Kobolde, wirrten die bösen Wichtel, knirschten die Höllenschergen, waren erwartungsvoll, schürten unsichtbare Feuer, badeten in Flammen, rieben sich geil ihr Glied, und der Wagen fuhr durch die Porta Pinciana, sie rollten in den Park der Villa Borghese, und das gefangene Lächeln verschwendete sich im gepolsterten Gehäuse, wohlig trug es einen durch grüne Alleen, sie lehnte sich zurück, und ihr Begleiter mit der blauen Brille mochte ihr König Faruk sein, ihr Pipeline-Magnat, er hatte große Hände, er war nicht schwul, und er sah ihre Taille, er sah ihren Hals, das, was zu umfassen war, er haßte dies Leben, er haßte diese Art Frauen, als Kriegsbeute ließ er sie gelten, im Puff noch, man zahlte, man zog sich aus, oder man zog sich nicht mal aus, man ließ Gier ab, schnappte Weibdunst ein, duftwasserüberspritzt, doch blieb man sich der Fleischlichkeit des Vorgangs bewußt, und nachher kam Seifenlauge oder vorsichtshalber der Sanitätsgefreite mit der prophylaktischen Spritze, während dies hier die freie Kurtisane war, mit ihrem Lächeln auf Weibesgleichberechtigung und Menschenrechte weisend, pfui Teufel Menschenrecht, das kannte man, er langte in seine Hose, dies konnte zur Unterwerfung führen, zu jämmerlicher Manneserweichung, so wurden Kriegspläne verraten, Reiche zerstört, der kleine Gottlieb wußte Bescheid, Judejahn fühlte in seiner Hose eine weichrauhe, eine sanftfeste Geschwulst, wie eine Maus glitt sie in seine Hand und war das Wildlederbeutelchen mit Austerlitz' schallgedämpfter Pistole. Sie glitten an einem Wasser vorbei, sie kamen zu einem Tempel, der vor dem Wasser stand. Wohnte die Liebesgöttin hier? War sie im Park zu Haus? Der Himmel bezog sich, die Bäume bekamen die blaue Farbe des Todestals, ein Blau, das Judejahn schon auf dem Flug nach Rom erschreckt hatte, wie treu war der deutsche Wald gewesen, lautlos wie der Wagen, in dem man fuhr, schritt der Marschstiefel über den Waldesgrund aus Moos und Tannennadeln vom Julbaum, und der Kamerad schritt voran im Schwarzen Reichswehr-Gebüsch, Verrat Verrat Verrat krächzten die Raben, man hielt die Pistole umklammert, der Kamerad fiel in den Waldesgrund, Verrat Verrat Verrat riefen die Raben hoch in den Wipfeln der knorrigen Eichen, und in der Heide blüht ein Blümelein und schwarzbraun ist mein Mägdelein, Heimweh Heimweh Heimweh, sie war nicht schwarzbraun, die neben ihm saß, schwarz wie Ebenholz, welsch, vielleicht eine Jüdin, sie war bestimmt eine Jüdin, eine Aussaugerin, eine Blutverderberin, die lachte, jetzt auch mit dem Mund, rot wie Blut, lachte sie über ihn, rot wie Blut, weiß wie Schnee, war ihr Gesicht weiß wie Schnee, noch nicht, noch nicht ganz, beinahe weiß wie Schnee, den es zu Hause gab im deutschen Wald, Leichen waren schneeweiß, dieser Park war blau, dieses Blau des welschen Parkes, das Blau italienischen Strauchwerks, das todesüppige Blau der römischen Bäume von zerrender Schwermut wurde ihm unerträglich. Er kutschierte in des Teufels Hohlweg. Abrupt befahl er dem soldatisch aufrecht sitzenden, sich kaum bewegenden Chauffeur zurück zur Via Veneto zu fahren, zurück zur Abfahrt, zurück zur Herkunft, vielleicht zu Eva zurück. Die Tür der Bar war nun geöffnet, die schönen Kellner bewegten sich schon in den schönen lila Fräcken um die verwaiste Kasse herum, Judejahn wollte Laura aus dem Wagen treiben, der Chauffeur riß den Schlag auf, stand mustergültig stramm, aber Laura zögerte noch, lächelte, schmal die Taille, lang das Hälschen, lächelte, schwarz wie Ebenholz, rot wie Blut, weiß wie Schnee, lächelte ihr bezauberndes Lächeln, diesmal erwartungsvoll, und er verabredete sich mit ihr für den Abend. Laura schritt lächelnd zur Kasse, schon im Gehen den Zorn des Besitzers beschwichtigend. Das arme Kind konnte nicht rechnen und das seltsame Wesen des neuen Freundes versprach ihr viel.

Schwarzgewandet, Schemen auf einer Schattenbühne, die Sonne fiel grell durch das Fenster, standen sie sich bleich gegenüber, er in seiner schwarzen Priestertracht und sie im schwarzen Trauerkleid, und bleich war er, weil es ihn bange erregt hatte, in ihr Zimmer zu treten, und bleich war sie, weil sein Anblick sie erschreckte. Es quälte sie, ihn zu sehen, ihn zu sehen in der gehaßten Uniform einer Macht, die nach ihrer Überzeugung im schändlichen Bündnis mit jüdischer Unterwelt, überseeischen Plutokraten und bolschewistischen Bestien dazu beigetragen hatte, den erhabenen Traum vom Reich, von arischer Weltbeglückung und germanischem Herrentum zu stören, vielleicht für immer zu vernichten. Sie war es nun gewohnt, daß Verrat ihr entgegentrat und frech sein Haupt nicht senkte. Deutsche Frauen zeigten sich schamlos am Arm von Negern, und Landesverräter waren Minister. Sie war es nun gewohnt. Sie war die Schwäche, die Selbstsucht selbst in den Worten deutschgesinnter Menschen gewohnt, die sich mit allem abfanden, wohl heimlich ausspuckten, doch vom Wandel der Dinge profitierten. Aber der Sohn? Der Sohn im Lager der Verräter, der Sohn im weibischen Rock reichsfeindlicher römischer Pfaffen, er im Bunde mit dem internationalsten Klüngel, vaterlandlos wie die Juden? Es war nicht nur eine Wunde, die bitter schmerzte, ein Brand im Herzen, dies war Anklage und Vorwurf, die gegen sie sich richteten. Woher kam der schlechte Same? Ihr Sippenbuch war sorgsam geführt, an arischer Abstammung war nicht zu zweifeln. Und doch hatte sie Adolf vor Abfall nicht bewahrt. Sie hatte ihn in die nationalpolitische Erziehungsanstalt gegeben, und sie hatte ihn vor Abfall nicht bewahrt. Die Schule war zersprengt worden, und er war abgefallen, er war in der Stunde der Bewährung zum Verräter an seiner Eltern Werk geworden. Verräter richtete man. Man hing sie an Bäumen auf oder an Laternen. Man tat ein Prangerschild an ihre Brust. Mußte sie Adolf nicht hinausweisen? Es gab keine Gemeinschaft mehr zwischen ihr und ihm, und doch war er ihr Sohn, Fleisch von ihrem Fleisch, fremd ihr nun in der Heuchlertracht, er hatte sich ans Kreuz gekettet, an die ungermanische Lehre aus Judenland, das Kreuz hing an seinem Kleid, hing an der Kette die ihn fesselte, er kam in Feindesgestalt, er war so gar nicht der Sproß, den sie sich wünschte, der Fortführer des Ahnenerbes und nun sein Rächer, aber er war ihr Sohn, sie hatte ihn früh aus dem Haus gegeben, um ihn zum Mann reifen zu lassen, er war ein Weib geworden, sie fühlte Schwäche, sie wies dem Verräter nicht die Tür. Sie fragte abweisend: »Was willst du?« Und er, dem das Herz hoch schlug und dem Erregung die Rede preßte, er stammelte »dich besuchen«, als wäre einfach ein Stuhl zu nehmen, sich zu setzen, ein wenig zu plaudern, und jeder würde den anderen gelten lassen in seiner Art und in seinem Wirken, aber sie war nicht gesonnen, ihm diesen Stuhl anzubieten, ihm das Mutterstündchen zu gewähren, sie wandte sich wieder ihrem Fenster zu, starrte wieder in den Hof hinunter, wieder auf den Berg leerer Flaschen, die nun in der Sonne funkelten, trunkene Grüße ihr hinaufwinkten, und wieder hörte sie die Negerlieder des Küchenpersonals, fremd und ärgerlich. »Vater ist in Rom«, sagte Adolf. »Dann laß dich nicht von ihm sehen«, murmelte sie, »er mochte die Pfaffen nicht.« »Ich habe ihn gesehen«, sagte er. Und ungeschickt sagte er: »Im Kerker.« Das war ein Wort, das sie aus ihrer Erstarrung riß. Es war Erlösung, es war Erhörung, es war Freisprechung, das Wort kündete Heldentum und heroisches Beispiel. Judejahn war im Kerker, man hatte ihn verhaftet, das alte Schandurteil galt, es würde vollstreckt werden, Judejahn kam nach Walhall, und ihre Ehe war wieder gut. »Wo ist er?« rief sie. Und als er sagte, er wisse es nicht, da packte sie ihn, zerrte an seinem ihr verhaßten Kleid »sprich, sprich doch«, und er erzählte ihr die Begegnung in den Verliesen, verschwieg ihr aber Judejahns Verrichtung am Felsloch des untersten Gefangenen, und sie, die ihn erst nicht verstand, wovon sprach er, von welchem Kerker, von welcher Burg, einer Papstburg, der Papst hatte Judejahn gefangen, in welche Höhlen tauchte Judejahn, ging hinein und kam heraus, ein freier Mann, ein feiner Herr, ein ungeschorener Besucher, und als sie begriff, ungefähr begriff, was im Kerker gewesen war, da fühlte sie sich genarrt, sie, die in ihrem Zimmer saß und um Helden trauerte, und sie lachte, die nordische Erinnye, und schalt sie Memmen, beide, den Sohn und den Gatten, Kerkerbesucher, die im Kerker miteinander Versteck spielten, man besuchte Kerker nicht, man verurteilte zum Kerker, man tötete im Kerker oder wurde im Kerker getötet, aber es war nicht an der Zeit, die Kerkersehenswürdigkeiten der Stadt zu besichtigen, einer Stadt, die Judejahn hätte zerstören können. »Auch deinen Papst hätte er hängen können, und seine Burg hätte er sprengen müssen«, schrie sie ihn an, der zitternd vor ihr stand. »Er hätte den Papst hängen können aber er war zu dumm dazu oder zu feig, vielleicht trieb auch er schon Verrat und der Führer wußte von nichts, der Führer wurde von allen betrogen, man verhehlte dem Führer, daß man den Papst hängen müßte.« Sie war eine Furie. Sollte er niederknien und beten? Sollte er für sie beten, daß ihr die schlimmen Worte vergeben würden? Er sagte »beruhige dich doch, Mutter«, und er empfand, wie läppisch dieser Satz vor ihren Vorwürfen und ihrer Maßlosigkeit war. Eine Weile dachte er, sie sei vom

Teufel besessen, aber Adolf war nicht glaubensstark genug, um an die wirkliche Existenz eines Teufels zu glauben, es gibt ihn nicht, sagte er sich, und seine Mutter war nicht vom Teufel besessen, aber von einer teuflischen Idee. Wie konnte er die Idee beschwören, wie konnte er diese Besessenheit bannen? Er wußte es nicht. Er war hilflos. Er dachte: Siegfried hatte recht, es gibt keine Verständigung. Er wollte gehen, er mußte nun wohl gehen, aber sie tat ihm leid. Er fühlte, daß sie litt. Er spürte, daß sie in ihren Ideen brannte und die Hölle in sich trug. Es brauchte keines Teufels. Sie war ihr eigener Teufel, sie quälte Seele und Leib. Er wollte für sie beten, ohne im Augenblick den rechten Glauben zu haben.

Judejahn kam. Er füllte das Zimmer. Er füllte mit seiner gedrungenen Bullengestalt das Zimmer aus. Das kleine Zimmer wurde noch winziger. Es schrumpfte zusammen. Es war, als drängen die Mauern zueinander, als sinke die Decke gegen den Boden. Judejahn ging zu Eva. Er umfaßte sie. Er sagte: »Du trauerst?« Sie sagte »ich trauere«. Und sie dachte: er ist gekommen, er ist gekommen, doch er ist nicht aus Walhall gekommen. Er sagte: »Ich weiß.« Er führte sie zum Bett. Sie ließ sich auf das Bett fallen, und er setzte sich neben sie. Er sah das Zimmer, das kleine Zimmer zum Hof, er hörte das Negerlied aus der Küche, er sah den Vulkanfiberkoffer, solide und billig, und er dachte an die Lederschränke, die sie besessen hatten. Er sagte: »Die Juden sind schuld.« Und sie antwortete: »Die Juden.« Er sah seinen Sohn in der Priestertracht in der grellen Sonne stehen, schwärzlich, staubig, ärmlich, er hatte die Kette des Kreuzes um die Hände gewunden, er hielt das Kreuz ihnen entgegen, er war bleich, und er schien nun doch zu beten. Judejahn sagte: »Es war Verrat.« Und sie erwiderte: »Verrat.« »Juden«, sagte er, »internationale Juden.« Und sie wiederholte: »Juden, internationale Juden.« Und Adolf sah sie sitzen, wie Laokoon und seine Söhne am griechischen Strand von der Schlange umwickelt; die haßgeifernden giftzüngelnden Riesenschlangen ihres Wahnsinns verschlangen die Eltern ganz. Er betete.

Er sprach die Bitten des Vaterunser. Und sie fragte Judejahn: »Wirst du weiter kämpfen?« Und er sagte: »Ich werd's ihnen besorgen. Ich werd's ihnen allen besorgen.« Sie blickte ihn an, und ihre verschwimmenden blauen Augen sahen mehr als sie sehen konnten; ihre Augen kamen aus dem Nebel und durchdrangen nun den Nebel des Seins. Sie glaubte Judejahn kein Wort. Er kam nicht aus Walhall. Aber Eva sah doch den Tod hinter ihm stehen. Der Tod erschreckte sie nicht. Der Tod würde alles richten. Er würde den Helden nach Walhall geleiten. Judejahn sah in ihr Nebelgesicht, und er dachte: sie ist sehr alt geworden, ich ahnte es. Und dann dachte er: sie ist mein Kamerad; mein einziger Kamerad ist sie doch geblieben. Er fühlte ihre Hand sich in seiner Hand erwärmen. Er sagte: »Ich werde nach Deutschland kommen. Ich spreche mit Pfaffrath. Ich werd's den Verrätern besorgen. Ich bin noch der alte Judejahn!« Er war noch der alte, er war noch der große Judejahn. Er war wirklich groß in dem kleinen Zimmer. Er war so groß wie der Schatten des kleinen Gottlieb. Und Judejahn befahl. Er befahl ihr, sofort abzureisen. Sie sollte nach Hause fahren. Er holte Geld aus seiner großen Brieftasche, Geld für den Schlafwagen. Er gab ihr das Geld. Geld für ein Haus würde er schicken. Und dann nahm er noch einmal große schmutzige italienische Geldscheine, aufgeblähte Kriegsfolgeziffern und drückte sie Adolf in die gefalteten Hände. Das machte Judejahn nun Spaß. Er sagte: »Kauf dir was zu essen. Oder besauf dich. Oder geh mit einem Mädchen aus, wenn du noch ein Mann bist.« Adolf fühlte schwer das Geld in der Hand, aber er wagte nicht, es zurückzuweisen. Er hielt die Scheine mit der Gebetskette und dem Kreuz zusammengefaltet. Judejahn packte die wenigen Sachen seiner Frau zusammen und warf sie in den unschönen billigen Koffer aus Kunststoff. Sie rührte sich nicht. Sie ließ ihn handeln. Es freute sie, daß er befahl, es freute sie, daß er handelte, doch ihre Augen glaubten ihm nicht, die sahen den Tod hinter ihm stehen, sie sahen, daß er schon lange auf dem Weg nach Walhall war, auf dem Weg zur Heldenrunde. Es war gleichgültig, was er hier noch tat und bestimmte; sie fügte sich, gleichgültig, und an seinem Arm verließ sie das Zimmer, entfernte sich von dem Negersong in dem Hof, entfernte sich von dem Sohn, dem fremden nur feindlich sein könnenden Wesen. Juden Verrat Pfaffen. Judejahn hatte den Sohn mit Geld abgefunden, mit schmutzigen Scheinen und aufgeblähten Zahlen; er schaute Adolf nicht an, als der die Mutter aus dem Zimmer führte.

Und in der Halle des von Deutschen bevorzugten Hauses trafen sie Pfaffraths, die braungebrannten Ausflügler, die animiert von den Schlachtfeldern kamen, gestärkt, gehoben und laut. Friedrich Wilhelm Pfaffrath war erstaunt und beunruhigt, Judejahn im Hotel zu begegnen und Eva an seinem Arm zu sehen. »Ich bringe meine Frau zur Bahn«, sagte Judejahn. »Ihr Zimmer gefiel mir nicht. Wir sprechen uns nachher noch.« Und dann freute es Judejahn, des Schwagers verblüfftes betroffenes Gesicht zu fixieren. Dieses Gesicht animierte Judejahn zu Scherzen, und er rief: »Geht ihr ins Konzert? Der Siegfried fiedelt doch heute!«

Aber wie zur Vergeltung des Spottes folgte ihm Adolf, ein schwarzer Schatten, durch die Halle. Er war eine hagere Erscheinung von Ernst und Trauer. Was hätten sie ihm sagen können? Verlegen schauten sie weg. Er störte ihren Tag. Seine schwarze Gestalt war ein Menetekel in Belsazars Saal. Doch Dietrich eilte nach kurzer Überlegung dem Vetter nach, erreichte ihn und sagte: »Tag Adolf. Vielleicht wirst du Kardinal. Man muß sich gut mit dir stellen.«

Ich hatte keinen Frack, aber ich hätte mir einen Frack kaufen können, oder ich hätte mir einen Frack leihen müssen, es gab wohl in Rom Leute die davon lebten, daß sie Fräcke verliehen, aber ich wollte mir keinen Frack kaufen und auch keinen leihen; ich sah nicht ein, daß man einen Frack haben mußte, um Musik zu hören.

Ich zog ein weißes Hemd an. Der Trevi-Brunnen rauschte. Ich wusch mich nicht; ich wollte etwas Tibergeruch mit in das weiße Hemd nehmen. Der Trevi-Brunnen rauschte. Ich zog einen dunklen Anzug an. Es war kein römischer Anzug.

Er hatte nicht den weichen Schnitt der italienischen Schneider. Der Trevi-Brunnen rauschte. Mein Anzug war ein deutscher Anzug. Ich war ein deutscher Komponist. Ich war ein deutscher Komponist in Rom. Der Opernbrunnen rauschte. Wasser fiel in das Becken. Geld fiel in das Becken. Die Götter und die Fabelwesen bedankten sich nicht. Die Fremden strichen den Brunnen aus ihrem Verzeichnis der Sehenswürdigkeiten; sie hatten den Brunnen besichtigt, sie hatten das Wasser und die Götter photographiert, der Brunnen war geerntet, er war im Gedächtnis eingeweckt, er war eine Reiseerinnerung. Mir war er ein Traum. Die Knaben fischten nach dem Geld, das die Fremden ins Wasser geworfen hatten. Die Knaben waren schön; sie hatten ihre kurzen Hosen über ihren schlanken Beinen hochgekrempelt. Ich hätte mich gern in meinem weißen Hemd und in meinem schwarzen Anzug und mit etwas Tibergeruch auf den Brunnenrand gesetzt. Ich hätte gern den Knaben zugesehen; ich hätte gern beobachtet, wie schön und wie geldgierig die Knaben waren.

Es war eine große bewegte Auffahrt vor dem Konzerthaus. Die Flöte des Schutzmanns trillerte. Seine Handschuhe waren wie elegante weiße Vögel. Spitzenprinzessinnen kamen, Schleiermatronen, Diamantfrisuren, Grafen der Reklame und Grafen des Außenamtes, berühmte Heiratsschwindler, Botschafter, ergraut im Überbringen schlechter Botschaften, Schneewittchens Mutter, Aschenbrödels Schwestern fuhren vor, sie traten als Schönheitsköniginnen auf, und die Photographen beleuchteten sie mit Blitzen, tänzelnde Modemeister schoben auf ehrgeizigen Mannequins ihre neuen geschäftlichen Träume ins Licht, bekannte Leinwandgesichter gähnten wohlhabende Backfische an, und alle gaben der Musik die Ehre, sie waren die Gesellschaft, man konnte sie nicht voneinander unterscheiden, sie trugen ein Einheitsgesicht. Die Kritiker verbargen sich hinter Charaktermasken, und die Verleger strahlten vor lauter Wohlwollen wie der volle Mond. Manager stellten ihr empfindsames krankes Herz zur Schau. Ein Lastwagen mit roten Fahnen rumpelte vorüber.

Flugblätter flogen wie ein Schwarm neidischer grauer Sperlinge über die weißen Handschuhe des Schutzmannes. Die Dschungelfestung war gefallen. Wen berührte es? Die Börse reagierte fest. Aga Khan war nicht erschienen. Er wartete in seiner Villa am Meer auf Hokusais Woge. Doch Aufsichtsräte waren ein Dutzend gekommen, man kannte und begrüßte sich, die Damen wollten Göttinnen sein. Ich hatte keinen Hut, sonst hätte ich ihn gezogen; es waren meine Ernährer und Förderer, die sich hier versammelten, selbst die Industrie war vertreten, beraten von berühmten Philosophen des Pessimismus hatte sie einen Musikpreis gestiftet, und nach dem Industriepreis würde der Gewerkschaftspreis kommen, der Fordstiftung würde die Marxstiftung folgen und das Mäzenat immer anonymer werden, Mozart war Kammerdiener erlauchter Herrschaften gewesen, wessen Kammerdiener war ich, der ich frei sein wollte, und wo blieben Augustinus' große Männer, die nach vollbrachter Arbeit sich der Musik hingeben, um ihre Seele wiederherzustellen? Ich sah keine Seelen. Vielleicht waren die Kleider zu teuer. Vielleicht war ich verbittert, weil ich mir keinen Frack gekauft hatte. Wen sollte meine Musik erfreuen? Sollte sie überhaupt erfreuen? Sie sollte beunruhigen. Sie würde keinen hier beunruhigen.

Am Aufgang zur Galerie standen keine Photographen. Junge Männer, junge Mädchen, sonderbarerweise auch ganz alte Leute gingen durch dieses Tor. Der Künstler glaubt gern, die Jugend sei mit ihm im Bunde, und er meint, die Zukunft für sich zu haben, wenn die Galerie klatscht. Würden sie klatschen? Sprach ich zu ihnen, zu den hochmütigen armen Mädchen? Sie sahen mich nicht an. Und die armen jungen Männer? Sie waren wohl Studenten, zukünftige Atomzauberer, immer in der Gefahr, entführt zu werden und zerrissen zerrieben zwischen Ost und West, aber vielleicht waren sie nur zukünftige Wirtschaftsprüfer oder Zahnärzte, – ich sehnte mich wohl doch nach Augustinus' bedeutenden Zuhörern. Ein paar Geistliche kamen, ein paar junge Arbeiter. Würde ich sie beunruhigen? Ich hätte gern diese jungen Leute, die jungen Forscher, die Studenten, die Arbeiter, die Geistlichen, die jungen Mädchen als meine Kameradschaft empfunden; aber das Wort Kamerad war mir in früher Jugend aufgedrängt und verekelt worden. Ich dachte auch, als ich sie sah, Studenten und Arbeiter »Proletarier und Intellektuelle vereinigt euch«, aber ich glaubte nicht daran, ich glaubte nicht an eine neue Welt aus dieser Vereinigung, Hitler, Judejahn, meine Sippschaft und der Dienst im Heer hatten mir den Glauben an jede Vereinigung genommen. So grüßte ich die wenigen Alten, die unter der Jugend zum Olymp emporstiegen; sie waren einsam, und vielleicht war mein Konzert für die Einsamen gedacht.

Im Dirigentenzimmer wartete Kürenberg auf mich. Er war wahrhaft von der Antike geformt. Sein Frack saß wie auf einer Marmorbüste, und über dem Weiß aus Hemdbrust, Kragen und Schleife blickte sein Kopf augustäisch. Er war weise. Er stellte sich nicht töricht vor das Haus und betrachtete sein Publikum. Er war überlegen. Was kümmerten ihn Wahn und Eitelkeit? Die Gesellschaft hatte für ihn eine Funktion, sie hatte das Märchenschloß der Musik zu unterhalten, den magischen Tempel der Töne karyatidengleich zu stützen, und es war belanglos, aus welcher Einbildung sie es taten. Ilse Kürenberg trug ein einfaches schwarzes Kleid. Auch ihr Kleid saß wie auf Marmor genäht. Es lag wie eine enge schwarze Haut auf einer wohlerhaltenen Marmorbüste. Kürenberg wollte mich in die Loge schicken. Er sah, daß ich ohne Frack erschienen war, und es mußte ihn ärgern. Er stand über der Konvention, und er fand nun, daß ich, indem ich den Frack verschmähte und mich dem Gebräuchlichen nicht unterwarf, Kleidung und Konvention eine Bedeutung verlieh, die ihnen nicht zukam. Er hatte recht. Ich war wütend auf mich. Man soll die Spielregeln achten und Anstoß und Schwierigkeiten meiden. Es klingelte in den Garderoben, und das Orchester begab sich schon auf das Podium, hundert berühmte Musiker stimmten ihre Instrumente, und hin und wieder vernahm ich ein paar Töne meiner Symphonie; die Töne klangen wie der Ruf eines verirrten Vogels in einem

fremden Wald. Ich sollte Ilse Kürenberg in die Loge beglei-
ten, und ich sagte, daß ich meinen Platz einem Priester geschenkt hatte. Ich sagte nicht, daß der Priester mein Vetter
war, und erst jetzt fiel mir ein, daß Adolf Judejahn nun in
Rom neben Ilse Aufhäuser aus unserer Stadt in einer Loge
sitzen würde. Ihr Vater war umgebracht worden, nachdem
man sein Warenhaus verbrannt hatte. Adolfs Vater hatte viel
dazu beigetragen; er hatte zum Brand des Warenhauses beigetragen, und er hatte dazu beigetragen, daß der alte Aufhäuser umkam. Mein Vater konnte sich einbilden, zu Mord
und Brand nicht beigetragen zu haben. Er hatte nur zugesehen. Mein Vater war es, der damals in einer Loge saß. Er
hatte aus seiner Loge den Akteuren zugejubelt. Aber es entsetzte mich nicht, daß Adolf Judejahn und Ilse Kürenberg
nun auf dem selben Sofa sitzen sollten. Warum sollten sie
nicht nebeneinander sitzen? Da die Tragödie geschehen war,
mußte das Satyrspiel folgen.

Judejahn hatte Eva nach Deutschland geschickt, er hatte sie
erstklassig gebettet, das Hotelzimmer war ein Käfig gewesen,
das Abteil war ein noch engerer rollender Käfig, in dem sie
gefangen stand, die nordische Erinnye, schwarzgewandet,
bleichhaarig, voll erhabener Trauer und des Gatten Heim-
gang nach Walhall nun gewiß. Aber auf dem großen römischen Bahnhof, auf dem Bahnsteig der Station Termini,
die nach den nahen Thermen des Diokletian heißt, zerrannen
im Neonschein des technischen Geländes für eine Weile die
Nebel, klärte sich das Nebelantlitz, das zweite und Spöken-
kiekergesicht, das Werwolfauge, das Judejahn schon als Toten sah, und sie erblickte ihn aus dem Abteil des Zuges, der
zu den Alpen fahren sollte, nordwärts heimwärts, erblickte
ihn und erkannte ihn, wie er sich der Wirklichkeit darbot
hier in dem gleißenden Neonlicht, ein stämmiger ergrauter
Mann mit einer blauen Brille, und sie rief »Nimm endlich die
schreckliche Brille ab, steig ein, steig ein in den Zug und fahr
mit!« Und er wandte kläglich ein, sein Paß gelte nicht für
Deutschland und sein falscher Name würde offenbar werden,

und sie sagte heftig: »Du brauchst keinen falschen Namen, du brauchst keine Brille, du benötigst keinen Paß. Die Grenzer werden sagen ›sind Herr General wieder da? wir freuen uns, daß Herr General wieder hier sind‹, und sie werden vor dir strammstehen und werden dich reisen lassen, wohin du willst, und sie werden stolz sein, mit dir gesprochen zu haben, und zu Hause wird man dich mit Böllerschüssen empfangen, und du wirst unantastbar sein.« Eva sah seine Heimkehr. Sie sah, dies war die einzige Möglichkeit für ihn, heimzukehren, und er verstand sie, er wußte, sie hatte recht, dies war die Heimkehr, dies war Deutschland ›Herr General sind wieder da, wir freuen uns, Herr General‹, so war es, die Grenzer würden es rufen, aber Judejahn zögerte, irgend etwas hielt ihn in diesem Rom, in dieser Stadt impotenter Pfaffen, war es Laura, war es Furcht, nein, Furcht war es nicht, Judejahn kannte ja keine Furcht, aber auch Laura war es natürlich nicht, die ihn zurückhielt, es war etwas anderes, vielleicht war es die Wüste, die Kaserne am Wüstenrand, dort befahl er, und wenn sie ihn in Deutschland mit Böllerschüssen empfingen, Schüsse verhallten, selbst scharfe Munition verknallte schnell, und dann kam der Alltag, was würde er dann sein, ein Judejahn ohne Gewalt, ein alter Gottlieb an der Vereinsbank der Mißvergnügten und Gestrigen, Judejahn fürchtete die Zeit, er fürchtete sein Alter, er sah den Sieg nicht mehr, — und so sagte er Eva, daß Pfaffrath es richten würde, Pfaffrath würde die Heimkehr günstig vorbereiten, und um Eva verschloß sich der Klarblick, kam wieder Nebel und Nebelgesicht, sie wußte nun, Judejahn glaubte nicht mehr, er glaubte nicht mehr an die Grenzer, er glaubte nicht mehr an die Böller, er glaubte nicht an Deutschland, und das Zweitgesicht bemächtigte sich Evas, die Spökenkiekerschau, und auf lahmem Gaul trieb ein schäbiger Tod den Helden nach Walhall, während ihr Zug sie nordwärts zu den Alpen trug. Judejahn fuhr nach schmerzlich mißverständlichem Abschied in das von Deutschen bevorzugte Hotel des Schwagers, damit Pfaffrath ihm die Heimkehr richte, doch dort vernahm er, daß die Herrschaften ins Konzert gefahren seien;

und wirklich, von Dietrich angetrieben, der, von dem Bild in der Zeitung beunruhigt, des Bruders Situation erforschen wollte, und auch von eigener Neugier bewogen, von einem Mischgefühl aus Unbehagen, Zweifel und Stolz hatten sie sich durch den Portier Plätze in den hinteren Reihen besorgen lassen und diese auch ohne Schwierigkeit erreicht. Judejahn, der sich so unverrichteter Dinge zu seinem Palasthotel fahren ließ, überlegte unterwegs, daß er erst nach Stunden mit Laura verabredet sei und daß es ihm wohl Spaß machen könne, Schwager Pfaffraths Sohn fiedeln zu sehen. Das lächerlich anrüchige Ereignis mochte ihm über die langweilige Zeit bis zu seinem Rendezvous hinweghelfen und würde überdies, wenn er es gesehen hatte, Zeuge der Familienentartung gewesen war, seine Position gegen den Schwager stärken. Also bestellte auch Judejahn durch seinen Portier eine Karte für das Konzert, und weil der Anruf aus dem vornehmen Hotel kam, wurde ihm ein Platz in der ersten Reihe reserviert. Doch da er keinen Frack anhatte, wollte man ihn hindern, den Sitz einzunehmen. Judejahn, der das Italienisch des Saalschließers nicht verstand, wohl aber begriff, daß man sich ihm in den Weg stellen wollte, drängte, sich nach erlegtem und überraschend hohem Eintritt im Recht fühlend, wuchtig den schmächtigen Kontrolleur zur Seite. Was wollte der Kerl, eine elende Lakaienseele? Judejahn warf ihm einen Geldschein zu, schritt in den Saal und nahm breit seinen Platz ein. Hier erst bemerkte er, daß er sich unter lauter Leuten in Gesellschaftskleidung befand, und einen Moment meinte er, sich unter die Musiker gesetzt zu haben, unter die Spaßmacher, die ihn unterhalten sollten und deren Berufstracht der Frack war. Da aber das Orchester auf dem Podium die Instrumente stimmte, war die Annahme, versehentlich unter den Künstlern zu sitzen, nicht zu halten, und Judejahn wunderte sich über die Vornehmheit der Veranstaltung. Dem kleinen Gottlieb imponierte es; er fühlte sich eingeschüchtert. Aber Judejahn ließ sich nicht einschüchtern, er drückte sich noch breiter in den Sessel und sah sich herausfordernd im Saal um. Wie schon einmal zur Korsostunde auf der Via Veneto hatte er das Gefühl, unter verschlagenen Juden und heimatlosen Schiebern zu sitzen. Er dachte: Pack und Laffen. Er erkannte die neue Gesellschaft, die neue Gesellschaft des italienischen Verrätervolks, die Schicht, die nach dem schmählichen Treubruch an Mussolini zur Macht gekommen war. Und vor diesen Leuten, die ins Zuchthaus gehörten, ins Konzentrationslager und in die Gaskammer, würde Siegfried Pfaffrath fiedeln! Judejahn suchte den Neffen auf dem Podium, aber er entdeckte ihn nicht. Vielleicht trat Siegfried erst später auf, die ersten Fiedler kamen immer zu spät; sie waren eine anmaßende weibische Bande; was hier fehlte war Disziplin. Judejahn erkannte es gleich. Im Grunde ließ er nur Militärmusik gelten. Warum spielten sie nicht einen flotten Marsch, statt das Publikum mit ihrer Stimmerei anzuöden? Er sah sich weiter um, und da entdeckte er in der einzigen Loge des Saales seinen Sohn Adolf, und neben Adolf saß eine Frau, die Judejahn beeindruckte. Hatte Adolf dieser Frau das Geld gegeben, das er ihm in die betenden Hände gesteckt hatte? War sie seine Geliebte? Oder wurde er von ihr ausgehalten? Er hatte diese Liebhaberrolle dem Pfaffen nicht zugetraut. Es verwirrte ihn.

Es verwirrte auch Dietrich, Adolf in der Loge zu sehen. Wie kam er zu diesem Platz? Hatte die Kirche ihm den Platz angewiesen? Wollte sie Adolf seines Namens wegen herausstellen? Als großen Überläufer, als wichtigen Bekehrten? Hatte sie Besonderes mit ihm vor? Am Ende war Adolf klug und würde wirklich Bischof werden – bis auf weiteres ein mächtiger Mann. Wie sollte man sich zu ihm stellen? Und wer war die Frau bei ihm in der Loge? Dietrich konnte sie von seinem Sitz aus nicht deutlich genug sehen. Auch die Eltern konnten sie nicht deutlich genug sehen. Gehörte sie zu Adolf? Und wo war Siegfried? Hätte er Auskunft geben können? Lauter verwirrende Fragen.

Verwirrende Fragen. Ilse Kürenberg hatte, als sie sich setzte, dem Priester in ihrer Loge freundlich zugenickt, und danach beunruhigte sie sein Gesicht, es war ein Albtraumgesicht, sie wußte nicht warum, aber es war ein Gesicht aus schrecklichen

Träumen. Sie dachte: er sieht wie ein Geißler aus, wie ein Flagellant. Sie sah ihn sich peitschen. Sie dachte: peitscht er auch andere, peitscht er die Ketzer? Aber das konnte doch wohl nicht so sein, und auch die Juden würde der Priester nicht peitschen. Und dann dachte sie: vielleicht ist er ein Mystiker. Und dann: er ist ein katholischer Geistlicher, aber er sieht wie der rebellierende Luther aus.

Doch als die Musik einsetzte, wußte sie, daß er wirklich ein Mystiker war, ein deutscher Priester und ein deutscher Mystiker, denn auch in Siegfrieds Symphonie war trotz aller Modernität ein mystisches Drängen, eine mystische Weltempfindung, von Kürenberg lateinisch gebändigt, aber Ilse Kürenberg ergründete jetzt, warum ihr die Urkomposition bei aller Klarheit der Wiedergabe unsympathisch blieb. Es war zu viel Tod in diesen Klängen, und ein Tod ohne den heiteren Todesreigen auf antiken Sarkophagen. Zuweilen bemühte sich die Musik um diese Sinnenfreude der alten Grabmale, aber dann hatte Siegfried falsche Noten geschrieben, hatte sich in den Tönen vergriffen, sie wurden trotz Kürenbergs kühler Konduktion grell und maßlos, die Musik verkrampfte sich, sie schrie, das war Todesangst, das war nordischer Totentanz, eine Pestprozession, und schließlich verschmolzen die Passagen zu einer Nebelwand. Es war kompositorisch nicht einmal mißlungen, es war in seiner Art begabt, Ilse Kürenberg hatte ein feines Gehör, die Musik erregte sie, aber es war Nebelunheimlichkeit darin, die perverse Hingabe an den Tod, die ihr widerstrebte, ihr gräßlich war und sie widerwillig erregte.

Wie langweilig war doch die Musik! War es überhaupt Musik, oder stimmten sie noch immer und nun unter der Leitung des Kapellmeisters die Instrumente? Und war es schon das richtige Stück? Siegfried trat nicht auf. Hatte er abgesagt? Judejahn fühlte sich enttäuscht. Er war um einen Spaß gebracht. Hunger grimmte in seinem Magen, Durst trocknete die Zunge, aber der kleine Gottlieb traute sich nicht aufzustehen und zu gehen. Er war gelähmt. Die Geräusche des Orchesters paralysierten ihn. Judejahn konnte bei diesen Klängen nicht denken, er konnte nicht überlegen, wer die Frau bei Adolf war, er konnte nicht klären, ob er mit Laura schlafen möchte oder lieber mit dieser Frau in der Loge.

Sie entsetzten sich. Sie waren enttäuscht. Die Musik war anders als alle Musik, die sie kannten. Sie entfernte sich von aller Vorstellung, die Pfaffraths von Musik hatten. Sie entfernte sich sogar von der Vorstellung, die sich Pfaffraths von der Musik ihres Sohnes gemacht hatten. Aber hatten sie sich überhaupt etwas vorgestellt? Und wenn sie sich etwas vorgestellt hatten, was hatten sie erwartet? Beethovens zu oft abgestaubte Totenmaske über dem Zwölf-Röhren-Apparat in der Musikecke des Wohnzimmers oder Wagner als bedeutenden Barettträger und sichtbar vom Genius geküßt? Das Ehepaar Pfaffrath vermißte den Edelklang, den hohen erhabenen Ton oder die eingängige Harmonie, sie suchten den wohligen Fluß der Melodie, sie horchten vergebens nach dem ihnen, wie sie meinten, verständlichen Sphärengesang aus höherer Region, in der sie zwar nicht Wohnrecht hatten und auch gar nicht beheimatet sein wollten, die sie sich aber wie einen optimistischen Himmel, eine rosa Kuppel über dem grauen Erdkreis dachten, unten auf der Erde hatte man nüchtern vernünftig und, wenn es sein mußte, hart und Rechnung tragend allem menschlich-unmenschlich Gemeinen zu leben, doch um so erhabener hatte der rosa Überbau über dem Menschlich-Allzumenschlichen zu schweben, Pfaffraths glaubten an den Konditortempel der Kunst aus süßer Masse allegorisch ideal geformt, er war ihnen, so meinten und heuchelten sie noch vor sich selbst, Bedürfnis, das sie gern »Begeisterung für alles Schöne« nannten, und Musik war ein Aufruf zu gebildetem Schöngefühl und zufriedenem Dösen, doch Siegfrieds Töne machten sie frösteln, sie empfanden Unbehagen, es war als wehe Eishauch sie an, und dann klang es gar wie Verhöhnung ihrer deutschbürgerlichen Sitte, sie meinten Jazz-Rhythmen zu erkennen, einen Urwald ihrer Einbildung, einen Negerkral voll Entblößung und Gier, und dieser Dschungel entarteten Getöses wurde wieder abgelöst

von einfach langweiligen Stellen, von wahrhaft eintönigen
Partien disharmonischer Notenreihen. Gefiel dieser Miß-
klang? Nahm man ihn hin? Furchtsam wie Mäuse sahen sie
sich um und fürchteten Skandal und Aufruhr, ein Schmähen
ihres zu Hause, wie sie überzeugt sein konnten, so angese-
nen Namens. Aber noch saß in ihrer Nähe jedermann ge-
sittet da, die Leute machten das übliche Konzertgesicht
nachdenklichen Musikgenusses und einige mimten sogar
Versunkenheit. Dietrich glaubte eine Rechnung in der Musik
seines Bruders zu entdecken, einen Taschenspielertrick oder
eine mathematische Gleichung hinter deren Geheimnis er
aber nicht kam; diese Musik war dem Komponisten nicht
zugeflogen, wie die schönen und großen Klänge Beethoven
und Wagner wohl zugeflogen waren, diese Musik war gemacht, sie war ein raffinierter Schwindel, es war Überlegung in den Dissonanzen, und das beunruhigte Dietrich, –
vielleicht war Siegfried kein Narr, vielleicht war er gefähr-
lich und am Beginn einer großen Laufbahn. Dietrich flüsterte
den Eltern zu: »Er ist ein Neutöner!« Das war schmähend
gemeint, doch sollte man es auch so verstehen, wie objektiv
Dietrich doch sei, wie sachlich urteilend und wie unterrichtet
auch auf diesem Gebiet. Doch veranlaßte die Bemerkung
irgendeinen perversen Ausländer in merkwürdig körper-
engem Smoking und mit provozierendem Ziegenbart unter
dem Kinn zu einem strafenden »Pst!«
Adolf gefiel die Musik des Vetters nicht. Sie stimmte ihn
traurig, ja, sie quälte ihn; aber er versuchte, sie zu verstehen.
Er versuchte, Siegfried zu begreifen. Was wollte Siegfried
mit dieser Symphonie sagen? Was drückte er aus? Adolf
meinte, Gegensätzliches, wohltuenden Schmerz, lustige Verzweiflung, mutige Angst, süße Bitternis, Flucht und Verur-
teilung der Flucht, traurige Scherze, kranke Liebe und eine
mit üppigen Blumentöpfen bestellte Wüste, das geschmückte
Sandfeld der Ironie. War diese Musik Gott feindlich? Sie
war es wohl nicht. Es war auch Erinnerung an eine Zeit vor
aller Schuld in den Klängen, an die Schönheit und den
Frieden des Paradieses und Trauer um den in die Welt ge-

setzten Tod, es war viel Verlangen nach Freundlichkeit in den Noten, kein Lied an die Freude zwar, kein Panegyrikus, aber doch Sehnsucht nach Freude und Schöpfungslob. Manchmal glaubte Adolf, sich selbst in den Tönen zu erkennen. Es war ihm, als würde ihm in einem zerbrochenen Spiegel die Kindheit reflektiert. Auch die Ordensburg war in der Musik, die Sportwiese, der Wald, die Sonnenauf- und untergänge und die Träume in den Schlafsälen. Aber dann wieder stießen Zynismus, Unglaube, eine Verzweiflung mit der narzistisch kokettiert wurde und anarchisches Treiben Adolf von den Klängen ab. Die Kirche würde diese Musik nicht billigen; sie wäre auf dem Konzil zu Trient nicht als vorbildlich anerkannt worden. Durfte Adolf, der Diakon, die Musik seines Vetters billigen? Er billigte sie nicht. Mußte er sie verdammen? Er verdammte sie nicht. Es war nicht Gott, der aus diesen Klängen sprach, es war ein Ringender, und so war es am Ende vielleicht doch Gott in einem seiner unbegreiflichen Selbstgespräche, die Christi Kirche verwirren.

Sie pfiffen, ich hörte sie pfeifen, ich hatte mich zur Tür der Galerie geschlichen, ich verharrte im äußersten Hintergrund, ein Bettler am Kirchentor, ein Bettler bei meiner Musik, sie pfiffen, es überraschte mich nicht, sie pfiffen auf allerlei Schlüsseln und nach Gassenjungen Weise, die Finger breit in den Mund gesteckt, sie pfiffen, meine Studenten, meine Arbeiter, meine jungen gefährdeten Atomforscher, meine hochmütigen armen Mädchen, ich hatte es erwartet, die jungen Priester pfiffen nicht, aber ich meine, sie hätten auch pfeifen sollen. Ich hatte von reiner Schöpfung geträumt, aber ich war verführt worden, in die Erdkämpfe einzugreifen. Ich weiß nicht, ob reine Schöpfung möglich ist, die unbefleckte Empfängnis aus dem reinen Nichts, ich träume von ihr, und vielleicht ist es Hochmut und Wahn und die Vermessenheit des Ikarus, und meine Flügel sind schon vor dem Flug gebrochen. Ikarus muß arrogant sein. Es ist die Arroganz der Physiker in den Laboratorien, ihre phantasielose Klugheit zertrümmert die natürliche Welt, und Kürenberg will mich zu jeder Sprengung anregen, weil sein Hirn die schönen Formeln begeistern, weil er die erhabenen Gesetze erfaßt, nach denen die Zertrümmerung geschieht. Ich begreife die Gesetze nicht und kann die Formeln nicht lesen. Wahrscheinlich bin ich dumm. Wie könnte ich etwas errechnen, und wem sollte ich die Rechnung präsentieren? Ich hoffe immer noch, ohne zu rechnen zur Summe zu kommen, auf einem unbegreiflichen Weg, der Kürenberg wohl zuwider wäre und den er unsauber und töricht fände. Sie pfiffen, aber unten im Saal klatschten sie nun, sie riefen mich, und die schrillen Pfiffe der Galerie schienen sie im Parkett nur zu nachdrücklicherem Beifall anzuregen. Jetzt wäre der Augenblick gekommen, mich im Frack zu zeigen. Ich hätte mich zeigen müssen. Kürenberg reichte immer wieder dem ersten Geiger dankend die Hand, deutete auf das Orchester, wies in die Kulisse, aus der ich nicht erschien, und tat sonst allerlei um den Applaus von sich abzulenken, ihn zu besänftigen, ohne ihn zu unterbinden, und mit großen Gesten bedauerte er das unbegreifliche Fernbleiben des Tonsetzers. Eines der armen hochmütigen Mädchen neben mir sagte: »Ich könnte ihm in die Fresse spucken.« Sie meinte, sie möchte mir in das Gesicht spucken, mir, dem Komponisten. Ich verstand sie; sie sprach englisch. Und was wollten die unten mit mir tun, die Herren im Frack, die Damen in den teuren Kleidern, die Kritiker, die Verleger, die Manager, was hatten sie mit mir vor, wollten sie mich bekränzen, oder wollten auch sie mich anspucken?

Am lautesten aber klatschte in seltsame Problematik versetzt Judejahn. Seine schweren Hände arbeiteten wie Dampfhämmer. Viel lieber hätte er gebrüllt, geschimpft und alle die im Saal und auf dem Podium waren, strammstehen oder verhaften lassen. Er hätte Siegfried an den Sockel der Palestrinabüste gestellt; er hätte gern Siegfried und den Kapellmeister dreißig Kniebeugen machen lassen. Aber der kleine Gottlieb traute sich nicht, allein in der Frackgesellschaft, traute sich Judejahn nicht, zu brüllen, zu schimpfen, das Strammstehen und die dreißig Kniebeugen zu befehlen, und

als die Galerie zu pfeifen begann, da fand er dies ein unge-
höriges Benehmen gegen die Herrschaften im Parkett, gegen
die Reichen, gegen die im Licht Sitzenden, die er verachtete
und von alters her beneidete und deren empörende Kunst-
ansicht und Lebensauffassung er nun mit dem Dampfham-
merschlag seiner Handflächen unterstützte.

So sah ihn Adolf; er sah seinen Vater aus seiner Loge, er
sah ihn erregt und klatschend, während er selber nicht wußte,
ob er Zustimmung äußern sollte, die er nicht ganz empfand,
und ob er in geistlicher Tracht überhaupt Beifall bekunden
durfte bei einer so extremen und fragwürdigen Musik. Die
Dame, die neben Adolf saß, hielt die Hände ruhig im Schoß;
vielleicht würde die Dame es als Herausforderung empfinden, wenn der Priester neben ihr zu den Claqueuren überging.
Doch würde Adolf sich den mit Geräuschen Dankenden
angeschlossen haben, wenn Siegfried sich auf dem Podium
gezeigt hätte, denn Siegfried war Dank zu sagen, weil er
Gottes Unruhe offenbart hatte, und es sprach sehr für
Siegfried, daß er sich nun nicht ins Rampenlicht stellte
und den Beifall einheimste. Wie kam es aber, daß Judejahn
das Konzert besucht hatte, wie kam es, daß er dieser
Musik zustimmte? Hatte Judejahn die Sprache dieser
Klänge verstanden? Hatten die Töne ihn bewegt, hatten
sie ihn erfreut? Verstanden sich Siegfried und Judejahn
plötzlich in der Welt der Musik? Adolf ahnte nichts von
der Existenz des kleinen Gottlieb in seinem Vater, und so
konnte er Judejahns Verhalten nicht enträtseln und nur
mißdeuten.

Sie konnten den Beifall sich nicht erklären, sie hörten die
Pfiffe der Galerie, die den Applaus im Saal nur noch ansta-
chelten, sie vernahmen fremdländische Rufe die den Namen
Pfaffrath seltsam konsonantenreich aussprachen, es mußte
eine entartete, erschreckend verdorbene und blind in den
eigenen Untergang taumelnde Gesellschaft sein die nun ihres
Sohnes Musik feierte, aber dieser nahe bevorstehende Untergang der römischen Oberschicht beunruhigte Pfaffraths
nicht, er stärkte im Gegenteil ihre Überheblichkeit, denn in

dem Glauben, gute Deutsche zu sein, erbgesund und nicht ansprechbar für vernegerte Klänge, meinten sie im Fall des Morschen in Europa einen Vorteil für die eigene Nation zu sehen, die bald wieder hegemonisch sein würde, und so, die Binde der nationalen Torheit vor den Augen, töricht getröstet, die Qual dieses Musikhörens und die Furcht vor einem Skandal um den geachteten Familiennamen vorläufig gebannt sehend, rührten nun auch Pfaffraths die Hände, um den Sohn und Bruder zu feiern. Dietrich begriff nicht, warum Siegfried, den man rief, sich nicht zeigte. Und wie alles, was er nicht verstand, beunruhigte es ihn. Was steckte hinter diesem Verstecken? War es Feigheit oder war es schon Hochmut? Dietrich wollte es ergründen, und er schlug vor, Siegfried in den Künstlerräumen aufzusuchen.

Ich war langsam die Treppe von der Galerie hinuntergegangen. Ich wußte, Kürenberg würde mir nun böse sein. Er würde mir böse sein, weil ich die Konvention, die den Kunstbetrieb erhielt, wieder mißachtet und mich vor dem Publikum nicht verneigt hatte. Auch ohne den Frack zu tragen, hätte ich mich auf das Podium stellen müssen. Aber ich mochte mich nicht zeigen. Mir war der Beifall zuwider. Ich gab nichts auf die Stimmung des Saales. Ich fühlte mich dem pfeifenden Olymp verbunden; doch auch die dort saßen, waren keine Götter.

Kürenberg hockte erschöpft in einem roten Plüschsessel. Die Blitze der Photographen umzuckten ihn. Er machte mir keine Vorwürfe. Er gratulierte mir. Und ich dankte und gratulierte ihm und sagte, es sei sein Erfolg, und es war auch sein Erfolg, und er wehrte meinen Dank ab, und irgend etwas stimmte da nicht, wie wir uns wechselseitig gegen des anderen Schmeichelei stemmten, und doch war es sein Sieg, er hatte mit meiner Musik brilliert, aber ihm genügte das Bewußtsein, mit neuen Zusammenstellungen der beschränkten Tönezahl experimentiert zu haben, er hatte eine von Milliarden Möglichkeiten vorgeführt und die Musik als sich immer weiter entwickelnde und weiter unter uns lebende Kraft gezeigt, und nun galt es, neue Versuche zu wagen, zu neuen

Tonfolgen vorzustoßen. Er hatte recht. Warum dachte ich nicht an neue Kompositionen? War ich ausgebrannt? Ich weiß es nicht. Ich war traurig. Ich wäre gern zu meinem Brunnen gegangen, zu meiner Fontana di Trevi; ich hätte gern auf dem Brunnenrand gesessen und den eilenden törichten Touristen und den geldgierigen schönen Knaben zugesehen.

Ilse Kürenberg kam, und auch sie gratulierte mir. Aber ihre Hand, die sie mir reichte, war kalt. Ich sah in Ilse Kürenberg wieder die nüchterne skeptische Muse der Musik unserer Tage, und ich hatte die Stimme der Muse nicht gewonnen. Ich wollte ihr dafür danken, daß ich ihre Stimme nicht gewonnen hatte, aber ich wußte nicht, was für Worte ich ihr sagen sollte, damit sie auch verstehen würde, wie ich es meinte. Doch während ich noch die Worte suchte, meine Empfindung auszudrücken, sah ich eine solche Ablehnung in ihrem Gesicht, daß es mich erschreckte. Dann aber erkannte ich, daß sie nicht mich mit diesem Entsetzen ansah, sondern daß sie hinter mich blickte, und als ich mich umdrehte, um ihren Schrecken zu begreifen, sah ich meine Eltern auf mich zukommen, sah ich meinen Bruder Dietrich auf mich zukommen, und hinter ihnen stand und lähmte mich das Schreckbild meiner Jugend, der von den Toten zurückgekommene Onkel Judejahn, der mich angrinste, als wolle er sagen, er sei nun wieder auferstanden und ich müsse mich mit ihm abfinden, die alte Macht sei wieder da, und an der Tür wartete Adolf verstörten Gesichtes. Es war ein Pfaffrath-Judejahnscher Familientag, der sich hier versammelte und mir war, als sähe ich die Gorgonen. Ich schämte mich. Ich schämte mich meiner Familie, und ich schämte mich auch, weil ich mich meiner Familie schämte, und es war mir wie einem Hund zumute, den die Hundefänger mit ihren Netzen umstellt haben. Meine Freiheit war bedroht. Mein Vater und meine Mutter gratulierten mir, und sie bedrohten meine Freiheit. Sie sprachen mit mir, aber ich verstand nicht, was sie sagten; ich wußte nur, daß meine Freiheit bedroht war. Mein Bruder Dietrich meinte, ich hätte es nun wohl geschafft, und er zeigte einen verkniffenen Mund. Auch er bedrohte meine Freiheit. Und dann sah ich, wie mein Vater Kürenberg anredete und ihn wie einen guten alten Bekannten begrüßte. Er erinnerte Kürenberg an das Theater unserer Stadt; er sprach von dem Theaterorchester, von den Abonnements-Konzerten und von der guten Zeit von neunzehnhundertdreiunddreißig.

Ilse Kürenberg kannte sie nicht, und doch kannte sie diese Leute, und es war ihr, als bräche eine Mauer auf, hinter der man Gespenster eingemauert hatte. Sie hatte sie nie wieder sehen wollen; sie wollte sich an die Gespenster nicht erinnern, und nun waren die Gespenster da, waren durch die Mauer gebrochen, Feuerkobolde eines brennenden Hauses, die Mordlemuren eines alten Vaters. Sie ahnte, daß dies Siegfrieds Familie war, Leute aus ihrer Stadt, die sie vergessen hatte, Nazis aus ihrem Heimatort, an den sie nicht denken wollte. Und sie ahnte auch, wer Judejahn war, der Mann im Hintergrund, der Mann der Endlösung, der sie mit entkleidenden Blicken ansah. Sie dachte: ich will nicht so träumen. Und sie dachte: das ist diese Symphonie, die mir unsympathisch war, das ist der Priester an der Tür, ein germanischer Mystiker, vielleicht ein Heiliger, aber wehe mir, wenn er kein Heiliger ist, oder wehe wir, wenn er abtrünnig wird. Und sie dachte: der mit Kürenberg spricht, das ist Siegfrieds Vater, der Oberbürgermeister unserer Stadt, er war Oberpräsident der Provinz als wir ihn um Verschonung baten, und er sagte, er sei Oberpräsident, aber er sei nicht zuständig. Sie dachte: er hat vielleicht seine Hemden in meines Vaters Kaufhaus gekauft, er hat das erste Spielzeug für seine Kinder bei meinem Vater gekauft, und als das Kaufhaus meines Vaters brannte und Hemden und Spielzeug der Straße zufielen, hat er es gutgeheißen, und als man meinen Vater ermordete, hat er es in die Akten aufgenommen und gutgeheißen. Und Friedrich Wilhelm Pfaffrath, an den Ilse Kürenberg als an einen Helfer und Förderer der Brandstiftung und des Mordes dachte, freute sich mit Kürenberg, der höflich sachliche Antwort gab, über seine Gemeinde sprechen

zu können, und er machte dem Dirigenten das Angebot eines
rühmlichen Gastspiels im alten, zwar noch zerstörten, aber
bald wiederhergestellten Theater, und er fühlte sich belei-
digt und dachte, so sind sie, winselnd oder hochnäsig, als
die geborene Aufhäuser, ohne Pfaffrath zu beachten, Kürenberg bat, nun mit ihr fortzugehen. Der Dirigent schaute sich
nach Siegfried um, den er zu einem späten Imbiß einladen
wollte, aber Siegfried war aus dem Zimmer verschwunden.

Sie wateten durch Papier; das Papier lag auf der Piazza del
Popolo, es lag vor den Kirchen Santa Maria dei Miracoli,
Santa Maria del Popolo, Santa Maria di Montesanto, die drei
Marien bewachten den Platz, das Papier lag um den ägyp-
tischen Obelisken, den Augustus der Sonne und Sixtus V.
den himmlischen Heerscharen geweiht hatte, die himmlischen Heerscharen bewachten den Platz, das Papier lag vor
dem Tor durch das Goethe nach Rom gekommen war, auch
Goethe war ein Heiliger des Platzes, das Papier lag im Bogen-
lampenschein wie Winter im Mondlicht. Es hatte auf der
Piazza del Popolo eine Kundgebung stattgefunden, und die
Flugblätter, die den Menschen einen neuen Frühling verspra-
chen, dem ein nie gekannter Sommer folgen sollte, die viel-
berufene goldene Zeit, die Flugblätter waren wie die Herbst-
blätter der Bäume zu Boden gefallen, und die kühnen Parolen
kommenden Glücks hatten sich in Dreck verwandelt, in
eine schmutzige Erddecke, die schmutzigem Schnee glich,
einem grauweißen Winterkleid.
Das Papier raschelte unter dem Wehen seines Priesterrocks,
und ich sagte ihm, daß wir über ein Feld der Verheißungen
gingen. Ich sagte ihm, daß die Eschatologien mir vorkämen
wie ein Bündel Heu, das an einer Stange einem Esel vorge-
halten wird, damit er den Wagen weiterzieht. »Aber die
Menschheit braucht die Ausrichtung auf ein Fernes und
Höheres«, sagte Adolf, »denke an die Kraft, die der anzie-
hende Himmel im Mittelalter den Menschen gab.« »Ja«,
sagte ich, »der Esel zog den Wagen. Er meinte, das Gefährt
himmelwärts zu ziehen, und bald würde das Paradies kom-

men, ohne Eselslast, mit ewig grüner Weide und den Raubtieren als freundlichen Spielgefährten. Aber allmählich merkte der Esel, daß der Himmel nicht näher kam, er wurde müde, und das Heu der Religion lockte ihn nicht mehr, tapfer voranzuschreiten. Und damit der Wagen nicht stehenbleibe, hat man den Hunger des Esels auf ein irdisches Paradies gelenkt, auf einen Sozialpark, in dem alle Esel die gleichen Rechte haben werden, in dem die Peitsche abgeschafft, die Last geringer, die Versorgung besser wird, aber auch der Weg zu diesem Garten Eden ist lang, das Ziel rückt nicht näher, und der Esel wird wieder bockig. Zum Glück hat man ihm immer Scheuklappen angelegt, damit er nicht merkt, daß es nie voran, sondern immer im Kreis geht, daß er keinen Wagen, sondern ein Karussell bewegt, und vielleicht sind wir eine Belustigung auf einem Festplatz der Götter, und die Götter haben nach ihrem Fest vergessen, das Karussell abzubauen, und der Esel dreht es noch immer, nur die Götter erinnern sich nicht mehr an uns.« Er sagte: »Dann lebst du in einer sinnlosen Welt.« Ich sagte: »Ja. Aber muß denn alles einen Sinn haben?« Er sagte: »Wenn ich wie du dächte, würde ich mich umbringen.« Ich rief: »Wozu? Ich werde früh genug tot sein, und sei sicher, ich halte nicht viel von der Bewegung des Lebens, aber mich graust vor dem Nichtsein des Todes. Warum sollte ich mich umbringen? Ja, wenn ich, wie du, den Selbstmord für eine Sünde hielte, dann gäbe es ein Nachher! Die wirkliche Versuchung, dieser Welt zu entfliehen, ist der Glaube an ein Jenseits. Wenn ich nicht an den Himmel und nicht an die Hölle glaube, dann muß ich versuchen, hier etwas Glück, hier etwas Freude zu finden, hier muß ich Schönheit und Lust suchen. Es gibt keinen anderen Ort für mich, keine andere Zeit. Hier und heute ist meine einzige Möglichkeit. Und die Versuchung, mich umzubringen, ist dann nur eine Falle, die man mir hingestellt hat. Aber wer hat sie mir hingestellt? Wenn die Falle da ist, ist auch der Fallensteller nah. Da beginnt der Zweifel. Der Zweifel des Ungläubigen an seinem Unglauben ist mindestens so schrecklich wie der Zweifel des Gläubigen. Und wir zweifeln alle. Sage nicht, daß du nicht zweifelst. Du lügst. Im Käfig der unseren Sinnen erreichbaren drei Dimensionen kann es nur Zweifler geben. Wer fühlt nicht, daß eine Wand da ist, ich nenne dieses Etwas oder dieses Nichts eine Wand, es ist ein unzulänglicher Ausdruck für etwas, das uns von einer uns nicht zugänglichen Region trennt, die ganz nahe sein mag, neben uns, vielleicht gar in uns, und würden wir eine Pforte zu diesem Bereich finden, einen Spalt in der Wand, sähen wir uns und unser Leben anders. Vielleicht wäre es schrecklich. Vielleicht könnten wir es nicht ertragen. Es ist die Sage, daß man zu Stein wird, wenn man die Wahrheit sieht. Ich möchte das entschleierte Bild sehen, selbst wenn ich zur Säule erstarre. Aber vielleicht wäre auch dies noch nicht die Wahrheit, und hinter dem Bild, das mich erstarren ließ, kämen andere Bilder, andere Schleier, noch unbegreiflichere, noch unzugänglichere, vielleicht noch furchtbarere, und ich wäre ein Stein geworden und hätte doch nichts gesehen. Etwas ist für uns unsichtbar neben der Welt und dem Leben. Aber was ist es?« »Du suchst Gott nicht in seinem Haus, du suchst ihn in Sackgassen«, sagte Adolf. »Wenn er ist, wohnt Gott auch in Sackgassen«, sagte ich.

Wir gingen neben der alten Stadtmauer her durch die Viale del Muro Torto. Auf dem Pincio wehte Wind, und aus dem Garten der Villa Medici drang süßer Duft. Macht hatte diese Gärten geschaffen, Macht die Villen, Macht die Paläste, Macht hatte die Stadt gebaut, Macht die Mauer errichtet, Macht hatte die Schätze herbeigeholt, Macht die Kunst angeregt, die Stadt war schön, ich war glücklich, an ihrer alten Mauer entlang zu gehen, aber die Macht war für die Mitlebenden stets schrecklich, war Machtmißbrauch, war Gewalt, war Unterdrückung, war Krieg, war Brandstiftung und Meuchelmord, Rom war auf Erschlagenen aufgebaut, selbst die Kirchen standen auf blutbesudelter Erde, kein Tempel, keine Basilika, kein Dom war ohne vergossenes Blut zu denken. Aber Rom ist herrlich, die Tempel sind herrlich; wir bewundern die Hinterlassenschaft der Macht, wir lieben sie, wenn die Machthaber tot sind.

Es gehörte sich nicht. Er war verschwunden. Er hatte sich nicht von ihnen verabschiedet. Er war gegangen ohne ein Wort zu sagen, und sie waren doch gekommen und hatten ihm gratuliert, obwohl seine Musik von schlechter Gesinnung sprach und sie befremdet hatte; sie hatten ihm dennoch gratuliert, gratuliert, daß er in Rom ein Publikum gefunden hatte, ein nicht ernst zu nehmendes zwar von Spreu im Weltwind, von heimatlosen Modenarren, in keiner Kultur verwurzelt, aber sie hatten ihm dennoch gratuliert und hatten ihm auch vergeben wollen, vergeben wollen, daß er nach seiner Gefangenschaft in England sich ihnen entzogen hatte, daß er aus der Sippe ausgebrochen war und offenbar mit den Feinden lebte. Es war unrecht von ihm gewesen, zu gehen, und Adolf war mit ihm gegangen, die abtrünnigen Söhne waren wieder davongelaufen, und Kürenberg hatte kurz gegrüßt und war mit seiner Jüdin, der Aufhäusertochter, fortgegangen, und dann hatten sich auch die Journalisten entfernt, die Photographen mit ihren Blitzen, das Gewimmel von Leuten, merkwürdig gekleidet und sonderbar zweifelhaften Gehabens, das ganze Gesox, wie Friedrich Wilhelm Pfaffrath jiddisch-antisemitisch jargonierte, und auf einmal standen sie allein im Künstlerzimmer des römischen Konzertbaus, Pfaffrath mit seiner Frau und seinem strebsamen Sohn Dietrich und Schwager Judejahn, sie standen allein unter roten Plüschsesseln und vor Wänden, an denen goldene Kränze hingen, verblichene Schleifen erloschenen italienischen Ruhmes und Bilder toter Tonkünstler mit neckisch gezwirbelten Bärten, auch schmückte die Mauer eine a fresco gemalte Frau, eine üppige Gestalt in Kalkfarben, die Harmonie, wie sie das Getöse der Winde bändigt. Sie standen seltsam beziehungslos in diesem Raum, der nun gespenstisch wirkte oder sie zu Gespenstern machte. Hatte das Leben sie aufgegeben, weil die Jugend sich ihnen entzog und nur Dietrich verkniffenen Mundes bei ihnen ausharrte, ein Burschenschafter noch in der Aktivitas, doch schon im Vorsatz ein Staatsbeamter, der nicht dem Staat dienen, sondern ihn beherrschen wollte?

Judejahn hatte Ilse Kürenberg, die Frau aus der Loge, die Frau die neben Adolf gesessen und seine Neugier erregt hatte, obszön angestarrt. Er hatte sich die sexuelle Gemeinschaft ausgemalt, in der sie mit seinem Sohn lebte, unzüchtig unter dem Pfaffenrock. Nun, als sie gegangen war, fragte er Pfaffrath, ob er sie kenne, und als er vernahm, sie sei die Tochter des alten Aufhäuser, des Warenhausjuden, den man liquidiert hatte, da bedauerte er, daß sie ihm entkommen war; seinen Händen, seinen Stiefeln, seiner Pistole war sie entwischt, man hatte die Grenzen zu spät gesperrt, man war wie immer zu großmütig gewesen, man hatte die Bazillen sich in Europa ausbreiten lassen, und das deutsche Europa war an ihnen gestorben, eine Jüdin hatte neben Adolf gesessen, eine deutsche Jüdin schlief mit seinem Sohn, der ein römischer Priester war, es erregte Judejahn, es erregte ihn wie den Leser der Gerichtszeitung der Blutschandeprozeß entrüstet und aufregt; Judejahn bedauerte nicht, getötet zu haben, er hatte zu wenig getötet, das blieb seine Schuld, aber der Wirbel, den man nachher um sein bißchen Töten gemacht hatte, beschäftigte ihn doch, schmeichelte und ärgerte ihn, wie ein anrüchiger Ruhm eben schmeichelt und ärgert, und band Judejahn dergestalt an seine Opfer, daß der Gedanke an die mißlungene Endlösung der Judenfrage, der Gedanke an die von ihm befohlenen Massenerschießungen, die Erinnerung an die Photographien nackter Frauen vor dem Leichengraben nun perverse Vorstellungen in ihm weckten, es war Sünde, sich mit Jüdinnen zu vermischen, es war Artur Dinters vom kleinen Gottlieb verschlungene Sünde wider das Blut, aber der Gedanke an die Sünde reizte die Hoden, regte die Samenzellen an, doch die Verbindung blieb unerlaubt, es sei denn, dies war ein Traum in einem roten Nebel, der ihm dann vor die Augen trat, war keine klare Überlegung, war ein Wachschlafgedanke, man zerschlug nach vollzogenem Samenopfer, nach den befreienden, Dumpfes lösenden Stößen des Lusthasses die Muschel aus beschnittener Zeugung, das unreine Gefäß unbegreiflicher Verführung und kabbalistischer Magie, welches das kostbare Gen des Ariers erlistet hatte.

Judejahn dachte an Laura. Auch sie konnte eine Jüdin sein, er wußte es nicht genau, er war mit ihr zur Nacht verabredet, doch lieber hätte er Ilse Kürenberg-Aufhäuser in der Nacht getroffen, er malte sich die Begegnung in einer einsamen Straße aus, auf einem Trümmerfeld vor einem dunklen Graben, bei vollem Mond, und Schweiß stand auf seiner Stirn. Pfaffraths hatten sich in die roten Plüschsessel gesetzt. Die Fahrt nach dem Schlachtfeld von Cassino, ein erhebendes Erlebnis, Siegfrieds Konzert, ein niederdrückendes und verwirrendes Geschehen, hatten sie ermüdet. Es saß sich gut in den altmodischen Stühlen, auch Judejahn setzte sich breit in die Polster, und vor der Harmonie mit ihren Winden, vor den toten italienischen Musikern, den verblichenen Ruhmesschleifen und goldenen Kränzen saßen sie wie im Salon ihrer Eltern, wie im Weihnachtszimmer des Pfarrhauses, wie in der guten Stube, aus der sie sich entfernt hatten, um in Schützengräben, in Feld- und Waldlagern, Befehlsständen und Wolfsschluchten, an Riesenschreibtischen und an pompösen Tafeln Macht zu erstreben, Macht zu üben und Macht vorzustellen. Und Judejahn sprach nun, wie er sich die Heimkehr dachte, die Heimkehr nach Deutschland, und sie hörten ihm aufmerksam zu, aber doch angestrengt und mit dem Schlaf kämpfend. Judejahn wollte nach der Souveränitätsverleihung in Deutschland erscheinen, und Pfaffrath nickte, dann habe es keine Gefahr mehr, keine deutsche Behörde würde ein Nürnberger Urteil vollstrecken, und kein deutsches Gericht würde Judejahn verdammen, und Judejahn sprach von neuer Kampfzeit und neuer Bewegung und von der Sammlung der Schar der Getreuen, und Pfaffrath, der Korrekte, erinnerte daran, daß Judejahn dann auch für geleistete Staatsdienste und erfüllten Generalsrang Pension fordern könne, ein Recht, das zu verfechten, ein möglicher Prozeß, der zu gewinnen sei, es gehe hier um Treu und Glauben und verbrieften Anspruch ans Vaterland, und der Staatsform, die man bekämpfen wollte, durfte sowieso nichts geschenkt werden.

So durch schöne Aussichten angeregt, lud Judejahn sie noch zu einem Umtrunk ein. Pfaffraths waren müde. Sie wären am liebsten in den altmodischen Sesseln eingenickt, den Stühlen aus der guten Stube, und Friedrich Wilhelm Pfaffrath war es, als säße sein Vater, der Pastor, bei ihnen und erzähle, wie oft, von Gravelotte und von Bismarck und vom alten Kaiser und von der Reichsgründung in Versailles, dem bedeutungsvollen tückischen Ort. Aber durften sie Judejahn, der schon wieder den großen Mann spielte, widersprechen? Sie folgten ihm, und er stellte sich breitbeinig vor das Konzerthaus und pfiff. Er schrillte ein Signal, einen Takt der Wüstenhymne in die Nacht, sein schwarzer Wagen glitt heran, der Chauffeur, soldatisch straff und wie durch eine Teufelsdroge unermüdlich, sprang vom Volant und öffnete den Schlag. Aber Pfaffraths hatten ja ihren eigenen Wagen, das Oberbürgermeisterfahrzeug hier abgestellt, und man beschloß, daß sie Judejahn folgen sollten. So fuhr Judejahn wie in alten Tagen des Glanzes durchs nächtliche Rom, zwar trillerten Sirenen nicht, zwar brauste kein Wach- und Schutzwagen voran, die Eskorte fehlte, aber Gefolgschaft war schon wieder hinter ihm. Er hatte ein Phantom belebt, das Phantom nationaler Größe, das Phantom rassischer Erhebung, das Phantom der Schmachvergeltung, und wieder behexte er sie. Wohin ging die Fahrt? Wohin? In die Nacht. In die Versuchung und wie jede Fahrt auf ein Ende zu. Er entschloß sich, den Kurs zur Via Veneto zu befehlen. Warum sollte er die Verwandten nicht in der Bar der lilabefrackten Kellner delektieren? Der Glanz des Lichtes und der Glanz der vielen Spiegel würde sie beeindrucken, der kleine Gottlieb wußte es, und Judejahn konnte derweilen, ohne daß sie es zu merken brauchten, sich schon auf Lauras schmale, von seinen Händen leicht zu umschließende Taille, sich schon auf der lächelnden Kassenschönheit zierliches, zu umhalsendes Hälschen freuen.

Siegfried hatte Adolf nach langem Stadtweg, Nacht-, Garten- und Mauergang, nach pfadlosen Pfadgesprächen,

Sternenmelancholien und vergeblichen Annäherungen an das Unsichtbare in die Bar geführt. Er mochte diese Lokale nicht, ihn belustigten die Urninge, ihr weibisches Getue, ihr falsches Vogelgekreisch auf hohen Barhockern, ihre pfauengleiche Eitelkeit, ihre Lügen, ihre Eifersüchteleien, ihre endlosen verwickelten Affären, Siegfried war Päderast, er war keine Tante, die Zuneigung erwachsener Männer war ihm unangenehm, er liebte die herbe bittere Schönheit der Knaben und seine Bewunderung galt etwas dreckigen von wilden Spielen zerschrammten Straßenjungen. Sie waren unerreichbar und unverletzlich, und deshalb enttäuschten sie nicht, sie waren ein Anblicksbegehren und eine Phantasieliebe, eine geistig ästhetische Hingabe an die Schönheit, ein aufregendes Gefühl voll Lust und Traurigkeit; doch Umarmungen wie die auf dem Badeschiff waren Geschehnisse blinder Torheit, waren freudlose Höllenfahrten, ein wahnsinniger Versuch, das Unberührbare zu berühren, die Tollheit, den Gott im Schmutz zu fassen, wofür Siegfried mit einer flüchtigen, schnell wieder vergehenden Euphorie beschenkt wurde. Zuweilen befreundete sich Siegfried mit Mädchen, die seinen Jungen ähnlich sahen, hierin kam ihm der Geschmack der Zeit entgegen, es gab viele liebliche Mädchen, die in langen Seiden- oder Leinenhosen busenlos und mit zerzausten Bubenhaaren durch die Welt strolchten, aber in ihren engen langen Hosen trugen sie das Organ der Mutterschaft, werkte ständig die biologische Alchimie, und Siegfried wollte sich nicht fortpflanzen. Der Gedanke, ein Leben zu verursachen, das unabsehbaren Begegnungen, Zufällen, Aktionen und Reaktionen ausgesetzt sein und durch Tat, Gedanke oder weitere Vermehrung seinerseits wieder noch in alle Zukunft wirken konnte, die Vorstellung Vater eines Kindes zu sein, diese Herausforderung der Welt, entsetzte ihn wahrhaft und verdarb ihm den Umgang mit Mädchen, selbst dann, wenn sie Verhütungsmittel anwandten, die an sich schon peinlich eklig waren und peinlich eklig auf das zu Verhütende hinwiesen. Körperliche Zeugung schien Siegfried ein Verbrechen zu sein, was nicht für jedermann

so war. Leichtsinn und Undenken entschuldigten, aber für
ihn wäre es ein Verbrechen gewesen. Der Same befleckte
die Schönheit, und die Geburt war dem Tod zu ähnlich; vielleicht war sie ein Tod, wie auch die fleischliche Lust, die
Verschmelzung im feucht Organischen mit Schweiß und
Stöhnen in Todesnähe lag und Erschöpfung sich mit Erschöpfung berührte, ja schließlich ein und dasselbe war, der
warme Urschleim des Anfangs. Adolf erschrak etwas vor der
Eleganz des Lokals, dessen wahres Gesicht ihm aber verborgen blieb, er scheute vor den Kerzenleuchtern, den blitzenden Spiegeln, den lila Fräcken der schönen Kellner zurück, natürlich konnte er sich nicht in seinem geistlichen
Gewand an die Bar setzen, und er meinte auch, es schicke
sich kaum für ihn, hier an der Straße zu hocken, auf einem
der farbenfrohen Promenadenstühle, und so setzten sie sich
an einen Tisch in der Nähe der Kasse, und Adolf Judejahn
sah Laura lächeln.
Ich mag sie nicht, aber es amüsierte mich wieder, sie zu sehen,
Papageien auf ihrer Stange, meine falschen Brüder, ich
sah ihre hysterische Lustigkeit, ihre angeborene Bosheit,
ihre echte Trauer, ich sah ihr gebranntes Haar, ihre kokot-
tenhaften Anzüge, ihre klirrenden Armbänder, und der amerikanische Dichter, der ein Romstipendium hat und das ganze
Jahr an einem Sonett feilt, das dann in der Zeitschrift einer
kleineren Universität gedruckt wird, kam in spitzen Schuhen,
einer Röhrenhose und mit einer Directoirefrisur schlängeln-
der Stirnlöckchen und sprach mit mir über das Konzert,
das er besucht hatte, er sprach gescheite unzutreffende Ansichten aus, war aber ehrlich bewegt von meiner Musik,
und ich merkte, wie er Adolf ansah und wie es ihn
neugierig machte, daß ich mit einem Priester hier war,
aber ich lud den Dichter nicht ein, sich zu uns zu setzen,
ich stand mit ihm im Gespräch und schließlich verabredeten wir uns für einen Bardrink, und ich sah, wie das sehr
schöne Kassenmädchen Adolf zulächelte, bis er sie und ihr
Lächeln wie eine Erscheinung anstarrte. Auch mir gefiel
sie, ihr Lächeln war gleichsam körperlos, es war ein Strahlen

aus geheimnisvollem Grund, sie war liebreizend, sie wurde Laura gerufen, ich kannte sie flüchtig, ich hatte mit ihr gesprochen, aber ich war nicht der Rechte für sie, Laura zählte mich zu den Schwulen und die waren ihr, weil sie jeden Abend unter ihnen weilte, brüderlich vertraut geworden und erregten sie nicht. Ich hatte Adolf keiner Verführung aussetzen wollen, ich hatte ihn in ein Männerlokal gebracht und an Laura hatte ich nicht gedacht, aber nun überlegte ich, ob ich ihn mit dem Kassenmädchen bekannt machen sollte, er war jung, ich hatte über sein Zölibat nicht gegrübelt, ich glaube nicht mal, daß er darunter litt, und wenn er sein Gelübde hielt und keusch lebte, dann war es mir nur recht, und ich dachte mir lieber, daß er sein Gelübde hielt, als daß er es nicht hielt, aber ich fand es auch bedeutungslos, wenn er es brechen und sich mit einem Mädchen einlassen würde, und Laura war sehr schön, es mußte schön sein, mit Laura zu schlafen, ich gönnte es Adolf, Gott würde nichts dagegen haben, die Kirche brauchte es nicht zu erfahren, und wenn sie es erfahren sollte, würde sie es vergeben, aber Adolf kamen vielleicht Skrupel, und so ließ er es wohl besser, zumal es fraglich war, ob Laura zustimmen würde und ob sie Zeit hatte, mit ihm zu gehen, aber er sah sie so gebannt an, daß ich dachte, ob ihm zu helfen sei, meine Uraufführung war nicht gefeiert worden, und ich hätte gern etwas Freundliches getan.

Sie sah den Priester in das Lokal kommen, und da sie eine fromme Katholikin war, verletzte es sie, daß nun auch die Priester schwul seien, Laura nahm zwar an, daß es homosexuelle Geistliche gab, aber es ärgerte sie, daß dieser nun in ihre Bar kam, was entblößend und bestimmt nicht recht war, wenn auch Schamloses im Lokal nicht vorfiel, aber dann sah sie Adolf sitzen, sie sah, wie er sie anstarrte, und, sie hatte nun den Blick dafür, sie sah, daß er nicht schwul war, und sie sah auch, daß er unschuldig war, daß er nicht schwul und unschuldig in diese Bar gekommen war und nicht schwul und unschuldig nun vor ihr saß und sie anstarrte, und etwas war in seinem Gesicht, das sie an ein anderes Gesicht erinnerte, an das Gesicht eines ebenfalls nichthomosexuellen Mannes, aber sie wußte nicht an welchen Mann, und das andere Gesicht war auch nicht unschuldig gewesen, sie lächelte, sie lächelte ihr schönstes Lächeln, und sie dachte: ja, ja, ich würde es tun, es ist eine Sünde, aber es ist keine große Sünde, ich könnte es tun und die Sünde beichten. Und Laura sah sich selber als ein Geschenk, und es freute sie, daß sie etwas zu verschenken hatte, man konnte auch einem Priester etwas schenken, ein sehr schönes Geschenk, und Laura wußte, daß dieses Geschenk Freude bereiten würde.

Adolf hatte mir von dem Geld erzählt, das sein Vater ihm gegeben hatte. Er hatte mir im Park davon erzählt, und er hatte das Geld auf den Weg werfen wollen, weil er hoffte, es werde ein Armer das Geld finden, und ich hatte ihn gehindert, das Geld wegzuwerfen und hatte ihm gesagt, daß die Scheine nur ein Reicher finden würde, ein Geizhals oder ein Wucherer. Und Adolf hatte mir dann gesagt, daß Judejahn ihm das Geld gegeben habe, damit er sich ein Mädchen kaufe. Und ich sagte jetzt zu ihm: »Das Mädchen an der Kasse wirst du für das Geld nicht haben können. Du wirst dir nur ein billiges Mädchen kaufen können und keine von der Via Veneto.« Er sagte, ich sei gemein, und ich sagte, ich sei nicht gemein, und er wurde rot, und dann fragte er mich, ob ich denn die Liebe nur als Unzucht kenne, und ich sagte: »Nein.« Ich sagte: »Ich kenne keine Unzucht.« Und er verstand mich nicht, und dann nannte er mir, das hatte er im Seminar gelernt, griechische Wörter für die verschiedenen Bedeutungen der Liebe, – ich kannte seine griechischen Wörter, auch ich bildete mir ein, Phaidros zu suchen. Er mochte es probieren, er mochte vom bittersüßen Trank kosten, ich ging zu Laura und löste einen Bon für die Bar und dabei fragte ich sie, ob wir sie heimbegleiten könnten, und sie lächelte, als sei ihr ein Engel erschienen.

Sie konnte nicht rechnen. Sie verrechnete sich in Zahlen, Zeiten und Verpflichtungen, in den harten, sparsamen und oft grausamen Gegebenheiten des Lebens. Judejahn hatte Pfaffraths zu den Straßenstühlen geführt; so konnte er im Lokal unbemerkt nach seiner Verabredung sehen. Laura

erblickte ihn, den Mann mit der blauen Brille, und weiter
schien er ihr ein verheißungsvoller Fremder, eine vielver-
sprechende Bekanntschaft zu sein, aber heute wollte sie sich
dem jungen Priester schenken, heute nacht wollte sie Gutes
tun, sie wollte sich dem jungen Priester hingeben, der so
unschuldig und so traurig war, und am Morgen wollte sie
es ihrem Beichtvater erzählen, daß sie sich dem jungen
fremden Priester geschenkt habe, und als Judejahn sie fragend anblickte, schüttelte sie verneinend den Kopf. Er trat
zur Kasse und stierte sie an. Was war los? Was fiel der Hure
ein, Judejahn zu narren? Leider fehlten ihm die Worte, sie
fehlten ihm in jeder Sprache, und Laura lächelte, sie fand es
schmeichelhaft, daß der Blaubebrillte nun wütend war, und
überhaupt schlief sie gern am Tage mit Männern und nicht
in der Nacht, wo sie von den Zahlen müde war und wirklich schlafen wollte, und so sagte sie ihm, er könne sie am
Morgen treffen, wenn er möge, und sie schrieb das Rendezvous auf einen Kassenzettel, um zehn Uhr vor dem Cit-
Büro auf dem Bahnhof, da wollte sie sein, und er begriff
nicht, was diese Laune bedeutete, vielleicht hatte einer der
schmutzigen reichen Juden ihn überboten, er hätte sie gern
angebrüllt, aber der kleine Gottlieb traute sich in diesem
Lokal nicht zu brüllen, und Judejahn steckte den Zettel mit
Lauras Angaben ein und verlangte dann einen Bon für die
Bar, einen Bon für einen Cognac Napoléon, draußen tranken
sie Wein, aber er wollte schnell an der Bar einen großen Napoléon kippen.
Er drängte sich zwischen die Hocker, er stieß mich an, ich
saß an der Bar und redete mit dem amerikanischen Dichter,
wir sprachen noch einmal über das Konzert, das in ihm nach-
wirkte und ihn weiterhin erregte, und er erzählte mir von
Homer und Vergil und daß er in dem Sonett, an dem er
arbeite, Vergil und Homer zitieren würde, und daß nun nach
dem Anhören meiner Symphonie, Homer und Vergil ihm
als Gestalten seiner eigenen Einsamkeit erschienen, die er
immer wieder fliehen wolle, was ihn dann auf hohe Bar-
hocker und in Geschwätz führte, und ich drehte mich um und

sah Judejahn sich zwischen die Hocker drängen. Ich war überrascht, und er schien auch überrascht zu sein, wir starrten uns an, und dann hätte ich mich abwenden müssen, aber ich fand es komisch, Judejahn in der homosexuellen Bar, in der Sphäre meiner Verdammnis zu sehen, es reizte mich, ihn zu ärgern, und ich sagte: »Bist du schwul geworden, Onkel Judejahn?« Sein Gesicht verzerrte sich, und er schaute sich um, und es schien ihm erst jetzt klarzuwerden, daß dies ein schwules Lokal war, und er zischte mir zu: »Ich ahnte immer schon, daß du ein solches Schwein bist!« Hatte er es geahnt? Ahnte er auch, warum ich so war? Dachte er an die Ordensburg, an die Knaben in der Zwangs- und Soldatenjacke, die schön waren, wenn sie die Uniform auszogen, die nackt aus kleinen Amtswaltern wieder zu Kindern wurden, zu Knaben voll Sehnsucht nach Liebe und Zärtlichkeit und den jungen Leib voll Begierde? Judejahn kränkte mich nicht. Warum tat ich es? Warum tat ich es? Haßte ich ihn? Ich haßte ihn nicht mal. Es war vergangen, ich wollte nicht erinnert werden. Der Judejahn meiner Jugend war furchtbar gewesen. Der Parteimann hatte Furcht eingeflößt. Der General hatte Furcht geweckt. Jetzt hielt ich ihn für eine Vogelscheuche. Warum ließ ich ihn nicht? Ich war doch frei! Aber er hatte mich zum Landser gemacht, und ich kannte Landserausdrücke, und es lockte mich sehr, ihm zu sagen, daß er eine durchwachsene Sau sei, aber ich war nun boshaft, die Familie machte mich böse, ich war boshaft auf Pfaffrathsche Art, ich haßte mich, und ich war boshaft auf invertierte Weise, ich haßte mich, und ich sagte ihm: »Adolf ist auch da!« Und er folgte meinem Blick, und wir sahen Adolf allein an seinem Tisch, auffallend in seinem Priesterkleid, allein unter den ringsrum schwirrenden und gackernden Schwulen, und wir sahen, wie er Laura anguckte, und ich sagte zu Judejahn: »Er legt sein Geld an, das du ihm für ein Mädchen gegeben hast.« Und dann sah ich, daß Judejahn das Gesicht eines Apoplektikers hatte, eine blaurote Verquollenheit, und ich dachte: trifft dich der Schlag? Und ich dachte: aber bitte nicht hier. Und ich dachte: es wäre komisch, wenn Judejahn in der lila Bar der Schlag träfe. War es ein Triumph? Es war kein Triumph. Ich fühlte mich schal. Es war mir gleichgültig, ob Judejahn der Schlag traf, oder ob ihn nicht der Schlag traf. Seine Hand, die dem Barkeeper einen Bon hinreichte, zitterte. Ich dachte: er ist ein alter Narr. Und ich fühlte: er ist ein Gespenst. Aber beinahe spürte ich so etwas wie Mitleid mit Judejahn. Es war seltsam. Vielleicht war ich sentimental.

Er kippte den Kognak hinunter, ein Strom von Feuer floß ins Eingeweide, breitete mit kleinen Nebenflüssen im Leib sich aus, Wut Wut Wut und Schmerz waren in ihm, nur der kleine Gottlieb mit seiner Hochachtung vor reichen Umgebungen, selbst wenn es Dreckpaläste verkommener Unzucht waren, stand einem Ausbruch der Wut im Wege. Daß Siegfried ihn frech anredete, war schlimm genug. Noch hätte sich Judejahn fähig gefühlt, dem Waschlappen in die unvölkisch intellektuell gewordene Fresse zu schlagen. Aber ein neuer Feind war gegen ihn aufgestanden, ein Feind, der sich eingeschlichen hatte, ein Feind, dessen Nahen er zur Zeit der Machtfülle nicht gehört hatte, und der auch in der Wüstenkaserne noch nicht zu erkennen war, denn auch dort war Machtfülle gewesen, wenn auch in kleinerem Bezirk, er hatte befohlen, er hatte kommandiert, er hatte nicht konkurriert, aber nun war der Feind plötzlich da, zeigte sich, holte aus, – das Alter! Judejahn entrüstete sich nicht, daß sein Sohn unter Homosexuellen saß. Er kam auch nicht auf den Gedanken, amüsiert zu sein, weil sein Sohn, der Diakon, unter den Schwulen saß. Er sah nur, daß sein Sohn, dieser Heuchler, ihm die Hure wegschnappte, und es erbitterte Judejahn nicht so sehr das Bettvergnügen, das ihm entging, er war verwundert, verwundert und fassungslos, daß er hinter diesem Schwächling im weibischen Pfaffenrock, den er so sehr mißachtet hatte, daß er ihn nicht einmal richtig gehaßt und sich seiner nur geschämt hatte wie einer Entstellung, einer komischen Beule, die einen lächerlich macht, zurückgestellt und der Junge ihm vorgezogen wurde. Judejahn stierte immer wieder hin zu dem seltsam einsamen Tisch, an dem Adolf allein und in Lauras schönem Lächeln saß. Judejahn war es, als sähe er eine üble und gefährliche Fata Morgana, einen Wüstenspuk, unfaßbar, unangreifbar, grausam, grotesk und tödlich. Da saß aber wirklich der Erzfeind, er war kein Spuk und er war doch ein Spuk, der Erzbetrüger, der sich, um den törichten Vater zu täuschen, als Pfaffe verkleidet hatte. Die Jugend stand gegen Judejahn auf, die blöde Jugend hatte ihn verraten. Die eine Jugend war gefallen, die hatte Judejahn im Krieg verschlungen, die war in Ordnung, die hatte ihn nicht getäuscht, die konnte ihn nicht mehr täuschen und verraten, die lag im Grab. Aber die neue Jugend hatte ihn verraten und verriet ihn immer weiter, und nun bestahl sie ihn, brachte ihn um die Siegeschancen, raubte ihm das Weib, das zu allen Zeiten dem Eroberer zufiel, dem Überwältiger, und dessen Besitz ein wollüstiges Symbol des Sieges, ein warmes Fühlen der Macht und der Unterjochung war. War Judejahn gar der alte Bock, dem der junge Hirsch das Reh abkämpfte und der sich im Gebüsch verkriechen und zu verenden hatte? So weit war es noch nicht. Es war Täuschung, alles war Pfaffenlist. Judejahn war noch lange nicht der alte Bock, dem das Gehörn abfiel und der sich verkroch. Er war der bessere Mann. Seine Taten sprachen für ihn; aber wie konnte er Laura seine Taten mitteilen, seine Siege, seine Vernichtungskampagnen? Die ganze Welt hatte Judejahns Walten gekannt; niemand schien sich erinnern zu wollen. Kam es nun nur auf Wortgewandtheit an, auf die feilen Zungen der Feigen, während die Taten des Tapferen schon vergessen waren, schon ein Nichts waren im Loch der Vergangenheit, wo selbst Blutströme verrannen und Entsetzen modernd zerfiel? Was konnte Judejahn tun? Er konnte das Lokal räumen lassen. Es war Unsinn, er konnte das Lokal nicht räumen lassen. Er konnte nicht einmal zur Kasse gehen und sich einen neuen Kognak-Bon lösen. Er fühlte sich schwindlig, und er fürchtete die Lächerlichkeit, die lächerliche Szene einer Begegnung mit seinem Pfaffensohn. Judejahn hielt sich an der Messingstange der Bartheke fest, als müsse er sich anklammern, um nicht in das Lokal zu fallen, um nicht zu sterben oder blindlings dreinzuschlagen in ach wie hoffnungsloser Lage – eingekesselt.

Ich sah, wie seine Hand sich um die Messingstange krampfte, ich sah, wie er sich nach einem zweiten Glas sehnte und wie er sich nicht traute, die Stange loszulassen und ich sagte dem Barkeeper, er solle Judejahn einen Kognak geben, und der Barmann schenkte den Kognak ein, weil er mich für einen Schwulen hielt und mir vertraute, daß ich den Bon nachlösen würde. Judejahn nahm das Glas. Wußte er, daß es von mir kam? Er kippte es hinunter mit einem Wippen seines Arsches, als ob er an der Stange Kniebeugen machen wolle. Sein Blick hatte einen Moment lang etwas Glasiges. Aber dann verengten sich seine Lider wieder zu tückischen Schweinsaugen. Die tückischen Schweinsaugen sahen mich an. Sie blickten durch das Lokal. Sie sahen Adolf an, sie ruhten auf Laura, und eigentlich wunderte ich mich, daß er so erregt war. Warum war es so schrecklich für ihn, Adolf hier zu sehen? War er ein Vater, der seinen Sohn behüten wollte? Ich glaubte es nicht. Judejahn wollte niemand behüten. Und da er den Priesterrock seines Sohnes haßte, hätte es ihm doch spaßig scheinen müssen, diesen gehaßten Rock in so verdrehter Umgebung zu sehen. Jetzt ging er von der Bar weg, er ging durch das Lokal. Er drückte sich an Adolf und an der Kasse vorbei, und ich paßte auf, um eingreifen zu können, wenn er Adolf anschreien würde. Judejahn ging an Adolf vorbei, ohne ihn zu beachten, und Adolf schien ihn nicht zu sehen, wie er auch mich nicht vermißte, er saß im Lächeln Lauras wie unter einer großen Sonne, der herrlichen Sonne eines unschuldigen Paradieses.

Sie saßen draußen vor der Bar, die Nacht strömte an ihnen vorbei, das elegante Rom, das reiche Rom, das Rom der großen Besitzer und das Rom der großspurigen Ausländer, die Via Veneto paradierte vorbei an den Stuhlreihen der Cafés, der Bars, der Hotels und der teuren Dancings, und Lichter glühten überall, und die Kastanien blühten und rauschten und die Sterne glitzerten über dieser großen Weltstätte. Zuerst hatten sie alles bewundert, auch die Kellner im lila

Frack, doch dann strich das Anrüchige durchs Gestühl, die Gezirpestimmen, die klingelnden Armbänder, der Duft aus gewelltem Haar und fraulich gepflegte Hände, die sich um fremde willige Hüften legten. Friedrich Wilhelm Pfaffrath war entrüstet. Er wagte nicht auszusprechen, was er vermutete, und auf keinen Fall, fand er, hätte Judejahn Frau Anna hierher führen dürfen. Auch Dietrich war empört, aber Entrüstung und Empörung über Anrüchigkeit und Sittenverfall taten andererseits auch wohl, sie stärkten das Rückgrat, sie ließen stolz das Haupt heben, die Wohlanständigkeit saß unter welchem Sybaritentum, und die Goten würden siegen. Dietrich quälten Neugier und Begierde. Die Neugier fragte, was Judejahn bewogen haben mochte, dieses Lokal aufzusuchen. Schwul war er nicht. Aber vielleicht hatte er hier geheime Verbindungsleute, unterweltliche Zuträger, denn Spione und Nachrichtenhändler kamen oft aus verdorbenem Kreis; man bediente sich ihrer, und wenn man zur Macht gekommen war, legte man die nützlich gewesenen verachteten Helfer um. Die Begierde verlangte nach den Mädchen, die vorübergingen. Auf hohen Absätzen trippelten sie in engen, die Schenkel zur Schau stellenden Röcken vorbei, sie waren gepflegt und aufgezäumt wie Zirkuspferde, teuere Reittiere, viel verheißende Könnerinnen, Dietrich malte sich's aus, aber er konnte rechnen, und er rechnete, daß es teuer käme, es würde mehr kosten, als er allenfalls anlegen wollte, und so haßte er denn die Mädchen, er fand sie schamlos aufreizend und ihre Promenade auf nächtlicher Straße skandalös, und er dachte mit Gier und Verbitterung an die Zeitschrift in seinem Koffer, an das Bilderblatt mit den Entblößungen, das zu Entspannung und Schlaf führte. Endlich kam Judejahn aus dem Innern des seltsamen Vogelhauses zurück. Er mußte sich geärgert haben, er atmete schwer, die Adern der Stirn und der Hand waren hervorgetreten, und die Hand zitterte, als er nach dem Rest des Weines griff. Und dann beleidigte er sie, er beschimpfte sie, weil Deutschland noch nicht erwacht war, weil die Jugend noch nicht marschierte, weil die Jugend frech war vor höheren Rängen und zuchtlos verkam. Wie konnten sie sich wehren? Sie hatten sich nie gegen Judejahn wehren können. Friedrich Wilhelm Pfaffrath war schmählich wehrlos gegen jeden Schreier, wenn er nur das Nationale genügend betonte, denn das Nationale war ein Abgott, ein Moloch, dem man Verstand und Leben und schließlich selbst noch den Besitz opferte. Die römischen Kastanien rauschten im lauen Abend. Ob wieder Fahnen rauschen würden? Friedrich Wilhelm Pfaffrath wünschte es sehr, Fahnen waren erhabene Symbole, waren der sichtbare Aufbruch der Nation, aber jetzt, vielleicht wurde er alt, als er Judejahns Schimpfreden an sich und an die Nation hörte, packte ihn ein befremdendes leichtes Grauen vor Judejahns Fahnen, die wieder rauschen sollten, und ihm war, als ob die milden römischen Kastanienbäume wie alte Damen kicherten. Er dachte an seine Mutter, an die Pastorsfrau, die der Nationalsozialismus nicht begeistert hatte. Vielleicht schaute sie nun aus dem Sternenhimmel auf ihn herab. Sie hatte fest an ein solches Herabschauen geglaubt. Pfaffrath lehnte die Möglichkeit verständig ab. Dennoch – wenn seine Mutter herabschaute, wenn sie ihn fand und ihn sah, würde sie Mitleid haben? Judejahn beschuldigte Pfaffrath der Feigheit und der Untreue. In diesem verzauberten Moment der Nacht, müde, erschöpft, erhebender und seltsamer Eindrücke voll, nahm Pfaffrath den Tadel an. Er war feige, er war untreu gewesen, aber es war eine andere Feigheit, eine andere Untreue, als die vom tobenden Schwager gemeinte. Pfaffrath schien es nun, als sei er in jungen Jahren vom Weg abgekommen, als habe es einen anderen Pfad für ihn und für Deutschland gegeben als die Heerstraße, die Pfaffrath gegangen war; eine andere deutsche Möglichkeit, an die er nie geglaubt hatte, lag nun wie eine durch das Gaukelspiel der Erinnerung verklärte Jugendlandschaft vor ihm, doch ihr, dieser anderen Möglichkeit war er untreu gewesen, und das andere Deutschland war für immer versäumt worden. Die Kastanien erzählten sich von seiner Feigheit, seiner Untreue, seinem Versagen, mehr noch zu Haus die alten

Linden, aber für die Menschen verrauscht die Schuldstimme der Nacht mit dem nächtlichen Beben der Bäume, und nach erquickendem Schlaf wird Pfaffrath sich wieder makellos fühlen, ein aufrechter deutscher Mann und Oberbürgermeister, frei von jeder Schuld, frei von Schuld an den Ahnen, frei von Schuld an den Kindern und frei von Schuld an der eigenen Seele. Aber jetzt, in der Verwandlung der Nachtstunde fragte er sich noch, ob Siegfried mit seiner Symphonie vielleicht die bessere Heimat gesucht und ob er in seinen Pfaffraths Ohr mißklingenden Tönen vielleicht Zwiesprache mit seiner jungen Seele gehalten hatte.

Ich störte ihn in seiner Versunkenheit, ich störte ihn in seiner Hingabe an Lauras Lächeln. Wieder rührte mich Adolf. Ich legte meine Hand auf seinen Arm, meine Hand auf sein schwarzes Kleid, aber er zog seinen Arm zurück und sagte: »Du verstehst nicht, was es ist.« Ich sagte: »Doch, du hast einen Schmerz entdeckt.« Er fragte: »Weißt du wirklich, was es ist?« Ich sagte: »Ja.« Ich hatte ihm ein Glas Wermut bestellt, und er hatte den Wermut nicht getrunken. Ich zahlte den Wermut, und er fragte: »Müssen wir jetzt gehen?« Ich sagte: »Sie heißt Laura. Wir werden mit ihr fortgehen.« Er sah mich an, und es zuckte um seinen Mund, und er sagte: »Du verstehst mich nicht.« Ich sagte: »Doch, ich verstehe dich.« Und ich dachte: er glaubt, er kann sich mit dem Ansehen begnügen, und er hat recht, das Ansehen ist das Glück, und wenn er standhaft bleibt und nicht mit ihr ins Bett geht, wird er etwas gewonnen haben. Ich dachte: er wird etwas gewonnen haben, aber er wird meinen, er habe alles verloren. Ich dachte: was wäre aus ihm geworden, wenn mit den Nazis nicht auch ihre Ordensburgen zusammengebrochen wären? Ich dachte: Würde er dann Laura überhaupt sehen? Ich dachte: er ist auf einen schweren Weg geraten. Ich wußte nicht, ob er den Weg weitergehen würde. Weiter, und wohin? Viele Passionspfade gibt es, ein verwirrendes Straßennetz.

Er beobachtete sie aus dem Hinterhalt seines Wagens. Sie kamen aus der Bar. Sie gingen die Via Veneto hinunter, gingen unter ihren langsam erlöschenden Lichtern, gingen unter den rauschenden Bäumen, das Mädchen ging in ihrer Mitte. Judejahns Wagen folgte ihnen nach, ein schwarzer Schatten, der langsam heranglitt, einmal sie erreichte und dann wieder zurückblieb. Sie gingen an Judejahns großem Hotel vorüber, und hinter der amerikanischen Botschaft wandten sie sich nach links, der Via Venti Settembre zu. Judejahn gab die Verfolgung auf. Er hatte Gewißheit haben wollen. Er hatte Gewißheit, – sein Sohn hatte ihn bei einer Hure ausgestochen. Sein Sohn schlief mit einer römisch jüdischen Hure. Seine Entrüstung war lächerlich. Dies entging ihm nicht ganz. Er dachte: nun wenn schon. Es war ihm nur recht, wenn Adolf mit einem Mädchen schlief; vielleicht würde er ein Mann werden. Aber er war geschlagen worden, er, der große Judejahn war geschlagen worden, war zurückgestoßen worden, sein Befehl hatte nichts gegolten, die Welt war in Rebellion! Das war es, was eine Flut sinnloser Beschimpfungen in ihm aufwühlte. Daß sein Sohn als Priester mit einem Mädchen schlief, berührte ihn nicht. Hierfür fehlte ihm der Sinn. Er hielt alle Pfaffen für Heuchler und geile Böcke. Er würde sich rächen. Er würde sich an allen Pfaffen rächen, an allen Huren würde er sich rächen. Er ließ sich vor das Hotel fahren. Er ging auf sein luxuriöses Zimmer. Der kleine Gottlieb durfte mit dem Zimmer zufrieden sein. Der Kater Benito empfing Judejahn mit Schreien. Er hatte Hunger. Judejahn war wütend, weil das Tier nichts zu essen bekommen hatte. Er streichelte den Kater, kraulte sein räudiges Fell, sagte: »Armer Benito!« Er klingelte nach dem Kellner, er schimpfte den Kellner aus, er bestellte rohes Hackfleisch für den Kater, und für sich bestellte er Champagner. Es mußte Champagner sein. Der kleine Gottlieb hatte im Kasino immer Champagner getrunken. Der kleine Gottlieb hatte als Sieger Champagner getrunken. Er hatte in Paris, in Rom, in Warschau Champagner getrunken. In Moskau hatte er keinen Champagner getrunken.

Sie gingen stumm durch die Nacht. Keiner berührte den andern. Die hohen Häuser waren stumm. Sie waren freundlich. Das Pflaster lag wohlwollend unter ihrem Schritt. Sie hörten die Glocken von San Bernardo schlagen; auch Santa Maria della Vittoria und Santa Susanna kündeten mit hellem Schlag die Stunde. Sie zählten aber die Zeit nicht. Auf der Piazza della Esedra gingen sie durch den Halbkreis der Arkaden. Die Schaufenster der Geschäfte lagen hinter Gittern. Die Kaufleute waren mißtrauisch, fürchteten die Nacht und die Räuber. Die Auslagen waren erleuchtet. Sie zeigten Schätze. Laura begehrte sie nicht; sie begehrte nichts von allen Schätzen, die mit hohen Preisen ausgezeichnet hinter den verriegelten Gittern lagen. Ihr Lächeln war ein Wohlschein in der Nacht, es erfüllte die Nacht und es erfüllte Rom. Laura lächelte für die Stadt und für den Erdkreis, urbi et orbi, und Rom und die Nacht und die Erde waren verklärt. Sie überquerten den Platz und Laura tauchte ihre Finger in das Wasser des Brunnens, tauchte sie in die kleine Fontana delle Naiadi und wie mit Weihwasser benetzte sie, eine fromme Katholikin, mit dem Wasser der Naiadi das Haupt ihres stummen Diakons. Danach traten sie in den Schatten eines alten Gemäuers, wo Nachtvögel hausen mochten. Sie standen vor Santa Maria degli Angeli bei den Thermen des Diokletian. Siegfried lauschte nach dem Eulenschrei. Ihm war, als müsse hier das Käuzchen rufen. Er fand, daß kompositorisch hier das Kiwitt-Kiwitt des Todesvogels hingehöre, aber er vernahm nur den Schrei der Lokomotiven vom nahen Bahnhof, voll Wehmut und voll Angst vor so viel Ferne. Wie fern waren sie einander, die hier zu dritt die Nacht erlebten. Siegfried sah Adolf und Laura an. Aber sah er sie? Projizierte er nicht nur sich auf die Gestalten seiner Gefährten? Sie waren Gedanken von ihm, und er freute sich, daß er sie dachte. Es waren freundliche Gedanken. Und sie, sahen sie sich? Im Winkel des alten Thermengemäuers war es dunkel, doch vor Santa Maria degli Angeli schimmerte ein

Ewiges Licht, und sie versuchten in diesem Licht ihre Seelen zu erkennen.

Ich verließ sie, was sollte ich bei ihnen? Ich hatte sie zusammengeführt, und was sollte ich nun bei ihnen? Ich schlenderte zum Bahnhof hinüber. Ich trat ins Neonlicht. Mochte Adolf vor Santa Maria degli Angeli beten. »Ut mentes nostras ad coelestia desideria erigas; daß du unsere Herzen zu himmlischen Begierden erhebest.« Hatte ich Adolf in Versuchung geführt? Ich hatte Adolf nicht in Versuchung geführt. Es gab keine Versuchung. In den Thermen, im Museo Nazionale Romano, waren die Bilder der alten Götter eingeschlossen. Sie waren gut bewacht. Hatte ich Freude gegeben? Ich konnte nicht Freude bereiten. Es gab nur Täuschung, Irrlichter des Augenblicks. Ich ging zu den Bahnsteigen. Ein Zug stand bereit. Die Wagen der dritten Klasse waren überfüllt. In der ersten Klasse saß ein magerer Mann. Würde ich der Mann in der ersten Klasse sein? Vielleicht war er ein schlechter Mensch. Würde ich es sein? Ich wollte nicht in der überfüllten dritten Klasse reisen. Florenz–Brenner–München. Lockte mich die Route? Sie lockte mich nicht. Ich ging ins Albergo di giorno, das wie in einer neonerleuchteten Felsgrotte unter dem Bahnhof liegt. Die Nymphen der Grotte manikürten den Herrn die Hände. Ich liebe die römischen Frisiersalons. Ich liebe die Römer. Zu jeder Stunde denken sie an ihre Schönheit. Männer wurden hier frisiert, rasiert, onduliert, manikürt, massiert, mit Salben beschmiert, mit Duftwasser übergossen; sie saßen ernst unter Frisierschleiern und blitzenden Trockenhauben, Föhn strich durch ihre Haare. Ich hatte nichts zu tun. Ich bat um eine Kompresse. Ich bat um eine Kompresse, weil ich mich langweilte. Man deckte mein Gesicht mit einem dampfend heißen Tuch zu, und mir kamen heiße Träume. Ich war Petronius, der Dichter, und ich sprach im öffentlichen Bad mit Weisen und mit Knaben, wir lagen auf Marmorstufen in der Dampfkammer und sprachen über die Unsterblichkeit der Seele, am Boden war ein Mosaik, kunstvoll und bunt, Zeus der Adler Zeus der Schwan Zeus der Stier Zeus der goldene

Regen, – aber das Mosaik hatte ein Sklave gesetzt. Man deckte ein in Eiswasser getauchtes Tuch auf mein Gesicht, ich war Petronius, der Dichter, ich genoß das Gespräch weiser Männer und die Schönheit der Knaben, und ich wußte, es gibt keine Unsterblichkeit und die Schönheit verfault, und ich wußte, daß Nero grübelte, und ich wußte, wo das Messer an die Ader zu setzen war, – die letzte Marmorstufe war kalt. Ich verließ die Grotte, ich war nicht schön, ich ging in irgendeinen Wartesaal und trank einen Grappa, weil Hemingway Grappa empfohlen hatte, und wieder schmeckte er mir wie ein deutscher Fusel aus der Zeit vor der Währungsreform. Ich kaufte am großen Zeitungsstand eine Zeitung. Die Dschungelfestung war gefallen. In Genf reiste man ab. Meine kleine Kommunistin mit dem roten Halstuch schritt hochmütig durch Rom. Sie reiste nicht ab. Warum sollte sie abreisen? Sie war ja zu Hause. Die Überschrift der Zeitung lautete: Was nun?

Kürenberg hatte viel telephoniert, er hatte mit den Kritikern und mit den Kunstbehörden telephoniert, er hatte mit den Managern gesprochen und mit den Veranstaltern des Kongresses und mit den Preiseinsetzern und Preisverteilern, es war Politik im Spiel und viel Diplomatie, und jeder Funktionär tat geheimnisvoll und wichtig, aber Kürenberg hatte sich durchgesetzt, Siegfried sollte den Musikpreis kriegen, nicht den ganzen Preis, aber den halben sollte er bekommen; aus diplomatischen Gründen mußte der Preis geteilt werden. Kürenberg sagte Ilse, daß Siegfried den Preis bekäme, und Ilse Kürenberg, die im Badezimmer das Wasser in die Wanne laufen ließ, war es gleichgültig, ob Siegfried den Preis bekam; es ärgerte sie nicht, aber es freute sie auch nicht. Sie dachte: bin ich angesteckt, bin ich angesteckt von der Gemeinheit, angesteckt von dieser Simplizität des in Gruppen Denkens, angesteckt von der Gruppenfeindschaft, von dem brutalen Unsinn der Sippenhaftung, wie sie es nannten, bin ich gegen Siegfried und gegen seine Musik, weil er zu dieser Familie gehört? Er ist nicht glücklich mit ihnen. Ich weiß, er hat sich von ihnen getrennt. Aber warum sehe ich die andern, wenn ich ihn sehe? Sie dachte: ich will keine Rache, ich habe sie nie gewollt, Rache ist etwas Schmutziges, aber ich will nicht erinnert werden, ich kann es nicht ertragen, erinnert zu werden, und Siegfried, er kann nicht dafür, er erinnert mich; er erinnert mich, und ich sehe die Mörder. Die Wanne war vollgelaufen, aber das Wasser war nun zu heiß. Ilse Kürenberg löschte das Licht im Badezimmer. Sie öffnete das Fenster. Sie war nackt. Sie ging gern nackt durch die Wohnung. Sie stellte sich nackt an das offene Fenster. Der Wind berührte sie. Der Wind legte sich wie eine Form um ihren festen wohlerhaltenen Körper. Ihr fester Körper stand fest auf dem festen Boden. Sie hatte standgehalten. Sie hatte dem Sturm widerstanden. Der Wind würde sie nicht davontragen. Aber etwas in ihr sehnte sich danach, davongetragen zu werden.

Der Champagner war ausgetrunken, der Rausch war nicht gekommen, die Siege waren verschüttet. In Judejahn war ein dumpfes Brausen, es war eine Art Ohrensausen, das durch seinen ganzen Körper ging; entschieden war sein Blutdruck zu hoch, er trat ans Fenster und blickte über Rom. Einmal hatte er Rom beinahe beherrscht. Er hatte sogar den Mann beherrscht, der hier herrschte. Mussolini hatte vor Judejahn Angst gehabt. Jetzt hatte Rom Judejahn einen räudigen Kater geschenkt. Eine Hure war Judejahn davongelaufen. Er konnte sie nicht erschießen lassen. Eine Hure war ihm mit seinem Sohn davongelaufen, der ein römischer Priester war. Judejahn konnte auch keinen Priester mehr erschießen lassen. Er war machtlos. Würde er kämpfen, um wieder zur Macht zu kommen? Der Weg war lang. Zum zweitenmal war der Weg zu lang. Jetzt gestand er es sich ein. Der Weg war zu lang. Judejahn sah das Ziel nicht mehr. Das Ziel verschwamm. Ein roter Nebel legte sich vor das Ziel. Eine Hure war Judejahn entkommen, aber eine nackte Jüdin drängte sich vor seinen Blick; die Jüdin gehörte vor den Leichengraben, aber noch triumphierte sie und verhöhnte Judejahn; sie erhob sich nackt über Rom. Er sah sie in den Wolken.

Nachdem sie im Winkel antiken Mauerwerks lange beisammengestanden, oft die Uhr von Santa Maria degli Angeli die Stunde geschlagen, die Lokomotiven geschrien, nun wohl auch das Käuzchen gerufen hatte, doch sie vernahmen nichts, klang Siegfrieds Musik in Adolf unerwartet wieder, und er berührte Lauras Gesicht, er versuchte, das Lächeln zu greifen, einen hohen Ton, die Menschlichkeit, eine süße Lust, und dann erschrak er und lief in die Nacht, die nun lächellos war und lange währen sollte.

Die Engel waren nicht gekommen. Die Engel von der Engelsbrücke waren der Einladung der alten Götter nicht gefolgt. Sie tanzten nicht mit den alten Göttern auf den kapitolinischen Hügel. Ich hätte es gern gesehen, wenn Strawinsky hier zwischen geborstenen Säulenresten am schwarzen Flügel gesessen wäre. Am schwarzen Konzertflügel hätte der Meister im Kreis der weißen etwas schmutzigen Marmorflügel der Brückenengel und unter dem großen reinen Flügelhauch der Götter, die Luft und Licht waren, seine ›Passacaglia‹ spielen müssen; aber die Engel waren ausgeblieben, die Götter hatten sich versteckt, Wolken drohten am Himmel, und Strawinsky sagte nur: »Je salue le monde confraternel.« Der Musik-Kongreß wurde auf dem Kapitol empfangen. Ich hatte das Gefühl, daß wir komisch aussahen in unseren Anzügen, und die Götter hinter ihren Trümmern versteckt, die Faune im Gebüsch, die Nymphen im wuchernden Unkraut lachten wohl sehr. Nicht sie waren altmodisch, wir waren es. Wir waren albern und alt, und selbst die Jungen unter uns waren albern und alt. Kürenberg blinzelte mir zu. Er wollte wohl sagen: »Nimm es nicht so ernst, aber nimm es ernst genug.« Er war dafür, daß man die Manager schaffen ließ, damit man mit der Muse der Musik zuweilen in ein teueres Restaurant gehen konnte. Der Bürgermeister von Rom verteilte die Preise. Er war ein Kollege meines Vaters, und er gab mir einen halben Preis. Er gab mir den halben Preis für die Symphonie, und ich war überrascht, daß er mir den halben Preis gab, und ich dachte, das hat Kürenberg erreicht, und ich war Kürenberg dankbar, und ich dachte, mein Vater würde einen ganzen Tag stolz auf mich sein, weil der Bürgermeister mir den halben Preis verliehen hatte, aber mein Vater würde nie begreifen, warum der Bürgermeister mich auszeichnete. Mir war das Geld des Preises willkommen. Ich würde nach Afrika reisen. In Afrika würde ich eine neue Symphonie schreiben. Vielleicht würde ich sie im nächsten Jahr in Rom den Engeln vorspielen; die schwarze Symphonie des schwarzen Erdteils würde ich den weißen Engeln von Rom auf dem alten Götterhügel vorspielen. Ich weiß, Europa ist schwärzer. Aber ich will nach Afrika reisen, ich will die Wüste sehen. Mein Vater wird es nicht begreifen, daß man nach Afrika fährt um die Wüste zu sehen und aus der Wüste Musik zu empfangen. Mein Vater ahnt nicht, daß ich der sehr devote Komponist der römischen Engel bin. Das Konzil hat Palestrinas Musik gebilligt, der Kongreß hat meine Musik anerkannt.

Die Reveille weckte ihn nicht, das Maunzen des Katers schreckte ihn auf, Judejahns Kopf brummte, das Wüstenfort war weit, Afrika war weit, Deutschland war noch weiter, er erwachte mit einem schmerzenden Schädel in Rom, mit schlaffen Gliedern, mit Wut, weil er überhaupt aufwachte, mit einem Parfümgeschmack im Mund, der vom Champagner kam und von den verlorenen Siegen, mit Saurem vermischt war, mit Stechendem, mit Zellverfall, und hinter der Stirn schwankte das Bild des Raumes und Fuß und Schenkel bebten, aber das Mannesglied war erregt, aufgeladen, blutvoll, es brannte in unbefriedigter Gereiztheit. Er duschte, schrubbte sich ab, er dachte im Kasinojargon, jetzt ein Gepäckmarsch, jetzt durchs Feld robben, aber er schwitzte unter der Dusche, er bekam die Haut nicht trocken gerieben, immer wieder strömte Schweiß, glimmerte in kleinen Perlen, Judejahn japste nach Luft, und die Luft von Rom war zu weich. Nach alter Trinksitte war es gut, weiterzutrinken, empfahl es sich, sofort am Morgen wieder denselben Saft zu nehmen, den man am Abend genossen hatte und dessen Gift man im Körper spürte. Judejahn bestellte eine halbe

Flasche Champagner, den Champagner der Siege. Er bestellte ihn mit sehr viel Eis. Er warf Eisstücke in den Trinkkelch. Das Eis klirrte gegen das Glas. Judejahns Hand zitterte. Er leerte den Kelch in einem Zug. Jetzt sah er klar. Nebel schwanden. Er war mit Laura verabredet. Das war wichtig. Mochte sie mit Adolf geschlafen haben. Er brauchte sie, die eine Jüdin war und die keine Jüdin war, er brauchte sie um sich von peinlichen Visionen zu befreien. Er bestellte den schwarzen Gesandtschaftswagen, aber nach einer Weile kam ein Anruf des soldatischen Chauffeurs, der mit strammer Stimme in der kein Gefühlston schwang, eine Reparatur des Wagens meldete, die erst am Abend fertig sein würde. Judejahn hatte die Stimme des Todes gehört. Er erkannte sie nicht. Er schimpfte.

Auch in der alten Kirche Santa Maria degli Angeli, im Gotteshaus unter der Thermenmauer, konnte man in vielen Sprachen beichten, und Adolf Judejahn kniete im Beichtstuhl des deutsch sprechenden Priesters, und er erzählte dem Deutsch verstehenden Priester, was sich in der Nacht vor dem Tor dieser Kirche zwischen ihm und Laura begeben hatte, und da nichts geschehen war, was die Kirche bei einem Diakon ernstlich erzürnt hätte, wurde Adolf ermahnt, sich fortan nicht der Versuchung auszusetzen, und er erhielt die Absolution. Er sah durch das Gitter des Beichtstuhls das Gesicht seines Beichtvaters. Das Gesicht des Beichtvaters war müde. Adolf hätte gern gesagt: »Vater, ich bin unglücklich.« Aber das Gesicht des Priesters war müde und abweisend. Er hatte so viele Beichten entgegengenommen. So viele Reisende kamen an und beichteten in Rom, was sie zu Hause ihren Beichtvätern nicht anvertrauen wollten. Sie schämten sich vor den Beichtvätern, die sie kannten. In Rom waren sie fremd und schämten sich nicht, und deshalb war das Gesicht des Priesters so müde. Und Adolf dachte: werde ich einst auch so müde im Beichtstuhl sitzen, und wird auch mein Gesicht so abweisend sein? Er dachte: wo wird mein Beichtstuhl stehen? In einem Dorf? In einer alten Dorfkirche unter Bäumen? Oder bin ich nicht berufen, bin ich

verworfen, verworfen von Anfang an? Adolf hatte Judejahns Geld in eine Opferlade schieben wollen, aber vor dem
Schlitz des Opferstocks besann er sich anders. Es war nicht
im Sinn des geistlichen Amtes, wie er nun handelte. Er vertraute der Armenpflege der Kirche nicht. Die Armenpflege
der Kirche war säuerlich, sie war säuerlich wie jede Armenpflege und roch nach Bettelsuppen; das Geld zerrann in
Bettelsuppen. Adolf wollte mit dem Geld Freude bereiten.
Er drückte die schmutzigen Scheine seines Vaters in die
runzlige Hand einer alten Frau, die vor der Kirchentür um
Almosen bat.

Judejahn wartete. Er wartete in der Halle des Bahnhofs vor
dem Cit-Büro, aber Laura war nicht gekommen. Versetzte
sie ihn auch am Morgen? Lag sie noch mit Adolf in gemeiner
Verschlingung? Wut war ungesund. Judejahn machte noch
immer der Atem zu schaffen. Zuweilen kam wieder der Nebel, ein giftiger Nebel aus rotem Gas. Vielleicht würde ein
solcher Nebel im nächsten großen Krieg um die Erde wehen.
Judejahn ging zu einem der Reiseproviantwagen und ließ
sich einen Kognak geben. Er stand vor dem Reiseproviantwagen wie vor einem Verpflegungswagen im Feld. Er kippte
den Kognak. Der rote Nebel lichtete sich. Judejahn blickte
zu Cit hinüber, aber noch immer war Laura nicht da. Judejahn ging am Zeitungsstand vorüber. Er sah die Illustrierte
›Oggi‹ am Zeitungsstand hängen, und auf dem Titelbild von
›Oggi‹ war Mussolini zu sehen. Der alte Freund sah ange-
griffen aus, und Judejahn dachte: auch ich sehe heute ange-
griffen aus. Hinter Mussolini stand ein Mann mit einer SS-
Mütze. Er stand wie ein Aufpasser hinter Mussolini. Er stand
wie ein Henker hinter ihm. Man konnte auf der Mütze deutlich den Totenkopf erkennen. Wer war der Mann? Judejahn
dachte: es muß einer von meinen Offizieren sein. Der SS-
Mann senkte auf dem Bild den Blick, und Judejahn konnte
das Gesicht nicht erkennen. Wahrscheinlich war der Mann
tot. Die meisten seiner Männer waren tot. Auch Mussolini
war tot. Er war scheußlich gestorben. Auch Judejahn hatte
man einmal einen scheußlichen Tod zugedacht. Aber Jude-

jahn lebte, er war ihnen entkommen. Er lebte und die Zeit war für ihn, und da war auch Laura. Da war ihr Lächeln, und einen Moment dachte Judejahn, laß sie laufen, aber dann dachte er wieder, sie ist eine Jüdin, und wieder erregte es ihn. Und Laura sah den vielversprechenden Fremden, und sie dachte: was wird er mir schenken? Jetzt beachtete sie die Auslagen der Schaufenster. Ein Mädchen brauchte Schmuck, ein Mädchen brauchte Kleider, auch ein Mädchen das nicht rechnen kann, braucht dünne Strümpfe, und sie war es gewohnt, daß sie gelegentlich etwas bekam; gelegentlich machte sie kleine Fischzüge, in aller Unschuld und am liebsten am Vormittag, sie hatte keinen festen Freund, und nach den Schwulen am Abend war es schön, am Vormittag mit einem richtigen Mann im Bett zu liegen, man brauchte das für die Gesundheit und später beichtete man's in aller Unschuld, und auch die Alten waren nicht schlecht, sie waren nicht schön, aber sie waren nicht schlecht, es war für den Vormittag genug, was sie konnten, und außerdem schenkten sie mehr als die Jungen, die selber was haben wollten, und Adolf hatte sie enttäuscht, der junge fremde Priester hatte sie doch enttäuscht, sie war so froh gewesen mit ihm in der Nacht, aber der Priester war weggelaufen, er hatte die Sünde gescheut und Laura hatte geweint, und jetzt hielt sie sich an die Alten; die Alten scheuten die Sünde nicht und liefen nicht weg. Die Verständigung mit Judejahn war schwer, aber sie machte ihm begreiflich, daß sie in ein Hotel in der Nähe des Bahnhofs gehen würden.

Kürenberg hatte mich in das schöne Restaurant an der Piazza Navona eingeladen. Er wollte meinen Preis mit mir feiern. Er entschuldigte seine Frau, weil sie nicht mit uns frühstükken würde, und ich verstand, daß Ilse Kürenberg nicht mit mir feiern wollte, und ich begriff es. Das Restaurant war zu dieser Stunde noch leer, und Kürenberg bestellte allerlei Seetiere, die wie kleine Ungeheuer auf unseren Tellern lagen, und zu den Ungeheuern tranken wir einen trockenen Chablis. Es war unser Abschied. Kürenberg mußte nach Australien fliegen. Er sollte in Australien während der Saison den ›Ring‹

dirigieren. Er saß vor mir, brach die Schalen der monströsen Seetiere, sog ihre wohlschmeckenden Kanäle aus, und morgen würde er mit seiner Frau in der Luft sitzen und ein Luftdinner haben, und übermorgen würde er in Australien speisen und seltsame Tiere des Stillen Ozeans probieren. Die Welt ist klein. Kürenberg war mein Freund, er war mein einziger wirklicher Freund, aber ich verehrte ihn zu sehr, um wirklich freundschaftlich mit ihm umgehen zu können, und so war ich still, wenn ich mit ihm zusammen war, und er hielt mich vielleicht für undankbar. Ich erzählte ihm, daß ich mit meinem Preisgeld nach Afrika fahren möchte, und ich erzählte ihm von meiner schwarzen Symphonie. Kürenberg billigte meinen Plan. Er empfahl mir, nach Mogador zu gehen. Der Name Mogador klang gut. Er klang schwarz genug. Mogador war eine alte maurische Festung. Aber da die Mauren nicht mehr mächtig sind, konnte ich gut und gern in ihrer alten Festung wohnen.

Sie hatte noch gedacht, ob er die blaue Brille im Bett abnehmen würde, und nun hatte er sie abgenommen, es hatte sie amüsiert, aber dann erschrak sie vor seinen Augen, sie waren blutunterlaufen, und sie bebte zurück vor seinem tückisch gierigen Blick, vor der gesenkten Stierstirn, die auf sie zukam, und er fragte, »hast du Angst«, und sie verstand ihn nicht und lächelte, aber es war kein volles Lächeln mehr, und er warf sie auf das Bett. Sie hatte ihm diese Leidenschaft nicht zugetraut, die Männer mit denen sie für die Geschenke schlief, die ein Mädchen so dringend braucht, waren sonst nicht so erregt, es waren ruhige Sachen, die sich im Bett abspielten, aber dieser warf sich wie eine Bestie über sie, er spreizte ihre Glieder, zerrte an ihrer Haut, und dann nahm er sie roh, ging roh mit ihr um, wo sie doch so schmal und zart war, er war schwer, er lag schwer auf ihrem Leib, der so leicht und so gut zu umfassen war, und sie dachte an die Schwulen, dachte an die Schwulen in der Bar, an ihre weichen Bewegungen, an ihre duftenden Locken, an ihre bunten Hemden und ihre klirrenden Armbänder, und sie dachte, vielleicht ist es gut, schwul zu sein, vielleicht sollte auch ich

schwul sein, dies ist widerlich, er stinkt nach Schweiß und er
stinkt wie ein Bock, wie ein dreckiger gemeiner Ziegenbock
im Stall stinkt er, sie war als Kind einmal auf dem Land gewesen, sie war in Kalabrien auf dem Land gewesen, sie hatte
sich gefürchtet und hatte sich nach Rom gesehnt, nach ihrer
herrlichen Stadt, und das Haus in Kalabrien hatte gestunken,
und sie hatte zusehen müssen, wie die Ziegen zum Bock
geführt wurden, und auf der Holzstiege hatte sich ein Junge
vor ihr entblößt, und sie hatte den Jungen anfassen müssen,
sie haßte das Land, und manchmal träumte sie von dem Bock,
und dann wollte sie den Jungen anfassen, aber der Junge
hatte Hörner und stieß sie, und die Hörner brachen ab, im
Traum brachen die Hörner ab wie faule Zähne, da rief sie,
»du tust mir weh«, aber Judejahn verstand sie nicht, da sie
es auf italienisch rief, und es war auch gleichgültig, ob er sie
verstand, denn es tat weh, aber es tat schön weh, ja, sie wollte
jetzt diese Hingabe, der Alte befriedigte sie, der verheißungs-
volle Fremde offenbarte sich in ungeahnter Weise, sie drängte
sich nun an ihn, steigerte seine Erregung, Bäche von Schweiß
rannen von ihm dem Bock über ihren Leib, flossen über ihre
Brust, sammelten sich in der kleinen Mulde ihres Bauches,
brannten ein wenig, aber brannten nicht schlimm, und der
Mann war böse, er flüsterte, »du bist eine Jüdin, du bist eine
Jüdin«, und sie verstand ihn nicht, aber ihr Unterbewußtsein
verstand ihn, als die deutschen Soldaten in Rom waren, hatte
das Wort eine Bedeutung gehabt, und sie fragte, »ebreo?«,
und er flüsterte »Hebräer«, und legte die Hände um ihren
Hals, und sie rief, »no e poi no, cattólico«, und das Wort
cattólico schien ihn auch zu entflammen in Wut und Begierde, und am Ende war es gleich, Wut oder Begierde, sie
schwamm hinweg, und er erschöpfte sich, röchelte und warf
sich ermattet, erschlagen, wie tot zur Seite. Sie dachte: es ist
seine Schuld, warum gab er so an, die Alten geben sonst nicht
so an? Aber sie lächelte schon wieder, und sie streichelte das
verschwitzte Haar seiner Brust, weil er sich so angestrengt
hatte. Sie war ihm dankbar, weil er sich so angestrengt hatte;
sie war ihm dankbar, weil er sie befriedigt und ihr Lust ge-

schenkt hatte. Sie streichelte ihn noch eine Weile. Sie fühlte sein Herz schlagen; es war ein tapferes Herz, weil es sich für ihre Mädchenlust so ausgegeben hatte. Sie stand auf und ging zum Waschtisch, um sich zu waschen. Judejahn hörte das Wasser plätschern und richtete sich auf. Wieder war der rote Nebel um ihn. Er sah Laura nackt im roten Nebel stehen, und das schwarze Becken des Waschtisches war der schwarze Erdgraben, in den die Erschossenen fielen. Man mußte die Jüdin liquidieren. Man hatte den Führer verraten. Man hatte nicht genug liquidiert. Er taumelte in seine Kleider. Sie fragte: »willst du dich nicht waschen?« Aber er hörte sie nicht. Er hätte sie auch nicht verstanden. In seiner Hosentasche lag Austerlitz' schallgedämpfte Pistole. Gleich würde die Pistole alles entscheiden. Gleich würde gesäubert werden. Die Pistole würde wieder Ordnung schaffen. Er brauchte nur noch ein wenig Luft, er keuchte und zitterte zu sehr. Er schwankte zum Fenster, riß es auf, und beugte sich in die tiefe Straße, die voll von dichtem rotem Nebel war. Die Straße war eng, und auf ihrem Grund fuhren die Automobile, kreischten, ratterten, machten einen Höllenlärm und sahen wie kriechende Ungeheuer unter dem roten Nebel aus. Aber eine Lichtung bot sich nun in den Schwaden, gerade vor seinem Blick, eine Furt im Nebel, und da stand am bis zum Boden reichenden geöffneten französischen Fenster des gegenüberliegenden großen Hotels Ilse Kürenberg, das Aufhäusermädchen, die Judentochter, die Entkommene, die Frau aus der Loge, das Weib, das er nackt in der Nacht über Rom in den Wolken gesehen hatte, Ilse Kürenberg stand da in einem weißen Frisiermantel, ein wenig vom Fenster entfernt, aber er sah sie nackend, nackend wie in der Nacht, nackend wie die Frauen vor den Leichengraben, und Judejahn schoß das Magazin von Austerlitz' Pistole leer, er schoß die Grabensalve, diesmal schoß er eigenhändig, diesmal befahl er nicht nur, Befehle galten nicht mehr, man mußte selber schießen, und erst beim letzten Schuß fiel Ilse Kürenberg um, und des Führers Befehl war vollstreckt. Laura schrie, aber sie schrie nur einmal auf, und dann kam ein Schwall italienischer

Wörter aus ihrem Mund, verplätscherte mit dem Waschwasser im roten Nebel. Judejahn fand die Tür, und Laura weinte ins Bett hinein, weinte in die noch schweißwarmen Kissen hinein, sie begriff nicht, was vorgefallen war, aber Entsetzliches war geschehen, der Mann hatte geschossen, er hatte zum Fenster hinausgeschossen, – und er hatte ihr kein Geschenk gegeben. Sie war noch immer nackt, und sie deckte das Kopfkissen nun über ihren Kopf, weil ihr Gesicht nicht mehr lächelte, und weil sie das Weinen ersticken wollte. So war sie auf dem zerwühlten Bett anzusehen wie der kopflose schöne Leib der kopflosen Aphrodite Anadyomene.

Er hatte sie nicht nackt gesehen, und so erinnerte dieser nackte Leib Adolf nicht an Laura, er dachte auch nicht an ihren Leib, er dachte an Lauras Lächeln, als er im Museum der Diokletianischen Thermen vor der kopflosen Aphrodite Anadyomene verweilte, die kopflose Aphrodite hielt noch zwei Zopfenden in ihren erhobenen Händen, als ob sie ihren Kopf an den Zöpfen hätte halten wollen, und Adolf dachte, wie ihr Gesicht gewesen sei und ob sie wie Laura gelächelt habe. Sie verwirrten ihn. Ringsum die kalten Leiber aus Marmor verwirrten ihn. Es war Siegfrieds Welt, die sich hier behauptete. Eine Welt schöner Körper. Da war die Venus von Cirene. Sie war makellos. Jeder mußte sehen, daß sie makellos war. Ein fester wohlerhaltener Leib, aber kalt kalt kalt. Und dann die Faune und Hermaphroditen und all ihre Leibesbetonung. Sie verfaulten nicht. Sie wurden nicht zu Erde. Sie waren nicht von der Hölle bedroht. Selbst das Haupt der schlafenden Eumenide sprach nicht von Schrecken. Es erzählte von Schlaf. Es erzählte von Schönheit und Schlaf; auch die Unterwelt war freundlich gewesen, die Hölle war anders. Sie hatten sie nicht gekannt. Und war es recht, mit Schrecken zu drohen, um die Seele zu retten, und war die Seele verloren, wenn man die Schönheit erkannte? Adolf setzte sich in den Garten unter die steinernen Zeugen der alten Welt. Er war ausgeschlossen aus ihrer Gesellschaft, sein Gelübde schloß ihn aus, sein Glaube schloß ihn aus, für immer. Er weinte. Die alten Statuen sahen ihm mit tränenlosen Augen zu.

Er taumelte über den Platz. Bei jedem Schritt hatte er das Gefühl ins Bodenlose zu sinken, wegzugleiten, wegzugleiten für immer, er mußte in die Luft greifen, um sich an der Luft zu halten. Er wußte, was geschehen war, und er wußte nicht, was geschehen war. Er hatte geschossen. Er hatte zur Endlösung beigetragen. Er hatte einen Führerbefehl erfüllt. Das war gut. Und nun mußte er sich verstecken. Es war noch nicht der Endsieg. Er mußte sich wieder verstecken, er mußte wieder in die Wüste fahren, nur der rote Nebel war hinderlich. Es war schwer, in diesem roten Nebel ein Versteck zu finden. Da war Gemäuer. Da waren Ruinen. In Berlin hatte er sich in Ruinen verkrochen. In Rom mußte man Eintritt zahlen, wenn man sich in Ruinen verkriechen wollte. Judejahn zahlte den Eintritt für das Thermenmuseum. Er ging durch Gänge, ging eine Treppe hoch. Lauter Nackte standen im roten Nebel. Es war wohl ein Puff. Oder es war eine Gaskammer. Das erklärte auch den roten Nebel. Er war in einer großen Gaskammer mit nackten Menschen, die liquidiert werden sollten, aber dann mußte er hier nun rausgehen. Er sollte ja nicht liquidiert werden. Er war ja nicht nackend. Er war der Kommandeur. Die Höllenhunde hatten das Gas zu früh angedreht. Es war eine bodenlose Schweinerei. Er mußte durchgreifen. Die Disziplin mußte gewahrt werden. Mit allen Mitteln mußte die Disziplin gewahrt werden. Galgen waren zu errichten. Judejahn kam in ein Zimmer, das war der Befehlsstand. Die Nebel lichteten sich. Es waren alte Spiegel da. Die Spiegel waren blind. Er sah in blinde Spiegel. War er das? Er erkannte sich nicht. Da war ein blaurotes Gesicht. Das Gesicht war angeschwollen. Es sah wie das Gesicht eines Boxers aus, der viele Schläge erhalten hat. Die blaue Brille hatte er verloren. Er brauchte die blaue Brille nicht mehr. Aber da kam er vor einen klareren Spiegel, da erkannte er sich, das war er, er stand vor dem Mosaikbild des Athleten, es war sein Gesicht, es war sein Nacken, es waren seine Schultern, es war ein Spiegelbild aus seiner besten Zeit, das ihn ansah, er hatte in der Arena gestanden, er hatte mit dem kurzen Schwert gekämpft, er hatte

viele umgelegt. Und da war auch Benito. Er sah das Mosaik
der Katze mit dem Vogel. Auch Benito hatte viele gefressen.
Die Welt war gar nicht so schlecht. Man hatte viele umgelegt,
viele gefressen. Man konnte zufrieden sein. Judejahn taumelte in den Garten. Nackte Weiber, nackte Judenweiber
versteckten sich hinter den Hecken. Es würde ihnen nichts
nützen. Judejahn liquidierte auch durch Hecken. Hier mußte
er durch, – und dann schlug er hin.
Adolf hatte ihn kommen sehen, er hatte ihn mit Angst und
Entsetzen kommen sehen, und dann sah er, wie er hinschlug,
wie gefällt schlug er hin, und Adolf rannte nun zu ihm, und
der schwere Körper seines Vaters lag leblos da. War er tot?
Sein Gesicht war blaurot. Ein Museumswärter kam, und er
rief noch einen zweiten Wärter herbei, und sie trugen Judejahn zu dritt in den Schuppen, in dem die Gipser die antiken
Plastiken flicken, und sie legten ihn auf den Boden vor das
Relief eines Sarkophags. Das Relief stellte einen Triumphzug
dar, und hochmütige Römer hatten gedemütigte germanische
Krieger an ihre Pferde gefesselt. Die römischen Gipser standen in ihren weißen Mänteln um Judejahn herum. Ein Gipser sagte: »Er ist tot.« Und ein anderer Gipser sagte: »Er ist
nicht tot. Auch mein Schwiegervater war nicht gleich tot.«
Der Wärter ging, um mit der Sanitätswache des Bahnhofs zu
telephonieren. Der Vater war noch nicht tot, und da fiel
Adolf das Wichtigste ein, – es gab die Hölle es gab die Hölle
es gab die Hölle. Und nun war keine Sekunde zu verlieren,
er rannte durch den Garten, rannte durch das Tor, er rannte
in die Kirche Santa Maria degli Angeli. Der deutsch sprechende Priester war noch da. Er las im Brevier. Kein Beicht-
kind kniete im Stuhl. Adolf stammelte, daß er das Sterbe-
sakrament für seinen Vater erbitte, und der Priester begriff
und eilte; er holte das heilige Öl und nahm Adolf zum Ministranten, und sie eilten so schnell es schicklich war, und die
Billettkontrolleure ließen sie passieren, und die Wärter nahmen ihre Mützen ab, und die Gipser traten ehrfürchtig zur
Seite. Judejahn lag leblos, aber er war nicht tot. Schweiß und
Ausscheidungen liefen seiner Auflösung voran. Er purgierte,

er reinigte sich. Das Purgatorium ist das Fegefeuer. Hatte er es schon erreicht? Judejahn lag in tiefem Koma. Niemand weiß, was in ihm vorging; ob er nach Walhall ritt, ob Teufel ihn holten, oder ob seine Seele aufjauchzte, weil die Rettung nun nah war. Der Priester kniete nieder. Er schritt zur Letzten Ölung und zur bedingungsweisen Lossprechung, bestimmt für den Fall der Bewußtlosigkeit. Der Priester berührte mit dem vom Bischof geweihten Öl Judejahns Augen, seine Ohren, seine Nase, den Mund und die Handflächen. Der Priester betete. Er betete: »Durch diese heilige Salbung und seine gütige Barmherzigkeit verzeihe dir der Herr, was du durch Sehen, Hören, Riechen, Schmecken, Berühren gesündigt hast«. Judejahn rührte sich nicht. Berührte es ihn nicht, was der Priester sprach? Judejahn rührte sich nie mehr. Er lag da und rührte sich nie mehr, und der römische Priester empfahl ihn der Gnade Gottes, und sein Sohn betete für den Vater in römischer Priestertracht, – zwei Sendboten des Feindes.

Die Sanitäter kamen, und der Arzt schloß ihm die Augen. Die Sanitäter waren feldgrau gekleidet, und sie trugen Judejahn wie von einem Schlachtfeld.

Die Zeitungen meldeten noch am Abend Judejahns Tod, der durch die Umstände eine Weltnachricht geworden war, die aber niemand erschütterte.

Ein Koeppen-Reader

Wolfgang Koeppen
Drei Romane in einem Band

Tauben im Gras
Das Treibhaus
Der Tod in Rom

619 Seiten, Leinen

Diagnosen der deutschen Zeitszenerie,
geschrieben von einem engagierten
Moralisten, den nicht wenige für den
größten deutschen Stilisten der Gegenwart halten.

Hamburger Abendblatt

GOVERTS
KRÜGER
STAHLBERG
VERLAG GMBH

7 Stuttgart 81, Postfach 81 02 08

EDITION TEXT+KRITIK

Texte, Interpretationen, Kritik: in jedem Heft stehen neben unveröffentlichten Texten eines Autors der neueren Literatur Interpretationen und kritische Beiträge, die sich mit seinem Werk auseinandersetzen.

Im Abonnement – vier Hefte jährlich – DM 15.–
– Zu beziehen durch jede Buchhandlung –

RICHARD BOORBERG VERLAG
STUTTGART · MÜNCHEN · HANNOVER

Deutsche Erzähler
im dtv

Alfred Andersch
Stefan Andres
Ingeborg Bachmann
Reinhard Baumgart
Horst Bienek
Horst Bingel
Johannes Bobrowski
Heinrich Böll
Hermann Broch
Heimito von Doderer
Alfred Döblin
Jürg Federspiel
Hans J. Fröhlich
Günter Bruno Fuchs
Rudolf Hagelstange
Peter Handke
Ernst Herhaus
Hermann Hesse
Ödön v. Horváth
Hermann Kant
Marie Luise Kaschnitz
Hermann Kesten
Günter Kunert
Siegfried Lenz
Renate Rasp
Franziska zu Reventlow
Hans Werner Richter
Wolfdietrich Schnurre
Günter Seuren
Gerhard Zwerenz

Alfred Andersch:
Die Rote
Roman

dtv

Siegfried Lenz:
Das Feuerschiff
Erzählungen

dtv

Heinrich Böll:
Ansichten
eines Clowns
Roman

dtv

Hans Werner Richter:
Die Geschlagenen
Roman

dtv

Allgemeine Reihe dtv

GLOSSARY OF
SEMIOTICS

Jo Glorie
Series General Editor
c/o Paragon House
90 Fifth Avenue
New York, N.Y. 10011

Glossary of Cognitive Science
Charles E. M. Dunlop and James H. Fetzer

Glossary of Epistemology/Philosophy of Science
James H. Fetzer and Robert F. Almeder

Glossary of Semiotics
Vincent M. Colapietro

FORTHCOMING

Glossary of International Relations
Marie T. Henehan and John A. Vasquez

Glossary of Political Communication
Michael X. Delli Carpini

A PARAGON HOUSE GLOSSARY
FOR RESEARCH, READING, AND WRITING

GLOSSARY OF SEMIOTICS

VINCENT M. COLAPIETRO

PARAGON HOUSE

New York

First edition, 1993

Published in the United States by

Paragon House
90 Fifth Avenue
New York, N.Y. 10011

Library of Congress Cataloging-in-Publication Data

Colapietro, Vincent Michael
    Glossary of semiotics / Vincent M. Colapietro.—1st ed.
    p.   cm.—(Paragon House glossaries for research, reading,
and writing)
    Includes bibliographical references.
    ISBN 1-55778-564-3   —ISBN 1-55778-502-3
    1. Semiotics—Glossaries, vocabularies, etc.   I. Title.
II. Series.
P99.C569   1993
302.2—dc20   92-32621
                                                          CIP

Manufactured in the United States of America

To Jo Glorie, who has enabled me
to bring coherence and life
to these sentences—and much more.

Contents

Acknowledgments

In composing this glossary, I learned what I should have already known. Writing even a short book is no small undertaking, especially if the book tries to cover a terrain as vast and varied as darkest semiotica. Several individuals have greatly assisted me in my efforts to map this terrain. Dominic Balestra, the chair of my department at Fordham University, has—among countless other kindnesses, large and small—provided me with the ideal research assistant: Matt Kuenning. Matt's precision, responsibility, and intelligence were invaluable. Elizabeth Vozzola has been, even in the most difficult of circumstances, insightful and encouraging, while Peter Carlo has been both an inspiring presence and a welcome distraction.

Professors Andrea Birch, Katharine Stephenson, and John K. Sheriff have offered extremely helpful comments on a draft of this work. Each has made a unique contribution to the realization of this project.

Whenever my sentences tangled, or my spirits sagged, or distractions threatened to undermine this project, my editor Jo Glorie always managed to find the *mots justes*—giving me hope that I might also. The inception of this glossary, and the series of which it is a part, reveal her editorial vision; the completion of this book reveals her editorial skill.

V.M.C.

Introduction

This glossary is designed for people who have little or no acquaintance with the field of research known as semiotics (from the Greek word *semeion*, sign). Semiotics is the general study of signs, of whatever conveys meaning. Contributors to this study have discovered much of value, but when one turns to their writings it is easy to feel frustrated and even angry at being unable to crack the code in which viewpoints are expressed and research presented. It is certainly ironic that the field of semiotics is, so frequently, a tower of Babel in which the possibility of communication and understanding is frustrated by neologisms (newly coined words) and idiosyncratic usages of ordinary terms. Hence the need for this glossary. Its goal is simply to enhance the possibilities for communication and understanding by defining the key terms of semiotic discourse in a clear and straightforward way.

The terms defined in this volume were selected on the basis of their centrality to the field of semiotics, broadly conceived. The words most often found in the indexes to books on semiotics are defined here, with no one perspective or tradition being unduly privileged. The entries vary in character, ranging from the briefest of definitions to short essays in which the reader is provided information regarding such matters as historical background or contemporary controversies. In addition, the entries are, with few exceptions, self-contained: The reader can find the basic meanings of a term in a single entry. In any given entry, references to other entries in which important collateral information can be found are identified by **boldface** type; for example, in the first entry, on abduction, one encounters **hypothesis, deduction, induction,** and **Peirce,** among others. The terms in boldface are suggestions of other terms the reader might check in order to attain a fuller understanding of the term being defined.

There is, of course, no substitute for reading widely and deeply in semiotics. Indeed, one could commit to memory all of the entries in this glossary and still be semiotically illiterate, for semiotic literacy resides, first and foremost, in the capacity to make sense out of terms in context—terms as they are used by a particular author in a particular text. But how a specific term is being used in its context is not always clear: At times neither author nor context provides us the information or insight we need to interpret what the text says. When this is so, it proves helpful to learn how the term is generally or characteristically used by various authors and, in the case of highly idiosyncratic usages, how the term is uniquely employed by an individual author. A lexicon or glossary is a compilation and, inevitably, a distillation of just such uses. It gives us something to consult when we are at a loss to know what an author means or what a text says.

The dream of attaining a comprehensive theory of signs draws upon a prior, practical acquaintance with signs. While our reflections upon signs have evolved into highly abstract definitions and theories, these reflections themselves have grown out of our most basic abilities and engagements, beginning with our ability to perceive the immediate environment and our own organic states. Signs are, without exaggeration, omnipresent: under our very noses and at our fingertips. The stench we smell tells us that something foul is near, the prick we feel that something sharp is all too near! The pangs in my stomach mean it is time to eat. In a gradual and often painful process, human infants acquire the skills to interpret a complex array of sensory clues. The mastery of such rudimentary skills makes possible more far-reaching and open-ended processes of interpretation, such as literary criticism, scientific inquiry, and philosophical reflection.

Footprints appearing on an isolated beach for the first time indicate to a marooned observer that the island is not, as previously supposed, uninhabited. The shape of a leaf imprinted on a newly exposed slab of stone turns out to be a crucial clue in discovering a species of plant long extinct. Red spots appearing one morning all over a child's body signify to all intelligent persons that something's wrong and to the trained observer that it's a case of chicken pox. A red octagon with white border and letters appearing at the end of an exit off the highway announces the necessity to stop. A president appearing on television with a minister at his side may intend to signify the righteousness of the cause to which he is calling the nation. Black marks parade in disciplined fashion across numbered pages. In one case, these marks report what had just happened elsewhere; in another, they chronicle what occurred long ago; in a third, they create a world that has never existed nor even could. Actors appear on a stage, exchanging words and gestures, doing this and that; images appear on a screen, with one scene "following" another, though not in any straightforward chronological sequence; colors appear on a canvas; the notes of a composition are translated into sounds by the exertions of musicians.

Semiotics is nothing less than the study of footprints, fossils, symptoms, traffic signals, bodily gestures, visual messages, literary texts, dramatic performances, visual artworks, and so on insofar as each of these acts like a sign. Certain forms of signs have been, in some cases, the formal objects of inquiry for a very long time: Doctors have studied symptoms, linguists have studied words, biologists the dances of bees, rhetoricians the figures of speech, anthropologists the symbols of humankind, and theologians the stories of the gods. But, beginning in the second half of the nineteenth century, the bold dream of an inclusive theory of signs—an investigation that would bring into a single fold all species of signs and thus all modes of meaning—took hold of the American philosopher Charles Sanders Peirce (1839–1914) and, a little later, of the Swiss linguist Ferdinand de Saussure (1857–1913). "A great desideratum is," according to Peirce, "a general theory of all possible kinds of signs, their modes of signification, of denotation, and of information; and their whole behaviour and properties . . ." (MS 634; quoted by Fisch, p. 340). "A science that studies the life of signs within society is," according to Saussure, "conceivable" (p. 16). He proposed to call it *semiologie* and observed that "[s]ince the science does not yet exist, no one can say what it would be like; but it has a right to exist, a place staked out in advance."

In the eyes of its advocates today, semiotics as a distinct field of inquiry not only has firmly established its right to exist but is beginning to secure the audience it deserves— an international community of scholars drawing upon deep historical learning no less than contemporary theoretical developments. Even skeptics are obliged to concede that semiotics has influenced, often deeply, numerous disciplines, including literary theory, literary criticism, legal theory, philosophy, theology, psychology, sociology, and anthropology. Even if skeptics attempt to combat this influence and hence to fight semiotics, they can do so only by joining the debate; and they can do this only by virtue of understanding the terms of the debate. So, even though this glossary has been written by someone and for those sympathetic to the project of articulating and refining a comprehensive theory of signs, it should be useful to those who contest or even reject this project.

Put in the most cynical light, semiotics might appear as simply one of the more recent and arcane academic fads whose demise is devoutly to be wished. But a speedy demise is highly improbable and this dismissive judgment entirely unfair. Semiotics is not a fashion emanating out of Paris, doomed to be passé before too long; it is an angle of vision rooted in a long and rich history. Plato and Aristotle, Augustine and Aquinas, Ockham and Poinsot are part of this history, as are Hobbes and Locke, Leibniz and Hegel—to mention but a few.

In the course of this history, the study of signs has generated a vast, complex, truly exciting though often dishearteningly difficult literature. The purpose of this little book is to lessen the likelihood that that vast literature will be a closed book to undergraduates and others whose interests in either semiotics itself or literature, anthropology, theology, philosophy, and the like lead them to consult the writings of such theorists as Peirce or Saussure, Roman Jakobson or Susanne Langer, Louis Hjelmslev or A. J. Greimas, Roland Barthes or Julia Kristeva, Umberto Eco or Jacques Derrida. Words are, in a way, magical. When the deaf-mute child Helen Keller grasped the meaning of water—when she correlated the "letters" impressed on her hand by her teacher Anne Sullivan with the cool liquid she felt but a moment before—a world opened itself to a mind imprisoned in darkness and silence. In a less dramatic but essentially similar way, when the user of this glossary forges unfamiliar connections, makes new correlations, a world also opens up. The world of semiotics becomes thereby an open book.

A

Abduction. A term used by Charles S. **Peirce** to designate the process of **inference** by which a **hypothesis** is formed or generated; the result of such a process—the inference drawn or the guess proffered. Also called **retroduction** and hypothesis.

The word "abduction" is ambiguous (see **ambiguity**): It possesses more than one meaning, and these meanings are likely to be confused or conflated. In one sense, the term means the forceful or unlawful act of carrying off someone or something; in semiotics it concerns the discovery of a law or some other factor that would render some phenomenon intelligible. In addition, *abduction*, as it comes to semiotics from Peirce, is primarily a logical (rather than a psychological) process. While psychology is a descriptive and explanatory science, **logic** is a **normative science.**

Most of Sherlock Holmes's so-called deductions are, strictly speaking, abductions—guesses about what took place. They are guesses carefully framed and then carefully tested. In classifying abduction as an inference, Peirce is claiming that, along with **deduction** and **induc-**

1

tion, abduction is susceptible to logical analysis and evaluation: It can be broken down into units or parts and, in addition, can be judged in light of its function (explaining in a trustworthy way what is puzzling). Abduction differs from the two other forms of inference. Deduction is the logical operation by which we derive the necessary consequences from some purely hypothetical situation (for example, if it is true that A is greater than B and B is greater than C, then it is also necessarily true that A is greater than C). Induction is the operation by which we test hypotheses in terms of consequences derived by deduction; abduction is that by which hypotheses are framed in the first place. In other words, deduction proves that something *must* be the case; induction shows that something *actually is* the case; and abduction suggests that something *might be* the case (CP 5.171).

While treating abduction as a form of inference implies that there is for Peirce a logic of discovery, this logic should not be taken as a simple recipe for cooking up reliable guesses. There are, for example, several ways of improving one's chances in playing the game of Twenty Questions; one way is to move from the general to the specific. The logic of discovery, in Peirce's sense at least, is nothing more—but nothing less—than the various rules and procedures by which we enhance our chances of guessing right.

Abject, the. A term used by Julia **Kristeva** to designate that which upsets, disturbs, or undermines some established order or stable position. It does so because it is in between what we ordinarily take to be absolute opposites (for example, life and death, or the human and the mechanical).

A number of English words are derived from the Latin *jacere,* "to throw." Some of these words (*subject, object,* and *abject*) are important for semiotics. Etymologically, the **subject** (*sub* = under) is that which is thrown under, or subjected to, some process; the **object** (*ob* = against) is that which throws itself against, or resists, another; and the abject is that which is thrown off, away, or from. The abject is neither subject nor object; rather, it is something that "disturbs identities, systems and orders. Something that does not respect limits, positions, rules. The in-between, the ambiguous, the mixed up" (Kristeva 1980, 12). A corpse is an example of the abject, for it is neither human nor nonhuman—it is in between and mixed up. A mother's body is for a child something abject, something both belonging to and not belonging to the child.

The abject is, according to Kristeva, a key factor in the formation of **subjectivity** (or the "**I**"). Early in the process of forming an identity (a process involving a transition from the pre-Oedipal **semiotic** level to the **symbolic** level), the abject contributes to the child's separation from the mother. But the formation of identity is a continuous process in which the semiotic dimension of subjectivity and language often disrupts the symbolic order. So, throughout our lives, the abject operates to disturb identity, system, and order. Since our identity and stability as subjects are derived from the unity and stability of the objects to which we attach ourselves, the abject by its very nature poses a threat to our subjectivity. The formation of subjectivity is a complex, ongoing, precarious process in which we witness, on the one hand, the blurring of the boundaries between self and other and, on the other hand, the ability of the self to distinguish itself from others. Jacques **Lacan,** Luce **Irigaray,** Kristeva and other semioticians have explored this process in depth and detail; a distinctive feature of Kristeva's *semanalytic* account of human subjectivity is her attention to the role played by the abject.

Abridgement. The reduction or shortening of a word or expression; for example, the abridgement of of "metropolitan" to "metro." Abridgment affects **signifiers** other than words (that is, ones other than **verbal** or **linguistic** signifiers). The barest hint of a nod may come to replace, in a person's repertoire of nonverbal communication, the act of nodding the head up and down several times. Here, as in the case of the shortening of verbal signifiers, we see at work the principle of economy (the principle according to which the maximum of achievement is sought via the minimum of effort). This principle is, however, only one among other principles at work in language and other sign systems. No single principle can account for the complex operation of any sign system; even so, a tendency toward economy is a feature of all sign systems.

Abstraction. The process by which certain features of a **phenomenon** or **reality** are selected for consideration, to the neglect of other features; or the product resulting from such a process. The product or result derived from this process is an *ens rationis*, a being of reason: a being encountered only in thought. If we focus on human beings simply as economic actors to the exclusion of all other dimensions, then we have produced an abstraction. Charles S. **Peirce** who distinguished between two types of abstraction, **hypostatic** and **prescissive** (see, for example, CP 4.235), pointed out that "[a]bstractions have been the butt of ridicule in modern times" (CP 4.234). We often condemn or disparage a position or form of thinking by calling it abstract. But, in themselves, the processes by which we form abstract conceptions and the resulting abstractions deserve our respect. All thought selects some highly salient feature of an object, neglecting all others.

4

Abstraction is nothing less than a conditio sine qua non for thinking at all. This is as true of practical thought as it is of highly theoretical thought. When an individual jumps out of the way of an onrushing car, that action reflects a high-level abstraction: For the purpose of maintaining life and limb, the individual takes the approaching object to be nothing but a threat. The individual selects—in this example, instantaneously—a single aspect of a complex whole and, for the purpose at hand, takes that aspect to be practically equivalent to the whole while ignoring all other aspects. The whole of the car's reality is reduced to a single feature. Such a conception is not only highly abstract, it is also preeminently practical. Precisely because it is abstract, because it selects that feature most directly—and urgently—pertinent to some purpose or desire (here, the avoidance of injury or worse). Thus, in the name of practicality no less than that of theory, abstraction should be esteemed, not demeaned.

Actant. A term introduced by A. J. **Greimas** and adopted by narratologists to designate the most basic **categories** of plot development. Originally, Greimas proposed that there are three such categories, each one a **binary opposition:** subject/object, sender/receiver, helper/opponent. (He was guided in the identification of these categories by V. I. Propp, who in *Morphology of the Folktale* analyzed folktales in terms of the villain, the donor, the helper, the princess or person sought after and her father, the dispatcher, the hero, and the false hero.) Eventually, however, Greimas relegated helper/opponent to the status of **auxiliant.** The actantial roles are often performed by a specific character in a narrative. An actantial role is, however, a **function** that is not necessarily identifiable with any specific character or person in a narrative; more than one character (the *acteur* as distinct

5

from the actant) may perform this function. In addition, the function may be assigned to a nonhuman entity or even an inanimate object (for example, a shark may function as an opponent or the Batmobile may be the helper).

An *acteur* within a given narrative plays a role or number of roles in the overall economy of the plot development (for example, Merlin plays the role of helper in the Arthurian legend). When this is not the case, we judge the story to be flawed. Just as a poorly constructed sentence violates a grammar, so too does a poorly wrought narrative. This implies that there is a grammar of narrative. Greimas and other contemporary semioticians have devoted themselves to discovering just such a grammar. Their interest is not prescriptive but explanatory; that is, their interest is not in stating the rules that all narrators must follow but in identifying the mechanisms by which meaning, at the level of narrative, is generated.

The drive to conceive of plot development in terms of abstract functions is thus connected with the drive to uncover the grammar of narrative. Such a grammar aims at isolating the most basic units of some semiotic field and then discovering the laws by which such units are assembled. **Actantial analysis** is a technique used by narratologists and, more generally, readers to make sense out of stories.

Actantial analysis. The **analysis** of a **narrative** in terms of **actants,** the abstract functions found at the level of deep structure. For narratologists such as Roland **Barthes** and A. J. **Greimas,** narrative discourse possesses both a surface structure and a deep structure. What takes place on the surface of a narrative is ordinarily described in terms of characters (*acteurs*), actions, events, etc.; what underlies this is alleged to be a grammar, a set of rules according to which the elementary units of narrative discourse (frequently called narremes) are formed and combined. Actantial analysis is an approach to narrative discourse inspired by the success of **structuralist** approaches to such apparently diverse **phenomena** as language, culture, kinship, cuisine, and so on.

Acteme. A term proposed by Kenneth L. Pike for the most basic unit in the analysis of communicative behavior, whether the behavior is **verbal** or **nonverbal.** What the phoneme is to the study of language as a system of aural signs, the acteme is to the study of communication as a behavioral system.

While Pike's distinction between **emic** and **etic** research has been highly influential, his terms *acteme* and *behavioreme* are not used outside a rather narrow circle. These terms nonetheless provide an illustration of a pervasive and important tendency in contemporary **semiotics:** to apply the model of **structuralist linguistics** to something other than **language.** From this perspective, language is to be explained by the identification of its most basic units (**phonemes** at the level of sound and **sememes** at the level of meaning) and the discovery of its most basic combinatorial laws. Within any given language, only certain ways of combining the most basic units are permissible or legitimate. An account of the language is adequate (see **adequacy**) only to the extent that it discovers the rules governing how the most basic units can be combined and, of course, these units themselves.

Pike's terms are intended to provide the resources for analyzing and investigating any form of behavior, verbal or otherwise. Likewise, a general theory of signs is a theory of signs in general, not of this or that species of signs but of anything that might meaningfully be called a sign. The drive to attain such generality can be observed

7

in countless contexts, even those in which an investigator is preoccupied with bringing into manageable shape some specific field of semiotic inquiry.

Acteur. An "actor" or character at the surface level of a narrative discourse, in contrast to the abstract function of **actant** at the level of **deep structure.**

Actuality. A mode of **being** distinct from potentiality. Things do not merely exist in various shapes and sizes; the very way one thing *is* can vary from the way other things *are.* While a newborn is only a potential member of some linguistic community, the competent users of a given language are actual members of that community. One might (as, for example, **Aristotle** did) distinguish between grades or levels of actuality. Attaining a competency (say, acquiring the capacity to speak a language) differentiates one from those who have the potential to attain this capacity but have not yet done so. But the actual exercise of an acquired competency (the *act* of speaking) marks a fuller realization of one's actuality as a speaker. The actual acquisition of a competency is a distinct level of actuality from that of the actual exercise of that competency. The manner in which I *am* a typist, while actually typing, is different from the way in which I *am* a swimmer while not actually swimming.

Because the investigation of signs has been, from classical to contemporary times, a lively interest of philosophical inquirers, and because questions concerning the nature and modes of being have been at, or at least near, the center of philosophy, **semiotics** (the study of signs) and metaphysics (reflection on the nature and modes of being) have crisscrossed at a number of important points. This has given rise to an intricate and intriguing conceptual tapestry, distinctively metaphysical conceptions being woven together with semiotic ones to create arresting patterns and suggestive configurations.

In the writings of Charles S. **Peirce** we find just such a tapestry. There are, according to him, three modes of being (see, for example, CP 1.23). When we say that something might have been or might be, we are calling attention to things quite different from those that have been, are now, or will be; and both of these are distinct from what would be. It is possible to subsume these under three headings: "every Object is either a Can-be, an Actual, or a Would-be" (CP 8.305). My being as a novelist is that of a mere might-be or can-be (since I have never written a novel, nor do the circumstances of my life appear to be conducive to the completion of such a work); my being as a lexicographer is, especially at this moment, an actuality; and, finally, my being as a lover of jazz is a would-be (given the opportunity and leisure, I would take great delight in listening to, say, Scott Hamilton at Fat Tuesday's or Shirley Horn at the Village Vanguard). While all three modes of being are relevant to Peirce's lifelong investigation of signs, the third mode is especially pertinent. It is in fact the very mode of being exhibited by signs.

Actualization. The process by which something merely potential becomes actual (for example, the growth of a flower from a seed). A. J. **Greimas** and J. Courtes explain that, in the context of semiotics, this term designates "the passage from system to process. Thus, language [*langue*] is a virtual system which is actualized in speech [*parole*] and in discourse" (1982, 9). When a code is used to convey a message (when, for example, English as a *langue* or system is put to work to produce sentences), the code becomes actualized in and through these sentences.

It should not be supposed that the code or *langue* is an inert instrument in the hands of personal agents who have their being and power apart from their semiotic competencies (that is, their capacity to produce and interpret signs of various sorts). For many semioticians, these codes or systems have a life and **agency** of their own: They themselves are impersonal agents or forces, acting upon and through personal agents (or speaking subjects). See also **actuality, anti-humanism.**

Addressee. One of the six factors making up any speech event or **communication** process. The addressee is the being to whom a message is addressed or conveyed; the **addresser** is the agent or mechanism that sends or transmits a message. If I shout across the street to warn you of some danger, you are the addressee while I am the addresser.

In addition to the addressee and addresser, the other factors in any communicative process are **context, message, contact,** and **code.** Corresponding to each of these factors is a **function.** Insofar as communication is directed toward the addressee, its function is **conative;** insofar as its is directed toward the addresser, its function is **expressive.** If I say "Bella donna, meet me at the piazza this evening," the addressee is the focus of the communication and, thus, its function is conative. If I say "My heart is broken because she never came," I, in the role of addresser, am the focus; thus the function of the message is expressive.

Various synonyms for this pair of addresser/addressee are, respectively: sender/receiver; communicator/recipient; emitter/receiver; source/destination; encoder/decoder; speaker/listener-hearer; writer/author-reader. Charles **Peirce** sometimes used the terms **utterer** and **interpreter** to designate sender and receiver.

To characterize the addressee of a message as an author-reader underscores the active, indispensable role the addressee plays in the construction of meaning. The meaning of a **text** is not a fully finished product to be consumed; it is a finely woven process to be enacted and re-enacted by readers. These readers are, in the very act of reading, authoring (or, at least, co-authoring) the meaning of a text ordinarily written by someone else. Hence there arises the need to distinguish between the *author* and the *writer* of a text. See also **author, death of the.**

Addresser. One of the six factors in any communicational exchange (see **communication**); specifically, the agent or mechanism that sends or transmits a **message.** (See **addressee.**)

Corresponding to this factor is a distinctive function, namely, the **expressive** or **emotive** function. When a communicative process focuses on the agent sending the message, its function is expressive or emotive. For example, if a person says "I am tired," the function of this message often is to reveal something about the addresser. It is conceivable that, in some contexts, this same proposition might perform a **conative** rather than an expressive function. For it might mean "Let's go home," in which case the addressee, rather than the addresser, is the focus of the exchange. This example shows the importance of **context** in ascertaining the meaning of any message. It also indicates that what might seem to be a statement of fact is not that at all, or not principally that. In our example, in uttering "I am tired," the speaker is in effect making a request that the addressee do something (leave with the speaker).

Adequacy (observational, descriptive, and **explanatory).** Three virtues or strengths of a theory moving, respectively, from the minimal requirement of observational adequacy to the ultimate goal of explanatory adequacy, by way of the intermediate desideratum of descriptive adequacy. This threefold distinction can be best explained by an example. Consider a theory of language. Such a theory possesses *observational* adequacy if it provides us with the means of generating or producing all and only those strings of words competent users of the language would intuitively recognize as correct or grammatical. The theory is said to possess *descriptive* adequacy (or to be descriptively adequate) if it also provides the resources for describing why within the language certain strings make sense and other strings are nonsense. The theory must provide these resources, again, in an intuitively convincing way to competent users of the language. But the ultimate goal of any linguistic inquiry aspiring to scientific status is to move beyond mere observation and description to explanation (see **Erklarung**). A theory of language possesses *explanatory* adequacy when it identifies the mechanisms or devices by which meaningful or grammatical sentences are generated.

Adequatio. Latin word meaning equivalence, equality, or correspondence. Adequation is the process whereby one thing is made equal to something else. In **medieval** thought, truth was defined in terms of *adequatio*. Truth was said by Thomas Aquinas to be an *adequatio rei et intellectus*. In other words, truth is a correspondence between what we think and what we are thinking about—in short, between our intellects and reality. If an idea is true, it is in a certain respect equal to the object it claims to represent; if it is false, there is a disproportion or lack of equivalence between thought and thing.

The so-called correspondence theory of truth has been rejected by some highly influential contemporary thinkers. One important reason given for this rejection is that this conception of truth suggests far too simple and uniform a notion. If when confronted with the question "What is truth?" we take Ludwig **Wittgenstein**'s advice to look and see how the adjective "true" and the adverb "truthfully" actually function in ordinary language, we discover that no simple formula can capture the essence of truth. Indeed, the very supposition that there *is* an essence of truth is hereby called into question. The various but equally legitimate uses of "true" and "truthfully" suggest a motley association of conceptions bound together not by a single essence (or common nature) but by a crisscrossing network of **family resemblances.** Our task thus becomes not extracting a single essence from these various **usages** but paying painstaking attention to the various ways "truth" and its cognates are used. What William James (1842–1910) called our "craving for generality" must not be allowed to blunt our attention to the particulars and our discernment of irreducible variety. When this craving is held in check, simple formulas such as truth as *adequatio* will be seen not to capture *the* essence of truth but merely to describe one legitimate but quite narrow usage of a truly protean word.

Though this critique of the correspondence theory has been highly influential, the theory still has its advocates. The question of truth continues to be a pivot around which philosophical and other forms of debate turn. Though we may never get to the bottom of the truth about truth, for philosophers and others the quest itself justifies the effort.

Adjuvant. French term meaning helper, used by A. J. **Greimas** to designate what originally was conceived as an actantial role (see **actant**) and what eventually became classified as an **auxiliant.**

13

Aesthetic function of language. The **function** linked to the aspect of **communication** known as the **message;** also called the **poetic function.** In any process of **communication,** an **addresser** conveys a **message** to an **addressee;** this process takes place in a **context** and depends on both a **code** and some form of contact or **channel** between the addresser and addressee. Connected with each constituent of communication is a function: The emotive **function** is linked to the addresser, the **conative** to the addressee, the referential to the context, the **phatic** to the contact, the **metalingual** to the code, and the aesthetic or poetic to the message itself.

Today, many assume that, in a literary text, language is being used not to express the feelings of the authors, to direct the actions of the readers, or to refer to objects or events in the world; rather, language is being used here to reveal the power and nature of language itself. This conception of the aesthetic function of language or communication (a conception found, for example, in the writings of Roman **Jakobson**) tends to be formalist rather than contextualist, for it locates this function in the inherent form of the literary (or artistic) **text.** To do this requires abstracting from the psychobiographical context of the author's life and also from the historical contexts in which the text was written and in which the text is being read. Extreme formalism is, however, an untenable position. As Virginia Woolf notes, "fiction is like a spider's web, attached ever so lightly perhaps, but still attached to life [or reality] at all four corners" (1929 [1957], 43). To appreciate fully such a web, one must both trace carefully the intricate pattern or form of the web itself *and* explore its points of attachment. *Formal* consideration of the aesthetic text as a self-contained and auto-referential system needs to be supplemented by *contextual* considerations of various sorts.

Ad hoc. Latin expression meaning "to this," used as an adjective to describe something (for example, a committee or **hypothesis**) specifically designed to address a particular problem, issue, or objective. If an administrator at a university organizes a committee having the charge of addressing itself *to this* issue (say, security on campus), that official would have established an ad hoc committee. Ordinarily such committees are of short duration; once the issue is resolved, they are disbanded. An ad hoc hypothesis is one designed to plug a hole in a theory. For example, when the geocentric (earth-centered) view of Ptolemy and other astronomers was shown to conflict with the improved observations of the heavenly bodies, proponents of this view devised the ad hoc hypothesis of epicycles: The planets do not merely circle the earth but they move in small circles (epicycles) along the line of their circular orbit. Eventually it became necessary, in order to square the Ptolemaic view with the observational data, to suppose that the planets moved in an incredibly complex pattern of epicycles. In general, the need to devise ad hoc hypotheses to maintain a theory is taken as symptomatic of a deficiency in the theory, though it is not necessarily a compelling reason to reject the theory outright.

Ad hominem. Latin expression meaning "to the person," ordinarily used as an **abridgment** of *argumentum ad hominem.* In one sense, this means an **argument** addressed specifically to a person (for example, "If you hold this or assume that, you cannot consistently maintain this other position") and thus one usually limited in its logical force. In a quite different sense, it means a fallacious or invalid form of refutation that attacks the person putting forth an argument rather than addressing the reasons put forth by that person in support of some **conclusion:** "He's a liberal so we know his proposal will involve needless spending and yield—at best—minimal results." The castigation of individuals and, by implication, of their positions by hurling epithets (in this case, the L-word—liberal) is the most common form of this fallacious move. Though logically flawed, ad hominem refutations are often rhetorically forceful: They persuade people, on irrelevant grounds, to reject the conclusion of an argument.

Aesthetics. In a broad sense, the branch of philosophy dealing with beauty as it is encountered in both art and nature. As it is ordinarily used today, however, this definition of aesthetics is, in one sense, too broad and, in another, too narrow. It is too broad because the scope of aesthetics is today usually limited to human artifacts. Natural phenomena such as seascapes and sunsets obviously fall outside this scope. But the definition is also too narrow, for contemporary practitioners do not devote themselves primarily, if at all, to exploring the nature and forms of beauty. While classical aesthetics strove to define beauty in general (take, for example, the definition of the beautiful found in Thomas Aquinas's writings as that which pleases or delights upon being perceived) and to develop the criteria by which beautiful objects could be identified, the principal concern of contemporary aesthetics is with the nature of art itself and, even more generally, with processes of signification. We rarely ask of artworks "Is it beautiful?," but we frequently wonder "Is this art?" or "What does it mean?" Much contemporary art is a self-conscious experimentation with various and often mixed media for the purpose of exposing sham meanings and of establishing unusual resonances. According to one highly influential approach, **Russian formalism,** the function of art is to make the familiar strange. Such art is a field that invites investigation from a semiotic viewpoint.

Agency. Having the status or capacity of an agent—a person, mechanism, or any other thing by which some process is initiated and perhaps sustained, or by which some force is exerted and some change is produced. We tend to think of agents as persons, but an important emphasis of contemporary semiotics is that systems of signs are themselves inherently vital and powerful forces, capable of shaping the way human beings and other users of signs think and feel as well as speak and write. Thus sign systems themselves may be considered agents.

Agreeableness to reason, method of. One of four methods of **inquiry,** or ways of fixing **beliefs,** distinguished by Charles S. **Peirce**; also called the **a priori** method. According to advocates of this method, we should adopt in our struggle to overcome doubt that belief which is most agreeable to our individual reason. "Agreeable to reason" does not mean what agrees with experience, but what we find ourselves disposed to believe. Like the methods of tenacity and of **authority,** this method is fatally flawed, its fatal flaw being that it "makes of inquiry something similar to the development of taste; but taste, unfortunately, is always more or less a matter of fashion . . ." (CP 5.383). Unlike the method of **science,** these three ways of fixing belief do not take **experience** seriously enough; nor do they conceive **reality** adequately. In our saner moments, we realize that reality is not simply what we are inclined to suppose; it is what it is quite apart from our conceptions of it. The only truly responsible way of fixing our beliefs is one uncompromisingly committed to such a notion of reality—and humbly open to the ways reality reveals itself in and through our experience. So, at least, argues Peirce.

Algorithm. In mathematics, a procedure for solving a problem that takes a finite number of steps and often involves repeating an operation; more generally, a step-by-step procedure for attaining some goal or resolving some difficulty.

Alienation effect or **A-effect.** The usual translation of the German expressions *Verfremdungseffekt* or *V-effekt*, terms used by Bertolt Brecht (1898–1956) to designate the intentional effect of dispelling the realistic illusion of a dramatic performance. Audiences need to be jarred into the realization that what they are seeing is *not* real, for only then do they cease to be passively receptive and can then become critically engaged in the process. One device by which this effect might be accomplished is to have an actor step out of character and comment on how poorly another actor is performing. See also **defamiliarization.**

Aliquid stat pro aliquo. Latin expression meaning "something stands for something else." The function of one thing standing for another (**stare pro**) has, from ancient to contemporary times, been taken as *the* essential characteristic of signs. One influential formulation of this view is found in Augustine's *De doctrina christiana*: "A sign is a thing which, over and above the impressions it makes on the senses, causes something else to come into the mind as a consequence of itself." One might hear the sound Florence or Firenze and think of a city, or see smoke and think of fire. The power of the sound to convey a conception of the city and the power of a sight to suggest the cause of its appearance illustrates what the formula *aliquid stat pro aliquo* means, for the interpreter of these signs takes something to stand for something else.

18

But the status or nature of the *aliquo* (that for which the sign stands) has been, from ancient times, a matter of controversy. In our own time, this controversy has intensified. On the one hand, there are those who contend that language and, more generally, signs of various sorts provide us with access to an extralinguistic and extrasemiotic world (a world that exists independently of language and all other systems of signs). Hence language and signs reveal what is there. On the other hand, there are those who argue that since our only access to reality is via signs of one sort or another, what we call reality amounts to nothing more than an interpretation. Specifically, it is the sum total of our most accredited and reliable interpretations. "There are," in the words of Friedrich Nietzsche (1844–1900), "no facts, only interpretations." The status and nature of what signs stand for are themselves thus open to conflicting interpretations; so much so that the function of "standing for" has been explicitly challenged. From this viewpoint, the function of signs is to generate other signs, and the function of *these* signs is to generate yet other signs, ad infinitum.

The image of signs generating other signs, rather than signs standing for extrasemiotic entities, has exerted a profound influence on contemporary thought. Semiotic systems, such as language or a body of literature, are not transparent windows through which we look at reality; they are labyrinths, perhaps even labyrinths leading into other labyrinths, from which there is no escape. According to its critics (for instance, Frederic Jameson), this view makes of language and other sign systems a prisonhouse allowing no access to the "*real*" world." For its advocates, the demand to subordinate the play of signs (or signifiers) to what is not itself a sign is rooted in a tyrannical impulse

19

to stop what can never be truly arrested—the dynamic and self-sustained generation of signs. There may very well be a healthy impulse underlying each of these rival positions—there is, on the one hand, the impulse to use language simply and plainly so that such things as hunger, violence, injustice, cruelty, and the like do not evaporate into a miasma of signs and, on the other, the impulse to use language as imaginatively as possible so that its possibilities and power reveal themselves in ever new and startling ways.

In sum, the function of a sign is, in the classical conception, representative and, in more recent approaches, productive: For the former, a sign has its *raison d'être* in representing something extrasemiotic (something not itself a sign), while for the latter, signs are mechanisms for producing other signs, ad infinitum. See also **adequatio.**

Alterity. From Latin *alter,* other. **Otherness;** diversity, difference; having the status or force of being other than and unassimilable to some system of representation. Ordinarily alterity means that which is other than some dominant viewpoint and thus that which has been (and very likely still is) devalued, discounted, and marginalized. Marginality and unassimilability are definitive of alterity. What today is designated by the terms "alterity" and "otherness" is, in some respects, close to what Peirce called "**secondness.**"

The highly abstract category of alterity or otherness is often intended to have a practical and even political focus. It is frequently used to call attention to what has been excluded from or marginalized in the dominant discourses of Western culture. Western humanism is based on the supposed sameness of all human beings; but, in practice, it has not served all humans equally well. Those who are *other than* (or different from) the dominant images of the dominant discourses are discounted, discredited, degraded, or worse. As a way of challenging this exclusion and marginalization, the rhetoric of alterity and otherness has been crafted: There is experience other than that of males, or that of heterosexuals, or whites, or Europeans. These "others" deserve a hearing; their experience is not necessarily, or even likely, the same as those who have been historically dominant. Today the emphasis has shifted from universality (what is supposedly true of all "men") to specificity (what generally fits the experience of some specific group), from sameness, homogeneity, and oneness to otherness, alterity, and plurality.

Althusser, Louis (b. 1918). A contemporary French thinker who offered a structuralist interpretation of the Marxist perspective. His treatment of **ideology** is perhaps his most important contribution to **semiotics**. His works include *For Marx* (1977), *Essays in Self-Criticism* (1978), and *Reading Capital* (1979).

Ambiguity. The property of being open to a variety of interpretations, some of which might even be contradictory; whenever any word or expression possesses several meanings and these can be easily confused.

Ampliative/explicative. *Ampliative,* an adjective used by Charles S. **Peirce** to identify those forms of reasoning which aim at increasing our knowledge (adding something truly new to the stock of what we know). In contrast, *explicative* reasoning involves explicating—making explicit and manifest what is implicit and hidden in—some truth supposed to be securely established.

Anagram. A word or phrase derived by inverting or transposing the letters of another word or phrase. An interesting and mischievous example is the derivation of "Evil's agent" by transposing the letters in "Evangelists."

Ferdinand de **Saussure** studied anagrams in Latin poetry on the supposition that "the Latin poets deliberately concealed the anagrams of proper names in their verses. He believed he had discovered a supplementary sign system, a special set of conventions for the production of meaning, and he filled many notebooks with remarks on the various types of repetitions and anagrams he had discovered" (Culler 1986, 123).

The supposition that the anagrams Saussure detected were deliberately devised is questionable. What he might have discovered is an unconscious mechanism at work in the poetic fashioning of language and presumably also in the less finely controlled usage of words as well. The repetition of sounds or letters, albeit in transposed form, might be an important factor in the production of **verbal** messages, even if the producers of such messages are unconscious of either the presence or the importance of this mechanism. Such is the way Julia **Kristeva** interprets these repetitions and transpositions. Their unconscious operation would be only another case of human agents not knowing fully what they are doing.

Analepsis. A narrative technique commonly called flashback and less often retrospection. If in the course of a **narrative** events preceding those narrated up to this point are presented, we have an instance of analepsis; if in the course of a narrative events coming after those narrated thus far are presented, we have a prolepsis or flash forward.

Analogy. In general, a comparison; a similarity between things that are otherwise different (for example, in several famous passages from his *Course on General Linguistics*, Ferdinand de **Saussure** calls attention to an analogy between language and a game of chess). In logic, a specific type of comparison having four terms and the following form or structure: A:B::C:D (A is to B as C is to D; for instance, the trunk is to an elephant what hands are to humans). Analogy is a type of inference in which the agreement of several things in some respects is used as a warrant for supposing that these things are alike in other respects.

Analysis. The process by which a phenomenon or object being investigated is broken down, either physically (as in the chemical analysis of a substance) or conceptually, into its components in order to understand more fully the phenomenon or object. Analysis is one of the most basic procedures used in any sphere of inquiry. It is, thus, on a par with observation, classification, generalization, validation, and all the other procedures undertaken, in one form or another, by human inquirers, regardless of subject matter.

Ferdinand de **Saussure** analyzed the sign into an **aural** image (the sound heard when a word or sentence is uttered) and a mental image (the concept conveyed by the utterance upon being heard); he then generalized these components into the **signifier** and the **signified.** In contrast, Charles S. **Peirce** broke semiosis or sign action into three components—the **sign** or **sign vehicle** itself, the **object,** and the **interpretant.**

Analytic/synthetic judgments. The highly influential way in which Immanuel Kant drew the distinction between "truths of reason" and "truths of fact" (a distinction found clearly drawn by, for example, David Hume and Gottfried Leibniz). One of the most common and important forms of judgment is that of predicating (from the Latin *predicare,* to say of) a quality or attribute of a subject. If I judge that "The stove is black," I predicate a

23

quality (blackness) of a subject. Both analytic and synthetic judgments are of the subject-predicate form; the difference between them concerns how the predicate is in each case related to the subject. An analytic judgment is one in which the predicate is (to use Kant's own expression) "contained in," or entailed by, the subject. For example, the judgment that "A triangle is three-sided" is analytic since three-sidedness is contained in (or entailed by) triangularity. The judgment "The stove is black" is in contrast synthetic, since there is nothing in the concept of the subject that entails it being black. While a four-sided triangle is inconceivable, a white stove is not. The three-sidedness of triangles is a truth of reason: It is discoverable by reason without any recourse to, or reliance on, experience. The blackness of this stove is a truth of fact; only experience can teach us that this quality is attributable to this subject.

In his influential essay "Two Dogmas of Empiricism," Willard van Orman Quine called into question the possibility of drawing an absolutely sharp distinction between analytic and synthetic truths.

Animal Symbolicum. Latin expression meaning the symbolic or symbol-using animal; an expression Ernst **Cassirer** used to designate the human species. *Animal symbolicum* is intended to suggest something both wider and deeper than what is conveyed by the classical definition of the human being as a rational animal. See also *Homo loquens*.

Anthropomorphism. From the Greek words *anthropos* and *morphe*, meaning human and form. The tendency to conceive or interpret what is not human or personal in human or personal terms. To conceive of God the Father as a man with white hair and a white flowing beard is to conceive of Him anthropomorphically. So too, if I attribute maliciousness to the rock that strikes me on the head, I am in effect conceiving this inanimate thing in personal terms, specifically in terms of a will. But only voluntary agents (beings with wills of their own) can bear another malice or ill will, so this conception is misguided. In general, to show that a conception is anthropomorphic is assumed to be equivalent to showing that it is mistaken. For such conceptions seem to involve "reading into" phenomena properties or capacities that are not truly there.

Charles S. **Peirce,** however, argued against the wholesale condemnation of anthropomorphic conceptions. He claimed that humans are so completely hemmed in by the bounds of their possible practical experience, their minds are so consistently employed as an instrument of their needs and desires, that they cannot in the least mean anything that transcends the limits of such experience. From this he concluded: " 'Anthropomorphic' is what pretty much all [human] conceptions are at bottom" (CP 5.47).

Anthroposemiosis. All of the sign processes in which human beings participate but which other animals may also use; more narrowly, the distinctively *human* uses and forms of signs. Art, science, religion, and language itself are all, at least in their more complex and sophisticated manifestations, examples of anthroposemiosis in the more limited sense. Whatever is unique or characteristic of a particular species of animal is said to be species-specific. Anthroposemiosis might refer to either the entire range of human semiosis (including those exhibited by other species of animal) or, more narrowly, only those forms of semiosis that are species-specific to *homo sapiens.*

Anthroposemiotics. That branch of **semiotics** devoted to investigating the human, especially the distinctively or uniquely human, uses and forms of signs; that part of **zoosemiotics** concerned with **anthroposemiosis.**

Anti-humanism. Opposition to, or rejection of, **humanism.** In a very broad sense, humanism is simply the affirmation of the value and dignity of human beings; in a more restricted sense, it refers to a cultural and intellectual movement, beginning in the Renaissance (if not even earlier) and animated by a specific image of human beings. **Consciousness, autonomy** (understood principally in the negative sense of freedom from the constraints of tradition and the will of tyrants), individuality, and control over nature are among the most salient features of this image. This vision of humanity has been opposed for a number of reasons, not the least of which is that while it pretends to be a universally valid portrait serving all human beings equally well (regardless of class, gender, ethnicity, etc.), it is a seriously distorted and ideologically biased position. Anti-humanism is, of course, the rejection (for whatever reason) of this vision of humanity. One encounters it in, for example, Michel Foucault's *The Order of Things (Les Mots et les Choses)*. If we see through the illusory nature of the humanistic conceptions of consciousness, freedom, individuality, mastery, etc., we are destined to witness the "death of man," of man as *he* has been defined and defended especially in the postmedieval epoch of Western culture. The death of God announced by Friedrich Nietzsche has turned out to be a prelude to the death of man. Such, at least, is the anti-humanistic conclusion of Foucault's *The Order of Things* (1966 [1973], esp. 384ff).

Antinomy. In general, a contradiction between what appear to be two equally valid principles or between two (apparently) correctly drawn conclusions from such principles.

Antipsychologism. The view that psychological or mental processes cannot explain **sign** processes. For advocates of this doctrine, signs are not to be explained by reference to minds, especially minds conceived as inner or private spheres; rather minds are explicable only in terms of **semiosis** or sign action. This abrupt change in one's heuristic orientation is called a **paradigm shift** by Thomas Kuhn. Hence **semiotics** (the study of signs) involves nothing less than such a shift in the way signs are understood and investigated.

In a paradigm shift, the community of inquirers or, at least, a significant segment of it not only turns from one set of concerns and questions to another; it also revises its understanding of what counts as an explanation. In the study of signs, there has been in the last hundred years a shift from psychologistic explanations of signs to semiotic explanations of mind. For some semioticians, this conceptual and **heuristic** revolution is as great and important as the one inaugurated by Galileo and carried through by Newton. In Aristotle's physics, the fact of motion, of bodies moving at all, required explanation. Galileo and, later, Newton shifted the focus of physics by assuming the motion of bodies; what needed to be explained were changes in direction and velocity.

Charles S. **Peirce** was, in his **semeiotic,** explicitly antipsychologistic. In contrast, Ferdinand de **Saussure** often characterized the sign as a psychological entity; he also classified *semiologie* itself as a branch of social psychology. From the perspective of his successors, however, Saussure provided the resources for developing an antipsychologistic theory of signs.

27

Anti-realism. The thoroughgoing rejection of realism; even more radically, the rejection of the *problématique* (or set of concerns) giving rise to the question of whether or not our signs can depict or represent reality accurately.

Aperçu. A French word meaning glimpse, insight, outline, and summary. Sometimes this word is used to designate the summary or outline of an **argument** or **narrative.**

Aphasia. Loss or impairment of the capacity to use or understand words, often resulting from brain damage. Roman **Jakobson** and other linguists have studied aphasia with the hope that such investigation would throw light on both our capacity for speech (**parole**) and the nature of **language** (*langue*).

Apodictic. Having the character of necessary truth or absolute certainty. Much of Western philosophy has involved the quest for apodictic certitude. Especially beginning in the second half of the nineteenth century, this quest has been called into question. The best that human inquirers might ever attain is probable truth, less-than-apodictic certainty. Our finitude and fallibility seem to put forever beyond our reach the sort of truth or certitude aimed at by such figures as **Plato, Aristotle, Descartes,** and Hegel. The admission of this does not mean an espousal of **skepticism;** it rather means the adoption of **fallibilism.**

Aporia. A Greek word meaning helplessness or difficulty in dealing with, or finding out, something. In philosophy, this term is often used to designate a conceptual or theoretical impasse to which one is brought by following out the implications of one's beliefs or convictions. Many of **Plato**'s dialogues end with a character being rendered helpless under the pressure of Socrates's cross-examination. At the end of these dialogues, a character confesses, or refuses to acknowledge, that he truly does not know what he is accustomed to saying or thinking. For Socrates, the confession of ignorance is the beginning of wisdom. So too for Charles S. **Peirce,** according to whom "it is only a deep sense that one is miserably ignorant that can spur one on in the toilsome path of learning" (CP 5.583). This sense of being miserably ignorant comes from *aporias*, from those theoretical impasses to which our most cherished convictions often seem to lead. See also **antinomy.**

A posteriori. Knowledge that is derived from and, thus, dependent upon experience. **A priori** designates knowledge that is prior to, and independent of, experience. These two terms are commonly used in **epistemological** discussions.

A priori. That which is prior to, or independent of, experience. In contrast, **a posteriori** refers to that which is dependent upon experience. The question of whether there are a priori or innate ideas, ones with which we are born rather than derive from the course of experience, has been contested from ancient to contemporary times. For empiricists, the human mind is at birth a *tabula rasa* (blank slate); for rationalists, we bring ideas *to* experience as well as derive them from it. The debate between empiricists and rationalists was at the center of Western philosophy during the modern epoch or period. In our own day, the linguist Noam Chomsky (b. 1928) has argued strenuously that our acquisition of language provides clear evidence of our possessing an a priori or innate set of ideas.

A priori method. See **agreeableness to reason, method of.**

Arbitrariness. The absence of a rational justification or of an intrinsic (or natural) basis. Arbitrariness has been seen as an, if not *the*, essential feature of the **sign**. According to Ferdinand de **Saussure** and his followers, a sign is an *arbitrary* correlation between a **signifier** and a **signified**. For example, there is no intrinsic connection between the signifier D-O-G and the four-legged, furry animal signified by these letters; there is only an arbitrary (or **unmotivated**) link.

The two dominant traditions in contemporary **semiotics** differ sharply regarding how much importance should be attached to the arbitrariness of signs. For the research tradition rooted in Saussure's **semiology,** arbitrariness is crucial; for that rooted in Charles S. **Peirce**'s **semeiotic,** it is not. For Saussure, the sign is an *arbitrary* correlation of a signifier with a signified. This is a definition of sign *in general,* but it is one based on taking linguistic signs as the paradigm or model of all other signs.

The arbitrary nature of these correlations needs to be seen in light of the *social* nature of language itself. As Saussure is quick to point out, "arbitrary" should not be taken to imply that the actual choice of the signifier is left to the individual speaker. Any actual language is a determinate set of arbitrary correlations over which individual speakers have little or no control. What linguistic and other signifiers mean is what the linguistic or semiotic system dictates. Here we see a distinctive emphasis of structuralist thought (structuralism having its roots in Saussure's linguistics): System as a set of constraint is stressed, the self as a source of innovation is downplayed and, in extreme cases, denied.

Throughout the history of thought, issues concerning the relationship between nature and **convention** have occupied center stage. In the ancient and medieval periods of Western culture, nature tended to be privileged and convention disparaged (as the very expression "*merely* conventional" suggests). Today the balance has shifted dramatically. For example, most appeals to human nature are immediately challenged, if not curtly dismissed; for what is called "human nature" is seen by many to be only a social construction (in other words, a historically evolved and evolving set of conventions). The Saussurean and structuralist emphasis on the arbitrariness of the sign is an example of this dramatic shift in emphasis from the naturally (and often divinely) ordained to the conventionally established. Formerly it was often supposed that what nature and God have wrought cannot, or should not, be unmade; today it is characteristically assumed that what human beings have devised in their historical struggles to gain dominance over nature and one another can, and should, be questioned, if not remade.

If language is essentially a set of arbitrary correlations, and if furthermore it is (as Saussure thought) heuristically *the* model by which all other sign systems should be understood, then it might provide a means of exposing "mythologies" and "ideologies" for what they are—human constructions wrought and maintained in the interest of certain groups and, inevitably, to the disadvantage of other groups. Thus (to cite a famous example), when Roland Barthes comments on the cover photograph of *Paris-Match* in which a black African in a French uniform is saluting a French flag, the photograph as signifier not only denotes this figure in this pose but also connotes that "France is a great colonial Empire with loyal black citizens in its army, etc." During France's conflict with Algeria, such a message obviously serves the cause of continuing colonialism. By denoting something actual (black Africans loyal to French imperialism), the photo is promoting something ideological and, in a sense, mythological. As Barthes notes, "myth does not deny things . . . [but]

31

purifies them": It "makes them innocent, it gives them a *natural* and eternal justification" (emphasis added).

Semiotics, construed not as a theoretical investigation of semiotic phenomena but as a cultural **critique** of our actual semiotic practices, often aims to see through this supposed innocence, to render problematic the "natural and eternal justification" of what are at least arguably unjust and exploitative practices (for example, the images of sexy, submissive women which so abound in our culture).

Arche-. Prefix derived from a Greek word meaning both source and ruler. Thus it conveys the sense of both that from which something comes and that by which something is ruled, regulated, or governed. Much of postmodern thought is devoted to challenging the legitimacy of searching for either an absolute origin of signs or a complete mastery of meaning. It is, in short, anarchical.

Archetypes. In general, an original type or exemplar upon which other things are modeled; in Jungian psychology, a predisposition or idea (such as the figure of the sage) rooted in the collective unconscious and open to myriad manifestations (from Merlin in the Arthurian legend to Yoda in Star Wars).

Due largely to the influence of Sigmund Freud, we are accustomed to distinguishing between the conscious and the unconscious regions of the human mind. In conceiving the relationship between the two, we sometimes rely on a spatial **metaphor** in which **consciousness** is represented as a relatively superficial region and the unconscious as a deep, dark, underlying region from which forces can explode upward, occasionally reaching the surface (that is, entering consciousness, in however disguised a form). But the unconscious so conceived is ordinarily supposed to be the product of our individual experiences, especially traumatic ones occurring at a rather early age. Carl Jung maintained that, in addition to an individual unconscious, there is a **collective unconscious,** a region of the human psyche inscribed with "ideas" not resulting from our individual experience but part of our racial inheritance: The archetypes are rooted in the experience of the human race, not that of any individual human. Just as a principal objective of Freudian psychoanalysis is to put us in contact with certain crucial factors within our individual unconscious, thereby freeing us from their debilitating effect, so a primary goal of Jungian psychology is to put us in touch with our collective unconscious.

Jung's notion of archetype and, indeed, other parts of his thought reveal a deep and penetrating appreciation of the role symbols play in our individual and collective lives. If for no other reason, his work is important to **semiotics.**

Arche-writing. A term used by Jacques **Derrida** to designate the process by which signs are generated. Signs are, according to him, the **traces** or inscriptions left by the play of differences, arche-writing being nothing other than this play of differences.

Traditionally it has been assumed that spoken language is primary and written language derivative. But, according to Derrida in *Of Grammatology* and other writings, this assumed hierarchy contributes to the metaphysics of **presence** (the attempt to define Being in terms of some form of presence) and, thus, it needs to be challenged. Central to this challenge is Derrida's questioning of the hierarchy implied in conceiving speech as primary and writing as derivative.

Signs are not lifeless entities awaiting some consciousness, human or divine, to breathe life into them. They exhibit a life of their own. See **agency.** Inherent in them is a vitality, a power to grow and to replicate themselves. If we take writing in a very broad sense to mean traces of signs whose inherent dynamic propels us beyond themselves, then writing has to be taken as the *arche* or source. Derrida is, in some respects, a dialectical thinker in the tradition of Hegel; he delights in ironic reversals. In *The Phenomenology of Spirit,* Hegel shows how masters depend upon and, in a way, are enslaved to their own slaves; in *Of Grammatology* Derrida tries to show how the supposedly derivative form of language (writing) is actually primary. See also **trace, writing.**

Architectonic. A term used by Immanuel Kant and adopted by Charles S. **Peirce** to describe the systematic rather than haphazard manner in which inquiry ought to be conducted. It might be suggested that we do not know enough to construct a system of knowledge. But this suggestion might be countered by the claim that, precisely because we do not know enough, we need a system—or, at least, we need to proceed systematically.

In his *Critique of Pure Reason,* Kant offered this definition: "By an architectonic I understand the art of constructing systems" (p. 653). Since scientific knowledge is marked first and foremost by its *systematic* form, the "architectonic is the doctrine of the scientific in our knowledge." See also **scientificity.**

Architecture. The art of building explored as a means not of providing shelter but of conveying meaning. Very rarely do distinctively human activities or artifacts serve one purpose or perform one function; they are characteristically **polyfunctional.** Clothes, cars, houses, and cities each in their own way illustrate this point. In wearing these clothes or driving this car, a person is often—perhaps always—making a statement, though not necessarily a conscious one. In addition, our built environment, ranging from the small corners over which we exercise minute control (the rooms in our houses) to the vast stretches that take shape due to the confluence of countless forces (neighborhoods and cities), truly express our lives and in turn express themselves in and through our lives. The semiotics of architecture explores the specific ways the built environment provides means for expression and, in addition, the ways this environment itself is an expressive force, structuring the way we move, see and even feel. This exploration is closely related to **aesthetics, proxemics** (the semiotics of space), **zoosemiotics,** and no doubt other disciplines (some explicitly semiotic in outlook and others not). This exploration is undertaken in earnest, as Roland **Barthes** notes, when we move from metaphorical discussions of the "language of the city" to analytic and systematic research devoted to identifying architectural signs and codes.

Ferdinand de **Saussure** in his *Cours de linguistique generale* and later Ludwig **Wittgenstein** in his *Philosophical Investigations* compare language to a city. In the semiotics of architecture, the comparison is reversed—the city as a configuration of buildings and other artifacts is conceived as a language.

Argument. A set of statements in which one or more premises are put forth as evidence for, or in support of, another statement (the **conclusion**); any process of thought tending to produce a belief.

In Charles S. **Peirce's** theory of **signs,** argument is identified as a specific kind of sign. It is part of a triad or **trichotomy: rheme, dicent, argument.** This trichotomy corresponds roughly to the more traditional distinction of concept, proposition, argument.)

Argumentation. A term used by Charles S. **Peirce** to designate a formally or explicitly stated **argument.** "An

'Argument' is any process of thought tending to produce a definite belief. An 'Argumentation' is an Argument proceeding upon definitely formulated premisses" (CP 6.456). In short, an argumentation is a formally stated argument.

Aristotle (384–322 B.C.). In his *Peri hermeneias*, translated into Latin as *De interpretatione*, this ancient Greek philosopher and scientist stated that "spoken **signs** are **symbols** of affections in the soul, and written marks [are] symbols of spoken sounds. And just as written marks are not the same for all men, neither are spoken sounds. But what these are in the first place signs of—affections of the soul—are the same for all; and what these affections are likenesses of—actual things—are also the same" (Quoted in Noth 1990, 90b). His enormous influence on later medieval thought, first Arabic and later European, alone ensures him of a significant place in the history of semiotics, for this epoch was a time when, in the context of **logic,** signs were studied with great rigor and in fine detail. Charles S. **Peirce,** who called Aristotle the greatest human intellect, also advised others to open the "dusty folios" of the medieval logicians.

Articulation. From the Latin *articulus,* meaning joint or division. In the most general sense, any process of dividing or segmenting; in linguistics, articulation ordinarily means double articulation, a feature often claimed to be unique to human speech.

Ferdinand de **Saussure** observes that "applied to speech [*parole*], articulation designates either the subdivision of a spoken chain into syllables or the subdivision of the chain of meanings into significant units" (10). At the first level of articulation, an utterance or message is divided into meaningful units (often called **sememes** and termed monemes by André Martinet—the linguist ordinarily credited

36

for formulating the principle of double articulation); at the second level, it is divided into distinguishable but meaningless sounds (**phonemes**). In written language, graphemes are the units corresponding to the phonemes of the spoken language.

The link between **language** and articulation has, from ancient times, generated a doubt regarding our ability to talk about **reality** without distorting or disfiguring it. At the level of meaning, articulation involves dividing or segmenting reality into various classes or kinds. But early in the history of both Eastern and Western thought there arose the question of whether the cuts we make—the classes we recognize or construct—truly correspond to the way the world is. Sometimes it is argued that reality is, in itself, continuous or undivided and, thus, any articulation or segmentation of it is, in principle, a distortion and perhaps even an act of violence. At other times, it has been simply thought that there is no way of determining whether our division of the world correspond to the way the world is actually structured or segmented.

Are classificatory schemes only useful fictions? Or do they have a basis in reality? Skeptics and nominalists contend that our classifications reflect our purposes and perspective, not reality's contours and character. In contrast, realists maintain that some of our classifications of reality are useful precisely because they divide reality the way it is actually divided. A map that did not in any way correspond to the terrain it purports to depict could not, in principle, fulfill the function of a map. Not all fabrications are fictions: Some of the theories and taxonomies we fabricate are more or less reliable maps for getting around in the world. This seems to entail that they correspond in some measure to the world. Such, at least, is the central claim of Peircean and other forms of **realism.**

Assertion. The act of putting forth a **proposition** as though it were true; that is, as though it merited assent or **belief.** To assert a proposition entails accepting responsibility if it turns out to be false. Charles S. **Peirce** went so far as to suggest that an assertion "is an exhibition of the fact that one subjects oneself to the penalties visited on a liar if the proposition asserted is not true" (SS 1977, 34).

Assertory. A term used by Charles S. **Peirce** to designate the fact of a sign having the property or status of an **assertion.**

According to Peirce "ordinary words in the bulk of languages are assertory. They assert as soon as they are in any way attached to any object. If you write 'Glass' upon a case, you will be understood to mean that the case contains glass" (CP 4.56).

Associative. A synonym for what today is more commonly called **paradigmatic.** *Associative* and *paradigmatic* are terms used to designate one way words or terms are related to one another in discourse; **syntagmatic** is a term used to identify a contrasting relationship among such terms (see **axis**). The meaning of an utterance is a function of *both* associative (or paradigmatic) and syntagmatic relations. In an utterance, terms are strung together. These terms are syntagmatically related to one another. But, in stringing these terms together in this way, choices were made: Certain other terms were not selected, though they might reasonably or intelligibly have been. These alternative terms are associatively or paradigmatically related to the terms actually used in the utterance. The terms actually used have, as it were, a penumbra of associations that contribute to the meaning of the utterance.

Association is the term Saussure used in contrast to syntagmatic. Because of the drive to rid linguistics of psychological terms, which Saussure frequently used (see **mentalism**), *association* was replaced by *paradigmatic*.

Aufhebung. German word meaning the reconciliation of opposites; a moment or phase of mediation; the culmination of a dialectical process. See **dialectic**.

Aufklarung. German word for **Enlightenment**.

Aural. Related to the ear or the sense of hearing. Spoken words are aural **signifiers:** They function as signifiers by virtue of being heard or being audible. In contrast, the words on this page are visual signifiers—they function as signifiers by virtue of being seen or being visible. Braille is a system of tactile signifiers—the differences that make a difference between, say, A and B are discernible by means of touch.

Austin, John Langshaw (1911–1960). An influential philosopher who taught at Oxford from 1952 to 1960. His major works are *Philosophical Papers* (1961), *Sense and Sensibilia* (1962), and *How to Do Things with Words* (1962). His account of the **locutionary, illocutionary,** and **perlocutionary force** of utterances helps the student of signs see more clearly some important features of our linguistic practice (that is, the way we use language). More generally, his work contributed to what has been called the **linguistic turn** in Anglo-American philosophy. While Austin is rightfully grouped among ordinary-language philosophers (philosophers who maintained that traditional philosophical problems are best resolved and, in many cases, "dissolved" by painstaking attention to our ordinary ways of speaking), he himself thought that this concern with language is ultimately subordinate to something else: "When we examine what we should say when, what words we should use in what situations, we are looking again not merely at words (or 'meaning,' whatever that may be) but also at the realities we use the words to talk about: We are using a sharpened awareness of words to sharpen our perceptions of, though not as the final arbiter of, the phenomena" (1961, 182). So, when addressing philosophical problems, we should realize that "ordinary language is *not* the last word [not the ultimate arbiter]: in principle it can everywhere be supplemented and improved upon and superseded. Only remember, it is the *first* word" (1961, 185).

Author, death of the. A phrase indicating a profound reorientation on the part of literary critics and theorists toward **texts.** It points to a shift in critical and theoretical attention from authors to texts and the mechanism by which texts are produced or generated.

In much contemporary literary theory and criticism, emphasis has shifted away from viewing texts as expressions of an author's ideas, attitudes, values, etc., to viewing texts as sites in which readers, by virtue of their acts of interpretation, engage in a contest to wrest meaning from signs. This recent emphasis on the reader's role in endowing the signs of the text with meaning is sometimes pushed to the point of denying any authority or importance to the author or writer (the actual producer of a text). In reading a text, we are not exploring the psyche of the author. The text is, as the word itself suggests, something woven (from the Latin *texere*, to weave); but the often intricate and always unfinished pattern woven out of signs is truly the work of the reader, not the author. Indeed, Roland **Barthes** concludes a famous essay entitled "The Death of the Author" by claiming that "the birth of the reader must be at the cost of the death of the Author" (1977, 148; cf. Foucault).

Controversies arise in literary theory and criticism over

how to recognize the rights of writers and of writings vis-à-vis the rights of author-readers. On the one hand, it seems mistaken to define the meaning of a text in terms of what has been called "authorial intent" (what is better designated here as *writer's* intent). This definition both exaggerates the authority of the historical agent (the flesh-and-blood person) who wrote the actual words out of which a text is woven *and* minimizes the autonomy writings truly have. On the other hand, it also seems mistaken to deny that there are limits to interpretation and, further, to deny the relevance of a writer's life or explicit intentions to an understanding of a literary writing. One might read Virginia Woolf's writings in light of her being the victim of sexual abuse without reducing these writings to a psychobiographical code. So, too, one might read Henry James's novels in light of his own explicit pronouncements about this genre without reducing these novels to mere illustrations of the writer's literary theory. There's more in literature than is dreamt of by writers; but their dreams and lives and objectives are an invaluable resource for discovering what more there is. Presumably the writer is not an idiot savant but knows more or less what is being produced. The reader joins the writer as co-author, bringing to light dimensions and depths of meaning often far transcending the conscious intention or deliberate design of the writer.

The recognition and even celebration of the role of the reader is a distinctive emphasis of contemporary literary theory and criticism. As Terry Eagleton suggests, "one might very roughly periodize the history of modern literary theory in three stages: a preoccupation with the actual historical writer (Romanticism and the nineteenth century); an exclusive concern with the text

41

(New Criticism); and a marked shift of attention to the reader over recent years. The reader has always been the most underprivileged of this trio—strangely, since without him or her there would be no literary texts at all" (1983, 74). But it is significant that, in 1991, Umberto Eco contends that, "in the course of the last few decades, the rights of the interpreters have been overstressed" (1991, 6). In any act of communication (including the reading of a literary text or the interpretation of an aesthetic work), there is an addresser as well as an addressee. Both are ineliminable. Both have their rights and their responsibilities. But is reading truly a life-and-death struggle in which the rights of the author-reader can be won only by destroying all vestiges of the (author-)writer? Or is it rather the exciting though difficult art of *cooperatively* making sense out of texts? And is it fair to exclude from this cooperative undertaking author-writers because they descend from a line that, in the past, claimed (or had thrust upon them) absolute sovereignty? Initially, the democratization of reading might require the execution of an entrenched class of noblemen (a.k.a. "authors" or "writers"); but the result of this process should be inclusiveness, the refusal to exclude arbitrarily any relevant party from participating in the production of meaning. So, the rebirth of the author need not pose any threat to the reader.

Author's intention or **authorial intention.** Usually used to suggest that the meaning of a text is primarily limited to what the author intended. William Wimsatt, Jr., and Monroe Beardsley in "The Intentional Fallacy," the manifesto of the so-called **New Criticism,** mounted a persuasive critique of this view. More recently, E. D. Hirsch, Jr., has tried to rehabilitate the notion of authorial intention.

Authority, method of. Expression used by Charles S. Peirce to identify one of four possible ways of trying to fix or establish **beliefs,** specifically, the method of appealing to some socially accredited authority.

Beliefs are, according to Peirce, **habits** of action. When these habits are disrupted, doubts result, and in the struggle to overcome doubt and to fix belief, an **inquiry** (or investigation) arises. One way to overcome doubt is by appealing to the authority of some person or community. This is, in essence, the method of authority. Inevitably, it is doomed to fail, since some people even in the most priest- or police-ridden societies will acquire "a wider sort of social feeling" (CP 5.381), a feeling prompting them to consult the experience and reflections of persons in other countries or ages. While the fixation of belief is something we do as participants in a community, no actual community can serve as the ultimate arbiter. As a way of fixing beliefs, Peirce's appeal to the community is an appeal to what an infinite or ideal community would reach in the long run, not to what some historical group happens to believe on the basis of finite experience. Thus he insists that "one man's experience is nothing, if it stands alone. If he sees what others cannot, we call it hallucination. It is not 'my' experience, but 'our' experience that has to be thought of; and this 'us' has indefinite possibilities" (CP 5.402n2). Any group narrower than this "we" is not considered to have the authority to fix beliefs rationally.

Auto-. A common prefix in English (from Greek) meaning *self* (for instance, autodidacts are those who have taught themselves—thus, self-teachers). Its opposite, *heter-* or *hetero-* (other), is also a common prefix in English (heterosexual, one who is attracted to members of the other or opposite sex).

43

Autocriticism, Autocritique. Self-criticism. See **heterocriticism.** Autocriticism is, according to Julia **Kristeva** and other contemporary semioticians, a distinctive feature of semiotic inquiry. For at every phase in its production or execution, such inquiry is compelled (in Kristeva's words) to think "of its object, its instrument and the relation between them." This makes of semiotics "an open form of research, a constant critique that turns back on itself and offers its own autocritique."

Autogenesis. Self-genesis or self-origin. Autogenesis is the process through which something gives rise to itself rather than being produced by an external agent or force.

Autonomy. In one sense, freedom; in another, somewhat peculiar, sense, a unique property of a literary work or, more generally, a semiotic system—the property of referring to itself. Roman **Jakobson** and others use this term to designate the self-referentiality of a literary work. *Autonymy* and *autoreflexivity* have also been used to identify this feature. The function of such works is not to refer to something beyond themselves (such as class struggle) but to reveal the structures and mechanisms of language, especially literary language. Indeed, any attempt to make a literary work refer to an extraliterary reality violates the integrity of the work. The insistence that autonomy, autonymy, or autoreflexivity defines literary texts is strenuously challenged by Marxists and other contextualists.

Autotelic. From the Greek *auto-* and *telos*, meaning self and goal or end. A process or practice having no other **function** or goal than itself. If you and I are conversing solely for the sake of the process of conversing, refusing to subordinate this delightful exchange to any outside goal, our conversation is autotelic. This term is ordinarily used to characterize the poetic use of language and, more generally, the artistic use of any medium whatsoever. Hence, Roman **Jakobson** contends that an aesthetic message (for a loaded example, Archibald Macleish's poem "Ars Poetica") has no other function besides itself—that is, besides the ways in which it exploits and explores the possibilities inherent in some medium (language in the case of "Ars Poetica").

Auxiliant. A term eventually used by A. J. **Greimas** to identify a unit for the **analysis** of **narratives** by way of simplifying his original list of six **actants** (subject versus object; sender versus receiver; helper versus opponent). Greimas has more recently classified helper versus opponent as auxiliants.

Axiology. The study of values. The adjective *axiological* might mean that which pertains to the study of values or, more loosely, to values themselves.

Axiom. A term designating in traditional logic and mathematics an indemonstrable but, nonetheless, certain proposition. The truth of an axiom is often alleged to be nota per se (known through itself) rather than known through the truth of other propositions. In grasping the meaning of the proposition "A whole is greater than its parts" we also grasp its truth. While an axiom is a proposition whose truth is not derived from the truth of other propositions, it is itself a proposition from which other truths are derived. See also **postulate.**

Axis. A line around which a body or geometric figure rotates or may be supposed to rotate; more generally, a line around or along which something moves or on which it might be located.

In grade school we learned to imagine the earth rotating on its axis, this imaginary line proving helpful as a means of understanding how the earth both rotates around the sun and around itself. In **semiotics,** the distinct natures of **syntagmatic** and **paradigmatic** (or **associative**) relationships are often depicted along two distinct axes. Syntagmatic relationships occur among the various signifiers in a given utterance; these are part of a linear, temporal sequence in which the signifier heard at this moment replaces those just heard and, in its turn, will be eclipsed by those about to be heard. This sequence is conceived as moving along a horizontal axis. The relationships usually depicted along an intersecting vertical axis are what Ferdinand de **Saussure** called associative, today more commonly called paradigmatic relations. These occur among the signifier used and those others that might have been used instead. These relationships do not as such occur in time; at any moment, they make up an array of possibilities that overarches or accompanies the signifiers actually used. Just as it is useful to conceive the earth rotating around its imaginary axis, it is illuminating to consider utterances moving along (or located on) two distinct but intersecting axes.

B

Bakhtin, Mikhail (1895–1975). Russian philosopher and literary theorist whose writings bear upon a number of disciplines (linguistics, anthropology, philosophy, literary theory and criticism). Bakhtin's authorship is a problem for detectives, for he and others claim that he wrote works originally published under the names of colleagues. In his writings, indisputable and otherwise, a dialogical approach to language and literature is encountered.

Barthes, Roland (1915–1980). An extremely prolific French semiotician, essayist, and literary and cultural critic whose lively and engaging writings have been important in introducing semiology (or semiotics) to the United States. His books and essays make a significant and varied contribution to an understanding of (in Saussure's famous expression) "the life of signs within society." His books include *Writing Degree Zero* (1953), *Mythologies* (1957), *Critical Essays* (1964), *Elements of Semiology* (1964), *The Fashion System* (1967), *S/Z* (1970), *The Pleasure of the Text* (1973), *Image-Music-Text* (1977), and *The Semiotic Challenge* (1985).

One central feature of Barthes's thought is his adoption and use of Louis Hjelmslev's concept of **connotation** to explore a wide range of semiotic phenomena, including mass media, popular culture, style, fashion, literature, and photography. Another important aspect of his approach is the painstaking attention he devoted to identifying the various **codes** structuring literary texts. He maintained that "[t]he reluctance to declare its codes characterizes bourgeois society and the mass culture issuing from it: both demand signs which do not look like signs" (*Barthes Reader*, 287). Barthes took it as his task to expose these codes and, in a sense, destroy the power of these self-effacing signs by showing how they work. His concern was to demythologize the largely subliminal, and therefore powerful, "myths" by which those in control maintain their authority over society. Yet another influential aspect of his thought is the distinction between **readerly** (*lisible*) and **writerly** (*scriptible*) texts. Readerly texts are ones which leave the reader with "no more than the

47

poor freedom either to accept or to reject the text": They are objects to be consumed rather than fabrics to be woven. In contrast, writerly texts are ones that clearly or effectively invite the reader to assume the role of authorship or co-authorship. Parallel to this distinction between writerly and readerly texts is Barthes's distinction between the writer (*scripteur, écrivant*) and the author (*écrivain*).

Barthes pursued the study of signs not so much as a discipline that might transform itself into a science as an instrument of cultural criticism. So do numerous other investigators of signs.

Bedeutung. German word ordinarily translated **reference,** as distinct from sense or **meaning** (*Sinn*). To use Gottlob Frege's famous example, "Morning Star" and "Evening Star" have the same reference (*Bedeutung*), since they both refer to the planet Venus; but the two expressions differ in their sense or meaning.

The term *meaning* is the source of no slight confusion in semiotics and countless other fields of inquiry (for instance, linguistics and philosophy). It is often used to cover both the sense and reference of words, expressions, or assertions; but it is also used in a narrower sense to mean sense or content, in contrast to reference.

Behaviorism. A psychological theory stressing (1) publicly observable and quantifiable dimensions of behavior, (2) the role of the environment in determining behavior, and (3) nurture (what is learned) over nature (what is innate or inborn). The most influential advocate of this psychological theory, B. F. Skinner, wrote a book titled *Verbal Behavior* in which he attempted to explain, strictly in behaviorist terms, the acquisition and use of language. The linguist Noam Chomsky and the literary figure Walker Percy have, in quite different ways, attacked Skinner's attempt to explain language in such terms. While

Chomsky stresses the innate capacity of human language users, Percy (following Charles S. **Peirce**) stresses the **triadic** character of human **semiosis.** For Percy, **dyadic** (two-termed) explanations of language, such as that offered by thinkers such as Skinner who recognize only publicly observable stimuli and responses to stimuli, are inadequate. Since semiosis is irreducibly triadic, such **reductionism** is misguided: Rather than explaining the operation of signs, it explains this phenomenon away, for behaviorism claims that there is nothing here to explain but the lawful correlations between stimulus and response. But for Percy, any theory that puts the utterances of human beings on a par with the peckings of pigeons thereby displays an impoverished sense of the complex reality (here, human language) it pretends to explain fully.

Behaviorist theory of meaning. An attempt to explain **meaning** in terms of the behavior of organisms in interaction with their environment. This environment includes other organisms of the same species; and, according to the behaviorist theory, the interaction of organisms belonging to the same species is the locus of meaning. In its primary sense, meaning is encountered not in the private thoughts, images, etc. of an isolated consciousness but in the public actions and reactions of environed organisms.

The behaviorist theory of meaning has been designed to challenge mentalist theories (attempts to explain meaning in terms of the contents or workings of mind or consciousness). One serious difficulty with this theory is its inability to explain—or, at best, its awkwardness in explaining—the common situation of comprehension taking place in the absence of behavior: A meaning is clearly grasped by an interpreter, but this comprehension does not prompt any behavioral reaction on the part of that interpreter. Hence it would seem that meaning cannot be simply identified with behavior. Charles S. **Peirce** and, to a far greater extent, Ludwig **Wittgenstein** have been influential in bringing to light the public or intersubjective character of meaning.

Being. A very general term used to designate whatever is, in whatever way; the status of being something rather than nothing. The nature and forms of being have been a pivotal preoccupation of Western thinkers. Questions regarding the relationship between being and representation (between the way things are in themselves and the way they are represented by means of **signs**) clearly fall within the scope of **semiotics**. See also **phenomenon, actuality, reality.**

Belief. In general, the conscious assent to the truth of a **proposition;** in Charles S. **Peirce,** a disposition (see **habit**) to act in certain ways in certain circumstances; that upon which a person is prepared to act.

Knowledge is sometimes defined in terms of belief (in one widely discussed definition, as justified, true belief). But belief is also contrasted with knowledge: Belief then means assent to the truth of a proposition based on the testimony or authority of another person, while knowledge means such assent on the basis of firsthand experience or one's own rational insight. If one cannot follow a complex argument but nonetheless accepts its conclusion because of one's confidence in a thinker who vouches for the conclusion, one *believes* the truth of the conclusion; if one can follow the argument and judges it to be valid, one *knows* this truth, for one's own rational insight—not one's trust in the competency of another—is the basis for assent.

Belief is, for Peirce, defined not in terms of **consciousness** but in terms of **habits** of action. Doubt results from the disruption of belief and, in turn, **inquiry** arises as the struggle to overcome doubt. To conceive belief, doubt, and inquiry in this way challenges the deeply ingrained tendency to locate them *in* a mind or consciousness separate from the world. Belief, doubt, and inquiry need to be understood in reference to the lives of embodied, situated agents, not disembodied, aloof minds (see **cogito**). **Pragmatism** flows quite naturally out of this definition of belief.

Benveniste, Emile (1902–1976). French linguist whose most important work is *Problems in General Linguistics* (1966). His contributions to semiotics include showing how language cannot be separated from either discourse or subjectivity. In Benveniste's linguistics, hence, we encounter an important challenge to the Saussurean project of studying *langue* (language) in abstraction from *parole* (**speech** or **discourse**) and from individual speakers or **subjects.** It is, for Benveniste, only in and through language that we constitute ourselves as subjects. This contention suggests an affinity between his thought and that of such thinkers as Jacques **Lacan,** Julia **Kristeva,** and Luce **Irigaray.**

Besprochen Welt. German expression used by Harald Weinrich and often translated as the discoursed or commented world, in contrast to the narrated world (*erzahlten Welt*). The *discoursed* world is one in which the **addresser** and **addressee** are directly involved; it is the textual world of the political memorandum, the critical essay, the lyric poem, and the scientific report. The *narrated* world is, in contrast, one in which addresser and addressee are not—or, at least, do not appear to be—co-present in the same world.

Binarism. The tendency to view topics or phenomena, even complex ones, in terms of oppositional pairs and aggregates of such pairs. See also **binary opposition.**

Binary code. A code (or set of correlations) based on two elementary **signals,** for example, the dot and dash of the Morse code or a negative and positive electrical impulse. Binarization is, thus, the process by which the elementary signals of one code (for example, the letters in the English alphabet) are translated into those of a binary code (A = 00000; B = 00001; C = 00010; etc.). The amount of information (that is, the number of units from the binary code) required for such a translation is described in terms of bits. It takes five bits of information to translate the twenty-six letters of the English alphabet.

Binary opposition. The opposition of two things; the state or process in which two things oppose each other. Often a binary opposition is understood as a pair of terms in which one is privileged (for example, male vs. female in the phallocentric discourses of Western culture).

Opposition is (as the Latin prefix *op-*, meaning against, itself suggests) an affair in which two things stand against each other. But even this simple characterization can be misleading because it might be taken to suggest that two self-contained and self-defined entities collide or exert pressure on one another. But, with **structuralism** and even other approaches, it is by means of oppositions that the very identities of some things are formed. This is what Ferdinand de **Saussure** meant when he asserted that "*In language there are only differences* [or oppositions]." Even more important than that is the fact that, although in general a difference presupposes positive terms between which the difference holds [or the opposition occurs], in a language there are only differences, *"and no positive terms."*

For the investigation of linguistic and other types of **signs,** opposition in general and binary opposition in particular are important. Such opposition makes possible **articulation** and thus **signification** (the process by which signs and meanings are generated). It is only by a thing standing over against other things that it stands out at all; and it is only by standing out that a thing marks itself off from other things. In short, opposition makes differentiation possible and, in turn, differentiation makes articulation possible. Take the words on this page. At the most basic level, they attain the status of being discernible signs by standing over against the page itself. Ink the same color as the page would be useless, for marks made with such ink would not stand out at all. The marks against a contrasting page are (in the language of **Gestalt** psychology) figures on a ground. Above this level, there is the differentiation of the marks from one another. Such differentiation also depends largely, if not solely, on a complex series of binary oppositions. This is most easily understood in terms of aural signs. The **phoneme** /þin/ is distinguishable from that of /tin/ solely by virtue of the sound of the initial consonant (the contrast or opposition between /p/ and /t/).

Frequently binary oppositions have been conceived in a hierarchical way, with one member of the pair construed as higher or of greater value than the other. In Western thought, some important binary oppositions have been matter/spirit; body/soul; emotion/reason; outward sign/ inward meaning; exterior/interior; surface/depth; margin/ central; appearance/reality; representation/presence; artificial/natural (nomos/physis). Traditionally, the second term in each pair has been **privileged** and the first term denigrated (matter is lower than spirit; body is lower than soul, emotion than reason, etc.). **Deconstruction,** an important trend in contemporary criticism (literary and philosophical), has challenged many, if not all, of these traditional hierarchies. One emphasis of deconstructive criticism is that there is no neutral ground upon which to launch such a critique, to challenge the rigidly fixed hierarchies of such traditional discourses as philosophy, theology, literature, etc. Such a critique can be initiated and sustained only in the very discourses and languages defined by such hierarchies. In other words, deconstructionist critics are themselves always already implicated in the very structures that they are challenging. For example, to try to shift the focus from what has traditionally been central to what has been marginal or peripheral (say, *from* literature as a process holding a mirror up to humankind *to* literature conceived as a richly textured fabric, in continuous process of being woven and unwoven) reinforces in certain ways the traditional hierarchy of center/margin. See also **dualism.**

Biosemiosis. From *bio-*, life, and *semiosis*, sign action. The sign processes found among living things; this term encompasses **anthroposemiosis, zoosemiosis,** and (conceivably, at least) **phytosemiosis.**

Biosemiotics. The study of the sign processes in the biosphere or world of living things. It includes **anthroposemiotics, zoosemiotics,** and (in the judgment of some semioticians) **phytosemiotics.**

Bit. A technical term in information theory meaning the elementary unit of information measurement, of how many elementary **signals** of a **binary code** are needed to translate the elementary units of a more complex code (for example, the English alphabet). The English alphabet can be translated into a binary code using no more than five bits of information (A = 00000; B = 00001; C = 00010; D = 00011; E = 00100; etc.).

Bliss (*jouissance*), texts of. A type of text identified by Roland **Barthes** and contrasted to texts of pleasure (*plaisir*). A text of pleasure is one "that contents, fills, grants euphoria; the text that comes from culture and does not break with it, is linked to a *comfortable* practice of reading." In contrast, a text of bliss is one "that imposes a state of loss, the text that discomforts (perhaps to the point of a certain boredom), unsettles the reader's historical, cultural, psychological assumptions, the consistency of his tastes, values, memories, brings to a crisis his relation with language" (1973 [1975],14). Texts of pleasure are objects to be consumed, while ones of bliss are like persons with whom you make love.

Barthes's objective in drawing this distinction is to suggest that, when texts are properly approached, there is both an erotics and a politics of reading. Reading involves something analogous to seduction, foreplay, and even orgasm; *jouissance* is the term he uses because (among other things) it signifies the bliss one experiences during orgasm. Reading also involves transgression, rebellion, and defiance. In the spirit of rebellion characteristic of the late 1960s and early 1970s, Barthes proclaimed that "[t]he text is (or should be) that uninhibited person who shows his behind to the *Political Father*" (1973 [1975], 53). The erotics of reading requires that the unique "texture" of the text be experienced for its own sake, an activity that propels readers toward bliss but along the way exposes them to all the risks inherent in eros. The politics of reading requires the courage to make one or another obscene gesture to the institutionalized authorities that would control meanings and package messages.

Bricolage. A term introduced by Claude Levi-Strauss (1908–) to designate the manner in which the so-called savage or primitive mind orients itself to the world, in particular to natural objects and events on the one hand and to social beings and their interactions on the other. What distinguishes this manner is its reliance upon improvisational (or **ad hoc**) and makeshift responses, as well as far-flung analogies (for example, totemism). These analogies strike the "civilized" mind (the mind of those shaped by literacy and technology) as far-fetched as well as far-flung. But such a judgment is all too likely an excuse for missing the logic inherent in the way nonliterate, nontechnological cultures orient themselves to the objects and events encountered in the course of life. The makeshift tinkerer or handyman (the **bricoleur**) is no less logical or rational in his approach than is the highly trained engineer. Rather than condemning or dismissing the approach exemplified in "primitive" cultures, Levi-Strauss wanted to explain this. His conception of bricolage and its basis in the image of the bricoleur are central to this undertaking.

Bricoleur. Tinkerer; handyman. The structuralist anthropologist Claude Levi-Strauss devised his important and influential conception of **bricolage** from the characteristic manner in which a handyman works. This manner involves, above all, tinkering with this and that, not being too concerned with overall consistency but finely attentive to some immediate situation. It also involves using whatever materials and tools are available. This manner is, in short, makeshift. It contrasts sharply with that of the characteristic way highly specialized engineers work, for such technological specialists routinely devise special tools and create new materials as part of their work (for instance, building a space shuttle). The mind of "primitive" persons is more like that of a bricoleur, while the mind of "civilized" persons (persons shaped by literacy and technology) is more like that of an engineer. It is not that "primitive" people are illogical or unreasonable; rather it is that their logic (or form of rationality) is best conceived not in terms of the engineer's but of the bricoleur's modus operandi.

Buchler, Justus (1914–1991). A **contemporary** American philosopher who articulated a general theory of human judgment having direct though still largely overlooked relevance to the study of signs. His distinction of the three modes of judgment—assertive, active, and exhibitive—and also his explorations of art and, in particular, poetry as a form of exhibitive judgment merit serious attention. His rigorous and nuanced discussions of such topics as meaning, communication, and query deserve the same. The titles of greatest relevance here are *Charles Peirce's Empiricism* (1939), *Nature and Judgment* (1955), *Toward a General Theory of Human Judgment* (1951; revised edition 1979), *The Concept of Method* (1961), *The Main of Light: On the Concept of Poetry* (1974).

Buhler, Karl (1879–1963). German psychologist who devoted considerable attention to language and expression. One of his specific contributions is the principle of dominance, which states that while every **message** may have several **functions,** ordinarily only one is predominant. The results of his studies can be found in *Ausdruckstheorie* (1933) and *Sprachtheorie* (1935). Though Charles S. **Peirce** carefully distinguished the general theory of **signs** from psychology, he encouraged psychologists to investigate human sign-making and sign-using functions.

C

CA. Conversation analysis.

Canon. A body of writings recognized as authoritative or exemplary. Today there is an important controversy regarding how canons are established, maintained, and revisable.

Cartesian, Cartesianism. From *Cartesius*, the Latin form of Descartes; related to the philosophy of the early **modern** French philosopher René **Descartes** (1596–1650), whose writings present a self-conscious rebellion against medieval thought. *Cartesian* is often used in a more general sense to designate the position of someone who is committed to the primacy of subjectivity, or the quest for absolute certainty, or immediate (or intuitive) knowledge, or any combination of these commitments.

Descartes is considered by many the father of modern philosophy. As Richard J. Bernstein has suggested, this title is best taken in a Freudian sense; for, starting early on, his "sons" have been trying to kill him off. This can clearly be seen in the case of Charles S. **Peirce.** His philosophical authorship virtually began with a critique of Descartes. In a series of articles published in the late 1860s, Peirce in one stroke attacked Cartesianism and laid the foundation for his general theory of signs. In particular, he rejected the doctrine of immediate or intuitive knowledge (see **immediate knowledge, intuition**) and the authority of the isolated individual or consciousness (Descartes's **cogito**). All knowledge is, according to Peirce, mediated by signs; moreover, it is acquired not by retreating into the cloister of one's own consciousness but by participating in the rough-and-tumble of communal inquiry. See also **dialogism; intersubjectivity; subjectivity, primacy of.**

Cassirer, Ernst (1874–1945). German philosopher who taught at a number of universities, including Berlin, Hamburg, Oxford, Yale, and Columbia. *Language and Myth* (1925), *Symbol, Myth, and Culture* (1935), *An Essay on Man* (1944), and the three volumes of *The Philosophy of Symbolic Forms* (1923, 1925, 1929) are especially relevant to the study of sign. Cassirer defined human beings as *animal symbolicum* (the symbol-using animal). The semiotic cast of his thought is also suggested in his contention that "[t]he sign is no mere accidental cloak of the idea, but is necessary and essential organ . . ." (1923, 86). For Cassirer, myth, art, religion, science, and history taken together make up a complex world of symbolic forms but each one of these in itself exhibits its own distinctive symbols and symbolic laws.

Categoreal (also **categorical**) **scheme.** A set of **categories** by which data are organized or interpreted. One way to conceive the mind has been as a mass of largely formless, inert stuff upon which objects and events impress themselves. Another way has been to see the mind as an inherently structured, dynamic organ. A categoreal scheme is, thus, the set of principles by which the mind structures or organizes its data. To speak of a scheme, however, is to stress not the categories in isolation from one another but the interconnection of the categories; that is, the way these principles of organization work together.

Categories. The most universal concepts or ideas; the ultimate genera (plural of genus); more loosely, general ideas by which one grasps some aspect of reality or some feature of experience.

In the history of Western philosophy, **Plato, Aristotle,** Kant, Hegel, and **Peirce** each devoted considerable attention to articulating a doctrine of categories. Since Aristotle's list of categories is the closest to common sense, it serves well as an illustration. Aristotle's categories are substance, quantity, quality, relation, place, time, position, state, action, and affection (or passion). For Aristotle, anything whatsoever can be subsumed under one of these categories (for example, kinship belongs under the category of relationship, weight under that of quantity, and yesterday under that of time). In the *Critique of Pure Reason*, Immanuel Kant criticized the Aristotelian categories for being a mere rhapsody, for Aristotle (at least in his extant writings) offers little in the way of explaining how he derived these categories or why he is justified in elevating these conceptions to the status of categories. Starting with Kant, the related problems of deriving and justifying the categories have been central concerns of virtually all thinkers who address this topic.

Categories, Peircean. Firstness (in-itselfness), **secondness** (over-againstness), and **thirdness** (in-betweenness); or, stated alternatively, qualitative immediacy, brute opposition, and dynamic mediation.

Peirce's categories were designed to call attention to what he supposed were the ever-present features or aspects of any **phenomenon** whatsoever. Whatever comes before the mind is, in some ways, ineffable (what it uniquely is in itself eludes the possibility of being communicated), insistent (whatever comes before the mind also stands over against the mind: It insists upon itself in opposition to others), and intelligible (it can be noted and named and even, to some extent, interpreted or explained). Charles S. **Peirce**'s categories of firstness, secondness, and thirdness are, at once, the most important (because they so deeply inform and guide his investigation of signs) and the most difficult of his ideas.

One of the functions of Peirce's categories is to guide and stimulate **inquiry.** They are, in a word, **heuristic.** This is evident in the way the categories are used by Peirce in his exploration of the various types of signs. Any sign can be taken as something *in itself*; it might also be considered in relation *to another* (its object); finally, a sign might function as a go-between (a factor mediating between its object and its interpretant). From this threefold consideration, Peirce derives three trichotomies: First: **qualisign, sinsign, legisign.** Second: **icon, index, symbol.** Third: **rheme, dicent, argument.**

Cathexis. A psychoanalytic term designating an excitatory or urging force within the psyche, in contrast to an anticathexis (an inhibitory or checking force). According to Sigmund Freud, a psychoanalytic approach to our mental life focuses on the complex interplay of cathexes and anticathexes; that is, of excitatory and inhibitory forces.

Channel. A term sometimes used as a synonym for contact. In any process of **communication,** there must be a channel or contact—some physical or actual connection between the **addresser** and **addressee** (the sender and recipient) of a message. An example of this would be the wire linking one telephone to another.

Chora. From the Greek word for receptacle. A term borrowed by Julia **Kristeva** from Plato's *Timaeus* denoting

61

"an essentially mobile and extremely provisional articulation constituted by movements and their ephemeral states" (1974 [1984], 25). The chora "precedes evidence, verisimilitude, spatiality, and temporality. Our discourse—all discourse—moves with and against the chora in the sense that it simultaneously depends upon and refuses it" (26). What Kristeva is trying to capture here cannot, in principle, be captured: It is the *ineffable* dimension of discourse. It corresponds, at least roughly, to what Charles S. **Peirce** calls firstness, an immediacy that "precedes all synthesis and all differentiation; it has not unity and not parts. It cannot be articulately thought: Assert it, and it has already lost its characteristic innocence. . . . Stop to think of it, and it has flown" (CP 1.357).

Cinema. An important and interesting field of contemporary semiotic research. Just as the semiotics of cinema has become a major trend in contemporary film theory, so film or cinema has become a lively topic of semiotic research today. Here we can see the intersection and crossfertilization of what thirty years ago were independent research traditions. The semiotic explorations of cinema undertaken by Christian Metz, Pier Paolo Pasolini, Teresa de Lauretis, Kaja Silverman, and the equally ubiquitous Roland **Barthes** and Umberto **Eco** are especially noteworthy. See also **suture.**

Clarity, grades of. Distinct levels or grades of conceptual clearness concerning the **signs** we are using. In what is likely his best-known writing, "How to Make Our Ideas Clear," Charles S. **Peirce** distinguished three grades of clarity: subjective familiarity, abstract definition, and pragmatic clarification.

At the most basic level, a person might exhibit subjective familiarity with a sign by being able to use or interpret the sign appropriately. When I tried to convince my five-year-old son that when I was his age I rode a dinosaur to school, he responded by claiming that this narrated event never took place (in his own words, "That's not real"). His use of "real" here exhibits a familiarity, a genuine but rudimentary level of comprehension. It is, however, unlikely that he could formulate an abstract definition of what he and others mean—or ought to mean—by the term "real." The capacity to produce such a definition (for example, the real is that which is independent of what you or I or any other finite individual or actual group of such individuals happens to think) indicates a grade of clarity higher than that of familiarity. But there is, according to Peirce, a level of clarity above that of abstract definition; this level is attained by means of the pragmatic maxim (see **pragmatism**).

According to this maxim, we should frame our conceptions in terms of their conceivable practical effects (that is, in terms of their possible bearing upon human conduct). The conception of God as a being worthy of adoration, reverence, and worship would amount to a pragmatic clarification, for it defines God explicitly in terms of what conduct is appropriate (adoration, reverence, worship). The primary purpose of Peirce's pragmatic maxim is to push our inquiries to a grade of clarity higher than that of abstract definition. Of course, whether there really *is* such a being is a question regarding the truth of the claim that there is a God. Peirce's maxim is designed to deal directly with questions not of truth but of meaning. First, we must know what we are talking about; then and only then can we determine the reliability of our claims or the truth of our judgments. To be clear about what we mean by an idea is in itself no warrant for attributing existence or **reality** to the object (the *ens rationis*) conceived through this idea.

63

Clôture. The conceptual limits inherent in a **problematique** in which one is involved or in a **paradigm** to which an investigator is committed. A *problématique* or paradigm not only orients research; it also constrains it along certain paths. *Clôture* designates those constraints, usually unnoticed until after a **coupure epistemologique** or **paradigm shift.**

Code. One of the six factors involved in any communicative process. Corresponding to this factor is the **metalinguistic** (or metalingual) **function.** When **communication** is oriented toward the code or codes upon which it depends, its function is said to be metalinguistic (or, since the system of signs might not be a language except in a very loose or metaphorical sense, metasemiotic). Ordinarily, in conveying messages, we make use of codes; occasionally the message turns toward and concerns the code itself. If you are told that the hand gesture meaning "OK" in Anglo-American settings is an obscene gesture in Brazil the message is metalinguistic, since it is directed to calling attention to a code.

In semiotic texts, two senses of code are encountered most frequently. In one sense, code means a set of rules prescribing how to act or what to do, and in another, a key (or set of instructions) for translating a message. Morse code is a key for correlating particular patterns of clicks and silences to letters of the alphabet. Codes as sets of rules are normative: They provide us the norms to judge whether we are acting appropriately. Judgments of mispronunciation are only possible in reference to the codification of sounds found in an alphabet. Of course, not all violations of a code signal ineptitude or incompetence; some result from deliberate or conscious decision—for example, when a person desiring to shock people shows up on a formal occasion dressed in a bathing suit, thereby breaking the fashion code. This example suggests an important distinction: A code need not be explicitly formulated. In fact, most codes might be sets of more or less implicit (or unstated) rules: They are acquired through imitative behavior and are followed, in a sense, unconsciously.

Roland **Barthes** and Umberto **Eco** are two contemporary semioticians who have devoted considerable attention to codes. Their investigations are especially important for showing that, in most contexts of communication, more than one code is at work and also that, for an understanding of works of art, attention to the violation or transgression of codes is imperative.

Coenoscopic. A term used by Jeremy Bentham and adopted by Charles S. **Peirce** to designate the range of observations open to virtually any human inquirer. Derived from Greek: The prefix (*coeno-*) means common and the root (*scopic*) to observe. Some forms of inquiry (most notably philosophy) are, according to Peirce, coenoscopic: They appeal to such observations as come within the range of every human being's normal experience in every waking hour of their lives. In contrast, other investigations (such as physics and chemistry) are idioscopic: They depend upon focused observation often aided by special training and/or technology. The distinction between coenoscopic and idioscopic types of inquiry is not intended to separate philosophy from science. Quite the contrary; it shows just what kind of science philosophy is. Philosophy's status as a science and its very aspiration for this status have been, of course, questioned and challenged. But Peirce's claim here is quite modest: When he contends that philosophy is either science or it is balderdash, he simply means that it must strive to be a communal, empirical form of inquiry—one whose conclusions are established by ongoing appeals to the daily experience of human beings.

Cogito. Latin word meaning "I think": *Cogito ergo sum* ("I think, therefore I am"). *Cogito* is a term taken from the **modern** French philosopher René **Descartes's** writings and used to designate the **"I,"** in particular the "I" as thinker. It is also a symbol for the primacy of subjectivity, of the perspective that the "I" is original and that all else (in particular, the world and language) is derivative. Since Descartes did not acknowledge the unconscious, the term *cogito* is often used to designate the self as a being both unified and transparent to itself. Recent theories of subjectivity (such as those of Jacques **Lacan,** Julia **Kristeva,** and Luce **Irigaray**) stress just the opposite— the self as a divided being (conscious/unconscious) and as one largely opaque to itself. Also, Descartes did not appreciate the importance of language, especially as a factor in what has been called the **engendering of subjectivity.** The "I" is, after all, a being who can call itself such, who can use language *reflexively:* The capacity for self-identification, self-description, self-reference, etc. is essential for what is generally designated as subjectivity. But this capacity is linguistic; as Emile **Benveniste** observes, it is only in and through language that we constitute ourselves as subjects. While contemporary theories of subjectivity emphasize language, Descartes ignored its importance. In sum, *cogito* is, to many contemporary semioticians, the name for a mistake—or set of mistakes—from which we still have not fully extricated ourselves.

Collective mind. Both the sociologist Emile Durkheim and the linguist Ferdinand de **Saussure** supposed that, over and above individual minds, there is a collective mind. This is not a mere aggregate of individual minds but something not reducible to them. The supposition that there is a collective mind is controversial, especially in Anglo-American contexts where methodological individualism tends to be the prevailing view. According to this view, only individuals are real and anything supposedly other than individuals (for example, society or culture) is reducible to what individuals undergo, do, think, and feel. But, Durkheim, Saussure, and countless other thinkers have insisted that individuals in interaction with one another display properties not exhibited by individuals in isolation. In addition, they stress that the bias of methodological individualism forces us to overlook the subtle but actual ways in which social constraints and forces, operating beneath the level of individual consciousness and beyond the control of individual volition, actually shape the experiences, actions, thoughts, and even feelings of individuals.

Collective unconscious. Carl **Jung** proposed that, in addition to the personal unconscious (that region of the human psyche having its origin largely in the repression of experiences actually undergone by an individual in the course of life), there is a collective unconscious. This is the repository of our "racial," rather than individual, experiences: What the human race has undergone in its actual evolution has, in some measure and manner, become encoded in the human organism itself, such that instincts and **archetypes** are transmitted from earlier generations to later ones. The supposition that there is a collective unconscious is a highly controversial one; but it is a position for which Jung strenuously and painstakingly argued, not entirely without effect.

Communication. The process of transmitting and receiving a **message**. According to Roman Jakobson and others, an analysis of this process yields six factors:

addresser, addressee, contact (or **channel**), **context, code,** and the message itself. Corresponding to these factors are six functions: emotive, **conative, phatic, reference, metalinguistic** (or metacommunicative), and aesthetic or poetic.

This process has been taken as the focal object of semiotics. For example, Roman **Jakobson** proposed that "[t]he subject matter of semiotics is the communication of any messages whatsoever, whereas the field of linguistics is confined to the communication of **verbal** messages." In addition, Margaret Mead defined semiotics as the study of "patterned communication in all modalities."

Competence and **performance.** Competence, a set of capacities enabling the execution of a task; performance, the execution itself. This distinction was drawn by the linguist Noam Chomsky and has been widely adopted by semioticians as well as linguists.

The distinction between competence and performance corresponds at least roughly to *langue* and *parole,* for *langue* is the system that makes communication possible and *parole* is the use to which the system is concretely put. The possession of a competency does not entail the exhibition of that competency: A person might be a competent user of English without, at this moment, using it. The distinction between competence and performance suggests two distinct and (for some) separable fields of inquiry. On the one hand, we might explore the conditions underlying a given competency (say the ability to speak and understand English); on the other hand, we might investigate specific performances (such as verbal and nonverbal communication between lovers), paying little or no attention to the general conditions underlying these performances. Like Ferdinand de **Saussure**'s attempt to separate the study of *langue* from that of *parole*, attempts to isolate investigations of competencies from those of performances are ultimately doomed to fail, even though there is a legitimate distinction to be drawn between competence and performance.

Conative. The adjective used to designate one of the six basic functions of a communicational exchange, namely the function of such an exchange when it is oriented or directed toward the **addressee.** One and the same message might be either emotive or conative. If, for example, I say that "I'm tired" simply to inform you of my state, then the message is, in a way, oriented toward the speaker or **addresser** and is emotive. If, however, the force of my utterance in this **context** is "Let's go home," then the predominant function of the message is conative, for it is not so much a revelation about me as a request to you. Grammatically, imperative or vocative expressions ("Open the window" and "O Lord, I beseech thee," respectively) most clearly illustrate the conative function.

Conclusion. The statement in an argument for which evidence is presented. The statements put forth as evidence for the conclusion are called premises.

Condensation. A psychoanalytic term (see **psychoanalysis**) for the mental process whereby the unconscious telescopes or condenses several latent meanings into one manifest element (see **latent** vs. **manifest content**). In condensation, we encounter the formation of a new **signifier** from the fusion of what in other contexts or at an earlier time were distinct or even separate signifiers. Jacques **Lacan** identifies **metaphor** with the process of condensation and **metonymy** with that of **displacement.**

Connotation. A term meaning the associations (often emotionally charged) surrounding a word, in contrast to its denotation, its precise or strict meaning. In semiotic writings, connotation means a secondary or derived meaning, while denotation signifies the primary or first meaning of a sign. This sense of connotation is central to Roland **Barthes**'s semiology. **Meaning** results whenever a signifier is correlated with a signified. Imagine an ad involving a photograph of a young, attractive woman sitting on the shoulders of a male companion, both obviously enjoying themselves on a beach in Florida. The photo is the signifier, the couple is the signified. But more is going on in this photo than the depiction of two people: A message is being conveyed, one about where and how to have fun. It is, after all, an ad for a spring fling aimed at college students. The correlation of this couple and this photographic image is called by many semioticians the plane (or level) of denotation; the correlation of this with the message "Fun-in-the-sun" is called the plane of connotation.

A third meaning of connotation is used in **logic.** Again, it is contrasted with denotation; but here, connotation is the meaning of a word or expression and the denotation the reference (the range of objects to which the word or expression refers). "Planet" *means,* or connotes, a body of rather considerable size revolving around the sun; it *refers to,* or denotes, the actual bodies fitting this description: Mercury, Venus, Mars, Earth, etc. You can discover what "planet" connotes by looking in a dictionary; you need a telescope and other instruments to find out what it denotes.

Consciousness. A synonym for awareness; also the capacity of an organism to respond to or at least to note intra- and extrasomatic events and objects.

According to Charles S. **Peirce,** "whenever we think,

we have present to . . . [our] consciousness some feeling, image, conception, or other representation, which serves as a **sign**" (CP 5.328). This suggests that consciousness is a fabric of signs. Here, as in so many other contexts, we see that the value of a truly general theory of signs is that it invites us to interpret anew topics such as consciousness, knowledge, and **subjectivity**. Beyond this, it provides us with the resources for doing so.

Constative. J. L. **Austin**'s name for statements about which it is appropriate to ask whether they are true or false (for example, "The cat is on the mat").

Austin was especially interested in calling attention to **performative utterances** (utterances about which it does not make any sense to ask whether they are true or false, for instance, "I baptize this child Peter Carlo" uttered by a minister in the actual circumstances of a baptismal ceremony). Performative utterances may go wrong in one way or another (for example, when I place a bid at an auction I may do so in an inappropriate way and, thereby, negate the validity of my utterance); but they can be neither true nor false. Ultimately, Austin was interested in challenging the simplistic ways in which we have traditionally thought about language. See also **nomenclature**.

Conspicuous consumption. In *The Theory of the Leisure Class* (1899), Thorstein Veblen called attention to the phenomenon of consuming goods and services not as a means of satisfying needs but as a way of communicating status and wealth. This suggests that an adequate understanding of commodities must draw upon **semiotics** as well as economics. What a consumer society produces, above all else, are consumers; and, as much as anything else, these are consumers of signs. So when we see a person wearing a shirt bearing *Gucci,* it seems appropriate to ask whether the shirt or the wearer is the product.

Contact. See **channel.**

Contemporary. A term often used by philosophers and historians of ideas in contrast to the adjective **modern.** Modern means postmedieval (the Middle Ages or **medieval** period, stretching roughly from A.D. 500–1500) and precontemporary. The beginning of the contemporary era is a matter of dispute. Sometimes it is defined in terms of the German philosopher Georg Wilhelm Friedrich Hegel (1770–1831), since many of the most important nineteenth-century and even early-twentieth-century movements in philosophy (existentialism, Marxism, **pragmatism,** and analytic philosophy) were in some measure a reaction against Hegel. So defined, contemporary means post-Hegelian. Sometimes the beginning is taken to be the late nineteenth or early twentieth century. René **Descartes** (1596–1650) and Immanuel Kant (1724–1804) are modern thinkers, whereas John **Dewey** (1859–1952), Martin Heidegger (1889–1976), and Ludwig **Wittgenstein** (1889–1951) are **contemporary.**

Though it can draw on a long and rich history, semiotics—understood as a general theory of signs conscious of its distinct and (to some extent) autonomous status—is a contemporary development.

Content and expression. A distinction introduced by Louis Hjelmslev and corresponding at least roughly to Saussure's distinction between **signified** and **signifier.** At the heart of any sign, one finds (according to Hjelmslev) a correlation between an expression plane and a content plane. These are two distinguishable but inseparable aspects of the sign: The plane of the signifiers is the expression plane and that of the signifieds is the content plane.

Context. The circumstance or situation in which a **message** is transmitted and received. Context is one of the six most basic factors in any process of **communication.** The other factors are **addresser, addressee,** contact (or **channel**), **code,** and the message itself. Corresponding to **context** is the referential function of communication. When I warn a friend of an onrushing car by shouting "Look out!" the communication is oriented toward the context; in such cases, the referential function is predominant. See **Co-text.**

Contextualism. An emphasis on the importance or indispensability of viewing a sign process in light of the context or contexts in which the process occurs. Of course, context might be construed in broader or narrower ways. For example, one might take the context of a novel to be the immediate circumstances in which it was written, or one might take the context to be a significant portion of literary history (specifically, say, the nineteenth-century novel). A contextualist approach is distinct from, and often opposed to, a **formalist** approach. The formalist stresses the autonomous and self-contained character of a sign process (text, discourse, etc.), in effect removing it from its context.

Continuity, continuum. Continuity, the state or character of being continuous or uninterrupted; continuum, an uninterrupted sequence or unbroken development. Charles S. **Peirce** stressed the need to treat apparently disparate **phenomena** as though they were points on the same continuum. See also **synechism.**

Convention. From Latin *convenire*, to come together. An established practice or **usage.** *Conventional* and *arbitrary* are often used interchangeably. But greater care should be taken in how these words are used. Among the established (that is, conventional) meanings of *arbitrary*,

73

two deserve attention here: In one sense, this term means that which is dependent on the will; in another, that which is without reason. These two senses do not necessarily coincide, for something may be dependent on my will but, at the same time, quite rational or reasonable— for instance, the success of a campaign to recycle cans and bottles.

All conventions or established practices are arbitrary in the first sense; they depend on our willingness to continue doing the thing that has customarily been done. Apart from this willingness, they would disappear. But conventions are not necessarily without reason or justification, even if it is not evident to us what this justification is. The established practice of greeting one another civilly might have a deep though unappreciated warrant. The fate of this convention depends upon us. This does not make the convention unreasonable, only fragile.

Convention has traditionally been contrasted with nature. The contrast between *nomos* (custom) and *phusis* (nature) championed by, above all, Plato and Aristotle, set a pattern for much later thought. For both of these ancient Greek philosophers, the appeal to nature was decisive. As in so many other respects, **contemporary** thought diverges on this point sharply from the dominant thrust of classical thought, for contemporary thought contains a challenge to the privileging of nature and the denigration of custom. For most people today, all appeals to nature are problematic, for they know all too well how such appeals have been used to justify slavery and other forms of exploitation or oppression. In sum, a sense of historical contingency has replaced one of natural finality.

Conventional signs. Signs based upon a **convention**

and contrasted with natural signs. A young girl observes a rapidly darkening sky and takes it to be a sign of an approaching storm. As she is frantically looking for her dog, she hears her aunt calling her name. Traditionally, the storm clouds are an example of natural signs, while names and other words an example of conventional signs.

Conversation/inquiry. Today the metaphor of conversation, largely through the influence of Richard Rorty, has assumed an importance and even centrality that it previously did not have. According to Rorty, philosophers should cease seeing philosophy as a form of **inquiry** (a process of **semiosis** aimed at the discovery of truth and thereby committed to the convergence of perspectives) and begin to see it simply as a part of the conversation of humankind. In addition, philosophers should not presume the authority to tell others (that is, other disciplines) what they mean or how they should proceed. Philosophy is not the ultimate arbiter of the human conversation; it is but one voice among others and not necessarily either the most important or the most authoritative voice.

Conversational rules. In an influential essay entitled "Logic and Conversation," Paul Grice argued that certain rules should guide any conversational exchange committed to the cooperative principle. This principle enjoins participants in conversation to do the following: "Make your conversational contribution such as is required, at the stage at which it occurs, by the accepted purpose or direction of the talk exchange in which you are engaged" (1989, 26). From this principle, Grice derives four categories of rules or maxims—quantity, quality, relation, and manner. Quantity concerns the amount of information to be conveyed by any participant in conversation; under this heading fall, above all else, two maxims: "Make your contribution as informative as is required, for the current purpose of the exchange" and "Do not make your contribution more informative than is required." Quality concerns the quality or reliability of the information being conveyed. Under it falls the supermaxim—"Try to make your contribution one that is true"—and under this supermaxim fall above all two more specific directives: "Do not say what you believe to be false" and "Do not say that for which you lack adequate evidence." Under the category of relation falls the injunction "Be relevant" and under that of manner the supermaxim "Be perspicuous." Under the requirement of perspicuity fall, of course, a variety of maxims (the most important being "Avoid obscurity," "Avoid ambiguity," "Be brief," and "Be orderly"). Since Grice himself seems to spend more words than needed to state the rules of conversation, it is likely that he violates his own requirement of quantity.

Conversation analysis (CA). CA is an empirical, inductive investigation, ordinarily undertaken by sociolinguists and social psychologists, devoted to examining actual conversations primarily by means of recordings and audio/video tapes. Conversation analysis should not be confused with **discourse analysis,** the latter being characteristically a formal, deductive inquiry rather than an empirical, inductive investigation.

Cooperative principle. See **conversational rules.**

Co-text. A term sometimes used to designate the **verbal** or **semiotic** environment of some semiotic process or practice, in contrast to its extraverbal (or extrasemiotic) **context.** This latter is sometimes called the situational environment. Take a simple example. This entry on co-text occurs in the co-text of this glossary: It is a text embedded in a larger text. But both of these texts—the single entry and the entire glossary—are part of a world that is made up of more than words. This world, especially those features of it to which the statements in this book pertain, is the extraverbal environment.

Coupure epistemologique. **Epistemological** rupture or shift. A sudden, usually unsettling transition from one *problématique* (or complex of problems) to another. In literary theory and criticism, the shift from a psycho-biographical approach to a structuralist approach would be—and, in fact, is—a *coupure epistemologique.* This term designates what in Anglo-American discourse is called a **paradigm shift.**

Critic. A branch of **logic** as conceived by Charles S. **Peirce.** Critic (occasionally called critical logic) is the branch concerned with the various forms of **argument.** Eventually Peirce came to conceive logic as a tripartite discipline: Its first part, **speculative grammar,** is concerned with the processes and forms of meaning (these are sign-actions and sign-types); the second part, critic, is devoted to the processes and forms of **inference;** and the third, **speculative rhetoric** or **methodeutic,** a theory of **inquiry.** Ordinarily logic is limited to what Peirce called critic, so his conception of this discipline is broader than what most contemporary logicians would take as their subject matter.

Critical commonsensism. A doctrine defended by Charles S. **Peirce** largely in reaction to the Cartesian viewpoint (see **Cartesianism**). Whereas René **Descartes** proposed a method of inquiry beginning with universal doubt ("Begin by treating as absolutely false any belief that is in the least bit doubtful"), Peirce questioned the desirability and even possibility of such a procedure.

Peirce fully acknowledged that we may, in the course of an investigation, come to doubt what we began by believing; but, in such a case, we would have a positive, powerful reason for doubting. So he advised that we should not doubt in philosophy what we do not doubt in our hearts (CP 5.265). Common sense is nothing more, and nothing less, than what we do not doubt in our hearts—the whole stock of beliefs upon which we rely in countless contexts. But in order to distinguish his own commonsensism from traditional forms (especially the Scottish commonsensism of Thomas Reid and others), Peirce characterized his doctrine as critical, for it is imperative, on occasion, to examine critically even our most cherished beliefs. But such a critique can never be undertaken in the manner proposed by Descartes; it is rather an ongoing, piecemeal process in which we sift through our intellectual inheritance and commitments, relying on some parts of it in order to evaluate other parts. Peirce's critical commonsensism is an attempt to recognize both the need for criticism and the massive authority of our commonsensical beliefs.

Critique. In the most general sense, an evaluation. This term is frequently used in a narrower sense, one reflecting the usage of Karl Marx and subsequent writers concerned with emancipation in one form or another. (The influence on European semioticians of Marx and Sigmund Freud has been profound; Marxist and Freudian terminology are evident strands within the fabric of semiotic discourse.) So used, critique means a form of reflection whose proximate aim is critical consciousness (an awareness of truly what's what and who's who) and whose ultimate goal is liberation. Critical consciousness is to be understood in contrast to mystified consciousness. It is possible to be oppressed or exploited without being aware of this condition. This unawareness is ordinarily not simply a lack of consciousness but a *resistance to* facing what we perhaps dimly sense to be the case. Such unawareness, especially when resistance is a key or prominent feature, is called mystified (or naive) consciousness. The aim of critique is to challenge such unawareness in the name of liberation or emancipation. Today, however, thinkers like Michel **Foucault** and Jacques **Derrida** are so wedded to a **hermeneutic of suspicion** that the name of freedom, so drenched in the blood of innocent people, cannot be simply invoked or perhaps invoked at all.

Roland **Barthes** once confessed that, for him, semiology "started from a strictly emotional impulse." He felt that the study of signs "might stimulate social criticism," might provide more penetrating ways "of understanding (or of describing) how a society produces stereotypes, i.e., triumphs of artifice, which it then consumes as innate meanings, i.e., triumphs of Nature." Such a study was undertaken by him out of "an intolerance of this mixture of bad faith and good conscience which characterizes the general morality . . ." (*Barthes Reader,* 471). How is it possible to account for the fact that decent people either do or tolerate atrocious acts? If it is ordinarily not out of simple "natural" fears or hatreds but on the basis of myths (that is, *fabricated* fears, hatreds, desires, etc.), is it not crucial to understand the processes by which such myths are fabricated?

Cryptography, cryptology. Cryptography refers to secret writing and cryptology to the scientific study of such writing.

Culture. The totality of institutions and practices (including the forms of discourse) developed and sustained by some specific group of human beings. Ethnology, that branch of anthropology devoted to the study of culture, is a field from which a number of semioticians have come and, in turn, to which a number of others have been drawn. Claude Levi-Strauss's structural anthropology is perhaps the most famous endeavor to apply the insights of the linguist Ferdinand de **Saussure** to the investigation of culture.

D

DA. Discourse analysis.
Decentering of the subject. A dramatic shift away from the importance, prestige, or authority attached in **modernity** to the "I" or conscious, speaking, autonomous **subject:** This subject having moved from the center of the various discourses about human beings and things human (anthropology, psychology, linguistics, etc.) to the margins.

In the **modern** (or postmedieval) period, the individual in one guise or another (for example, that of individual consciousness as the arbiter of truth or that of the individual person as the bearer of rights) became more central than in previous epochs. The individual was treated primarily as an origin and only incidentally as an outcome—considered principally as the source from which thoughts, actions, feelings, etc. flowed and only rarely as something itself derivative. In **structuralist** and especially **poststructuralist** writings, the **subject** has been whisked off center stage. For example, language cannot be explained in terms of what images or ideas occur to the self; rather, the thoughts, actions, and even feelings of persons have to be interpreted in light of the linguistic, economic, cultural, etc. **systems** in which these persons are embedded. What was formerly at the center of the discussion—the self or "I"—has been pushed to the **margins,** and what was formerly on the margins—language and other systems— has become central.

Decoder. The **addressee** or receiver of a message, considered in its role of decoding or interpreting a message. The **addresser** or sender encodes a message, that is, transmits information by means of a code, while the decoder interprets this message in light of the same code. On this universally accepted model of communication, the possibility of communication depends upon a code shared by the participants in any communicative process. If two persons do not speak the same language, they might communicate by means of bodily gestures and facial expressions, but only because nodding the head up and down is taken by both parties to mean "Yes," nodding the head from side to side is interpreted by both as "No," etc.—that is, only because there is a code common to both.

Deconstruction, Deconstructionism. A contemporary intellectual movement especially in philosophy, literary theory and criticism concerned with (among other things) challenging the rigid or fixed hierarchies so central to Western thought and culture (for example, work/play; spirit/body; presence/absence; signified/ signifier; speaking/writing).

To most of us, signs seem to be simply ways of representing objects, of bringing before consciousness something that might not otherwise be fully present to consciousness. Using words and gestures (that is, linguistic and other signs), I tell you about a storm that occurred while you were away. I was in the presence of the storm, while you were not. Thus you need to settle for a verbal representation. From such cases, it is natural to suppose that signs are insignificant whereas the realities to which they call our attention are what truly matter. Jacques **Derrida** challenges what he calls the metaphysics of presence, the view that, apart from signs, there are beings or events that might become fully present to consciousness. Within Western culture, the world apart from signs has traditionally been privileged over the world of signs. In response to George Berkeley's claim that *esse est percipi* ("To be is to be perceived"), Samuel Johnson kicked a stone and announced "I thereby refute him." The same impulse is often displayed in reaction to the deconstructionist claims that "There is nothing outside of the text" or "All **signifieds** are, in turn, themselves **signifiers**." The import of these claims seems to be that there are no absolutely hard and fast objects, only unstable and fleeting signs, and this seems to be a gross violation of common sense. But, Johnson's act of kicking the stone was intended to show that the stone is something more than Berkeley's position could allegedly accommodate. For contemporary Johnsonian opponents of deconstructionism, there truly is a world apart from our signs: It is the world whose presence we directly encounter when we kick a stone or when something strikes us. For deconstructionists, there is also truly a world, but this world confronts us, first and last, as a text, an open-ended cluster of signs in which the play of meanings continuously undermines the possibility of fixing, once and for all, the meaning (and thus the reference) of any sign. The desire for a **transcendental signified** drives us to resist treating the world as a text: The desire to escape from the labyrinth of language is one with the desire to be in immediate contact with a transcendental signified. In the presence of such a signified, nothing more needs to be said; nothing more can be seen (or felt). But, at this point, defenders of deconstruction

82

can appeal to our commonsensical intuitions. Does it not always turn out that there is more to say, a new interpretation or metaphor to be offered? And do not these sayings assist our seeings, do not these interpretations and metaphors sharpen and deepen our perceptions and sensibilities? Are not those who would arrest the play of signifiers presumptuous and, beyond this, tyrannical? For do they not assume the authority of policing thought and even of imprisoning signifiers within narrowly circumscribed cells? We cannot by a sheer act of will or intellectual sleight of hand make language or any other system of signs mean anything at all; it is rather that any utterance, text, or sign process always means more than, and even other than, what the utterer intended or could imagine. To trace the subtle and complex ways in which texts turn against and undermine themselves—to follow the ways texts deconstruct themselves—is the primary task of deconstructionist critics.

Deduction. A type of **inference** in which the **conclusion** is supposed to follow necessarily from the premises. For instance, if it is true that A is greater than B and that B is greater than C, then it is *necessarily* true that A is greater than C. In this example, A is greater than B and B is greater than C are the premises and A is greater than C is the conclusion. **Logic** studies the forms of inference.

Deep structure. A term encountered frequently in linguistics and not infrequently in **semiotics** (especially narrative analysis) and contrasted with surface structure. The deep structure is the underlying, largely hidden structure by which the surface structure of, say, a sentence or a narrative is generated. The concern to unearth deep structures has been a central preoccupation of linguistics as practiced by Noam Chomsky and his followers; it has also been a focal concern of narratologists (see

narratology) such as Roland **Barthes** and A. J. **Greimas.**
According to these theorists, it is as though one might
X-ray a sentence or narrative and perceive the bare bones
holding up the verbal or textual figure.

Defamiliarization. The term (along with "making
strange") often used to translate the Russian word trans-
literated **Ostranenie,** the word used by the **Russian formalists** to identify the principal function of artworks. The
principal function of poetry and presumably other artworks is to challenge our habitual modes of perception; it
can only do so by a process of defamiliarization (or making strange).

Deictic. An adjective used by linguists and sometimes
by **semioticians** to designate **signs** that refer directly to
temporal, spatial, or personal aspects of the situation in
which an utterance is made or a **discourse** takes place.
Now/then, here/there, I/you, and this/that are deictic
signs.

Denotation. See **connotation.**

Denotatum (plural *denotata*). Object, event, or being of whatever sort denoted by a word or expression; that
to which a word or utterance refers. The terms denotatum
and *sigificatum,* as they are used by Charles **Morris,**
closely correspond to **reference** (*Bedeutung*) and sense or
meaning (*Sinn*), respectively.

Derrida, Jacques (b. 1940). Contemporary French
philosopher who has exerted a significant influence on
literary theorists and critics as well as philosophers. He is a
champion of **deconstruction.** This prolific author is often
described as a poststructuralist (see **poststructuralism**).
His books include *Speech and Phenomena and Other Essays
on Husserl's Theory of Signs* (1967 [1973]), *Of Grammatology* (1967 [1976]), *Writing and Difference* (1967 [1978]),

Dissemination (1972 [1981]), *The Margins of Philosophy* (1972 [1982]). That he has written a 521-page book entitled *Post Card* (1980) reveals his playfulness and (in the often severe judgment of his critics) his excessive self-indulgence. One central concern of Derrida's deconstructionist critique is to undermine **binary oppositions**—to show how terms that appear to be mutually exclusive in fact depend on one another.

Descartes, René (1596–1650). An early **modern** philosopher who has exerted a profound and pervasive influince on later thought. In his attempt to offer a knock-down refutation of **skepticism,** he arrived at the position of "I think, therefore I am" (*Cogito, ergo sum*). Even on the strongest—and most far-fetched—hypothesis imaginable (that there is an evil spirit who is committed to deceiving me each and every moment of my life), I can be absolutely certain of at least one truth: I am (*sum*). For in order to be deceived, I must be. Therefore, the very possibility of doubt (doubt being a form of thought) insures the necessity of my own existence. So, if I think at all—even if my thinking is doubtful and erroneous in all other respects—I must *be* in some way. If there were no one to deceive, there would be no deception; if there is deception, there must be someone. Voila! I exist! What is even more important than this argument against skepticism is the starting point which Descartes bequeathed to later thought: individual consciousness as the arbiter of truth and the source of meaning. (See **decentering of the subject.**)

Charles S. **Peirce** suggested that "Descartes marks the period when Philosophy put off childish things and began to be a conceited young man. By the time the young man has grown to be an old man, he will have learned that traditions are precious treasures, while iconoclastic inventions are always cheap and often nasty" (CP 4.71).

Dewey, John (1859–1952). An American philosopher associated with the pragmatic movement. *Experience and Nature* (1925), *Logic: The Theory of Inquiry* (1938), and *Knowing and the Known* (1949) are especially important for assessing and appreciating Dewey's contribution to the study of signs and symbols.

Diachronic. From the Greek, *dia-*, through, across, and *chronos*, time. Dealing with phenomena (for example, the spelling of words or the rules of grammar) as these change over a period of time; roughly equivalent to historical or temporal.

Ferdinand de **Saussure** sharply distinguished the diachronic from the **synchronic** study of **language.** A diachronic investigation traces the development or evolution of language, whereas a synchronic inquiry examines language as a **system,** a network of relationships co-existing in the present. Saussure was reacting to the Neogrammarians of his own day, linguists who contended that the only valid approach to the study of language was a historical or diachronic approach. It is arguable that one extreme approach called forth the opposite extreme, for an exclusive concern with the history of language was displaced by a systematic denial of this history's relevance for an understanding of language. In order to make his case persuasive, Saussure was forced to draw another sharp distinction. Language (*langue*) should not be confused with **speech** or **discourse** (*parole*). Language is, according to Saussure, a self-contained whole (1916 [1966], 9) and thus an appropriate object of synchronic study. Thus, not only is Saussure's model of the sign **dyadic** (since it is a correlation of two items—an acoustic image and its corresponding concept, for example, the sound "dog" and the idea this sound calls to mind), his orientation toward the study of linguistic and other signs is based on several **dichotomies.** The two just mentioned—diachronic/synchronic and *langue/parole* (language/speech)—are at the center of Saussure's project.

Diacritical. Adjective meaning distinctive or distinguishable. In order for anything to function as a sign, it needs to be distinctive or distinguishable from the other items used also as signs. Because he focused considerable attention on how signs are generated by their differences—by the way or ways they can be distinguished from other signs in the same **system** (for example, the same **language**)—Ferdinand de **Saussure**'s conception of **sign** is sometimes called diacritical. See also **articulation, binary opposition.**

Diagram. A type of sign in which the **iconic** function is the predominant sign function but also in which the symbolic and indexical functions are clearly present. See **index, symbol.**

If a coach diagrams a play on a blackboard, he is constructing a sign that in some important respects resembles its object; thus it is iconic. But the diagram also relies on **conventions** and indices. There is the convention of using X's to designate players on one team and O's players on the other team. In addition, the X's and O's have an indexical function. A coach draws three X's and says, "Szykula, this is you; Alan, that's you; and Vinnie, this is you—so this is where the ball will be."

Charles S. **Peirce** devoted attention to diagrams, noting explicitly that they combine iconic, symbolic, and indexical functions. "A diagram is," in his words, "a

representamen which is predominantly an icon of relations and is aided to be so by conventions. Indices are also more or less used" in diagrams (CP 4.418).

Dialectic. In the most general sense, a process involving opposites (for example, one might say that history is a dialectic of spontaneity and constraint); more narrowly, a process resulting in a synthesis or reconciliation of opposing forces or factors.

Dialogism. A doctrine or orientation based upon dialogue. Dialogue, a semiotic process of mutual give and take, is often used as a model to explain or illuminate phenomena not ordinarily considered in reference to this process. For example, **experience** has been conceived as a process of dialogue—a give and take between the self and others. Such a view was defended by the American pragmatists Charles S. **Peirce** and John **Dewey.** So understood, experience is not primarily subjective, but essentially intersubjective: Its locus is neither inside nor outside the self, but between selves. Martin Buber's category of the between was designed to show a way out of the impasses arrived at by thinking exclusively in terms of inner and outer, subjective and objective, private and public. So, too, has **thought** been construed as dialogue. In several of Plato's dialogues, we find the characterization of thinking as the soul conversing with itself; and Peirce never tired of insisting that all of our thought takes the form of a dialogue. He went so far as to claim that "[s]uccessful research . . . is conversation with nature . . ." (CP 6.568). Dialogism is a term often used to describe Mikhail **Bakhtin**'s conception of language. See also **conversation, tuism.**

Dialogue. A type of discourse characterized by a give and take among several participants; a literary genre modeled on conversation (for example, Plato's dialogues). Martin Buber has examined the nature and forms of dialogue, paying especially close attention to dialogue as an existential encounter between I and Thou; Mikhail **Bakhtin** and Hans-Georg Gadamer have also devoted considerable attention to this process of give and take.

Dicent. A term introduced by Charles S. **Peirce** to designate a specific type of **sign** or **sign function;** namely, one corresponding roughly to a statement. This sign is part of a triad or **trichotomy: rheme, dicent,** and **argument.** Peirce derives this trichotomy by considering the sign's relation to its **interpretant.** His classification of signs on this basis yielded what is called, in traditional logic, concepts, statements, and arguments. That is, rheme, dicent, and argument more or less correspond to concepts, statements, and arguments, respectively.

Dichotomy. A twofold division or distinction, especially one between mutually exclusive things. While a **trichotomy** cuts things in threes, a dichotomy cuts them in two. See also **dualism.**

Dicisign. A term used by Charles S. **Peirce** as a synonym for **dicent,** a sign roughly corresponding to a statement in the context of its utterance.

Dictionary vs. **encyclopedia.** Two contrasting ways of explaining the meaning or content of **sememes** (the most basic units of **meaning** within a semiotic **system,** ordinarily understood as a **language**). The model of the dictionary is based on the assumption that there are ultimate sememes in terms of which all other units of meaning (all other sememes) are derivable. The Porphyrian tree (named after the late-classical Greek philosopher Porphyry or Porphyrius, c. 232–c. 303) is an example of such a "dictionary." All substances can be differentiated into immaterial and material (spiritual and corporeal substances); in turn, all bodies (or material substances) can be differentiated into animate or inanimate (living or nonliving); animate substances can, in their turn, be divided into animal and vegetal, etc. In contrast, the model of the encyclopedia is offered to show the way the content of any sememe whatsoever is established in and through its connections with virtually all other units of meaning. Encyclopedias have to be continually updated, for what counts as a fact at any given time often is demoted in light of later research. But encyclopedias include information about what has been taken to be a fact at some time or by some group. This information is taken as part and parcel of what a term means. A full account of "Sun" as a sememe would require noting that it was taken by certain cultures to be a golden chariot blazing across the sky and that today it is conceived as a star or largely gaseous mass in process of continuous explosions. While a dictionary constructed along the lines required by Porphyry's conception of definition would be a series of dichotomous branchings, an encyclopedia would be a vast, complex net in which one could move from any given node to any other, although it may demand the most circuitous of routes.

Différance. A word coined by Jacques **Derrida** as part of his critique of **phonocentrism** and of the metaphysics of **presence.** It involves a pun, for he is playing on two senses of *differ:* to differ and to defer (postpone or put off). In addition, this word itself is supposed to show the dependence of speech upon writing, for the difference to a French speaker between *difference* and *differance* is no difference at all. That is, the difference is discernible to the eye but not to the ear.

90

Difference. Otherness; opposition (see **binary opposition**). In both **structuralism** and **poststructuralism,** much is made of difference. It is used to explain how the most basic units in language are generated; the rhetoric of difference (and otherness) is also used to make evident the subtle yet powerful ways in which important differences are concealed and even repressed. "We perceive differences," A. J. Greimas notes, "and thanks to that perception, the world 'takes shape' in front of us, and for our purposes" (1966, 19).

Definiendum. Latin word referring to a word or expression being defined, in contrast to the *definiens* (the definition or expression offered as such). In defining "hammer" as "a tool designed for pounding and pulling nails and similar objects," "hammer" is the *definiendum* and "a tool, etc." the *definiens.*

Ding an sich. German expression meaning "thing in itself" and ordinarily contrasted with appearance or **phenomena** (the thing as it appears to us) or with **representation** (the thing as it is represented by us). The **modern** German philosopher Immanuel Kant sharply distinguished things in themselves from things as they appear to us, maintaining that our knowledge is limited to appearances. Charles S. **Peirce,** one of the **contemporary** co-founders of **semiotics,** rejected the notion of an unknowable *Ding an sich.*

Discourse. A term sometimes used to translate *parole* (more usually rendered "speech"). Ferdinand de **Saussure** separated **language** (*langue*), conceived as a self-contained system of formal differences, from speech (*parole*), the actual utterances of individual speakers. He did so for the purpose of making language the formal object of linguistics and he thought that the study of language should focus on language, not speech or discourse. While language conveys to many the notion of **system** (a resource upon which speakers can draw), discourse and speech suggest process, engagement, and entanglement—the struggles in which historically situated agents engage. The expression "*dominant* discourse" is often used to mean the discourse that has dominated and, as part of this, excluded the possibility of other discourses (the discourse of others, for example, women or people of color).

Discourse analysis (DA). The **analysis** of **language** (*langue*) and/or **speech** (*parole*) (depending on the theoretical commitments of the particular author) above the level of the sentence. The investigation of linguists has tended to focus on the sentence and on the units (for example, **phonemes** and **sememes**) and rules used to generate sentences. For this reason, Roland **Barthes** and other semioticians have undertaken a "second linguistics," "a linguistics of discourse," to exhibit these units and rules of discourse. Traditional linguistics is not to be faulted, only supplemented: In Barthes's own metaphor, having described the flower, the botanist is not obliged to describe the bouquet. But others might feel and, in fact, have felt the need to describe the ways the flowers have been arranged into bouquets (that is, discourses). Narrative analysis (NA) is perhaps the most highly developed part of discourse analysis. But NA is only one form of DA.

Discourse analysis should not be confused with **conversation analysis** (CA). DA is almost always undertaken in accord with structuralist principles and is thus a largely formal, deductive approach. In contrast, CA is an empirical, inductive approach, devoted to examining recordings and, more recently, videotapes of actual conversations.

Discursive practice. A term designed and used to highlight the fact that the various **discourses** in which we engage (for example, philosophy, literary criticism, political commentary) are themselves practices and, moreover, are practices that intersect with other nondiscursive practices. What and how we read and write or hear and say, bear upon how we and others make a living and, in countless other ways, participate in the various practices by which needs are satisfied, desires generated, and so on, and thus by which society itself is reproduced. See also **praxis.**

Displacement. A Freudian term designating the process, or result, of redirecting an emotion or impulse from its original object to a more acceptable one. When a child who is angry at a friend expresses hostility toward a sibling, the anger is displaced. Displacement has been invoked along with **condensation** by psychoanalytically oriented semioticians and even others to illuminate the way language works.

Dissemination. A term used by Roland **Barthes** and especially Jacques **Derrida** to suggest the essential openness and productivity of a text. According to such literary semiologists as Barthes and Jacques Derrida, the function of a text is not representative, but productive: It is not a mirror being held up to nature, history, the psyche, or anything else, but rather a mechanism productive of meaning. The text is not a finished product but an open-ended process in which the reader has the obligation to assume the role of co-author. To assume this role would, in effect, mean rewriting the text; and to rewrite the text "would consist only in disseminating it, in dispersing it within the field of infinite difference" (Barthes, 1974, 5).

Distinction. The process of marking differences; the result of such a process. It is helpful to distinguish, perhaps even to separate, the process of distinguishing from that of separating two or more things. It is one thing to distinguish two things, quite another to separate them and thereby imply that they are separable (that is, that they can exist apart from one another). While Ferdinand de **Saussure** claimed that **language** and speech are separable, Roland **Barthes** has maintained that they are merely distinguishable: "Language flowers out into discourse; discourse flows back into language; they persist one above the other like children topping each other's fists on a baseball bat" (*Barthes Reader*, 471).

Double Articulation. See articulation.

Dream. A phenomenon that, according to Sigmund Freud, Jacques **Lacan,** and other thinkers, should be treated like a text. A dream, no less than a novel or play, is above all an invitation to interpretation. Lacan and others have combined the resources of psychoanalytic and semiotic theory in their approach to interpreting dreams.

Dualism. A twofold distinction. Like dichotomy, *dualism* suggests a sharply drawn distinction, often between mutually exclusive or completely different things. For example, René **Descartes**'s conception of the human person is often described as dualistic, a being composed of two fundamentally different kinds of things or substances (an immaterial mind and a physical body).

According to Charles S. **Peirce,** "[w]e naturally make all our distinctions too absolute" (CP 7.438). The result is often a dualistic outlook. Peirce suggested that dualism "in its broadest legitimate meaning" is "the philosophy which performs analyses with an axe, leaving as the ultimate elements, unrelated chunks of being" (CP 7.570). In structuralist linguistics and the semiological tradition modeled on such linguistics, this is arguably the case with the dualistic way in which Ferdinand de **Saussure** and his followers have distinguished **language** (*langue*) and speech (*parole*). Necessary distinctions should not be elevated to absolute separations. See also **synechism.**

94

Dyad. Pair; sequence, process, or anything else having two parts, sides, or dimensions.

Dyadic. Two-termed. The dynamic duo of Batman and Robin is a *dyadic* combo. (There is a technical mathematical sense of this term, but it is almost never the sense in which *dyadic* is used in semiotics.)

E

Eco, Umberto (b. 1932). Contemporary Italian semiotician, medievalist, and novelist. His work in **semiotics** ranges from highly technical and theoretical questions to analyses of comics such as *Superman* and *Krazy Kat.* His characteristic playfulness is revealed in one of his definitions of semiotics: This discipline "is concerned with everything that can be *taken* as a sign"—anything that can be substituted for something else. "This something else does not necessarily have to exist. . . . Thus, *semiotics is in principle the discipline studying everything which can be used in order to lie*" (1976: 7). In an interview in 1986, Eco confessed that "[e]very single thing I've done comes down to the same thing: a stubborn effort to understand the mechanisms by which we give meaning to the world around us" (Sullivan 1986, 46; quoted in Noth 1990, 326).

Economy, principle of. The principle according to which the maximum of achievement is attained through the minimum of effort (or output). See also **abridgement.**

Écriture. Common French noun for "writing," "script." When this French word is left untranslated in an

English text, it is likely that the term is being used in one or more senses established by a **contemporary** French author. In one sense, *ecriture* refers to writing as an intransitive activity, a conception proposed by Roland **Barthes.** See **writing.** In another sense, it means writing as *différance,* a position propounded by Jacques **Derrida.** See **arche-writing.** In still another sense, it means writing as an activity in which sexual differences can be discerned. *Ecriture feminine* (sometimes translated as "writing as a woman") is the form of writing in which the specific and irreducible **gender** of a female writer or speaker shapes both the form and the content of her utterances.

Écrivain. A term used by Roland **Barthes** and others to designate what is often translated as "author"; the producer of texts for whom the verb "to write" is intransitive. In this sense, **writing** calls the reader's attention to the activity of writing itself rather than to something else. An author (*ecrivain*) in this respect differs from a writer (*scripteur, ecrivant*), for "writers" subordinate writing to something other than itself.

Écrivant. See *Écrivain.*

Ego. The Latin word for "I," often used as a psychoanalytic term denoting a specific part of the human psyche: that part defined by the role of mediating between either the id and reality or the id and the superego.

Sigmund Freud's psychoanalytic theory has influenced such thinkers as Jacques **Lacan,** Julia **Kristeva,** and Luce **Irigaray.** In fact, Freud is important for both the contributions his own writings make to an understanding of signs (for example, his work on the interpretation of dreams) and the influence of these writings on others. This demands a basic familiarity with some of the key terms in Freudian and, more generally, psychoanalytic discourse.

Emic/etic. Adjectives coined by Kenneth L. Pike to designate two different approaches to the study of such things as **language** or **culture,** an emic approach being one that is specifically adapted to one language or culture, while an etic approach is one of general applicability.

In semiotic studies, signs may be investigated etically or emically. A **typology** of the signs applicable to a number of systems would be etic, while a description of the functions of the signs peculiar to one particular system would be emic.

Empiricism. The doctrine that all knowledge is based on **experience** or observation. In opposition to the claim that the human mind possesses innate ideas, John **Locke** and other empiricists argued that, at birth, the mind is a tabula rasa (blank slate), the only ideas it possesses being those it acquires in the course of experience. Some empiricists (for example, Charles S. **Peirce**), however, have argued that even if some of our ideas are innate and thus not derived from experience, they can only be justified by appeals to experience. For them, the justification (rather than the origin) of our ideas is the decisive issue.

Sometimes *empiricism* is used in a negative sense to designate the naive orientation of those who contend that the facts speak for themselves and, hence, the task of interpretation is avoidable. In opposition to this orientation, there are those who contend not only that the facts cry out for interpretation but also that what counts as a fact changes (see **episteme, paradigm shift**). For them, facts are the products of complex, evolving processes of intervention (for example, the experiments of physicists or the observations of anthropologists in the field). See also **rationalism.**

Encoder. Addresser or **utterer;** transmitter of a **message** by means of a **code.** See also **decoder.**

Encyclopedia vs. **dictionary.** See **dictionary** vs. **encyclopedia.**

Engendering of subjectivity. The process by which a human organism, as a result of being initiated into various systems of **representation,** becomes a **subject,** a split being (conscious/unconscious) with a sexual or gendered identity. The expression involves a pun, since it plays upon two senses of *engendering* (the process of bringing something into being and the process of acquiring a **gender**). The term *subject* itself is often used in a way that plays upon its etymology, for it commonly refers to a being who has undergone a process of subjection; that is, a process in which our libidinal drives are subjected to societal inhibitions.

Enlightenment, The. A specific epoch in Western history extending from the late seventeenth to the late eighteenth centuries (often identified as the Age of Reason); a set of ideals (most prominently, reason, freedom, progress, and nature) championed during the Age of Reason and supposed by some to possess universal or transhistorical validity. Two slogans capturing the sensibility of the Enlightenment are in fact two injunctions: Horace's *Sapere aude!* ("Dare to know!" or, more loosely, "Dare to think for oneself!"), quoted by Immanuel Kant at the outset of his essay "What Is Enlightenment?" and Voltaire's *Erasez l'infame* ("Crush the infamy!" or "Destroy the institution!").

The postmodern sensibility is, to a significant degree, a radical critique of such Enlightenment ideals as reason, freedom, progress, and nature. In the name of reason, many irrational beliefs have been defended; in the name of freedom, countless acts of tyranny have been undertaken; in the name of progress, the natural environment has been defiled and whole cultures annihilated. Hence, abstract appeals to these allegedly universal ideals need to be viewed with suspicion; detailed attention must be paid to what is actually being done, by whom, to whom, and for whom.

Enthymeme. An **argument** in which a part (either one of its premises or its **conclusion**) is unstated.

Énoncé vs. *enonciation*. French terms used to draw a distinction between what is uttered (the *enonce*) and the process or act of utterance (*enonciation*). In accord with a precedent set by the linguist Emile **Benveniste,** *enonciation* is often used to designate the act by which the utterer assumes a position within language. The assumption of such a position inevitably involves taking part in a complex, historical process. Upon any participant in such a process, the force of various forms of oppression will be exerted; but, then, so will the possibilities for various kinds of liberation be available. These particular features of enunciation have been a central concern of feminists.

Episteme. A Greek word for knowledge. A term introduced by Michel Foucault and widely used to denote the underlying, largely hidden grounds on which a statement or claim counts as knowledge during a particular period of human history. In the Middle Ages, theology counted as the highest form of knowledge ("the queen of the sciences"), while today it does not in most circles count as knowledge at all. The reason is that there has been a shift from one *episteme* to another (see *coupure epistemologique* and **paradigm shift**). What counted as *scientia* (or knowledge) in the Middle Ages is quite different from what counts as knowledge today. The grounds have shifted.

In *The Order of Things* (*Les Mots et les Choses*) (1966), Michel Foucault examined three different periods (the Renaissance, the Enlightenment, and the period from the nineteenth century to modern structuralism) in light of his notion of *episteme*. At this time, he claimed that "[i]n any given culture and at any given time, there is always only one *episteme* that defines the conditions of possibility of all knowledge" (1966, 168). Eventually he denied that his notion of episteme is a "basic" or "fundamental" category for the interpretation of history and thus ceased to use this notion. But texts and ideas have a life of their own, so one frequently encounters the notion of *episteme* in writings of thinkers who have been influenced, directly or indirectly, by Foucault.

Epistemological. Pertaining to knowledge.

Epistemology. The study of knowledge; more fully, the investigation of the origin, nature, limits, justification, and forms of knowledge. Many semioticians believe that the formal and systematic study of **signs** has the capacity to transform this traditional branch of philosophy.

Epistemology has been a focal concern of Western philosophers, especially in the **modern** period. In many quarters of **contemporary** thought, however, there has been rejection of epistemology-centered philosophy.

Erasure. A term used by **deconstructionists** such as Jacques **Derrida** to signify the inescapability of relying on terms at once inadequate but necessary. Derrida borrowed from Martin Heidegger this practice of writing *sous rature* (under erasure). The very word *sign* is so deeply part of a tradition in which the **transcendental signified** occupies the highest possible place that anytime we use the word we necessarily suggest the signified (that which is what it is in itself, apart from all representation). But, in order to discredit the notion of a transcendental signified, Derrida has no option but to use the very language that in some respects reinforces the very view he is attacking. Such a practice indicates the necessity of situating oneself within a framework in order to destroy it.

Erklärung. German word for explanation, often used in contrast to *Verstehen* (understanding). It is frequently supposed that natural phenomena (for example, an eclipse) call for explanation, whereas cultural artifacts (texts, buildings, systems of law) call for understanding. It is further supposed that *Erklärung* and *Verstehen* are irreducibly different processes. See also **Geisteswissenschaften.**

Ethics of terminology. A set of rules or guidelines for how to devise and use terms, especially technical terms in a scientific discipline or a discipline striving to transform itself into a science. In order to facilitate the transformation of philosophy into a science, Charles S. **Peirce** developed an ethics of terminology.

Exegesis. An explanation or interpretation of a text. The processes by which texts are explained or interpreted have been the central concern of thinkers in the **hermeneutic** tradition, for instance, Friedrich Schleiermacher (1768–1834), Wilhelm Dilthey (1833–1911), Hans-Georg Gadamer (b. 1900), and Parl Ricoeur (b. 1913). These processes are obviously also of interest to semioticians.

Experience. A term often taken to mean what occurs *inside* a person or organism; a term redefined by Charles S. **Peirce** and the other American pragmatists to mean what goes on *between* the self and the world. In the first sense, the expression "subjective experience" is pleonastic or redundant. It would be analogous to saying "a deceptive liar." But the conception of experience as intrinsically subjective or private is what many semioticians, especially ones rooted in the Peircean tradition, reject. For them, experience has the form of a dialogue: It is the ongoing give and take between a conscious, living being and its world. As a consequence of this give and take, human organisms acquire the capacity for self-communication (that is, thought) and for self-concealment. There thus arises a very real sense of an "inner" life. But this life should be seen for what it is: a derivative and complementary process. What is primary and complemented here is the dialogue between self and other. In this sense, experience is what the German word *Erlebnis* suggests—the ongoing, transformative process of *living through* various, overlapping situations and, in addition, the cumulative product of this process.

John Deely offers an explicitly semiotic description of human experience: "[t]he semiotic point of view is the perspective that results from the sustained attempt to live reflectively with and follow out the consequences of one simple realization: The whole of our experience, from its most primitive origins in sensation to its most refined achievements of understanding, is a network or web of sign relations" (1990, 13). See also **empiricism, intersubjectivity.**

Expression vs. **content.** A set of terms used by the linguist Louis Hjelmslev to rename what Ferdinand de **Saussure** called the **signifier** and signified, respectively. For Saussure, a **sign** is a two-sided entity: One side is called the signifier, the other is called the **signified.** Hjelmslev developed what has been called a stratified or multilevel dyadic model of the sign (1943, 58; also Noth 1990, 67). This model is dauntingly complex, as are many of Hjelmslev's other notions. But at its center is the dyadic (or two-termed) relation between the expression form and the content form. This is the nucleus of the sign in Hjelmslev's sense. It shows the influence of Saussure and, in turn, has influenced such contemporary semioticians as Roland **Barthes** and Umberto **Eco.**

Expressive. The function of communication whenever the process is directed toward the sender or addresser of a message.

F

Fallacy. An invalid argument; more generally, a mistaken viewpoint or erroneous statement.

Fallibilism. The doctrine that any of our claims about reality are liable to be erroneous or susceptible to error. This doctrine should not be confused with **skepticism** in its extreme sense (that is, in the sense that skepticism amounts to a denial of the possibility knowing reality). For the fallibilist, absolute certainty is an unattainable ideal for human investigators; nonetheless, we more or less securely know countless things. Charles S. **Peirce,** one of the founders of contemporary **semiotics,** strongly advocated this doctrine.

Family resemblance. A notion designed by Ludwig **Wittgenstein** to show that the generality of a word can be explained without supposing that there is a single essence possessed by everything that can be properly designated by that word. In his *Philosophical Investigations*, Wittgenstein invites his reader to consider "the proceedings we call 'games.' I mean board-games, card-games, ball-games, Olympic games, and so on. What is common to them all?—Don't say: 'There *must* be something common, or they would not be called 'games'—but *look and see* whether there is anything common to all' " (#66). When we do look, what we see is "a complicated network of similarities overlapping and criss-crossing: sometimes overall similarities, sometimes similarities of detail." Wittgenstein thought that there was "no better expression to characterise these similarities than 'family resemblances' " (#67). The word "game" does not have one essential meaning: It is meaningfully used in various ways and these varieties of **usage** have family resemblances. This means that there is not one property or set of properties found in all the activities to which the word *game* properly applies. Here he is characteristically calling our attention to the complexity of ordinary language.

Fashion. An area of semiotic inquiry opened up, in a systematic way, by Roland **Barthes**'s *The Fashion System* (1967 [1983]). Just as our buildings are designed to do more than shelter us (see **architecture**), our clothes are fashioned to do more than clothe us (see **polyfunctional**). They are one of the ways we make statements about ourselves. The exploration of these "statements" and related matters falls to semiotics, especially insofar as there might be a **code** or set of codes by which such statements are made.

Firstness. See Categories, Peircean.

Form of life (*Lebensform*). An expression used by Ludwig **Wittgenstein** and his followers to designate the totality of institutions, practices, and discourses in which a **language-game** (another central Wittgensteinian notion) alone makes sense. The language-game of bidding at an auction only makes sense against a backdrop of intersecting institutions, practices, and discourses; apart from this backdrop, the shouts of the bidders would be little more than sound and fury, signifying nothing.

The notion of *Lebensform* was designed by Wittgenstein to illuminate that language is not an abstract system but a set of practices embedded in a way (or form) of life. The way to understand language is not by abstracting it from the **context** of human action and experience, but by seeing that to share a language people must share a form of life.

Function. A task or role to perform; the act or manner of acting by which this task or role is performed; the relationship between two variables.

Roman **Jakobson** identified six possible functions in our communicative exchanges. When such an exchange is oriented toward (or directed to) the **addresser** or sender of a message, it serves an **emotive** function; when it is oriented toward the **addressee,** a **conative** function; when oriented toward the **context,** a referential function; toward the **contact** or **channel** of communication, a **phatic** function; toward the **codes** making possible the exchange, a **metalingual** (metalinguistic or metasemiotic function); toward the **message** itself, a **poetic** or **aesthetic** function.

The term *function* also occupies a central place in **narratology** (see **actant**).

G

Geisteswissenschaften. A German word designating the human sciences as distinct from *Naturwissenschaften* (the natural sciences). It has been and, to a large extent, still is customary to distinguish the human sciences as studies aiming at understanding (*Verstehen*) and the natural sciences as investigations aiming at explanation (***Erklarung***). The human sciences (*Geisteswissenschaften*) roughly correspond to what, in Anglo-American discourse, are called the social sciences. But since the context in which the human sciences have been pursued has been in some respects significantly different from that in which our own social sciences have been pursued, there are important differences. Not the least is that in Continental Europe the human sciences have not been modeled on the natural sciences, whereas in Great Britain and to an even greater extent in the United States they have.

Gender/sex. Gender is ordinarily taken to be a socially constructed form of identity, whereas sex is a biologically inherited set of traits. See also **engendering of subjectivity.**

General. A term often used by Charles S. **Peirce** as a noun to designate a property or regularity open to an indefinite number of instantiations or exemplifications. A **habit** is an example of a general in this sense; the same habit (say, pig-headedness or generosity) can be present in a countless number of people. Not only are generals open to unlimited instantiations, but many of them are themselves the source of unlimited events or acts. Peirce held that some generals are real, a position he called scholastic realism.

Gestalt. A whole that is perceived as such and that is not reducible to the mere sum of its parts.

Glotto-, glutto-. From the Greek word for tongue. Related to language or, more narrowly, to spoken language.

Glottocentrism. Any approach in **semiotics** that takes **language,** especially spoken language, to be the central or most important **system** of **signs.** Often this approach not only makes language the principal object of study but also studies all other systems of signs in terms of language (that is, in terms of the categories and distinctions derived from an investigation of language). Ferdinand de **Saussure**'s *semiologie* is glottocentric. Language is, for him, not only the most complex and universal system of expression but also the most representative and illuminating. It is for this reason that Saussure put forth linguistics (or the science of language) as "the master-pattern for all branches of semiology," even though language is only one particular semiological system among countless others (68).

Glottogenesis. The origin or evolution of a **system** of phonemic signs. It is now generally thought that glottogenesis began only about fifty thousand years ago. See also **semiogenesis**.

Grammar. Set of rules governing the formation and combination of the basic units in a semiotic system.

Grammatology. A term introduced by Jacques **Derrida** to designate his own theory of writing in general. It is, however, somewhat misleading to use "theory" in this context (even though Derrida himself does), since one of his objectives is to show that a theory or science of writing is impossible. Grammatology is intended to replace the general theory of signs and ultimately to undermine the metaphysics of presence. Traditionally, we have assumed that speaking is primary and writing derivative: Graphic signs are based on auditory signs; we have also assumed that we can come, as it were, face to face with reality.

Greimas, Algirdas Julien (b. 1917). An influential **contemporary** semiotician and narratologist. His writings include *Structural Semantics* (1966 [1983]), *Du sens* (1970), *Pour une theorie du discours poetique* (1972), and *On Meaning* (1987).

Ground. A term used by Charles S. **Peirce** to denote the respect or respects in which anything is equipped or designed to function as a **sign vehicle** (to stand for something other than itself). Not all the properties of a sign vehicle are relevant to its functioning as such. Whether a stop sign is made of wood or metal is inconsequential; however, whether it is octagonal or triangular, or whether it is colored red or green, is crucial. Whatever functions as a stop sign does so by virtue of a specific set of properties. These properties of the sign, taken together, are called its ground, since they provide the basis that enables an entity or event to serve as a sign vehicle.

Some contemporary interpreters of Peirce (most notably T. L. Short) have made a persuasive case for the view that the general notion of ground came to be replaced by a specific classification of sign functions—the classification of signs considered in reference to their objects. According to this classification, some things are equipped to be sign vehicles because of their resemblance to their objects, in which case they function as **icons;** other things are equipped to be sign vehicles because of an actual, physical connection with their objects, in which case they function as **indexes;** still other things are so because of a habitual connection between themselves and their objects, in which case they function as **symbols.** To classify a sign vehicle as iconic, indexical, or symbolic, then, indicates the respect in which it is equipped or designed to stand for its object. Hence, this specific classification can be seen as replacing the general notion of ground.

H

Habit. A disposition to act in certain ways in certain circumstances, especially when the agent is animated or guided by certain motives (see, for example, CP 5.480). For Charles S. **Peirce,** the **meaning** of **signs** is best understood in terms of the habits they generate, sustain, and modify. When I say that a knife is sharp, I mean that it has the capacity to cut through various things. My dispositions to use instruments for cutting combined with my motive to avoid injury are, pragmatically, what sharpness *means*. See also **belief, general, pragmatism.**

Haecceitas, hecceity. "Thisness"; having the status or properties of being an individual existent, in contrast to a general nature. *Haecceitas* was a term used by the **medieval** philosopher John Duns Scotus to designate the principle of individuation (the principle by which a common nature such as humanity is individuated in countless individuals). This term was adopted by Charles S. **Peirce** and used for the same purpose, to identify the principle of individuation (see, for example, CP 1.341; 1.405). See also **general,** *hic et nunc,* **individual.**

Hermaneutic, hermeneutics. This term (derived from the name of Hermes, the Greek god who served as herald and messenger for the other gods) is often used in a wide sense to mean the art or theory of interpretation, though its original meaning was the interpretation of sacred scripture. There is a tradition of reflection on the nature and forms of interpretation. This tradition includes such nineteenth-century thinkers as Friedrich Schleiermacher and Wilhelm Dilthey and such twentieth-century ones as Martin Heidegger, Hans-Georg Gadamer, and Paul Ricoeur. It is both a rich tradition and of direct relevance to some of the most central concerns of **semiotics.**

"According to its original definition, hermeneutics is," in the words of Gadamer, "the art of clarifying and mediating by our own effort of interpretation what is said [or written] by persons we encounter in tradition [that is, at some remove, historical or cultural, from ourselves]" (1976, 98).

109

Hermeneutics of suspicion. An expression introduced by Paul Ricoeur to designate an approach to the interpretation of a text or discourse in which the principal concern is to uncover what is *not* said rather than to recover the meaning of what has been said. This approach strives to bring to the surface what characteristically remains hidden in, but vital—often even central—to the text or discourse. Karl Marx and Sigmund Freud are often considered masters of the hermeneutic of suspicion, for Marx is bent on unmasking ideological distortions and Freud on exposing unconscious motives. Friedrich Nietzsche is also widely recognized as a thinker uncannily adept at revealing what is going on "behind the scenes."

Heterocriticism. Criticism directed at a person by someone else, by someone other than (hetero-) the person being evaluated or criticized; thus, the opposite of self-criticism (or **autocriticism;** also **critique.**)

Charles S. **Peirce** defined the **normative sciences** as those philosophical disciplines concerned with providing a general theory of deliberative conduct (of action open to ever more refined forms of criticism, revision, and control). He maintained that "[i]f conduct is to be thoroughly deliberate, the ideal must be a habit of feeling which has grown up under the influence of a course of self-criticism and hetero-criticism . . ." (CP 1.574). The ultimate wellspring of our actions—our feelings about what is fine or noble, admirable or lovely, in itself and thus what is most worthy of concrete embodiment—should be subjected to both autocriticism and heterocriticism.

Heuristic. Serving as an aid to learning, discovery, or inquiry. When Charles S. **Peirce** describes his universal **categories** as having a heuristic function, he means that they are instruments or tools to be used in the investigation of any topic whatsoever.

Hic et nunc. Latin for "here and now." The hereness and nowness of things was taken by the **medieval** thinker John Duns Scotus and, much later, by Charles S. **Peirce** to account for their "thisness" or individuality (the fact that a thing is this, rather than that, is determined by its being here rather than there and its occurring now rather than then). In other words, hereness and nowness are the marks of individuality. An individual is something actually existing here and now or in a series of spatiotemporal locations. According to Peirce, the mode of being exemplified by an individual existent is very different from the mode exemplified by a general nature (for example, humanity). See also *haecceitas,* **general, individual, reality.**

Homo loquens. The language-using or speaking animal. This has been one of the various ways the human species has been named and, in effect, defined. The most common name is, of course, homo sapiens. But, in addition to *Homo loquens,* alternative designations include *homo faber* or *homo habilis* (the user and maker of tools); *homo prometheus* (the user of fire); *homo ridens* (the laughing animal); *homo ludens* (the playful animal); and *homo politicus* (the political animal). Ernst **Cassirer** proposed *animal symbolicum.*

Humanism. A term often used in a very broad sense to denote the affirmation of the value and dignity of human beings; in a more restricted sense, one referring to a cultural and intellectual movement, beginning in the Renaissance (if not even earlier) and animated by a specific image of human beings. **Consciousness,** autonomy (understood principally in the negative sense of freedom from the constraints of tradition and the will of tyrants), individuality, and control over nature are among the most salient features of this image. See also **anti-humanism**.

Hypostatic abstraction. A form of **abstraction** identified and emphasized by Charles S. **Peirce**. He distinguished between two types of abstraction, hypostatic and **prescissive** (see, for example, CP 4.235). By *prescissive* abstraction, he meant pretty much what is today simply called *abstraction;* by *hypostatic* abstraction, he meant the process by which a predicated quality or formal operation is converted into an ens rationis (being of reason)—into, as it were, an entity in its own right. An example of hypostatic abstraction is to take the proposition "The dress is white" and make of the predicated quality (white) a subject of which other qualities might be predicated ("Its whiteness was brilliant"). Something analogous or similar might be done to formal operations: Some operation might itself become something upon which another operation is performed. The operation of conjoining two elements might, for example, be the subject of an inversion: Having conjoined (A + B), we might derive (B + A). Hypostatic abstraction enables us to make a subject of a predicate or to operate upon what is itself an operation. While "economic actor" is an example of a prescissive abstraction (for it is derived by selecting, for purposes of a focused inquiry, certain features of multidimensional agents and ignoring countless other features), "poverty" appears to be the result of a hypostatic abstraction (a subject derived by converting a predicated quality—"He is poor"—into a term of which other things might be predicated or said—"Poverty is soul-destroying").

The theory of sign generation and sign interpretation itself depends on abstraction. Peirce himself suggested that "The wonderful operation of hypostatic abstraction . . . furnishes us the means of turning predicates from being signs that we think or think *through*, into being subjects thought of. We thus think of the thought-sign itself, making it the object of another thought-sign" (CP 4.549; cf. CP 2.227). Signs are best described as neither inputs nor outputs, but as throughputs, for they put one thing through to another. They forge connections between or among things that would otherwise be separate or unrelated. Thus they often, perhaps characteristically, perform their function by effacing themselves, by calling attention to other things rather than to themselves. Insofar as I stare at the letters of a word as objects in their own right, I become absorbed in them; such absorption can be so complete that the shapes to which I am attending have ceased to be signs, precisely because I am attending *to* them rather than *through* them to another. They are objects, foci upon which my attention is fixed—not signs, vehicles by which my attention is conveyed. Even so, signs as signs can, in some manner and measure, be made the objects of attention and thus of investigation. For Peirce, the manner in which this is accomplished depends, above all, on hypostatic abstraction.

Hypothesis. A guess or conjecture put forth to explain something puzzling (see **phenomenon**). Charles S. **Peirce** sometimes used this term as a synonym for **abduction**. He maintained that inquiry involves the interplay among the three forms of **inference**. Hypothesis or abduction is, in a way, at the center of this interplay, for the principal function of **deduction** is to derive consequences from hypotheses and the main task of **induction** is to test hypotheses in terms of these consequences. Peircean semioticians often contend that when we read a text we are engaging in just such a process of **inquiry.**

I

"I." The first person singular pronoun, often used in semiotic writings as a noun, designating the **subject.** One reason "I" is used in this way is to underscore the insight of the linguist Emil **Benveniste** that it is only in and through language that humans constitute themselves as *subjects.* The subjectivity intended here is defined not by privacy but by reflexivity, not by being invisible to others but by being able to speak about and to refer to oneself. See also **cogito, engendering of subjectivity.**

Icon. A term used by Charles S. **Peirce** to designate a specific type of **sign** or **sign function** in which the **sign vehicle** represents its **object** by virtue of a resemblance or similarity. A map is an example of an icon, since it represents a region or terrain by means of a discernible *isomorphism:* the configurations on a sheet of paper resemble the configurations of a region (the curved line resembles a meandering river, a grid of lines a network of streets, etc.).

Peirce's definition of icon is part of an intricate classification of signs. Here it is sufficient to note that icon is part of a triad including **index** and **symbol.** Peirce considered this *triad* (or **trichotomy**) to be "the most fundamental division of signs" (CP 2.275); it has certainly been one of the most influential of all Peirce's semiotic doctrines.

The basis for this *trichotomy* is the relationship between the sign and its object. (The bases for the two other trichotomies are, on the one hand, the nature of the sign itself and, on the other, the relationship of the sign to its **interpretant.**) If a sign is connected with its object by virtue of a resemblance to that object, it is an icon. If it is related to its object by virtue of some physical or actual connection (for example, the weathervane being moved by the wind and thereby pointing out the wind's direction), it is an index (or indexical sign). If a sign is connected with its object by virtue of some habit or disposition, either innate or acquired, it is a symbol.

The recognition of icons in Peirce's sense seems to threaten the importance attached to **arbitrariness** by Ferdinand de **Saussure** and thinkers influenced by him. Even Umberto **Eco,** a thinker who draws heavily upon Peirce's doctrine of signs, feels compelled to offer a critique of iconism (1976, 191ff).

Iconicity. Having the status or properties of an **icon;** fulfilling the **function** or playing the role of an icon (a sign which represents its object by virtue of a resemblance to that object).

Id. Latin for "it," often used as a psychoanalytic term designating the vast, impersonal region of the psyche underlying both the **ego** (or "**I**") and the *superego* (or "over-I"). It is the locus of our drives and the source of the *libido.*

Both Karl Marx and Sigmund Freud have exerted a wide and deep influence on semioticians, especially in Europe. Terms drawn from Marxist discourses make up one important strand in the fabric of semiotic writings, while those drawn from Freudian discourses make up another. One of the most basic terms in Freud's psychoanalytic vocabulary is, of course, the id.

Ideological superstructure. A term inspired by Karl Marx's writings and used to designate the **discursive practices** (theology, philosophy, literature, etc.) generated and sustained by an economic basis. The distinguishable disciplines and discursive practices both grow out of and feed into the economic base; but for Marx and his followers, the economic base is primary and the ideological superstructure is derivative. The use of the expression *discursive practices* is intended to highlight the fact that even our theoretical pursuits are historically evolved and evolving practices. Such pursuits depend upon the allocation of limited resources; and apart from the desires or intentions of their practitioners, they serve in some manner and measure the powers responsible for allocating these resources.

Ideology. In Marxist discourse, a term ordinarily meaning "false consciousness"; more generally, a system of ideas in the service of some group. In this more general sense, we could speak (as Marx himself often did) of a revolutionary ideology; that is, a system of ideas serving those who would wrest power from the hands of the status quo). In addition to conceiving ideology as a system of ideas bearing upon the maintenance, augmentation, usurpation, etc. of power, it is also helpful to conceive all discourse whatsoever as ideological or involving an ideological dimension. All uses of signs, in one way or another, bear upon the possession of power; since they do, all signs exhibit an ideological dimension. The writings of Michel Foucault and feminist authors such as Luce **Irigaray** explore the omnipresent yet subtle presence of this dimension.

Idiolect. A unique or idiosyncratic language (*langue*) or form of discourse (*parole*).

Illocution; illocutionary act or **force.** Illocutionary act, an utterance that entails the execution of an action, ordinarily an institutionally or socially recognized form of action (in the very act of uttering the proper words in the appropriate circumstances—"I baptize you Peter Carlo"—the minister executes the rite of baptism); illocutionary force, the dimension or aspect of an utterance amounting to any action. In everyday life, many of our utterances ordinarily amount to actions—for example, making promises or hurling insults, offering praise or giving directions. The effect of the utterance on the hearer or addressee is called the **perlocutionary force.** So, when a speaker or addresser says "I am tired" and the hearer or addressee, rightly, comprehends this to mean "Let's go home," the hearer might feel irritation or even resentment. This feeling would be the perlocutionary force of the utterance.

Imaginary order or **register.** A term used by Jacques **Lacan** to designate one of three orders (or domains) of the human **subject's** experience. The other two are the **symbolic** and the **real** orders. The imaginary order (often simply called the imaginary) is pre-Oedipal, whereas the introduction into the symbolic order and the Oedipal conflict are different aspects of the same process. The imaginary is the order of our experience dominated by identification and duality; it not only precedes the Oedipal conflict but it coexists alongside the symbolic order even after the eruption of this conflict.

Immediate knowledge. Often used as a synonym for **intuitive knowledge;** knowledge unmediated by any factors (for example, signs). In the colloquial sense, an intuition is a hunch or intimation. Due to the influence of Charles S. **Peirce** and others, this term often means something quite different in semiotic discourse; it signifies an instantaneous, immediate, and infallible grasp of some object or event.

An example of what is (allegedly) intuitive or immediate knowledge would be Robinson Crusoe's direct perception of Friday. Before directly perceiving the other inhabitant of the island on which he was marooned, Robinson Crusoe possessed only discursive or mediated knowledge of there being someone else living there. From fresh footprints he inferred that he was not alone. What Peirce and others insist is that perception as a form of knowledge is different not in kind, but only in degree, from all other forms of human knowledge. Even our direct perceptions of objects and events are instances of an interpretation-laden and inference-generated process of knowing. See also **abduction**.

Index. A usage established by Charles S. **Peirce** and widely adopted by contemporary semioticians to denote a specific type of **sign** or **sign function** in which the **sign vehicle** represents its **object** by virtue of an actual or physical connection. For example, the weathervane is an index since it indicates the direction of the wind by virtue of an actual connection between the wind and itself.

According to Peirce, signs may be related to their objects in three different ways: on the basis of a resemblance or similarity (such signs being **icons**); on the basis of an actual or physical connection (indexes); or on that of a habit, either innate or acquired (**symbols**). Indexes (also called indexical signs and, occasionally, indices) are those signs in which the **sign vehicle** is actually or physically connected with its object.

Individual. A term often used in contrast to the **subject;** a term also used by Charles S. **Peirce** in a sense

118

closely linked to the etymology of the word *individual* (that which is indivisible or that which cannot be decomposed into anything simpler or smaller). Let us consider both of these senses in some detail.

To conceive human beings as individuals is one thing and as subjects quite another. The dominant image of human beings inherited from Western **humanism** is that of individuals defined as conscious, unified, and autonomous beings. For postmodernists such as Michel Foucault, Jacques **Lacan,** and Jacques **Derrida,** each aspect of this image needs to be contested or at least severely qualified. The very image of ourselves as individuals needs to be replaced by an understanding of our status as subjects. Specifically, this means that we need to shift the emphasis from consciousness to the unconscious, from unity to division, and from individual autonomy to cultural over-determination. The subject is not only a split or divided being (conscious/unconscious) but also one in which consciousness plays a largely superficial and ineffectual role. The scope of our freedom is extremely limited, if not entirely illusory, since our actions, thoughts, and even desires are so thoroughly and relentlessly conditioned by cultural forces.

In contrast to **generals,** individuals in Peirce's sense are existents or actualities whose mode of being amounts to crowding out a place for themselves in the here and now. He sometimes referred to individuals in this sense as "logical atoms" since they are entities thought to be incapable of being resolved into anything smaller or simpler. He denied the existence of such atoms, contending that the only beings with which we have any acquaintance are ones which are not absolutely individual (that is, thoroughly anti-general). Consequently, absolute individuality is, for Peirce, an ideal limit approximated by actualities or existents compulsively experienced here and now.

Induction. A probable inference. In an inductive argument, the premises or evidence render a conclusion likely or probable, whereas in a deductive argument the premises are put forth as though they render the conclusion necessarily true. Charles S. **Peirce** stressed that, in our inquiries, the three forms of inference—induction, **deduction,** and **abduction**—work together. Abduction is the process by which hypotheses are formed, deduction the process by which the necessary consequences or entailments of hypotheses are established, and induction the process by which they are tested.

Not infrequently, induction is used in a loose and, in the judgment of logicians, incorrect sense to mean the process of going from particular truths to general or even universal truths. Parallel to this sense of induction, deduction is—again, loosely—the process of going from general or universal to particular truths.

Inference. The process by which one statement is derived from one or more other statements; the form in accord with which such a process occurs. If you know that A is older than B and, in turn, that B is older than C, you can infer that A is older than C. The process of deriving "A is older than C" from the two other statements is an inference; it is based on a general form or pattern found in countless other inferences.

Infelicitous, infelicity. Terms used by J. L. **Austin** to designate the way in which an **utterance,** other than a **constative** (an utterance of which it makes sense to ask whether it is true or false), is inappropriate, untoward, or inept. If I say that Thomas Jefferson was the first president of the United States, my utterance is false (for such an utterance is a constative); but, on March 28, 1989, if I promise to meet you on March 26, my utterance is not false but infelicitous. So, when the utterance of a promise, vow, etc. is poorly or even wrongly executed, it is a mistake to say that is "false"; rather we should say that it is "infelicitous."

Inquiry/conversation. Inquiry, a process undertaken for the sake of discovering the truth; conversation, an exchange undertaken for its own sake and refusing to acknowledge any "extraconversational constraints." Charles S. **Peirce** defined inquiry in a very broad sense as any process in which **doubt** is overcome and **belief** secured or fixed. He and others have supposed that inquiries or investigations are undertaken for the discovery of previously unknown truths and that philosophy is—or should aspire to be—a form of inquiry. Richard Rorty has recently proposed to replace inquiry (or investigation) with conversation. The point of human discourse is not to copy reality (to hold a mirror up to nature or history) but to cope in ever more creative ways with the actual circumstances into which we have been thrown. See also **conversation/inquiry, dissemination.**

Intentionality. A term used to denote the fact that **consciousness** in all of its manifestations is depicted as being always a consciousness or awareness *of* something. This feature or property of consciousness has been stressed by phenomenologists.

Interpretant. A term used by Charles S. **Peirce** to refer to one of the three essential parts of a **sign** or of a process of **semiosis.** According to him, a sign is irreducibly triadic, its components being the sign (or **sign vehicle**) itself, the **object,** and the interpretant. The interpretant should not be confused with the interpreter:

The interpretant is that in which a sign *as such* results, whereas the interpreter is a personal agent who takes part in and presumably exerts control over a process of interpretation. The interpretant is not any result generated by a sign. Something functioning as a sign might produce effects unrelated to itself as a sign; for example, a fire indicating the presence of the survivors of an airplane crash might set a forest ablaze. The forest fire would be an incidental result and thus not an interpretant of the sign calling for help (or indicating the whereabouts of the survivors).

Interpreter. A person who engages in a process of interpretation, of making sense out of some **text, discourse,** or other semiotic phenomenon. The interpreter should not be confused with what Charles S. **Peirce** calls the **interpretant.** In *The Problem of Christianity,* Josiah Royce formulates a theory of interpretation in which the role and status of the interpreter is stressed. While in this work he explicitly acknowledges his debt to Peirce's theory of signs, he also goes beyond this theory, developing a part of semiotics Peirce himself did not explore in much detail.

Peirce sometimes uses **utterer** and interpreter to designate, respectively, the **sender** and **receiver** of a message.

Intersemiotic. What takes place between two different sign systems. In contrast, the **intrasemiotic** pertains to or occurs in the *same* sign system.

Intersubjectivity. The condition of two or more distinct subjects or persons being related in some way to each other. If the **subjective** refers to an inner or private domain, and if the **objective** refers to an outer or public sphere, the intersubjective designates, first and foremost, what goes on *between* two persons (or among three or more persons). Obviously most forms of communication are intersubjective. Since thought might best be viewed as the self engaged in **dialogue** with itself, we should refrain from classifying *all* communication as intersubjective. Frequently, we assume that something is either subjective or objective: It takes place either *inside* the self (moreover, a self in isolation from others) or *outside* the self. The concept of intersubjectivity helps us to see that most (if not all) human experience and action goes on *between* the self and others. Signs might be defined as the media for this ongoing, transformative dialogue between self and others.

Some semioticians (for example, Charles S. **Peirce** and Mikhail **Bakhtin**) go so far as to affirm the primacy of intersubjectivity. See also **intertextuality**.

Intertextuality. A term introduced by Julia **Kristeva** and widely adopted by literary theorists to designate the complex ways in which a given text is related to other texts. Just as there is no **sign** apart from other signs, there are no texts apart from other texts. In Kristeva's words, "every text is constructed as a mosaic of other texts, every text is an absorbtion and transformation of other texts. The notion of intertextuality comes to replace that of **intersubjectivity**" (Kristeva 1969, 146).

The term *intertext* might mean either a text that draws upon other texts or a text drawn upon by another text. Sometimes this word also means the relationship between two texts or among several texts.

Intrasemiotic. Pertaining to or occurring in the same semiotic system (or system of signs). **Intersemiotic,** in contrast, refers to the relationship between two distinct sign systems. When one saxophonist responds to another in an improvisational piece, there is an intrasemiotic exchange, for both are operating within the sign system of music. However, when a dancer translates these musical improvisations into improvisational movements, there is an intersemiotic exchange.

Intuition, intuitive knowledge. A synonym for **immediate knowledge.** Charles S. **Peirce** used *intuition* in a technical sense to mean a cognition determined not by any other cognition but solely by an object outside consciousness. The **conclusion** of an **argument** is obviously a cognition determined by other cognitions, whereas the perception of a table is apparently a cognition determined solely by an object outside consciousness (the table itself). For this reason, perception has been viewed as an intuition, an instance of immediate (that is, unmediated) knowledge. In denying that there are intuitions in this sense—in insisting that all our cognitions are mediated by signs of various sorts—Peirce opened the door to a thoroughly semiotic account of human cognition or knowledge.

Irigaray, Luce (b. 1933). A **contemporary** French feminist critic and theorist whose deconstructive readings of Western philosophy and psychoanalytic theory have exerted a wide influence in both the United States and Europe.

Irredicible, irreducibility. Irreducibility, the property or status of not being reducible or dissolvable without loss into anything simpler; irreducible, not dissolvable without loss into any simpler. At the center of Charles S. **Peirce**'s understanding of **signs** is the claim that signs are irreducibly triadic or three-termed (see *triad*). Compare these two triadic relationships, A moves from B to C and A gives B to C. According to Peirce, the first of these can be reduced, without loss, to a pair of dyadic relationships—A departed from B and A arrived at C. In contrast, the act of giving is not the accidental conjunction of two disparate acts—A discards B and B comes into the possession of C. In the act of giving, three terms (the giver, the gift, and the recipient) are indissolvably linked together; that is, giving is irreducibly triadic.

Iteration, iterability. Iteration, the process or activity by which something (say, a **sign**) is replicated or reproduced; iterability, the capacity for repetition or reiteration; to be able to be repeated or produced again and again. This is commonly assumed to be an essential feature of signs. Charles S. **Peirce** is explicit on this point: "The mode of being of a **representamen** [or, more simply, a sign] is such that it is capable of repetition" (CP 5.138).

J

Jakobson, Roman (1896–1982). A contemporary linguist whose work represents an important synthesis of the Saussurean and Peircean traditions of semiotic research. "The subject matter of semiotics is," according to Jakobson, "the communication of any messages whatsoever, whereas the field of linguistics is confined to the communication of vernal messages. Hence, of the two sciences of man, the latter has a narrower scope, yet, on the other hand, any human communication of non-verbal messages presupposes a circuit of vernal messages, without a reverse implication" (Quoted in Noth 1990, 75).

Jouissance. A French word meaning ectasy or bliss,

often used to describe the experience of sexual orgasm. Roland Barthes used this word to identify a specific kind of text and, related to this, a specific experience of reading. See also **bliss, texts of.**

K

Kristeva, Julia (b. 1941). A contemporary semiotician whose work draws heavily upon her psychoanalytic background. According to Kristeva, investigators of signs should strive to make semiotics more than "an empirical science aspiring to the modeling of signifying practices" by means of logical formulas. "At every instant of its production, semiotics thinks of its object, its instrument and the relation between them." So conceived and undertaken, it is "an open form of research, a constant critique that turns back on itself and offers its own autocritique" (Quoted in Noth 1990, 322).

L

Lacan, Jacques (1901–1981). Contemporary French psychoanalyst and theorist who has exerted a significant influence on semiotics today. His contribution is often described as a far-reaching re-interpretation of psychoanalysis from a structuralist perspective. In particular, his conception of the three orders or registers of human experience—the **Imaginary,** the **Symbolic,** and the **Real**—have been appropriated by contemporary semioticians.

Lack. A term used by Jacques **Lacan** to designate a felt, animating absence or deprivation. His usage carries echoes of Hegel (1770–1831), a philosopher who highlighted "the portentous power of the negative." This power is manifest in desire: a felt *lack*, an urgent sense of *not* having something or being someone other than who one actually is, exerts an inescapable and often tyrannical power over human beings. This lack underlies all striving. Desire implies the absence of satisfaction and, in turn, satisfaction the fulfilling of desire. But can desire be fulfilled, can it be fully filled such that a sense of lack never recurs? The total cessation of desire is found only in death. Life is, in contrast, the continuous renewal of desire, the ceaseless return of felt lacks—though often in different forms and at different levels than previous desires and satisfactions. Our felt lacks are not simply physiological, but inherently symbolic. The food, drink, clothes, and persons we desire are the objects of not purely organic drives but a culturally overdetermined subjectivity. Lacan's psychoanalytic theory focuses on lack in this sense, highlighting its "portentous power" and its inevitable frustration. While desire ineluctably drives us, satisfaction continuously escapes us. These are, in truth, simply two ways of saying the same thing.

Langer, Susanne (1895–1985). American educator and philosopher whose contribution to semiotics in the United States include *Philosophy in a New Key: A Study in the Symbolism of Reason, Rite, and Art* (1942), *Feeling and Form* (1953), *Mind: An Essay on Human Feeling* (volume I [1967], volume II [1972], and volume III [1982]). Central to her study of symbolism is a sharp distinction between discursive and presentational (or nondiscursive) forms of symbolization. Language is a discursive form, art a nondiscursive or presentational form. In response to the way Langer draws and applies this distinction, one is perhaps tempted to recall that "[w]e naturally make all our distinctions too absolute" (CP 7.438). The study of symbols "has arisen in the fields that the great advance of learning has left fallow. Perhaps it holds the seed[s] of a new intellectual harvest, to be reaped in the next season of human understanding" (1942, 33). Like Charles S. **Peirce** and Ferdinand de **Saussure** before her, Langer envisioned a comprehensive study of human symbols holding the promise of deepening our self-understanding.

Language. The term often used by semioticians and others in a very general sense to mean any system of signs. It is also frequently used in a narrower sense to designate a system of **verbal** signs, taking *verbal* here to include both spoken (or auditory) and written signs. Third, *language* is used in a still narrower sense by some linguists (for instance, Ferdinand de **Saussure** and Leonard Bloomfield) and others to mean a system of auditory signs. "Language and writing are," in Saussure's words, "two distinct systems of signs; the second exists for the sole purpose of representing the first" (1916 [1966], 23).

The **function** of language as significant speech was taken, in the dominant traditions in Western thought during the ancient and medieval periods, to be the communication of ideas, intentions, feelings, etc. This suggests another definition: Language is an instrument or means of communication. But if we think of tools or instruments in the ordinary sense of these words, there's something misleading about this definition. For while we can pick up and put down a hammer or saw, we cannot divest ourselves of our languages: They are so deeply a part of ourselves that to be stripped entirely of our languages would be like being deprived completely of our bodies. What would be left? Often we seem to imagine ourselves as disembodied spirits and our thoughts as extralinguistic and even extrasemiotic entities; but it is not clear whether either a human being or human thinking is possible apart from some form of concrete embodiment. In the case of persons, that form is of course what is ordinarily called the body—the flesh-and-blood organism born of woman and man; in the case of thought, it is some system of signs. Hence, language in the broadest sense noted above is as much an instrument of thought as it is one of communication.

This observation brings up the important question of whether there can be thought apart from language taken in the narrower senses (specifically, as a system of verbal signs or, even more narrowly, a system of spoken signs). At one extreme, there are those who affirm this possibility; at the other, those who deny it. For Charles **Peirce,** all thought is in signs though not necessarily in words. For John **Dewey,** "If language is identified with speech, there is undoubtedly thought without speech. But if 'language' is used to signify all kinds of signs and symbols, then assuredly there is no thought without language . . ." (1931 [1960], 90). For these two pragmatists (see **pragmatism**), there can be extralinguistic but not extrasemiotic thought—thought apart from verbal signs but not thought apart from some species of signs. But both also realized that, for a species of animal that has acquired the use of linguistic or verbal signs, thought involves an intricate and inevitable interplay between linguistic and nonlinguistic signs. How these animals use nonlinguistic signs is influenced or conditioned by their language, narrowly understood, and even in those instances where thinking is conducted in nonlinguistic signs—for instance, mathematicians (who think primarily in diagrammatic signs), painters (who think principally in visual signs), or musicians (in purely acoustical signs)—linguistic signs often play a supplemental role. This position does justice to several equally important features of human thought: the importance (perhaps even paramount importance) of spoken and written language; the variety of irreducibly different sign systems used by human beings; and the likelihood, if not inevitability, of interplay among these sign systems in any actual process of human thinking (see **thought**).

In conclusion, it would be helpful to recall Roman **Jakobson**'s observation that "the image of language as a uniform and monolithic system is oversimplified. Language is a system of systems, an overall code which includes various subcodes" (1985, 30).

Language vs. (speech or discourse). See *Langue* vs. *Parole.*

Language game. An expression introduced into philosophy by Ludwig **Wittgenstein** and designed to serve several purposes, above all, that of underscoring two important features of human languages: (1) the conventional and contextual character of our linguistic practices and (2) the irreducible variety of tasks made possible by language. Part of Wittgenstein's aim was to replace the view of language as a **nomenclature** (a set of names) with a more accurate and nuanced view.

Langue **vs.** *Parole.* French terms customarily translated, respectively, as language and speech (or discourse).

In his *Course in General Linguistics*, Ferdinand de **Saussure** separated *langue* from *parole*. Saussure was concerned with reorienting linguistics (the study of language) from a historical or **diachronic** study to a systematic or **synchronic** investigation. He rejected the possibility that linguistics could, let alone should, try to combine diachronic and synchronic forms of investigation. The pivot around which this reorientation of linguistics turned was the separation of language (*langue*) from speech or discourse (*parole*).

This **binary opposition** has deeply informed **structuralism** and **semiotics.** Indeed, structuralism is largely a generalization of Saussure's approach to the study of language: The way the author of the *Course in General Linguistics* proposed to investigate *langue* can be adapted to the study of culture (for example, Claude Levi-Strauss), or mind (Jean Piaget), or the unconscious (for instance, Jacques **Lacan**).

Latent vs. **manifest content.** Latent content, the hidden content or meaning of a message or other configuration of signs (for example, a **dream**); manifest content, the surface meaning. One dreams of being chased by lions and tigers and bears. The dream is *manifestly* or apparently about lions and tigers and bears: This is its manifest content. But its latent content might be the anxiety felt by the most successful stockbroker in a firm feels as her associates begin to approximate her performance. Today *subtext* is often used as at least roughly equivalent to latent content.

Lebenswelt. German word for Life-world; the world of everyday experience. The *Lebenswelt* is the matrix from which all action and reflection emerge and the **context** in which all of our engagements and theorizing must ultimately be situated. In this context, *life* should not be construed primarily in a biological sense. *Lebenswelt* refers not so much to the world of living things as to that of our distinctively human lives. The term was used by Edmund

Husserl (1859–1938) in late manuscripts not published during his lifetime and, then, was adopted as a key word in Maurice Merleau-Ponty's (1908–1961) critical appropriation of Husserlian **phenomenology.**

Legisign. A term coined by Charles S. **Peirce** to designate a specific type of **sign** or **sign function,** specifically, one in which a law, regularity, or **general** serves as a **sign vehicle.** A word is an example of a legisign.

Throughout his life, Peirce tried to construct a comprehensive and systematic classification of signs. A threefold consideration is at the center of what is perhaps his most successful attempt at such a classification. This consideration is based on the very nature of a sign, as defined by Peirce: anything (thus, something in itself) standing for some other (called its **object**) and giving rise to an **interpretant.** Accordingly, signs might be considered in themselves, or in relationship to their object, or finally in relationship to their interpretants. These three considerations yield three **trichotomies:** a sign considered in itself might be a quality and thus a **qualisign,** an individual thing or event, thus a **sinsign,** or a law, hence a legisign; a sign considered in relation to its object might be an **icon** or **index** or **symbol;** a sign considered in relation to its interpretant is a **rheme** or **dicent** or **argument.** See also **type** vs. **token.**

Lexical, lexicon. Lexical, pertaining to or found in a dictionary; lexicon, dictionary. The lexical meanings of a word are those meanings recorded in a dictionary.

Linerarity. A term used by Ferdinand de **Saussure** to designate one of the two most basic properties or features of **signifiers:** the property of being part of a chain or sequence in which the presence of one signifier necessitates the displacement of previous ones. Saussure identified **arbitrariness** and linearity as the "two primordial characteristics" of the linguistic sign (67).

Linguistic turn. One of the most important developments in twentieth-century Anglo-American philosophy, in which language became both an object of investigation and the principal means by which philosophical disputes are to be solved or, in at least some cases, dissolved. Professional philosophy in the United States and Great Britain turned away from some of its traditional concerns and turned toward language as its principal concern. G. E. Moore, Bertrand Russell, A. J. Ayer, Ludwig **Wittgenstein,** J. L. **Austin,** and John Wisdom are among the more important names associated with reorienting philosophy to a preoccupation with language. Early in this development, the dream of constructing an ideal language exerted a powerful influence, especially among **logical positivists;** eventually, a deep respect (often bordering on reverence) for ordinary language replaced the various attempts to construct an ideal language.

Lisible. A French word meaning legible or readable but often translated "readerly." Roland **Barthes** used this term to identify a particular kind of **text,** one in which the **reader** is called upon to do nothing more than consume a pregiven meaning. See also **writerly.**

Literal vs. **metaphorical** (or **figurative**) **usage.** Literal usage, a way of using language characterized by adherence to the primary lexical meanings of words; metaphorical usage, a use of language in which words or expressions are stretched beyond their recognized senses (see **metaphor**). When used in a *literal* way, words and expressions are employed in more or less strict conformity with their established meanings. Presumably the word "lamb" in "Mary had a little lamb" is being used in a literal way to designate a specific kind of animal. Language is used metaphorically (metaphor means transfer, a carrying from one place to another) when there is a transference of a term from its "**proper**" sphere. When a congregation refers in prayer to Christ as "the lamb of the world," the word "lamb" does not refer to an animal but to a person: The term is being used in a *metaphorical* way.

There is an immense and still-growing literature on metaphor. The concern of some writers on this topic is to challenge what is taken by them to be the dominant traditional view of metaphor as merely an embellishment. They argue that many metaphors have cognitive significance: They are indispensable instruments by which we know some aspect of reality. They are not stylistic flourishes, but cognitive tools—not ornaments, but truly instruments for knowing. Another concern has been to challenge the hierarchy implied in the distinction between literal and metaphorical uses of language. Traditionally, the literal has been defined as the proper use of language, one in accord with established usage or meaning; in contrast, the metaphorical has been linked with impropriety or violation. A metaphor violates the established rules of literal meaning. While it does so deliberately and, moreover, often heightens effect and even deepens understanding, metaphor is an intrinsically derivative or parasitic use of language, as the metaphorical use of language would be impossible apart from the literal use. Recently there has emerged, especially among deconstructionists, a pronounced tendency to call into question any and all rigidly fixed hierarchies in which one term is privileged and the other denigrated. The hierarchy of literal (proper) vs. metaphorical (improper) use is often assumed to be an instance of a fixed hierarchy.

Literariness. The set of traits, conventions, and devices that distinguish the literary use of language from other uses. The identification of these traits, conventions, and devices was a central preoccupation of the Russian formalists (see **Russian formalism**).

Locke, John (1632–1714). Modern British philosopher whose *Essay on Human Understanding* (1690) provides a defense of **empiricism,** the doctrine that all ideas and thus all knowledge are derived from **experience.** In the final chapter of his *Essay* ("Of the Division of the Sciences"), Locke (apparently influenced by the ancient Stoics) divides the field of human inquiry into three regions: "All that can fall within the compass of human understanding" itself falls under three headings: *phusike* or natural philosophy (the "knowledge of things, as they are in their own proper beings, then constitution, properties, and operations"); *praktike* (the "skill of right[ly] applying our own powers and actions, for the attainment of things good and useful"); and *semeiotike* or the doctrine of signs. The "business" of this doctrine "is to consider the nature of signs" as they are used by the mind either for the understanding of things or the conveying of knowledge to others.

Locutionary force. The inherent force or meaning of a statement in contrast to both its effect upon a hearer and also its status or **function** as an action. J. L. **Austin** distinguished the locutionary force of utterances from their illocutionary and perlocutionary force. If I say "You can trust me—I'll be there," the locutionary force of this utterance is nothing more than what these words mean. In most contexts, such an utterance would constitute a promise: In saying these words, I am in effect doing something—namely, making a promise. This would be

135

the illocutionary force of my utterance. Finally, the effect of this utterance on my hearer—say, the engendering of trust or confidence in my being where you agreed to meet me—is the perlocutionary force of my words.

Logic. The study of the types or forms of **inference.** The systematic analysis and evaluation of the forms of inference can be traced as far back as Aristotle. In this long history there is much of direct relevance to **semiotics.**

Charles S. **Peirce,** one of the co-founders (along with Ferdinand de **Saussure**) of contemporary semiotics, conceived logic as a **normative science** divided into three parts: **speculative grammar, critic,** and **speculative rhetoric** or **methodeutic.** What today is called logic corresponds to what Peirce called critic.

Considered as a normative science, the objective of logic is to show how we, as inquirers, ought to conduct ourselves in any context of **inquiry** (or truth-seeking). If we are animated by the desire to discover the truth (or, put another way, to arrive at the most reliable and comprehensive account of some topic), certain ways of acting will facilitate the realization or, at least, approximation of this goal, while other ways will frustrate inquiry. The task of the logician is to identify the forms of conduct that facilitate inquiry. Here *conduct* is to be understood in a very broad sense, covering all the ways we conduct ourselves, with the implication that we can exert some measure of control over our conduct. The forms of inference are, in this sense, forms of conduct, for they are at bottom the ways we conduct ourselves as thinkers (the way we carry on the business of thinking or investigating).

A normative approach to human conduct thus concerns itself with attaining a fuller awareness of what we have done or are doing and, on the basis of this awareness, a finer evaluation of our achievements and our undertakings. Such an evaluation is, in turn, oriented toward acquiring fuller control over ourselves and our conduct. In short, self-consciousness is ordered to self-criticism and, in turn, self-criticism is ordered to self-control. Just as mathematics evolves out of more rudimentary practices or activities—counting, adding, subtracting, etc.—so too logic evolves out of more rudimentary activities, the most rudimentary of which is that of "putting two and two together," of drawing inferences of one sort or another. And just as mathematics progresses by virtue of its ability to devise symbols far removed from the activities out of which it originated, so too logic progresses by virtue of this same ability. Devising such symbols involves abstracting from any and all content; and such **abstraction** allows the logician no less than the mathematician to consider procedures in a purely formal manner. But such procedures, no matter how abstractly and formally conceived and studied, are procedures—ways human inquirers propose to undertake or carry on the business of thought. And, as such, they are criticizable in light of the norms and ideals of inquiry. Part of what motivates the formalization of these procedures, especially in the case of logic, is the felt need for a canon of criticism, the means by which missteps in inference or proof might be detected and thus avoided.

Logical positivism. An influential philosophical movement during the first half of this century, originating in the 1920s around a group of philosophers, scientists, and intellectuals in Vienna known as the Vienna Circle. At the heart of logical positivism (also, but less frequently, called logical empiricism) is the principle of **verifiability:** The only meaningful statements are those that are, in principle, open to verification. On the basis of this criterion of cognitive meaning, much of traditional philosophy and theology was dismissed as nonsense. According to the logical positivists, the views of most of their philosophical predecessors were not false; their failure was more fundamental—they were meaningless.

Logocentrism. The orientation of those who privilege *logos,* identity, self-same form and presence over *dynamus* (force or power), **difference,** and **traces.** Logocentrism is the allegedly dominant bias or fixation of Western thought and, more generally, culture. It is the ineluctable drive for a transcendent moment in which all differences are eliminated, all flux is regulated, and all meanings are fixed. To make *logos* (itself the very image of harmony and commensuration) the center entails seeing conflict and incommensurability as eradicable defects of human discourse. For deconstructionists such as Jacques Derrida, however, conflict and incommensurability are ineliminable features of all discourses. See also **deconstructionism, transcendental signified.**

Logos. A Greek word having various meanings, the most prominent of which are word, **argument, discourse, language, reason.** To get some sense of this term's importance, it is helpful to recall the opening sentence of the Gospel of John: "In the beginning was the Word [Logos] and the Word was made flesh." This usage clearly indicates that, in the West, Logos has been one of the names of God. This word has also been used to identify the capacity that allegedly distinguishes human beings from all other animals.

M

Manifest content. What a message or other configuration of signs (for example, a **dream**) manifestly or (on the surface) straightforwardly conveys. The *manifest* content is often construed as something superficial, that is, floating on the surface, while the **latent content** is something hidden or buried beneath the surface. It is customary to conceive what is latent as more important or real than what is manifest, though deconstructionists such as Jacques Derrida have challenged the tendency to privilege of the hidden and the deep over the accessible and the surface.

Margin, margins. A commonly encountered **metaphor** in **contemporary** writings used to **thematize** what has been unduly neglected or devalued. The metaphor of marginality and periphery has become a central **trope** in deconstructionist and postmodernist writings. It is inevitable in any discourse that some topics occupy center stage and others seem to be inconsequential or even irrelevant. But it is illuminating to consider *what* and, even more significantly, *who* gets marginalized in a text or tradition of writing, for marginalization both reflects and sustains the relations of power within a culture or institution (see **ideology**). Thus deconstructionists advocate "reading from the margins," paying attention to apparently inconsequential connections or accidental associations, for the purpose of showing how texts function as instruments of suppression.

Marked Signifier. A term indicating that a **signifier**

139

or **sign vehicle** is marked—qualified or modified in some way. The linguist and semiotician Roman **Jakobson** developed a theory of markedness. For example, the verbal signifier "cat" in the singular is unmarked and in the plural (cats) is marked by the addition of "s."

The way *markedness* tends to be used today concerns the **ideological** dimension of human **communication** or **discourse;** that is, the dimension bearing on relationships of power within a culture or some narrower context (for example, a church or business). Take the expression "female judge" or "Hispanic legislator." Here the signifier or sign vehicle "judge" is modified, in the one case, by an indication of sex and, in the other, by an indication of ethnicity. This implies that, within a given culture, *judge* simply or unqualifiedly speaking is nonfemale (male) and non-Hispanic (white). Using the unmarked "judge" to designate white males and using marked signifiers in the other instances point to the differences of power within the culture. In general, the unmarked signifiers conceal the possibilities of sexual or ethnic bias of the dominant sex and ethnic group, while the marked signifiers insinuate bias (What verdict would you expect from a *woman* judge in a rape case?). Power operates most effectively when it is invisible. Unmarked signifiers are one of the important ways the powerful can exert themselves without being seen. Marking traditionally unmarked signifiers is often an effective way of undermining or challenging the power or authority of those who have traditionally been marginalized; that is, of maintaining the status quo.

Meaning. A term whose multiplicity of meanings is so great as to defy summary. In **semiotics,** there is, however, widespread agreement that *meaning* is not an explanatory term but a term requiring explanation. For an understanding of meaning, we need to turn to what **signs** are and how they function.

One important semiotic conception of meaning is that translatability provides the key for explaining meaning (see, for example, Claude Levi-Strauss's *Myth and Meaning* and Roman **Jakobson**'s "Sign and System of Language"): The meaning of a sign resides in the possibilities inherent in the sign of being translated into other signs. Another important semiotic approach to this topic is found in Charles S. **Peirce**'s conception of the **interpretant** of a sign: The meaning of a sign is its power to generate a series of interpretants. Since Peirce distinguishes various kinds of interpretants, the meaning of a sign is a complex affair. See also *Bedeutung,* **behaviorist theory of meaning, locution, mentalism, reference, usage.**

Mediation. From Latin *mediare,* to be in the middle; *medius,* middle. The process of bringing together things that otherwise would be unconnected; the result of such a process. This notion is important in **semiotics,** since signs perform the **function** of mediation.

When I put on my glasses, they mediate between my eyes and my visual field. When the curtain falls in a theater, it comes—and, thus, in a sense, mediates—between the audience and the performers who only a moment before were visible to it. In both cases there is a process of mediation, of one thing coming between two others. But the results of such a process can be, as the two examples show, quite different. When I put on my glasses, they mediate in such a way as to make accessible what would otherwise be beyond my power to see; but when the curtain falls, it mediates in such a way as to make inaccessible what just moments before was visible to the audience. In most circumstances, the outcome of this process is an open question; whether it brings the mediated things together or cuts them apart can only be ascertained on a case-by-case basis.

Many attempts to define **sign** in its most general sense focus on one or another function (for example, the function of one thing standing for something other than itself, or that of representing an object, or that of generating an **interpretant**). The function of mediating, of bringing together what would otherwise be disparate or unconnected has been proposed as *the* defining trait of anything we might, properly speaking, call a sign. Regarding the highly general and abstract character of many terms in semiotics, see **relatum**.

Medieval. Pertaining to the Middle Ages (the period in Western history from around A.D. 500 to A.D. 1500). Especially in the High (later) Middle Ages, much attention was devoted to **logic**. The treatises resulting from this are of direct and still largely unappreciated relevance to **semiotics**. See also **contemporary, modern, scholastic.**

Mentalism. From *mens*, Latin for mind. The doctrine that **meaning** is exclusively or, at least, primarily something the mind confers on **signs** and **symbols.** More often than not, it is the mind in isolation from other minds that is supposed to be the originator of meaning. In opposition to mentalism, most semioticians maintain that meaning inheres in signs and symbols and also that mind as a subjective phenomenon is itself the result of semiotic processes. See also **antipsychologism, behaviorist theory of meaning, experience, thought.**

Message. Whatever is conveyed or transmitted in a communicational exchange. The message is one of the six dimensions or components of **communication.** In any act of communication, an **addresser** conveys a message to an **addressee.** In order for a message to be conveyed, there must be both a **code** and **channel** (or contact). All messages occur in a **context.** When a communicational exchange is directed toward the message itself, that exchange serves a **poetic** or **aesthetic function.**

Meta-. Prefix meaning beyond or above.

Metalanguage. A language used to talk about another language. The language being talked about is the object language, while the language used to describe, explain, evaluate, etc. the object language is a metalanguage.

Metalingual, metalinguistic. Terms used by Roman **Jakobson** to identify one of the six communicative **functions,** namely, the function by which **communication** is directed toward the **code** or set of codes. Since not all communicational exchanges depend on linguistic codes, it might be more appropriate to call this function metasemiotic.

Metanarrative. A story or **narrative** constructed or judged to illuminate or even explain other stories; an overarching or all-inclusive story or **discourse** allegedly providing a comprehensive and final perspective. Marxism is sometimes characterized as a theory that offers a metanarrative: The traditional religious stories are, according to this metanarrative, adequately grasped only when they are seen in light of the ongoing struggle against human oppression. According to Marxism, the story of class struggle is the story of stories, the story in light of which the meaning of all other narratives is revealed to us.

Postmodernism has been defined by Jean-François Lyotard as a suspicion of metanarratives. In addition, he argues that since metanarratives are theories purporting to explain the totality of things, they are easily put into the service of totalitarians. History suggests a tragic link between totalizing theories and totalitarian practices. See also **modernity.**

Metaphor. In one sense, a figure of speech in which a word or expression is transferred from its customary domain to an unusual one; in a more general sense, the name for any **trope** or figure of speech.

There is an enormous and still-growing literature on the topic of metaphor. In this literature one encounters widely divergent and heatedly contested accounts of this trope. While its importance to an understanding of language and perhaps also to other systems of signs is virtually conceded by all contributors to this literature, it is difficult to find many other wide areas of agreement. See also **metonymy.**

Metatheory. A theory regarding the formulation and justification of theories—in short, a theory about theories.

Methodeutic. The term used by Charles S. **Peirce** to designate the third and culminating branch of **logic.** For Peirce, logic is a **normative science** divided into three branches: **speculative grammar, critic,** and **speculative rhetoric** or methodeutic. The third branch provides nothing less than a theory of inquiry; Peirce described it as "The Quest of Quests—An Inquiry into the Conditions of the Success of Inquiry (beyond the collection and observation of facts" (CP 5.568n).

Metonymy. A **trope** or figure of speech in which the name of one thing is substituted for the name of something ordinarily associated with it. When it is said that the White House announced its decision today to reject the budget being prepared by Congress, the name of a building is being used metonymically. A **synecdoche,** an important kind of metonymy, involves substituting either the name of a part for the whole or the name of the whole for a part.

Mirror stage. An early stage in the psychological development of a human being (a stage stressed by Jacques

Lacan) in which the young child comes to recognize itself in the mirror.

Modern. In philosophy, a term that generally means post**medieval** and pre**contemporary**. This covers the period roughly from A.D. 1500 to the late nineteenth or early twentieth century. In literary studies, however, modern refers to the twentieth century. See also **Enlightenment, modernity, scholastic.**

Modernity. The constellation of assumptions, values, and attitudes by which the **modern** period is distinguishable from previous epochs (for example, the Middle Ages) and, if such a time has in fact arrived, the postmodern period. The characterization of a period as long and complex as the period from A.D. 1500 to the outbreak of World War I or the discovery of special relativity (or whatever other symbolic event one chooses as marking the close of modernity) is an enormous and controversial undertaking. See also **contemporary, Enlightenment.**

Morphology. A term traditionally used to denote the branch of linguistics devoted to investigating the form or structure of words. In the writings of Luce **Irigaray** and the authors she has influenced, however, morphology means something quite different, the form of our bodily **subjectivity.** This form is engendered in the double sense of coming into being and of being sexually differentiated (female or male).

Morris, Charles (1901–1979). A contemporary American semiotician of considerable importance. "Semiotic has for its goal," in Morris's view, "a general theory of signs in all their forms and manifestations, whether in animals or men, whether normal or pathological, whether linguistic or nonlinguistic, whether personal or social. Semiotic is thus an interdisciplinary enterprise" (1938, 1; quoted in Noth 1990, 49). Morris considered this enterprise to be "both a science among the [other] sciences and an instrument of the sciences" (1938, 2; quoted in Noth 1990, 49). He divided the science of signs into **syntactics** (the study of signs in relationship to other signs), **semantics** (the study of signs in relationship to their objects or denotata), and **pragmatics** (the investigation of signs in relationship to their users—their producers and interpreters).

Motivation vs. **arbitrariness.** Motivation, the term used by Ferdinand de **Saussure** to designate that the link between **signifier** and **signified** is in some respects not completely arbitrary—that there is a motive or "reason" for connecting a particular signifier with a particular signified; arbitrariness, the term used to designate the absence of any such link. For Saussure, **symbols** are **signs** in which the link between signifier and signified is motivated or nonarbitrary. To take his own example, the use of scales to symbolize a court of justice is motivated, for the signifier (the scales) bear a resemblance to what they signify (presumably because in a court the judge or jury weigh evidence) in the way the word "court" does not.

Myth. From Greek *mythos,* story. A term sometimes used in a very broad sense (in fact, in accord with its original meaning in Greek) to designate story (see **narrative**); more often, a word used with a narrower meaning (for example, the story or collection of stories by which a culture or religion defines itself). Claude Levi-Strauss, Roland **Barthes,** and Paul **Ricoeur** have each, though in quite different ways, explored the topic of myth.

Mythos. Greek word for story, often used in contrast

to *logos*. The word used by Aristotle in his *Poetics* to designate something at least closely approximating what narratologists today call **plot.**

N

Narrative. A specific kind of **text** or **discourse** in which a **story** of some form is related.

Narrativity. The feature or set of features by which **narrative** is distinguished from other kinds of **text** or **discourse.**

Narratology. The study of **narrative,** frequently undertaken from a structuralist perspective (see **structuralism**) and thus concerned with discovering the grammar of narrative. See also **discourse analysis, Greimas.**

Neologism. A newly coined or invented word. In the course of his investigation of signs, Charles S. **Peirce,** one of the co-founders of contemporary **semiotics,** invented numerous terms. His motivation was the same as that of the physicist who introduced the term *quark*—newly discovered realities merit their own distinctive names. See also **ethics of terminology.**

New Criticism. A significant movement in literary criticism, flourishing in the United States from the late 1930s to the 1950s, marked by its insistence upon the **autonomy** of literary works. Neither the author's intentions nor the reader's reactions to such works were considered by the New Critics relevant to an appreciation and understanding of these works. What they advocated was a close reading of the work itself as a formal structure. In practice, however, New Criticism stopped short of a thoroughgoing formalism. It was a healthy corrective to what at the time of its emergence was, among many literary analysts, an overemphasis on psychological and biographical matters.

In **contemporary** thought, the formalist impulse in literary and, more generally, aesthetic theory and criticism has been strong; New Criticism is but one influential manifestation of this impulse. Almost invariably, preoccupation with artworks as self-contained forms calls forth a reaction: The systematic neglect of **context** is challenged and the human dimensions of art are reaffirmed.

New Historicism. A very recent reaction among literary theorists and others against the perceived ahistoricism of some of the most dominant approaches to textual analysis and criticism (above all, **New Criticism,** archetypal criticism, and **deconstructionism**). The New Historicists are committed to investigating literary texts in light of their historical and political contexts.

Noise. A sound that interferes with, or rules out, the reception of a **message;** more generally, anything that works against a message reaching its destination. It concerns the **channel** of **communication.**

Nomenclature. From Latin *nomen*, name; *nomenclatura*, calling by name, a list of names. The process of naming; the result of this process—the set of names itself.

Early in his *Course on General Linguistics*, Ferdinand de **Saussure** asks: "Why has **semiology** [the study of signs in general] not yet been recognized as an independent science with its own object like all other sciences?" He replies to his own question by noting: "Linguists have been going around in circles: languages, better than anything else, offer a basis for understanding the semiological problem [that is, the problem of understanding "the life of signs within society"]; but language must . . . be studied correctly; heretofore language has almost always been studied in connection with something else . . ." (16). For example, language has been, in accord with "the superficial notion of the general public," seen as "nothing more than a name-giving system"; that is, a nomenclature. In opposition to this notion, Saussure insists that language is *not* a set of names. This denial means at least two things. First, there is more to language than nomenclature: Naming is only one and not even necessarily the most important function of language. Second, and more radically, any language is a system of signs or, more fully, a self-contained system of arbitrary correlations between signifiers and signifieds (for instance, acoustic images and conceptual contents—the phoneme "dog" and the meanings linked to it). This implies that there are no independently existing concepts, let along independently existing things, to which names are attached. Rather, concepts are acquired only through language: "Psychologically our thought—apart from its expression in words—is only a shapeless and indistinct mass" (111). And the world itself is divided up differently by different languages. Hence, on this view, language does not give us names to designate prelinguistically known things; it gives us nothing less than a world. For, apart from language, everything (not only our thought) would be—for us, at least—a shapeless and indistinct mass.

Nominalism. From Latin *nomen*, name. A doctrine concerning the status of **universals.** For the nominalist, individuals alone are real and universals are mere names or sounds of the voice.

Universals are terms predicable (see **predication**) on an indefinite range of objects. One can apply the same term

149

to different things, for instance, *human being* to Plato, Aristotle, Peirce, Saussure, and so on. The ontological status of beings such as Plato and Aristotle is ordinarily assumed to be unproblematic: They are individuals and, as such, undeniably **real** or **actual.** (The ontological status of beings or designata—that is, whatever can be designated or identified—refers to their standing in reality.) But what about the ontological status of universals? What standing in reality do they have? According to nominalism, universal terms are merely vocal sounds or utterances; the only basis they have is in how we speak. In contrast, realists (see **realism**) maintain that at least some universals have a basis in reality. When one says of Plato, Aristotle, and so on that they are human beings, one does so on the basis not simply of a linguistic **convention** but ultimately of some objective feature or features shared by different individuals.

In Charles S. **Peirce**'s writings, nominalism bears a variety of meanings, including the doctrine that existence or actuality is the only mode of being. He rejected nominalism in this and in most of its other senses.

Nonverbal communication. Communication by means other than spoken or written words. Mime and gesture are examples of such communication.

Normative science. A term used by Charles S. **Peirce** to designate one of three philosophical disciplines (**logic,** ethics, and aesthetics or—as he more often spelled it—esthetics) devoted to providing a general theory of deliberative conduct (of human action insofar as it can be regulated by norms and ideals). In one of his descriptions, he characterized logic as the theory of self-controlled **inquiry,** ethics as the theory of self-controlled conduct in general, and aesthetics as an account and justification of the highest good (the ultimate goal of human conduct).

earlier forms), or it might be investigated in
resent. A panchronic approach would try to
h the synchronic and the diachronic ap-
rdinand de **Saussure** argued against adopting
ic approach, insisting strenuously that the
ue (**language**), in contrast to **parole** (**speech**
), can only be studied synchronically. In op-
the Neogrammarians (an influential
entury school of linguists who contended
y approach to the study of language is a
roach), Saussure maintained that the formal
uistics is **language** as a **system** fully realized
t any moment. In other words, he advocated
nic study of language rather than the
-the study of language as something com-
resent rather than something evolving (that
ow than it was in the past).

tic, pansemiotism. The view that every-
me manner and measure, a sign. Charles S.
so far as to claim that: "The entire uni-
erfused with signs, if it is not composed
signs" (CP 5.448).

co warns against semiotic imperialism, the
iotics provides us with the last word or final
ything and everything. He stresses the need
between two different "hypotheses": the
t everything *must* be studied sub specie
hly, from the perspective of semiotics) and
that everything *can* be investigated from
, though with varying degrees of success

n general, pattern, exemplar, or example
outstanding or unproblematic example);
lly, a theoretical, methodological, or

He suggested that the highest good is the continuous
growth of concrete reasonableness.

Since Peirce maintained that the study of signs either
falls within the scope of logic or is but another name for
logic, and since he classified logic as one of the normative
sciences, he conceived his investigation of signs as part of
normative science.

O

Object. That which stands over against something
else; that which confronts one as **other**. This meaning is
suggested by the etymology of both the English word
"object" (that which throws itself against or in the way)
and its German equivalent, *Gegenstand* (that which
stands against or is opposed). See also **alterity, difference,
otherness.**

Whereas Ferdinand de **Saussure** presented a **dyadic** or
two-termed model of the sign (**sign** as an arbitrary correlation between **signifier** and **signified**), Charles S. **Peirce**
proposed a triadic or three-termed model. For Peirce, anything properly designated as a sign has an object; moreover, this object is conceived in such a way that it can
constrain or guide the process of **semiosis** or sign generation. In other words, whereas Saussure's view of **language**
as a self-contained **system** of formal differences suggests
something free-floating, Peirce's conception of semiosis
suggests something firmly rooted in an objective world. In
Saussure's **semiology,** the link between language and reality is severed or, at best, extremely attenuated; in Peirce's

semeiotic, the connection between signs and objects is commonsensically assumed.

Object, immediate vs. **dynamic.** *Immediate* object, the object as it is represented by a sign; in contrast, the *dynamic* object, the object as it really is apart from the way it is represented by this or that sign.

Charles S. **Peirce** introduced this **distinction** into **semiotics.** His motive in drawing this distinction was to provide a means of expressing what he took to be the definitive feature of human knowing—the inescapable possibility of error (see **fallibilism**). While an object or state of affairs might be the way it is represented in some sign (I might say that today the President of the United States declared war against Iraq and, in fact, he did make such a declaration), it might also be misrepresented by a sign. In true statements, the immediate and the dynamic object are one and the same thing; in a false statement, they are different.

One additional aspect of Peirce's dynamic object deserves mention here: This object is a source of constraint on **inquiry** or **interpretation.** There is something to which we can appeal to determine the accuracy of our interpretations or the reliability of our judgments, something that has the power, as it were, to talk back—to say to us "No, I'm not!" in response to our representation that the burner on the stove is cool or the ice on the pond is firm. Of course, we often are not in the position to determine so quickly and decisively whether the immediate object coincides with the dynamic object.

Ostranenie **(*Ostranenye*).** Russian word used by Viktor Shklovsky and other **Russian formalists** to identify the essential function of poetry and possibly other forms of art. The word means "making strange," and Shklovsky used it because he believed that the poetic

use of language is designed
world and ourselves, so tha
See also **defamiliarization.**

Other, otherness. Tha
ally unassimilable to anotl
scious is the other of con
difference, object.

Other of the other
terms used by Luce **Iriga**
hand, the way women a
represented by women (the
other hand, the way wome
sented by patriarchal syst

Pan-. Prefix derived
panacea is a cure-all,
every direction can be s

Panchronic. From
panchronic approach
including *every* aspect
to be understood in
chronic. A diachronic
changes undergone by
while a synchronic ap
taneous system of rel
Thus, the diachronic
changes and the sync
taneously, not success
in light of its past (for

in light of
light of its
include b
proaches. F
a panchro
study of *lar*
or **discours**
position t
nineteenth-
that the o
historical ar
object of lir
and present
the synchr
diachronic-
plete in the
is, different

Pansemic
thing is, in s
Peirce went
verse . . . is
exclusively o
Umberto
belief that se
truth about a
to distinguis
conjecture tl
semiotica (ro
the conjectu
this viewpoin
(1976 22; 27)

Paradigm.
(especially ar
more technic

heuristic framework. This second, more technical meaning is related to the first, more general one, for such frameworks are universally or at least widely recognized achievements that provide model problems and solutions to a community of investigators.

Paradigmatic vs. **syntagmatic.** See **associative, axis.**

Paradigm shift. The historian and philosopher of science Thomas Kuhn's *The Structure of Scientific Revolution* (1962) itself inaugurated a revolution in the way we have since come to think about science. Kuhn contrasts periods of normal science with phases of conceptual revolution. Kuhn and countless others who have been influenced by him use "paradigm shift" to designate the transition from an established paradigm of scientific research to a new one. Kuhn stressed the extrarational nature of such transitions. This has generated a still-lively controversy regarding the nature of paradigm shifts and the rationality of science itself. See also *coupure epistemologique,* **incommensurability.**

Parapraxis. The technical term for what is ordinarily called a Freudian slip (a slip of the tongue, a mistake in writing, an apparently accidental injury). Freud took these "slips" to be significant: They almost always betray powerful but unconscious motives.

Parole vs. *Langue.* French words meaning, respectively, speech (**discourse**) and **language.**

Parousia. Greek for arrival, presence. In Jacques **Derrida**'s writings, we find a critique of the philosophy (or metaphysics) of **presence.** The history of Western philosophy has been, in one way or another, an attempt to define being in terms of what can be or is fully and finally present. Plato's philosophy is one of the earliest and most influential attempts to conceive being as *parousia* (presence). Christian theology and philosophy represent a later attempt. Anything of which we are aware or about which we can discourse is only partially and fleetingly present—indeed, it is but a **trace** of what is always absent. The **transcendental signified** is one way Derrida identities the overarching ideal of Western philosophy. Central to his critique of this metaphysics is Derrida's acceptance of the infinite **play** of signifiers and the endless deferral of meaning.

Patrilocation. Location within a patriarchal system.

Peirce, Charles Sanders (1839–1914). An American philosopher who (along with Ferdinand de **Saussure**) founded contemporary semiotics. "I am, as far as I know, a pioneer, or rather a backwoodsman, in the work of clearing and opening up what I call semiotic, that is[,] the doctrine of the essential nature and fundamental varieties of possible semiosis" or sign process (CP 5.488).

Performative utterance. An utterance such as a vow or promise for which, in the appropriate circumstance, the utterance itself entails the performance of a socially recognized act. If I say in a serious tone that I promise to meet you at six o'clock, then the uttering of these words constitutes a promise. See also **constative, nomenclature.**

Perlocution, perlocutionary force. The effect of an utterance upon a listener or reader. J. L. **Austin** distinguishes **locution, illocution,** and perlocution or the locutionary, perloctionary, and illocutionary force of an utterance. If someone says (or utters) the statement "I'm tired," the statement-in-context has a meaning in accord with established usage (or possibly a metaphorical deviation from such usage). This is its *locutionary* force. But, in uttering these words, the speaker might be doing more than revealing a physiological or psychological state—making a request to go home. This would be its *illocution-*

ary force. The effect of the words on the listener might be irritation. This would be the *perlocutionary* force of the utterance. See also **speech act theory.**

Phallocentric, phallocentrism. Phallocentric, characteristic of anything privileging the **phallus** or phallic forms of **discourse** (for example, the hard over the soft, the penetrating over the engulfing); phallocentrism, the tendency to **privilege** the phallus or phallic forms of discourse, **representation,** etc.

Phallus. A symbol of the penis or, more generally, of power conceived in its stereotypically male forms; in Jacques Lacan's writings, a signifier evocative of whatever would overcome the **lack** felt by human **subjects.**

Phaneroscopy. A term Charles S. **Peirce** used to designate a branch of inquiry more commonly called **phenomenology.** Peirce coined this term from the Greek words *phaneron* and *scopy.* The principal task of phaneroscopy is the discovery of universal **categories.** For this reason Peirce often characterized phaneroscopy (or phenomenology) as the doctrine of the categories.

Phatic function. The function of **communication** concerned with determining the state or quality of the **channel** (or contact) through which a **message** is being conveyed. When someone walks up to a microphone and says "Testing—one, two three; testing—one two three," that person's aim is to determine the state or quality of the channel (or contact) of communication. When a message concerns the channel or contact, its function is said to be phatic.

Phenomenon (plural **phenomena**). Appearance; the way things *appear to us* in contrast to **noumena,** things as they *are in themselves,* apart from how they appear to us or any other kind of knower. *Phenomenon* and *noumenon* are thus technical terms for appearance and reality, respectively. *Phenomenon* is also used to designate a specific kind of appearance: one calling for an explanation (see **abduction**).

The German philosopher Immanuel Kant (1724–1804) construed the **distinction** between phenomena and noumena as a **dualism.** Noumena or things-in-themselves are, in principle, unknowable; thus our knowledge is limited to appearances or phenomena. Charles S. **Peirce** rejected this dualism, contending that our acquaintance with the appearances of things provides us with a more or less reliable basis for knowing things themselves.

Phenomenology. A term used by Charles S. **Peirce** to designate a discipline within philosophy (see **phaneroscopy**); also used to denote an important movement in **contemporary** philosophy associated with such thinkers as Edmund Husserl, Maurice Merleau-Ponty, and Roman Ingarden. It might be said that this movement began when Husserl, in opposition to the neo-Kantian suggestion that the reform of philosophy was to be accomplished by going back to Kant, proposed that we go to the things themselves or, more exactly, to the things as they present themselves to our consciousness. In other words, the reform of philosophy required a return to phenomena, a return itself requiring the divestiture of our prejudices and preconceptions. Husserl and Merleau-Ponty themselves undertook investigations of signs, and their general approach and specific inquiries into other matters have had a wide and deep influence.

Phoneme. A unit of sound; the smallest unit of sound in a given **language.** Language conceived as a phonemic system is studied by identifying the most basic units of sound (the phonemes) and the various rules governing the combination of these units. This way of studying the

system of language has exerted in the twentieth century a tremendous influence on the study of other sign systems, such as human culture, myths, and narratives.

A phoneme is a sound with a distinctive function within a given system of **aural** signs (for example, spoken English). The /h/ in *hat* is discernibly different from the /m/ in *mat*. It is a difference that makes a difference for speakers of English, whereas the difference between the ways you and I pronounce /h/ (even though it might be quite noticeable) is a negligible difference. A sound attains the status of a phoneme in a language by virtue of its being a difference that makes a difference, one that allows us to differentiate this from that (this word from that; this meaning from that). From the perspective of **structural linguistics,** any language approached as a system of aural signs is not a mere hodgepodge, or random collection, of sounds that function as phonemes by virtue of their intrinsic qualities; it is truly a **system** whose units (in this case, phonemes) are such by virtue of their opposition to (or difference from) the other units in the system, not by virtue of what they are in themselves. Since such a structuralist approach has proved so fruitful in linguistics (or the study of language), it might also prove fruitful in the investigation of other topics—for example, communicative behavior comprehensively conceived. The first step in a structuralist approach to communicative behavior would be the identification of the most basic unit within the system of such behavior. Pike proposed to call this unit the acteme (see **articulation**).

Phonocentrism. The tendency to **privilege** spoken **language;** that is, to make this form of language central and other forms (in particular, written or inscribed language) marginal or peripheral (see **margin**). (See Sarup 1989, 37ff.) This tendency has been linked by Jacques

Derrida with the metaphysics of **presence** since the illusion of immediacy (of speakers being fully present to one another and also to whatever they are talking about) is supported by the privileging of speech.

Phytosemiotics. The **semiotics** of plants.

Plaisir du texte, le. An expression used by the French semiotician Roland **Barthes** to designate the pleasure of the text. Sometimes this pleasure seems to be construed in erotic and even autoerotic terms. See also **bliss, texts of.**

Play. In the writings of Jacques **Derrida** and other **deconstructionists,** the thematic of play is extremely prominent. One form this takes is the prominence of puns (plays on words). Another is the insistence upon the play of **signifiers** (the insistence that the meaning of a text is not fixed or even stable, but open to novel and often ironic developments). Our ordinary understanding of play as a spontaneous, delightful, and intrinsically motivated activity informs, to some extent, the usages of these authors. Also evident here is the influence of Friedrich Nietzsche, the nineteenth-century German philosopher who confessed "I do not know any other way of associating with great tasks than *play.*"

Plot/story. See **story/plot.**

Plurisignation. See **ambiguity.**

Poetic function of language. See **aesthetic function.**

Poiesis. Greek term for making, used in contrast to both *praxis* (doing or practice) and *theoria.*

Poinsot, John (1589–1644). A very early modern author who appears to have been the first to undertake a systematic and comprehensive study of signs. John Deely's work on (including his translations of) John Poinsot's writings provides us with invaluable resources for understanding and appreciating the contributions of this important early semiotician.

Poly-. Prefix from the Greek word for many.

Polyfunctional. Having many or at least several **functions.** See **architecture, fashion.**

Polysemy. Having many or at least several **meanings.**

Positivism. The doctrine put forth by Auguste Comte (1798–1857) at the center of which is the contention that positive (or scientific) knowledge is destined to replace philosophical (or metaphysical) speculation, just as philosophical speculation earlier replaced religious (or theological) ideas; more generally, a term used to designate the position or attitude of those who advocate using the methods of science. Today this term is often used disparagingly, since many contemporary authors contend that scientific methods have only limited applicability. See also **logical positivism, scientificity.**

Postmodernism. A term widely used to designate the sensibility characteristic of advanced capitalist countries since at least the 1960s. In *The Postmodern Condition*, Jean-François Lyotard writes: "Simplifying to the extreme, I define *postmodern* as incredulity toward **metanarratives**" (1979 [1984], xxiv).

Poststructuralism. A **contemporary** theoretical movement in which certain structuralist positions (most notably, the view of language as a system of differences) are retained and some central structuralist aspirations (above all, the desire to transform our studies of language, literature, culture, etc. into sciences) are rejected.

Postulate. Like both an **axiom** and a **hypothesis,** a **proposition** from which other truths are derived or on which **inquiry** is based. While a postulate in the strict sense lacks the certainty of an axiom, it is more than a merely provisional assumption or hypothesis.

Pragmaticism. A term Charles S. **Peirce** introduced to distinguish his own version of **pragmatism** from other versions. In 1905, Peirce observed that "the word [pragmatism] begins to be met with occasionally in the literary journals, where it gets abused in the merciless way that words have to expect when they fall into literary clutches" (CP 5.414). Finding his "bantling 'pragmatism' " so promoted, he felt that it was time to kiss his child good-by and relinquish it to its higher destiny. To indicate the original definition, he begged "to announce the birth of the word 'pragmaticism,' which is ugly enough to be safe from kidnappers." In coining this term, Peirce was following a rule he himself laid down in his **ethics of terminology.** There he suggested that, "just as is done in chemistry, it might be wise to assign fixed meanings to certain prefixes and suffixes. For example, it might be agreed, perhaps, that the prefix *prope-* should mark a broad and rather indefinite extension of the meaning of the term to which it was prefixed; the name of a doctrine would naturally end in *-ism,* while *-icism* might mark a more strictly defined acception of that doctrine . . ." (CP 5.413). Thus, when Peirce states that "pragmat*icism* is a species of *prope*-positivism" (CP 5.423; emphasis added), he is claiming that pragmatism in one of its stricter or narrower senses is, in a broad and somewhat indefinite way, a form of **positivism.**

Pragmatics. A term used by Charles **Morris** to designate that branch of **semiotics** devoted to investigating the relationship between **signs** and their various users (that is, producers and interpreters). See also **semantics, syntactics.**

Pragmatism. A philosophical doctrine formulated and defended by Charles S. **Peirce,** William James, John

Dewey, George Herbert Mead, and C. I. Lewis. It was originally formulated by Peirce as a maxim for how to make our ideas clear (see **clarity, grades of**). It evolved into a theory of **meaning** and, later, into a theory of truth. As a theory of meaning, pragmatism insists upon the necessity of interpreting our utterances in terms of their conceivable bearing upon our conduct. As a theory of truth, it proposes that we conceive truth in terms of such notions as what facilitates our commerce with experience. See also **pragmaticism.**

Praxis. Greek word for practice, used in contrast to *theoria,* on the one hand, and *poiesis* on the other. See also **discursive practices.**

Predicate, predication. From Latin *predicare,* to say of. A predication is what is said of something; or the process. In the simple assertion "Peter Carlo is delightful," the quality of being delightful is being predicated (said) of a young child. The word or expression said of something or someone is called the *predicate* (here "delightful" is the predicate); the object or being about which something is being said is the *subject* (the boy bearing the name Peter Carlo).

Prescissive. The term used by Charles S. **Peirce** to designate the form of the process by which we focus upon certain aspects of a phenomenon to the disregard of other aspects. See also **abstraction, hypostatic abstraction.**

Presence, metaphysics of. An expression introduced by Jacques **Derrida** and widely adopted to designate the allegedly dominant orientation of Western thought, an orientation in which the ultimate goal or highest realization of thought or consciousness is self-presence or some other form of presence.

Primary process. A psychoanalytic term used to

identify any one of a number of processes by which the unconscious (in Freud's earlier writings) or the **id** (in his later) seeks satisfaction for its repressed desires and wishes.

Private language. A term used by Ludwig **Wittgenstein** to designate, oxymoronically, a system of signs accessible to and usable by an isolated language-user. For Wittgenstein and numerous other prominent contributors to **semiotics,** all languages are in principle intersubjective; a system of completely private signs would not merit the name *language*. Hans-Georg Gadamer, a representative of **hermeneutics,** makes just this point when he asserts that "Whoever speaks a language that no one else understands does not speak. To speak means to speak *to* someone" (1976, 65). Only that which is, in principle, communicable to others deserves to count as a language.

Privilege, privileged. Privileging, the activity by which something is granted a largely unacknowledged and often undue preference; privileged, the status of being so preferred. *Privilege* and its cognates are prominent terms in the vocabulary of **deconstructionists** and **postmodernists.** The goal of such thinkers is characteristically to call into question the traditionally privileged term in some rigidly fixed hierarchy; for example, reason versus emotion.

Problematique. French word used to identify something that poses a problem or generates a difficulty or, more likely, an array of difficulties; a more or less related set of problems characteristic of a particular field of **inquiry** (for example, the definition of sexual differences for such fields as anthropology and psychoanalysis).

Proper. A term often used in an intentionally ambiguous way (see **ambiguity**), suggesting what is in conformity with the the Law of the Father (the constraints and inhibitions central to patriarchy), what bears the name of the father (one's proper name), and what can be appropriated or made one's own (usually understood as made the same).

Proposition. That which is expressed or conveyed in a statement, in contrast to the both the **assertion** and the manner or media of expression.

Propositional attitude. The attitude or stance one takes toward a **proposition** (for example, doubt or affirmation).

Proxemics. The **semiotics** of space. This branch of semiotics was originally developed by Edward T. Hall in connection with cultural anthropology.

Psychoanalysis. A therapeutic and theoretical approach that stresses the importance of the **unconscious** and explores the mechanisms or processes by which the unconscious operates. A number of highly influential contemporary semioticians (most prominently Jacques **Lacan,** Julia **Kristeva,** and Luce **Irigarary**) are not only psychoanalytically inspired theorists but also trained psychoanalysts.

Q

Qualisign. A type of **sign** or **sign function** in which a quality serves as **a sign vehicle.** According to Charles S. **Peirce,** signs may be considered (1) in reference to themselves, that is, to their sign vehicles, (2) in reference to their **objects,** and (3) in reference to their **interpretants.** By considering signs in reference to its sign vehicle, Peirce derived the trichotomy of qualisign, **sinsign,** and **legisign.** (By considering them in reference to their objects, he derived the trichotomy of **icon, index,** and **symbol.** Finally, by examining them in relation to their interpretants, he established the classification of rheme, dicent, and argument.) A sign vehicle might be a quality, in which case it is a qualisign; or it might be an individual object or event, in which case it is sinsign; or, finally, it might be a law, regularity, **habit,** or **general,** in which case it is a legisign.

R

Ratio. Latin for **reason** or rationality. As the expression "rational animal" implies, the human species has been defined in terms of its possession of reason or rationality. In addition, ratio has been used as one of the divine names (that is, one of the terms used to characterize God). It would be difficult to exaggerate the status and importance granted to reason in the dominant traditions of Western thought, especially philosophy. This status, however, has been challenged throughout history, perhaps never more intensely and variously than in **contemporary** times. Deconstructionism and feminism are two influential movements contesting the traditional place and conceptions of reason. See also *logos,* **logocentricism.**

Rationalism. In a very general sense, a commitment to reason; in a narrower sense, the doctrine that reason in and of itself possesses the capacity to know reality. In the general sense, then, the rationalist is the defender or champion of reason. *Rationalism* is often used more narrowly to designate the position that reason alone—that is, reason apart from experience—is able to discover truths about the world. In this sense, rationalism is opposed to **empiricism** (the doctrine that all knowledge of ourselves and our world is based on experience).

Reader. The decoder or interpreter of a text, verbal or otherwise. In some important currents of **contemporary** literary criticism and theory, attention has shifted from both **texts** and **authors** to readers. As part of this shift, the image of readers as consumers of fixed meanings is replaced by the view of them as producers of open-ended texts. See also **reader-response theory, reading.**

Readerly. The word ordinarily used to translate *lisible*, the French term used by Roland **Barthes** to identify a certain kind of **text.** See also **writable** or **writerly text.**

Reader-response theory. A **contemporary** movement in literary criticism and theory highlighting the response of readers to texts rather than to the allegedly objective features of literary works. Reader-response theory is not so much a specific doctrine as a general reorientation toward literary texts. It involves a refusal and an invitation: a refusal to conceive texts as self-contained entities and an invitation to readers to focus on the ways texts elicit responses (put otherwise, the ways texts act on readers and, in turn, readers respond to texts). The meaning of a text does not inhere in the text itself but emerges in the set of responses making up the process of reading. Wolfgang Iser's *The Act of Reading* (1978) and Stanley Fish's *Is There a Text in This Class?* (1980) are two influential formulations of the reader-response approach. Sometimes *reception theory* is used as a synonym for reader-response theory, but perhaps even more often this expression is used in a narrower sense to designate the reception aesthetics put forth by Hans Robert Jauss.

Reading. The process of decoding the message of a

verbal text; metaphorically, the process of interpreting the meaning of any text, verbal or otherwise. Though *reading* may designate the process of grasping a simple, straightforward message, in semiotic writings this term usually signifies the activity of deciphering complex, labyrinthine texts.

Real, the. A term used by Jacques **Lacan** to designate one of the three orders or registers within which human beings operate. In contrast to both the **imaginary** and the **symbolic,** the real is what absolutely resists symbolization. In this respect, it is similar to Immanuel Kant's notion of **noumena** (or things-in-themselves).

Realism. In literary and art criticism, a mode of representation that conveys the impression of faithfully depicting its subject; in philosophy, a term used to designate several distinct positions. In contrast to **nominalism,** *realism* designates the doctrine that **universals** are real. This doctrine is sometimes called scholastic realism, for the controversy regarding the status of universals was an important one among medieval (or **scholastic**) thinkers. In contrast to one sense of idealism, *realism* signifies the position that the objects of knowledge have a standing or reality apart from our consciousness or knowledge of them. Finally, in contrast to **anti-realism,** it refers to the position that it makes sense to ask whether our **representations** of things accurately represent the things themselves. For the anti-realist, it is pointless or worse to inquire about this.

Reality. The mode of being ordinarily defined in contrast to illusion or figment. Charles S. **Peirce** defined reality in terms of **inquiry:** The real is that which the community of inquirers, given an indefinite time, would eventually discover (see, for example, CP 5.311).

Reason. The name for a capacity or set of capacities traditionally supposed to distinguish *homo sapiens* from all other species of animals. Reason has been defined in terms of various capacities, most notably the capacity to form universal or general conceptions, to represent reality, to draw inferences (especially in a self-critical and self-controlled way), and to be objective or disinterested. See also **logos, logocentrism, ratio.**

Reception theory. A term used, in a broad sense, as a synonym for **reader-response theory** and, in a narrower sense, as the name for the approach outlined by the literary historian Hans Robert Jauss. Jauss's approach is distinguished from other reader-response theories by its greater emphasis upon the historical and public (or communal) features of aesthetic reception.

Recit. French term used in **narratology** to designate the narrative text itself, in contrast to both the story and narration (the process of storytelling).

Reductionism. The tendency to explain complex phenomena as though they were nothing but disguised instances of simpler phenomena; also the tendency to reduce what is higher to what is lower. The attempt to interpret the quest for truth as nothing but a bid for power is seen by some as an example of reductionism. See also **irreducibility.**

Reference. The range of **objects** to which a **sign** refers or points, in contrast to what a sign means or signifies. The reference *semiotician* includes Charles S. **Peirce,** Ferdinand de **Saussure,** Charles **Morris,** Roland **Barthes,** and the like; these are some of the beings to whom this sign refers. In contrast, the **meaning** of *semiotician* is anyone who investigates, especially in a self-conscious way, the nature and properties of signs. It is possible for a sign to have meaning but not reference; for example, the expression "the present king of France" makes sense even though there is no person to whom it points. See also *Bedeutung*, object.

Reference, inscrutability of. The inability to determine the reference of an utterance or some other sign.

Referent. That to which a **sign** (for example, a statement) refers; the **object** or range of objects to which a sign applies. See also **Bedeutung, reference.**

Relatum (plural **relata**). Latin word for anything insofar as it is related to something else; the term of, or item in, a relationship. For Ferdinand de **Saussure**, a **sign** is essentially a relationship between a **signifier** and a **signified**; signifier and signified are thus the relata in the sign relation.

Because **semiotics** strives to be an all-inclusive theory of signs, it is forced to ever higher levels of **abstraction** and generality. For example, in order to arrive at a conception of the sign *in general*, it abstracts from the differences between spoken and written words and, beyond this, from the differences between verbal and nonverbal signs. In order to frame these abstractions, semiotics is forced to use extremely general terms, such as relatum and **mediation.** It needs words that can meaningfully stretch across a wide range of diverse phenomena. The drive to construct highly abstract models of the sign relation or function is counterbalanced by the drive to develop finely nuanced typologies (or classifications) of signs. While the models are designed to exhibit the *unity* amid the diverse kinds of signs, the typologies are constructed to illuminate the *diversity* present in the semiotic realm.

Replica. Copy or reproduction of a sign; synonym for **token.** If marks or sounds or other perceptible forms (for example, the letters in Braille) were not reproducible or replicable, they could not function as signs. See also **iterability, legisign, type/token.**

Representamen. A term proposed by Charles S. **Peirce** to designate **sign** in the broadest possible sense (see, for example, CP 2.274). He proposed this term because he believed that the English word "sign" and most, if not all, of its equivalents in English and other languages were too closely tied to a **mentalist** understanding of the sign. According to this understanding, the **interpretant** of a sign is something mental (for example, a concept). In opposition to this understanding, Peirce suggested that the interpretants of some signs are not mental (for example, the plant turning toward the sun). See also **mentalism.**

Representation. The process by which one thing stands for another (see **stare pro,** *aliquid stat pro aliquo*) or by which it is presented, depicted, or portrayed in some fashion; the result of such a process. While representation has been taken as the essential function of signs, this view has been challenged by some highly influential contemporary authors (for instance, Michel Foucault and Jacques **Derrida**).

Representation, system of. In general, a **system** of **signs** making possible the **representation** of events, **objects,** and persons. Any natural language (for example, English or French) would be an example of such a system. In contemporary **semiotics,** the biases inherent in systems of representation have become a focus of attention. The work of feminists such as Luce **Irigaray** offers an illustration of this.

Retroduction. A term used by Charles S. **Peirce** to designate the process of **inference** by which **hypotheses** are generated. See also **abduction.**

Rezeptionsasthetik. German word meaning "reception-aesthetics." See also **reception theory.**

Rhematic sign, rheme. A term introduced by Charles S. **Peirce** to designate a specific kind of **sign,** namely, one which has a qualitative possibility for its **interpretant** (see, for example, CP 2.250). Peirce derived the **trichotomy** of rheme, **dicent,** and **argument** by considering a sign in reference to the nature of its interpretant. This threefold classification at least roughly corresponds to the more traditional trichotomy of concept, statement, and argument.

Rhetoric. A term used to designate, in ancient times, the literary art of persuasion and, in contemporary **semiotics,** persuasion by any and all semiotic means. One of the principal concerns of classical rhetoric was the identification and analysis of the various kinds of **tropes** (or figures of speech).

Rhetorical figure. Figure of speech; **trope.**

Russian formalism. A **contemporary** movement in literary theory and analysis that stressed the **autonomy** of art works and literary texts. It arose in Russia around 1915 but was condemned under Stalin as an intolerable form of bourgeois decadence. Viktor Shklovsky, Boris Eikhenbaum, and Roman **Jakobson** were the most prominent figures in this movement. A principal concern of the Russian formalists was to define literariness, that is, the set of conventions and devices that distinguishes the literary use of language from its other uses (especially its everyday use). These theorists also proposed that the chief function of literary texts is **defamiliarization:** The function of such texts is to induce a dislocation so that we might see afresh some aspect of our lives or our world. Finally, they clearly distinguished in their investigations of **narrative** between **plot** (*sjuket*) and **story** (*fabula*). In part, **structuralism** grew out of Russian formalism.

S

Sapir–Whorf hypothesis. A hypothesis put forth
by Edward Sapir and Benjamin Whorf regarding the role
of the language we speak in determining the shape and
character of the world we inhabit. Most people assume
that the world is simply there, apart from the language
and other systems of representation we use. Sapir and
Whorf challenged this assumption, proposing that the
world we inhabit is largely due to the languages we use.
The world is not simply there, but is always encountered
through the means of symbolization provided by language
and presumably other culturally inherited systems of representation.

Saussure, Ferdinand de (1857–1913). The
founder of modern linguistics and (along with Charles S.
Peirce) the co-founder of contemporary **semiotics,** a field
of inquiry he dubbed *semiologie*. In his *Course in General
Linguistics*, Saussure announced: "A science that studies the
life of signs within society is conceivable; it would be part of
social psychology and consequently of general psychology; I shall call it *semiology* (from Greek *semeion* 'sign').
Semiology would show what constitutes signs, what laws
govern them. Since the science does not yet exist, no one
can say what it would be; but it has a right to existence, a
place staked out in advance" (1916 [1966], 16). The
influence of Saussure on the study of signs has been
enormous. There is, however, an independent tradition of
semiotic research rooted in Peirce's lifelong devotion to

formulating a truly general theory of signs. While Saussure stresses the **arbitrariness** of the sign, Peirce emphasizes its triadicity. In addition, Saussure's approach to the study of linguistic and other signs is based on a series of **dichotomies** (for instance, **signifier/signified**; *langue/parole*; **synchronic/diachronic**; **syntagmatic/ paradigmatic**), whereas Peirce's approach involves numerous **trichotomies** (**sign-object-interpretant**; and **icon-index-symbol**). This formal difference is deep and important.

Scholastic. Pertaining to the most important thinkers during the Middle Ages (the period in Western history from around A.D. 500 to around A.D. 1500, who were almost always associated with universities. For this reason they are often called Schoolmen and their thought is identified as scholastic. There are to be found, especially in their writings on logic, discussions directly relevant to **semiotics.**

Science, method of. An expression used by Charles S. **Peirce** to designate a specific method of **inquiry** (or way of fixing **beliefs**). In contrast to the methods of tenacity, authority, and apriority, the method of science supposes that there are real events and objects to which our representations may or may not conform. For Peirce, then, the **hypothesis** of there being something real distinguishes science from other ways of fixing beliefs. For him, **reality** is that which may be other than you or I or any other inquirer happens to think; but it is also what would be discovered in the indefinite long run by the community of inquirers. So defined, reality is possibly other than what we take it to be but ultimately accessible to our understanding. To suppose that there are such realities makes possible a form of inquiry open to revision and self-correction. See also **agreeableness to reason, method of; authority, method of; belief; inquiry.**

Scientia. Latin for science or knowledge. In medieval writings, designates the demonstrative knowledge of things through their causes.

Scientificity. The quality, form or status of science understood not in the medieval sense of *scientia* but in the modern sense of experimental inquiry. Because of the prestige accorded the sciences, especially natural sciences, **contemporary** contributors to disciplines such as philosophy, **semiotics,** and even literary criticism have tried to transform their disciplines into sciences. Especially in recent decades, however, there appears to be a growing awareness that, in some cases at least, the drive toward scientificity is misguided. Among the contributors to semiotics, there is no clear consensus regarding the status and character of their own discipline.

Scriptible. French word usually translated **writerly,** though sometimes left untranslated as a way of acknowledging its origin in the writings of the French semiotician Roland **Barthes.**

Sebeok, Thomas Albert (b. 1920). A major twentieth-century semiotician whose two main contributions are (1) his work as editor for various publications in the field and (2) the cumulative impact his numerous writings have had in broadening the scope of semiotics to include the biosphere.

Secondness. One of Charles S. **Peirce's** three universal **categories.** By means of secondness, Peirce is calling attention to opposition or reaction, to the brute fact of one thing standing *over against* another. The best example of pure secondness would be two things colliding—getting unexpectedly hit in the back of the head, or pushing against something resisting one's exertions. In taking secondness to be a universal category, Peirce is suggesting that it is omnipresent: Wherever we go, we encounter resistance or opposition, though it is often so mild as to be, for most purposes, entirely negligible. Secondness is close to what today is often called **otherness** or **alterity.** See also **firstness** and, especially, **thirdness.**

Semanteme. Synonym for **sememe,** a unit of meaning; a linguistic element that itself expresses a concept and, in turn, is combinable with other such elements.

Semantic. Relating to **meaning** or **signification;** more narrowly, concerned with the relationship between **signs** and their **objects.**

Semantics. The study of **meaning.** As used by **Charles Morris,** that branch of **semiotics** devoted to studying the relationship between **signs** and their **objects** or, more technically, between **sign vehicles** and their designata (those things these vehicles designate). See also **pragmatics, syntactics.**

Sematology. One of the various names for a general study of **signs,** thus a synonym for **semiotics.**

Semeiotic. The way Charles S. **Peirce** often spelled the word designating the general theory of **signs;** thus, a synonym for what is more commonly called **semiotics.** Sometimes *semeiotic* is used today to differentiate Peirce's or a Peircean approach to the study of signs from other approaches (for example, a Saussurean orientation). Likewise, **semiology** is sometimes used to distinguish Ferdinand de **Saussure's** or a Saussurean orientation from other orientations.

Seme, sememe. A unit of meaning; more narrowly, the smallest unit of meaning. In **structural linguistics,** sememes are explained in terms of an analogy with **phonemes.** That is, they are units defined in terms of a system of relationships, in particular, oppositions. This view of meaning is holistic; it locates meaning, first and foremost, in language as a system of oppositions rather than in the individual units themselves. The vocable "*bat*" contributes to the working of language not because of its intrinsic qualities but because of its discernible difference from "*cat*," "*mat*," "*hat*," etc. As a constituent of language, a phoneme attains its identity through its differences with other phonemes. Analogously, so do sememes.

Semiogenesis. The genesis or evolution of sign use on the part of some animal species; more narrowly, the evolution of nonlinguistic signs on the part of Homo sapiens. In this narrower sense, semiogenesis is recognized as a process beginning much earlier than **glottogenesis** (the evolution of a phonemic language). Glottogenesis is thought to have begun around fifty thousand years ago, while semiogenesis is presumably as old as the human species itself.

Semiology. A name for the general theory of signs; *semiologie,* the term apparently coined by Ferdinand de **Saussure** to designate the science of signs in general.

Semeion (plural **Semeia**). Greek for **sign.** From very early (beginning with Hippocrates and Parmenides in the fifth century B.C.), *semeion* was used as a synonym for *tekmerion* (evidence, proof, or symptom). In the writings of some ancient Greek authors (for instance, **Aristotle** in several texts), *semeia* are distinguished from *symbola.* The paradigm *semeion* was a medical symptom (for example, spots); the paradigm *symbolum,* a linguistic expression. There is an intrinsic or natural connection between a *semeion* (or sign) and what it signifies; in contrast, there is only a contingent or conventional link between a *symbolum* and what it symbolizes. But, as in contemporary English, this distinction between sign and symbol was in ancient Greek usage not always clearly or consistently drawn.

Semiosis. A term originally used by Charles S. **Peirce** to designate any sign action or sign process; in general, the activity of a **sign.** It is commonly supposed that signs are instruments used by humans and also other animals: In themselves, they are thought to be inert and thus ineffectual. *Semiosis* is often used in such a way as to challenge this perspective, for it signifies an inherently dynamic process over which human sign-users exert no or at most limited control. In other words, signs are not mere instruments: They exert an **agency** of their own.

For Peirce, semiosis is an irreducibly triadic process in which an **object** generates a sign of itself and, in turn, the sign generates an **interpretant** of itself. This interpretant in its turn generates a further interpretant, ad infinitum. Thus semiosis is a process in which a potentially endless series of interpretants is generated.

The semiotic/the symbolic. The semiotic, a term used by Julia Kristeva to designate the rhythms and energies ("pulsions") preceding and transcending the symbolic order; the symbolic, a term used by her to designate the social order into which all human beings are initiated as a condition for becoming speaking subjects. The symbolic order is embodied in such institutions as language, law, morality, and religion. Before being initiated into this order, the infant (etymologically, the speechless one) is caught up in a play of forces and drives; even after he or she has been subjected to the constraints of this order, this play can be detected. Thus the semiotic points to a source of anarchic energies, while the symbolic points to the restrictions of the social order. The semiotic prompts transgressions, whereas the social demands conformity. In any actual *enonciation,* the spontaneous promptings of

178

semiotic drives and the internalized constraints of the symbolic order intersect.

Semiotics. The study or doctrine of **signs,** sometimes supposed to be a **science** of signs; the systematic investigation of the nature, properties, and kinds of sign, especially when undertaken in a self-conscious way.

The study of signs has a long and rich history. As a self-conscious and distinct branch of **inquiry,** however, it is a **contemporary** undertaking flowing from two independent research traditions. One tradition can be traced to Charles S. **Peirce,** an American philosopher and the originator of **pragmatism;** the other can be traced to Ferdinand de **Saussure,** a Swiss linguist who is generally recognized as the founder of contemporary linguistics and the major inspiration for **structuralism.**

Semiotic web. A metaphor used by Thomas A. **Sebeok** to describe our **experience.** Experience is a web woven out of signs and used to catch various objects in our *Umwelt* (or surroundings) for the sake of our survival and flourishing.

Semeiotikos. Greek word for one who interprets or divines the meaning of signs. For classical Greek philosophers, the physician provided a paradigm (outstanding example) of a *semeiotikos.* Galen of Pergamum (139–199), himself a famous physician, understood diagnosis to be a process of *semeiosis,* of sign interpretation. See also **semiosis.**

Sender. One who sends or conveys a **message,** thus a synonym for **addresser,** It is a name for one of the six essential features of any **communication.**

Sign. A term defined traditionally as *aliquid stat pro aliquo* (something that stands for something else). The term itself, apart from any specific meaning, is usually used by semioticians as an all-encompassing or all-inclusive term. **Symbols, icons, myths, texts,** etc. are all signs or systems of signs. In other words, sign is used as an umbrella term—a term under which a host of subtypes huddle.

According to Ferdinand de **Saussure,** a sign is an arbitrary correlation between a **signifier** and a **signified** (for example, an acoustic image and its corresponding concept). A modified version of this **dyadic** model was offered by Louis **Hjelmslev** and adopted by numerous contemporary semioticians, especially in Europe. In it, a sign is the arbitrary correlation of an **expression** plane and a **content** plane. In contrast to such models, Charles S. **Peirce** proposed a **triadic** conception: A sign is anything that stands for something (called its **object**) in such a way as to generate another sign (its **interpretant**).

Signal. A specific type of sign usually characterized as calling for an immediate response. In this sense, the stop sign at the end of an exit off the highway might more properly be called a stop signal (we do in fact speak of traffic signals). Its function is to call for an immediate response—here and now (that is, at the moment one reaches it). Failure to do so can result in another sort of signal—the siren and gestures of a state trooper.

Signans/signatum. Signans, a Latin term ordinarily translated **signifier;** *signatum,* a Latin term ordinarily translated **signified.** See also *signum.*

Sign function. A term sometimes used (for instance, by Umberto **Eco**) as a rough equivalent of **sign.** The motivation to prefer *sign function* to *sign* is that the term *function* suggests something dynamic and (in the judgment of Eco) flexible. Whatever acts like a sign, or is taken to be a sign, does so by virtue of some function (for example, the function of standing for something other than itself or that of mediating between two things that would otherwise be disparate or unconnected). And the same thing can perform different functions in different contexts and even in the same context. See also **mediation, aliquid stat pro aliquo.**

Signifiant. French word almost always translated **signifier.** *Signifiant* is the word Ferdinand de **Saussure** used to identify one side of the sign (or *signe*, a "two-sided psychological entity").

Signification. The process by which **signs** and thus **meanings** are generated or produced. See also *enonciation.*

Significs. Lady Victoria **Welby's** name for "the study of the nature of significance in all its forms and relations" (1911, vii), thus a synonym for what today is more commonly called semiotics. She also proposed *sensifics* as a name for this field of study.

Signifie. French word almost always translated **signified.**

Signified. One of the essential correlates of the **sign** as defined by Ferdinand de **Saussure.** For him, a sign is an arbitrary correlation between a **signifier** and a signified. The signifier calls attention to something other than itself; the signified is the recipient of that attention. The signifier is the perceptual component of the sign (the differences in sound perceptible to the ear), whereas the signified is the conceptual component (the meaning conveyed by means of the sound). Among readers of English, the three marks D-O-G have been correlated to, or linked with something furry, four-legged, etc. These marks serve as a signifier, while the **object** or **concept** has the status of a signified. See also **arbitrariness.**

Signifier. One of the essential correlates of the **sign** as defined by Ferdinand de **Saussure.** In recent years, the status of the signifier has been elevated and that of the signified lowered. The notion of **language,** at least implicit in Saussure's writings, as a self-contained whole leaves problematic the status of the signified.

Signum. Latin for **sign.** Roman **Jakobson** used *signum* as a synonym for Ferdinand de **Saussure's** *signe.* Writing in French, Saussure defined *signe* as a *signifiant* correlated to a *signifie* (a signifier correlated to a signified); translated into Latin, we have a *signum* resulting from the correlation of a *signans* (signifier) with a *signatum* (signified).

Signum ad placitum. Conventional signs.

Sign Vehicle. That component of a sign by which the **sign function** is fulfilled or at least taken up. Since a sign is ordinarily thought to convey a message, that component of it which is most directly responsible for this conveyance is appropriately called a vehicle (a term meaning, after all, a means of transport or conveyance).

Since the term **sign** may be taken to include its **object** as part of itself (as the object is, for example, in Charles S. **Peirce's** triadic or three-termed definition of the sign), confusion can arise regarding what *sign* itself signifies, for we ordinarily think of signs as distinct and perhaps even separable from their objects. Does *sign* signify in, for example, Peirce's definition, the whole constellation of sign-object-interpretant, or just one item in this constellation? To clarify this matter, it is sometimes proposed that we use *sign* to designate the entire constellation and *sign vehicle* to identify one of the correlates.

Sinn. German word ordinarily translated "sense" or "meaning" and contrasted with **reference (Bedeutung).** For the sake of clarity, it is often helpful to distinguish the *Sinn* (or meaning) of a word or expression from its *Bedeutung* (or reference). The two expressions "Morning Star" and "Evening Star" mean something quite different sign to have meaning but not reference; for example, the expression "the present king of France" makes sense even though there is no person to whom it points. See also *Bedeutung*, object.

Reference, inscrutability of. The inability to determine the reference of an utterance or some other sign.

Referent. That to which a **sign** (for example, a statement) refers; the **object** or range of objects to which a sign applies. See also **Bedeutung, reference.**

Relatum (plural **relata**). Latin word for anything insofar as it is related to something else; the term of, or item in, a relationship. For Ferdinand de **Saussure,** a **sign** is essentially a relationship between a **signifier** and a **signified;** signifier and signified are thus the relata in the sign relation.

Because **semiotics** strives to be an all-inclusive theory of signs, it is forced to ever higher levels of **abstraction** and generality. For example, in order to arrive at a conception of the sign *in general,* it abstracts from the differences between spoken and written words and, beyond this, from the differences between verbal and nonverbal signs. In order to frame these abstractions, semiotics is forced to use extremely general terms, such as relatum and **mediation.** It needs words that can meaningfully stretch across a wide range of diverse phenomena. The drive to construct highly abstract models of the sign relation or function is counterbalanced by the drive to develop finely nuanced typologies (or classifications) of signs. While the models are designed to exhibit the *unity* amid the diverse kinds of signs, the typologies are constructed to illuminate the *diversity* present in the semiotic realm.

Replica. Copy or reproduction of a sign; synonym for **token.** If marks or sounds or other perceptible forms (for example, the letters in Braille) were not reproducible or

Reason. The name for a capacity or set of capacities traditionally supposed to distinguish *homo sapiens* from all other species of animals. Reason has been defined in terms of various capacities, most notably the capacity to form universal or general conceptions, to represent reality, to draw inferences (especially in a self-critical and self-controlled way), and to be objective or disinterested. See also **logos, logocentrism, ratio.**

Reception theory. A term used, in a broad sense, as a synonym for **reader-response theory** and, in a narrower sense, as the name for the approach outlined by the literary historian Hans Robert Jauss. Jauss's approach is distinguished from other reader-response theories by its greater emphasis upon the historical and public (or communal) features of aesthetic reception.

Recit. French term used in **narratology** to designate the narrative text itself, in contrast to both the story and narration (the process of storytelling).

Reductionism. The tendency to explain complex phenomena as though they were nothing but disguised instances of simpler phenomena; also the tendency to reduce what is higher to what is lower. The attempt to interpret the quest for truth as nothing but a bid for power is seen by some as an example of reductionism. See also **irreducibility.**

Reference. The range of **objects** to which a **sign** refers or points, in contrast to what a sign means or signifies. The reference *semiotician* includes Charles S. **Peirce,** Ferdinand de **Saussure,** Charles **Morris,** Roland **Barthes,** and the like; these are some of the beings to whom this sign refers. In contrast, the **meaning** of *semiotician* is anyone who investigates, especially in a self-conscious way, the nature and properties of signs. It is possible for a (as different as day and night or, at least, dawn and dusk); they, however, refer to the same planet: Venus.

Sinsign. A term used by Charles S. **Peirce** to designate a specific type of **sign,** one in which an individual event or object serves as the **sign vehicle.** If there is a knock on the door announcing the arrival of guests, this rap is a sinsign. More accurately, it is a **dicent, index**ical sinsign. It is a dicent (or dicisign) since it in effect performs the function of an asserted proposition ("The guests have arrived"). It is indexical since there is an actual, physical connection between the sign vehicle and its object (the knocking sound and the guests announcing their arrival by means of knocking). Finally, it is a sinsign because the knocks as they are occurring here and now— the sounds in their individuality—serve as the sign vehicle.

Signs might be considered in themselves; that is, in terms of what the sign vehicle is in itself, for different things play the role of signs. When a quality plays this role, we have (in Peirce's usage) a **qualisign;** when something general or lawlike performs this function, we have a **legisign;** and when an individual or actual existent assumes the role of sign, we have a sinsign. The **trichotomy** of qualisign, sinsign, and legisign is part of an intricate classification of signs devised by Peirce, for he also considers the sign in its relation to its **object** and in its relation to its **interpretant.** Each of these considerations yields a trichotomy. In relation to its **dynamic** object, a sign may be either an **icon,** an **index,** or a **symbol.** In relation to its interpretant, it may be either a **rheme,** a **dicisign,** or an **argument.** Peirce doesn't stop here: He goes on to explore the possibilities of combining the specific types of sign or, perhaps better, **sign function** identified in these three trichotomies.

Sjuzet (suzet, syuzhet). Russian word used by the Russian formalists to designate the **plot** of a **narrative** in contrast to the events making up the **story** (*fabula*).

Skeptic, skepticism. The skeptic is, etymologically, the inquirer or questioner—one disposed to ask questions or raise doubts. This term is, however, often used in a different and stronger sense by philosophers. The term might mean a person who denies the possibility of knowing anything at all. Skepticism, then, would be the doctrine expressing this denial: Knowledge is unattainable. This term should not be confused with **fallibilism.** It is one thing to say that we might be mistaken at every turn; it is quite another to say that we at no point can know anything at all. The problem of skepticism—of what to say in response to the skeptic in the strong sense—has been a central concern of Western philosophy during its **modern** period and remains a debated issue among **contemporary** philosophers. Some semioticians suppose that an account of knowledge in explicitly semiotic terms will show a way around the Syclla of skepticism and the Charybdis of dogmatism.

Speculative grammar. A branch of **logic** as conceived by Charles S. **Peirce.** Ordinarily logic is defined as the study of **arguments** or **inference.** But Peirce takes this study to be but one part of logic, a part he calls **critic.** In addition to critic, the task of the logicians concerns investigating the processes and forms of meaning on the one hand and inquiry on the other. Speculative grammar is the name for the inquiry into the processes and forms of meaning; that is, into sign actions (see **semiosis**) and sign functions; **speculative rhetoric** or **methodeutic** is the name for the theory of inquiry.

Speculative rhetoric. A term used by Charles S. **Peirce** to designate the third and culminating part of

logic. He also called this branch of logic **methodeutic.** See also **speculative grammar.**

Speech. The term most often used to translate *parole* in contrast to *langue.* Language is the system making communication possible, whereas speech (or discourse) is the actual use of this system in some concrete circumstance.

Speech act theory. A **contemporary** philosophical approach to language inspired by J. L. **Austin**'s *How to Do Things with Words* (1962) and advanced by John Searle in *Speech Acts* (1969). Austin challenged the deep-seated tendency to suppose that the only or main **function** of language is the utterance of statements purporting to describe the world. Any adequate account of human language must recognize that, in addition to **constative** utterances (statements about which it makes sense to ask if they are true or false), there are **performative** utterances (for example, taking a vow, making a promise, or issuing a threat). Austin also discovered that one and the same utterance might have a **locutionary force,** an **illocutionary force,** and a **perlocutionary force.**

Stare pro. Latin meaning "to stand for." From ancient to contemporary times, the function of one thing standing for another has been taken to define what a sign is (see *aliquid stat pro aliquo*).

In one of the most famous texts in the history of semiotics, Aristotle can be interpreted to be claiming that spoken signs stand for mental signs and written signs stand for spoken signs. Our impressions and ideas are themselves signs: They stand for things outside the soul (or, in more modern parlance, for things independent of the mind). Aristotle presumes that, though we might speak and thus write in different languages, we nonetheless form the same ideas and (by means of these ideas) know the same world. Especially in recent times, this presumption has been strenuously challenged. See also **Sapir–Whorf hypothesis.**

Stoic theory of signs. An important doctrine in an early phase of semiotic inquiry or reflection. One crucial part of this doctrine is the contention that a sign links together three components: (1) the material and thus perceptible sign vehicle (for example, a sound or inscription), (2) the meaning or lekton (that which is meant or said), and (3) an external object. Here we clearly have a **triadic** model of the sign. The Stoic theory of the sign was a basic part of Stoic logic, a highly developed doctrine still worthy of careful study. In opposition to making an immaterial entity (the lekton) a part of the sign, Epicurean philosophers proposed a **dyadic** model of the sign in which only sensory impressions and material objects were granted status.

Story/plot. Story, the term ordinarily used to translate the Russian word *fabula;* plot, the word used to translate *sjuzet.* The Russian formalists drew an important distinction between story and plot. The story is the pre-literary sequence of events providing the writer with raw material, whereas the plot is the literary reordering of this sequence. According to the Russian formalists, the function of the plot is to make strange the sequence of events (see **defamiliarization**).

"Strange, making." Translation of Russian *ostranenie.* See also **defamiliarization.**

Structural linguistics. The study of **language** based on the principles of **structuralism.**

Structuralism, structuralist. A metatheory regarding the construction of theories. Structuralism has appeared in the twentieth century as a theory of, for example, mind, language, culture, and literature. Beyond these specific structuralist theories, there is an at least implicit theory of how all theories ought to be constructed or undertaken. Just as the term **metalanguage** is the name for a language used to talk about language, so **metatheory** is the name for a theory of theories. As a metatheory, structuralism insists upon the necessity to conceive any object of inquiry as a structure. According to Jean Piaget, "the notion of structure is comprised of three key ideas: the idea of wholeness, the idea of transformation, and the idea of self-regulation" (1968 [1970], 5). A whole is more than an aggregate: While an aggregate is a random or unintegrated collection of items, a **system** is a structure exhibiting a high degree of both regularity (the opposite of randomness) and integration. A pile of leaves is an aggregate, the child hiding under the pile is a system. An economic system entails various forms of transformation—for example, how to transform labor into capital, or capital into more capital; a linguistic system also entails possibilities for transformations of various sorts—how to transform words into sentences, sentences into one another, etc. Finally, the functioning of systems is not explained primarily in terms of external factors (that is, factors outside of the system). Systems are structures manifesting an *inherent* dynamic: They are self-moving and self-regulating structures. (Think here of a living organism.)

Ferdinand de **Saussure's** conception of **language** (*langue*) as a system to be studied synchronically was crucial, to say the least, in the development of structuralism. But, as many of the most basic assumptions of structuralism began to be challenged (for example, the possibility, let alone the desirability, of separating **diachronic** considerations from synchronic ones; the autonomy of systems vis-á-vis outside factors), a new metatheory has emerged—**poststructuralism.** But, because this new orientation is so deeply suspicious of just those things structuralism cherished (scienticity and, more generally, the possibility of weaving theoretical nets both large enough and with narrow enough mesh to catch the essence of, say, a language or a culture), it is best not to refer to poststructuralism as a metatheory. Any doctrine so suspicious of and, in some cases, hostile to theory—especially grand theory—is mispresented by the designation *metatheory;* perhaps a better word here is *sensibility.* See also **hermeneutics of suspicion, synchronic.**

Subject, subjectivity. A good way to get at the meaning of this term is to view it as the mirror image of René **Descartes**'s *cogito.* When Descartes triumphantly declares against the **skeptic** in his *Meditations on First Philosophy, Cogito ergo sum* ("I think, therefore I am"), the "I" who makes this declaration has cast into doubt his own body and the world around him. He has also ignored the importance of language as an instrument of thought (see **dialogism** and **thought**), not merely of communication. Finally, he identifies this "I" as a thinking self and this thinking being as a consciousness fully or largely transparent to itself. As ordinarily used today, subjectivity is the name for the "I" when conceived as an *embodied* and *situated* self, whose ability to think depends on language and whose awareness of itself is distorted as well as partial.

Subject is often used to call attention to other characteristics of the "I," ones highlighted for the sake of challenging more traditional images of the human person. Above all, the *embedded* subject (the "I" as it is actually embedded in a historical setting and cultural system) is only problematically an *autonomous* self: The cultural overdetermination of human action is stressed to the point of calling into question human freedom (or auton-

188

omy). Connected with this, *subject* is used to underscore our fate as beings subjected to historical and cultural forces and structures. Finally, the reflexivity of the subject is, as in more traditional views, taken to be crucial. There is, however, a difference as well: In contemporary semiotic and **poststructuralist** writings on subjectivity, there is a deep sensitivity to the fact that the ways we refer to and represent ourselves are intricately (though not obviously) tied to the ways others refer to and represent us.

After Freud, it is difficult to be unconscious of the unconscious. Descartes, however, did not have the benefit of Freud's theories, having been born several centuries before. The unity and transparency of the *cogito* (the "I" as conceived by Descartes) is replaced by a subject *divided in itself* (consciousness/unconscious) and, to a significant degree, *opaque to itself.* See also **decentering of the subject.**

Subjectivity, Primacy of. The assumption or position that we start inside our own consciousness or subjectivity. The meanings of words, for example, is first and foremost the images and ideas that float through one's consciousness when one hears these words. This assumption is untenable; for it in effect denies the very possibility of communication. If what you mean is what floats through your mind, and if your mind is for me and everyone else a black box (a domain accessible only to you), then what you mean is, in principle, inaccessible to me and all others. To assert the primacy of subjectivity amounts to nothing less than endorsing the image of our minds as hermetically sealed territories. There is nothing gained—indeed, there is much lost—by denying the private or inward dimensions of human experience and consciousness. But the very prefix of the word consciousness suggests that we do not begin shut up in a closet: We begin *with* others. To discover what our words mean and even what our feelings are, others are essential. See also **inter-subjectivity, dialogism, private language, usage.**

Sujet en proces. French expression used by Julia **Kristeva** and others to designate the **subject** in process/on trial.

Suture. A term meaning, in general, the process of joining together two edges or surfaces and, in the semiotics of film, designating the basic cinematic technique of joining different shots together to construct a narrative. Sometimes this term is used more narrowly to refer to a specific type of cinematic technique (for example, the shot/reverse shot). For an informative discussion of suture, see Kaja Silverman's *The Subject of Semiotics* (1983).

Symbol. A term frequently used to designate a **conventional sign** (for instance, a sign based on **convention** or established **usage**). But this term refers to various other types of signs as well. For Ferdinand de **Saussure,** a symbol is a sign in which the correlation between **signifier** and **signified** is, in some measure, motivated (that is, nonarbitrary). In Charles **Peirce**'s elaborate classification of signs, a symbol is almost the opposite of this. Peirce defines symbol as part of a **trichotomy: icon, index, symbol.** This trichotomy is based on the relationship between the **sign vehicle** and its **object.** If a sign vehicle is related to its object by virtue of a resemblance to that object (for instance, a map to its territory), it is an icon. If it is related to its object by virtue of an actual or physical connection (for example, the direction of the weathervane to the direction of the wind being indicated by the vane), it is an index. If it is related to its object by virtue of a habit or convention (for instance a single red rose as the symbol of affection—or more), it is a symbol.

Yet another important meaning of symbol is that it is a

sign that partakes of the very thing or person it symbolizes. Still another is a sign calling for open-ended interpretation—a sign infinitely rich in significance.

Symbolic order or **register.** An expression used by Jacques **Lacan,** Julia **Kristeva,** and numerous other contributors to **semiotics** to designate the social order as a symbolic arena into which human beings are initiated and in which they are destined to act. As a result of such initiation and participation, the symbolic becomes internalized; thus it is not only an arena in which subjects are situated but also a dimension of their very subjectivity. The most important institutions making up this order are language, morality, law, and religion. It is only by being subjected to the constraints and inhibitions of the symbolic order that human subjectivity is engendered. For psychoanalytically oriented semioticians such as Lacan and Kristeva, the initiation into the symbolic order is tied to the Oedipal conflict. See also **imaginary, Real, engendering of subjectivity.**

Synchronic vs. **diachronic.** Synchronic, pertaining to that which is co-present or simultaneous or that for which the passage of time is considered irrelevant; diachronic, pertaining to what changes over time. Imagine that at this moment the Congress of the United States is in session. We might investigate this fact in light of the history leading up to it; or we might abstract from this history and consider the goings-on of Congress at this moment (the word "abstraction" is derived from two Greek words meaning to draw away from. A *diachronic* study examines its object in light of its history, as something moving across or through time. In contrast, a *synchronic* investigation considers its object as a **system** operating or functioning in the present. A diachronic examination draws us *toward* history, the process in which

differences unfold successively; a synchronic consideration draws us *away from* history, toward some system in
which differences are simultaneously at work. To return to
our example: Think of the different forms of government
leading up to our present-day Congress; then think of the
different forces simultaneously jockeying for position during the present session of Congress. The first is diachronic, the second synchronic. See also **diachronic.**

Synechdoche. A **trope** or figure of speech in which a
part of something is used to designate or symbolize the
whole (for example, when basketball players say that
they're going to play hoops) or just the opposite—in
which the whole is used to designate a part.

Synechism. A term Charles S. **Peirce** coined to designate the doctrine of **continuity.**

Syntactics. A term used by Charles **Morris** to designate that branch of **semiotics** concerned with the relationship between a **sign vehicle** and other sign vehicles.

Syntagm. Any combination of units (for example,
words) that makes sense. A sentence is an example of a
syntagm.

Syntagmatic vs. **paradigmatic.** See **associative,
axis.**

System. Any structure characterized by a high degree
of regularity and integration. In this sense, a living organism is a biological system. See also **structuralism.**

T

Taxonomy. A classification; the study of the principles of classification. Charles S. **Peirce** was interested in

taxonomy in both of these senses. Also, he and Ferdinand de **Saussure** (the co-founders of contemporary **semiotics**) both devoted attention to the classification of the sciences. For Peirce, semiotics was one of three **normative sciences** (**ethics** and **aesthetics** are the other two) which were part of philosophy. For Saussure, *semiologie* (his name for the general theory of signs) would be, when it came into existence, a branch of social psychology. The different way Peirce and Saussure conceive the relation of sign theory to other areas of investigation is only one of numerous important differences in their approaches to this theory. See also **typology**.

Text. A term used today in a very broad sense to cover not only **verbal** but also other forms of communication. One might encounter the claim that a face, or a city, is a text. A distinctive feature of this newly emerged use of *text* is that the derivation of this word from the Latin *texere* ("to weave") and textum ("a web; texture") appears to inform the use. The text is something woven; but now readers join authors or writers as the weavers of texts. That is, the emphasis is on the text as an open and perhaps even unfinished process. For deconstructionists, the traditional assumption of literary criticism that the text should be approached as a coherent whole is rejected. Texts deconstruct themselves: They unravel. A good reader will be able to discover those points at which a text comes apart. But, in order to discover this, readers must read "from the margins"—that is, be attentive to seemingly marginal or peripheral concerns found in a text. It is important to stress that deconstruction—the process of a text unraveling—results not from the exertion of external pressure or force, but from inherent features of the text itself. "The movements of deconstruction do not," Derrida contends, "destroy structures [for example, texts] from outside. They are not possible and effective, nor can they take accurate aim, except by inhabiting those structures [or texts]" (24). Deconstructive criticism is an *immanent* critique. This means that the deconstructionist reader or critic is always complicit. No one is innocent: We are all champions of what we oppose—even if our advocacy of, or support for, our own enemies escapes us. Part of deconstruction's challenge is to foster an awareness of how deeply intertwined we are with the very things we oppose. There is no neutral ground, no innocent party. Even the most committed critics of patriarchy (that is, rule by, or dominance of, males) are always, in some measure, unwitting advocates of patriarchy. The **critique** of patriarchy is aided by acknowledging this. A central concern of deconstructionism is, in part, to stress the need to acknowledge one's complicity with one's opponents in this and other contexts.

Thematize. Make explicit and focal.

Thirdness. One of Charles S. **Peirce**'s three universal **categories.** Formally and abstractly defined, it is betweenness or **mediation** (CP 5.104). Everything is something in itself; this Peirce calls **firstness.** We might call this initselfness. Everything either actually or potentially reacts against, or opposes itself, to other things; this he calls **secondness** (over-againstness). Everything is, in some measure, intelligible, if only because it can be related by me to something else. For example, I unexpectedly receive some flowers. My first reaction is to say "What's this?" Something is, as it were, thrown in my way or thrust upon me: The bunch of flowers confronts me as an **object** (*ob-*, against; *jacere,* to throw). It arrests my attention; but, then, I take these flowers to mean someone is thinking of me. The flowers project my thought to something other than themselves. I see them as a link between myself and some other person. Finally, I am drawn to the beauty and color of these flowers; I become absorbed in the flowers themselves, in what they are in themselves—an absorption so complete that it is like a dream (a state of consciousness in which there is neither a sharp distinction between myself and my world—in fact, I'm oblivious to my surroundings—nor any self-conscious struggle to make sense out of what is before me). Let's now retrace our steps quickly: The flowers confront me initially in their otherness or secondness ("What's this?"), then are rendered intelligible by being related to something other than themselves or me ("Someone is thinking of me"); finally, they so completely absorb my attention that all else fades away but what they uniquely and qualitatively are. The bare bones of this simple narrative might be described thus: Againstness (secondness or opposition) is followed by in-betweenness (thirdness or mediation), and in-betweenness is followed by in-itselfness (firstness or immediacy).

One of Peirce's own favorite examples of thirdness or mediation is an act of giving. For him, giving exhibits an irreducibly triadic structure or form—that is, any attempt to break it down into a simpler affair loses its meaning. In any act of giving, there is a giver, a recipient, and a gift. One half of this act is divestiture (the giver divests herself of something she owns); the other half is appropriation (the recipient appropriates or comes to own something new). But, in giving, these two dyads (giver and gift-as-divested; recipient and gift-as-acquired) are integrally united. If the giver simply gets rid of her property and, a little while later, the recipient comes along and finds it, we have two accidentally related dyads but no act of giving. In formulating his three categories and, in particular, his category of thirdness, Peirce was not trying to be needlessly abstruse or difficult. But he was trying to counter our deeply ingrained tendency to conceive things too simply.

Thought. The process or act of thinking; the product or result of this process or act. In semiotics, thought is conceived as a sign process.

To its advocates, **semiotics** entails a conceptual revolution, a radical revision in the way we think about such things as **mind, consciousness,** thoughts, and even feeling. Charles S. **Peirce** suggested: "There is no reason why 'thought' . . . should be taken in that narrow sense in which silence and darkness are favorable to thought. It should rather be understood as covering all rational life, so that an experiment shall be an operation of thought" (CP 5.420). Especially in the **modern** period of Western thought, the tendency to conceive thought as a process taking place inside one's mind or head has been pronounced. This, in effect, makes privacy ("silence and darkness") an essential feature of thought. For Peirce and other semioticians, this is a mistake. That we often retreat to the theater of the imagination to perform ideal experiments is undeniable; that such private or hidden experiments are the original, only, or most important form of thinking is highly doubtful.

In sum, though there is no consensus among semioticians, there is a pronounced tendency to construe thought as a process of **dialogue,** sometimes taking place in the private sphere or in our imaginations, but often (perhaps even most often) taking place in the public arena of our worldly engagements and entanglements.

According to Peirce, it is of the very essence of thought to be specific, just as it is of its essence to be general. Thought simultaneously drives in opposite directions— toward specific applications and toward ever higher generalities (CP 5.594-5). In other words, thought is a dialectical process. The field of semiotics reveals just this aspect of thought, for it exhibits a drive to become acquainted, on the one hand, with the specific varieties and applications of signs and, on the other, with signs in general. The one side is clearly seen in the elaborate classifications of signs devised by semioticians, the other in the general definitions or models of signs (or **semiosis**) found in their writings. See also **tuism.**

Token vs. **type.** See **type** vs. **token.**

Trace. A term occupying an important place in Jacques **Derrida's grammatology.** Trace or inscription has the place in Derrida's grammatology that sign has in Ferdinand de **Saussure's** *semiologie* and in Charles S. **Peirce's semeiotic.** If a thing never left a *trace* of itself it could never be known, nor could it serve as a sign of anything else. Thus, without visible or tangible or, in some other way, perceptible marks or traces, **semiosis** (or sign action) would be impossible. But without space or spacing, semiosis would also be impossible: If none of the words on this page were spaced apart, there would be a blot of ink, but no words (or graphic signs). If something could be fully and everlastingly present (see **presence**), it would not need to leave a trace of itself: Since it would always be around, it would not need to leave messages that it was here or that it will be there. Such messages are, after all, what traces convey. I see footprints outside my apartment and infer someone *was* here; I see clouds and infer it *will* rain. The trace is tied to what is *not* present, for example, what is no longer here or what is not yet here. For Derrida, it is tied to what could never, in principle, be present. There is an ancient, powerful, and persistent dream that the traces we encounter in the texts of nature and humanity can lead to face-to-face encounters in which self and other are fully present to one another; the dream that the traces are, as it were, a ladder which we can use to climb up a ridge and, after reaching the ridge, kick away. If presence is possible, signs—or traces—are dispensable: At some point, we can discard them, for they are no longer needed. We shall see face-to-face, without the intermediary of signs, God, or Nature, or whatever other name we might use for what can be absolutely (that is, fully and finally) present.

Derrida's deconstructionism highlights traces, spaces, differences, etc. as a way of trying to awaken us from this ancient, powerful, and persistent dream. See also **transcendental signified**.

Transcendental. A term introduced by Immanuel Kant and widely used by philosophers to designate a form of inquiry or reflection sharply distinguished from empirical and experimental modes of investigation. A transcendental investigation is concerned with exploring the conditions for the possibility of whatever is being investigated. Sometimes **semiotics** is said to be transcendental in just this Kantian sense, for it inquires into the conditions for the possibility of meaning (or communicating).

Transcendental signified. An expression used by Jacques **Derrida** and other deconstructionists to designate any **signified** that is allegedly not itself a **signifier**. Appeals to any transcendental signified have the effect, in the judgment of deconstructionists, of arresting (as the thought police might arrest) the **play** of signifiers. For Derrida, there is no transcendental signified, for all signifieds turn out, in one way or another, to become caught up in the play of signifiers. His opposition to the notion of a transcendental signified is central to his **critique** of **presence**. For the transcendental signified is supposed to be what is fully and finally present, or (put differently) what is absolute and immediately present. See also **trace**.

Transuasion. One of Charles S. **Peirce**'s names for **thirdness**.

Triadic. Three-termed; having three parts, aspects or levels. Charles S. **Peirce**'s definition of **sign** as a correlation of **sign vehicle, object, interpretant** is described as triadic, whereas Ferdinand de **Saussure**'s definition of sign as a correlation between **signifier** and **signified** is characterized as **dyadic** (two-termed).

Trichotomy. While a **dichotomy** is the process of dividing something into two, or the result of this process, a trichotomy is the process of dividing something into three, or the result of this process (a threefold division or classification). Ferdinand de **Saussure**'s approach to the study of signs tends to be dichotomous, whereas Charles S. **Peirce**'s tends to be trichotomous or **triadic.**

Trope. A figure of speech; a word or expression used in a figurative (rather than a literal) sense. **Metaphor, metonymy,** and **synecdoche** are among the most common tropes. *Metaphor* is sometimes used in a very broad sense as a synonym for trope (that is, as a term covering all figures of speech). It is also used more narrowly to designate a specific figure of speech.

The identification and analysis of the most important tropes were central concerns of classical rhetoric. In this and other respects, classical rhetoric is of value to contemporary semioticians. Here, as in so many other contexts (for example logic and linguistics), the investigation of signs has been undertaken, though not under the name of semiotics nor with the conscious aim of articulating a general theory.

Tuism. A term coined by Charles S. **Peirce** to designate a distinctive conception of thought. One cannot improve upon his own definition: "The doctrine that all **thought** is addressed to a second person, or to one's future self as to a second person" (W 1:xxix). See also **dialogism.**

Tychism. A term coined by Charles S. **Peirce** to designate the doctrine of absolute or objective chance.

Type vs. **token.** Type, a sign considered as an indefinitely replicable entity or function; token, an individual replication or instance of a sign or, more exactly, of a **legisign.** The type is itself the legisign, a form indefinitely replicable. There can be numerous tokens of a single type. For example, the word "the" appears countless times in this glossary and indeed in numerous other writings. In one sense, the same word is appearing in different places. But the different instances or instantiations are just that: different. This "the" is different from all other instances. Peirce marks this distinction by calling these instances or instantiations tokens of the type "the." When we say that the *same* word is found in countless places, we mean the type; when we say that there are 59,049 instances of it in a particular tome, we mean the token. Since types are replicated in tokens, Peirce sometimes used **replica** as a synonym for token. Joseph Ransdell has suggested that type and token are best seen as part of a triad—tone, token, type—and that this triad is equivalent to the trichotomy of **qualisign, sinsign, legisign.**

Typology. A synonym for classification (see **taxonomy**). The writings of semioticians abound in typologies of signs. The simplest of these is perhaps the classification of signs as natural and **conventional,** the most complex undoubtedly Charles S. **Peirce**'s suggestion (arrived at through a mathematical formula) that there are 59,049 kinds of sign (CP 1.291).

U

Umwelt. German word usually translated "surrounding world" or, more simply, "environment." Jakob von Uexkull, a biologist whose work bears directly upon **semiotics,** used this term to designate the environment insofar as an organism is equipped to perceive it. Accordingly, the *Umwelt* is not simply what is objectively there, but only what is perceptually and operationally available to the organism.

Universal. A term predicable of numerous or even countless individuals (for example, *human being*). From as far back as the ancient Greek philosopher Plato to **contemporary** authors, the status of universals has been a topic of controversy. See also **general, nominalism, realism.**

Unmotivated. Synonym for **arbitrary;** lacking an intrinsic connection or natural basis. According to Ferdinand de **Saussure** and the countless structuralists and semioticians whom he influenced, a **sign** comes into being on the basis of an arbitrary correlation between, say, a sound and a concept. This correlation is also called unmotivated: There is nothing in the sound image itself that links it to its correlative concept. The **phoneme** "boy" bears no resemblance to its **sememe** (meaning). Saussure did acknowledge that some signs—for example, a pair of scales as a symbol of justice—are motivated. But he minimized the importance of such signs.

Usage/use. The way language is customarily or ordinarily used, with the implication that such usage is more or less authoritative. Lugwig **Wittgenstein** in his later thought is reported to have advised: "Don't ask for the meaning of a word; look to its *use.*" It is only, or primarily, by attending to the actual and various ways in which words and statements are used that we learn what words mean. **Meaning** is not to be sought either in some private sphere (for example, one's own mind or consciousness) or in some transcendent realm (Plato's Forms or "Ideas"); it is to be sought in the established usages of ordinary language. Wittgenstein did not intend this as a "theory" of meaning; in fact, he was deeply suspicious of all such theories. They are part of the problem. The solution is to turn with painstaking care to ordinary usage. This approach to meaning was near, or even at, the center of the **linguistic turn** in contemporary Anglo-American philosophy.

Utterer. A term used by Charles S. **Peirce** and others to designate the producer of signs (for example, a graph, **text,** or **discourse**). An utterer, thus, should not be conceived necessarily as a speaker in the ordinary sense; it means something far more general. See also **addresser.**

V

Value. In its most familiar sense, the *value* of anything is its worth. But, in Ferdinand de **Saussure's linguistics,** value (*valeur*) means something quite different and, in fact, difficult. *Value* is a term borrowed from economics because Saussure was consciously trying to develop a comparison between economics and his own approach to linguistics. Since diachronic linguistics studies the development or evolution of language, it corresponds to economic history; and since synchronic linguistics investigates the formal mechanisms operative within a given linguistic system, it corresponds to what was called in Saussure's day "political economics" and in our own simply "economics." In linguistics no less than in economics "we are confronted with the notion of *value;* both sciences are concerned with *a system for equating things of different orders*—labor and wages in one and a signified and signifier in the other."

Verbal. From *verbum,* Latin for "word." Related to or consisting of words; for example, verbal communication is communication by means of words.

Verbicide. The killing of a word. Words are sometimes used in such careless and sloppy ways that they lose their distinctive meaning. For example, "awful" has been effectively murdered: One cannot use it to designate something inspiring awe, for its looser senses (awful as a synonym for terrible or objectionable) have become virtually its only senses—despite what many dictionaries identify as its first meanings.

Verbum mentis. Latin expression meaning mental (or inner) word. In **medieval** thought, it was often supposed that, prior to and independent of words in their ordinary, public sense, there are inner or mental words. These mental words are pre- or extralinguistic concepts. To suppose that there are such words would make thought more independent of language and symbolization than almost all contemporary semioticians would grant.

Verifiability. From Latin *veritas,* truth. The capacity of a statement to be verified (or proven true). *Verifiability* was the watchword of positivists. They tried to use the criterion of verifiability as a way of distinguishing meaningful from meaningless assertions or statements. For them, if a statement is, in principle, verifiable (that is, if there is some evidence or experience that could establish its truth), then the statement is meaningful; if, however, a statement is in principle unverifiable, then it is meaningless. The fate of positivism was tied to the principle of verifiability. When this principle was discredited—at least, in the crude and reductionistic sense in which it was often wielded by positivists—so too was positivism.

Verstehen. See **Erklarung.**

W

Welby, Victoria Lady (1837–1912). Around the same time that Ferdinand de **Saussure** announced the possibility of *semiologie* (a science devoted to investigating "the life of signs in society"), Lady Victoria Welby conceived *significs,* "the study of the nature of significance in all its forms and relations" (1911: vii). Her two major works are *What Is Meaning?* (1903) and *Significs and Language* (1911). Charles S. **Peirce** favorably reviewed the earlier book after Welby took the initiative by requesting her publisher to send him a copy. At this time, she also initiated their correspondence, which lasted until shortly before her death. This exchange of letters, available in *Semiotic and Significs* (Bloomington: Indiana University Press, 1977), a book edited by Charles S. Hardwick, contains important and seminal ideas regarding the nature and varieties of signs. Though today Welby is better known for her correspondence with Peirce than for her own writings, these have a value perhaps yet to be fully appreciated.

Weltanschuuang. German for "world-view" or "philosophy of life."

Wittgenstein, Ludwig Josef Johann (1889–1951). One of the most influential twentieth-century philosophers. Born into a wealthy Austrian family, he eventually secured a position teaching philosophy at Cambridge. Since he came to repudiate many of his early views, a distinction is made between the early and the later Wittgenstein. His early views are found in *Tractatus Logico-Philosophicus* (1922), while his mature position is presented in *Philosophical Investigations* (1953), published posthumously. Initially, more through his personal encounters as a teacher and colleague than through his writings, Wittgenstein exerted an enormous influence on Anglo-American philosophy. The linguistic turn owed much to his thought, early and later. His critique of **private language,** his construal of **meaning** as **usage,** his notions of **language-games, form of life,** and **philosophy** as a form of conceptual therapy all have direct and deep relevance to the study of signs.

Writable or **writerly text.** Two ways of translating Roland **Barthes**'s term *scriptible,* a term used to distinguish a distinctive type of literary text. In contrast to readerly (*lisible*) texts, writerly texts are ones in which the reader is invited to engage self-consciously in the construction or fabrication of the text's meaning. Such texts are characteristically challenging: They try in various ways to jar their readers by exposing, rather than hiding, the devices and codes by which narratives are constructed. Think here of James Joyce's *Ulysses* or *Finnegan's Wake,* certainly paradigms of writerly texts. While a readerly text is presented as a finished product to be consumed, the writerly text is designed as an ongoing process to be joined. Writerly texts are intended to be subversive, to challenge the dominant ethos of bourgeois society. For this ethos (at least in the judgment of Barthes and numerous other cultural critics) turns everything (including texts or writings) into a commodity and many commodities into fetishes. These texts are too challenging to allow their readers the pleasure of passive consumption. See also **bliss, text of.**

Writing. The process of inscribing signs in a more or less durable medium; the result of this process—in a word, inscription. Traditionally, it has been supposed that writing is a secondary system of signs, written words being themselves signs of spoken signs. In recent decades, however, this privileging of speech has been challenged by the deconstructionist Jacques **Derrida.** *Ecriture* (the French word for writing) is conceived as the primordial play of formal differences by which signs and thus meanings are generated. It should not be assumed that writing in this sense can be identified with writing in its ordinary sense, though there are similarities that Derrida wants to exploit (for example, the materiality of signs).

The very words **language** and linguistics (the study of language) both derive from *lingua* (Latin for "tongue") and, thus, point to speaking rather than writing. Leonard Bloomfield, an influential linguist, even claimed that "writing is not language, but merely a way of recording language by means of visible marks" (1933, 21). This claim in effect echoes Ferdinand de **Saussure**'s position: "Language and writing are two distinct systems of signs; the second exists for the sole purpose of representing the first. The linguistic object is not both the written and the spoken forms of words; the spoken forms along constitute the object [of linguistics]" (1916 [1966], 23–4). Language is here conceived as a formal **system** of auditory **signs.**

This view of language has been recently characterized as **phonocentric** (from Greek *phonema,* speech), since it focuses primarily or exclusively on linguistic signs as sound images or aural forms. Jacques **Derrida**'s **grammatology,** "a science of writing before and in speech," is designed to challenge the phonocentric bias of semiotic investigation. For Derrida, writing "signifies inscription and especially the durable institution of a sign" (1967, 44). So understood, writing (often called **arche-writing**) becomes nothing less than an equivalent of **semiosis,** or sign action. In our discourses about signs, the instituted or inscribed **trace,** the "written" and durable mark—rather than the sound image—needs to be made the focal concern. Such, at least, is a central claim of Derrida's grammatology.

Writing under erasure. See **erasure.**

"Writing degree zero." See **zero degree.**

Z

Zeichen. German for **sign;** also symbol, mark, token; badge; **signal,** indication, evidence.

Zeichentheorie. German for sign theory, thus a synonym for **semiotics.**

Zeitgeist. German word meaning spirit of the times or the age. It is ordinarily used to designate the prevailing sensibility or mood of an epoch.

Zero Degree. Roland **Barthes**'s term for a style of writing that tries to efface or hide itself. In writers such as Emile Zola, Albert Camus, and Ernest Hemingway we encounter a style that is carefully crafted not to call attention to itself. Quickly (if not immediately), however, such a "zero degree" or "absence" of style is seen for what it is—a distinctive or unique style.

Zoosemiosis. The whole range of sign processes found in the world of animals. Sometimes zoosemiosis is used in a broad sense, inclusive of **anthroposemiosis,** and at other times it is used in a narrower sense excluding the sign processes and sign forms unique to human beings (Homo sapiens).

Zoosemiotics. The branch of **semiotics** devoted to **zoosemiosis.** This term was coined by Thomas **Sebeok** in 1963 and defined then as "the discipline, within which the science of signs intersects with ethology, devoted to the scientific study of signaling behavior in and across animal species" (1972, 178). Ethology is the scientific study of animal behavior, while ethnology is that branch of anthropology devoted to investigating socioeconomic systems and cultural traditions, especially in those societies without modern technologies. Both fields of study intersect with semiotics in numerous and important ways.

Selected Bibliography

Austin, J. L. *Philosophical Papers*. Oxford: Oxford University Press, 1961.

Barthes, Roland. *Elements of Semiology*. New York: Hill & Wang, 1967.

_____. *The Fashion System*. New York: Hill & Wang, 1983.

_____. *A Barthes Reader*, ed. by Susan Sontag. New York: Hill & Wang, 1982.

_____. *Image-Music-Text*. New York: Hill & Wang, 1977.

_____. *Pleasure of the Text*. New York: Hill & Wang, 1976.

_____. *S/Z*. New York: Hill & Wang, 1974.

Cassirer, Ernst. *The Philosophy of Symbolic Forms*, 3 vols. New Haven, Conn.: Yale University Press, 1957.

Clarke, D. S. *Principles of Semiotic*. London: Routledge & Kegan Paul, 1987.

Culler, Jonathan. *On Deconstruction*. London: Routledge & Kegan Paul, 1983.

_____. *The Pursuit of Signs*. Ithaca, N.Y.: Cornell University Press, 1983.

_____. *Ferdinand de Saussere*, rev. ed. Ithaca, N.Y.: Cornell University Press, 1986.

Deely, John. *Basics of Semiotics*. Bloomington: Indiana University Press, 1990.

_____. *Introducing Semiotics: Its History and Doctrine*. Bloomington: Indiana University Press, 1982.

Derrida, Jacques. *Dissemination*. Chicago: University of Chicago Press, 1981.

_____. *Margins of Philosophy*. Chicago: University of Chicago Press, 1982.

_____. *Of Grammatology*. Chicago: University of Chicago, 1976.

_____. *Writing and Difference*. Chicago: University of Chicago Press, 1978.

Dewey, John. *On Experience, Nature and Freedom*, ed. by Richard J. Bernstein. Indianapolis: Library of Liberal Arts, 1960.

Eagleton, Terry. *Literary Theory: An Introduction*. Minneapolis: University of Minnesota Press, 1983.

Eco, Umberto. *The Role of the Reader*. Bloomington: Indiana University Press, 1979.

_____. *A Theory of Semiotics*. Bloomington: Indiana University Press, 1976.

Fisch, Max H. *Peirce, Semiotic, and Pragmatism*. ed. by Kenneth Laine Ketner and Christian J. W. Kloesel. Bloomington: Indiana University Press.

Foucault, Michel. *Language, Counter-Memory, Practice: Selected Essays and Interviews*. Ithaca, N.Y.: Cornell University Press, 1977.

_____. *The Order of Things: An Archeology of the Human Sciences*. New York: Random House, 1970.

Gadamer, Hans-Georg. *Philosophical Hermeneutics*. Berkeley: University of California Press.

Greimas, A. J. *Structural Semnataics*. Lincoln: University of Nebraska Press, 1983.

Greimas, A. J., and Joseph Courtés. *Semiotics and Language: An Analytical Dictionary*. Bloomington: Indiana University Press, 1982.

Hawkes, Terrence. *Structuralism and Semiotics*. Berkeley: University of California Press, 1977.

Hjelmslev, Louis. *Prolegomena to a Theory of Language*. Madison: University of Wisconsin Press, 1974.

Hoy, David Couzens. *The Critical Circle: Literature, History, and Philosophical Hermeneutics*. Berkeley: University of California Press, 1978.

Jakobson, Roman. *Verbal Art, Verbal Sign, Verbal Time*. Minneapolis: University of Minnesota Press, 1985.

Jameson, Frederic. *The Prison-House of Language: A Critical Account of Structuralism and Russian Formalism*. Princeton, N.J.: Princeton University Press, 1972.

Kristeva, Julia. *Desire in Language*, ed. by L. Roudiez (NY: Columbia University Press, 1980).

———. *The Kristeva Reader*, ed. by Toril Moi (Oxford: Blackwell, 1986).

Lyotard, Jean-Francois. *The Postmodern Condition-A Report on Knowledge*. Minneapolis: University of Minnesota, 1984.

Noth, Winfred. *Handbook of Semiotics*. Bloomington: Indiana University Press, 1990.

Piaget, Jean. *Structuralism*. New York: Harper, 1971.

Peirce, Charles Sanders. *Collected Papers*, vols. 1–6 edited by Charles Hartshorne and Paul Weiss; vols. 7 and 8 edited by Arthur W. Burks. Cambridge, Mass.: Harvard University Press, 1931–1958.

———. *Semiotic and Significs: The Correspondence between Charles S. Peirce and Victoria Lady Welby*, edited by Charles S. Hardwick. Bloomington: Indiana University Press, 1977.

Sarup, Madan. *An Introduction to Post Structuralism and Postmodernism*. Athens: University of Georgia Press, 1989.

Saussure, Ferdinand de. *Course in General Linguistics*, translated by Wade Baskin. New York: McGraw-Hill, 1969.

Savan, David. *An Introduction to C. S. Peirce's Full System of Semeiotic*. Toronto: Toronto Semiotic Circle, 1987–1988.

Sebeok, Thomas. *Contributions to the Doctrine of Signs*. Lanham, Md.: University Press of America, 1985.

————. *The Sign and Its Masters*. Austin: University of Texas Press, 1979.

————, (ed.). *Encyclopedic Dictionary of Semiotics*, 3 vols. Berlin: Mouton de Gruyter, 1986.

Sheriff, John K. *The Fate of Meaning: Charles Peirce, Structuralism, and Literature*. Princeton, N.J.: Princeton University Press, 1989.

Silverman, Kaja. *The Subject of Semiotics*. New York: Oxford University Press, 1983.

Smith, Paul. *Discerning the Subject*. Minneapolis: University of Minnesota Press, 1988.

Wittgenstein, Ludwig. *Philosophical Investigations*. Oxford: Blackwell, 1953.

Woolf, Virgina. *A Room of One's Own*. New York: Harcourt Brace Jovanovich, 1957.

About the Author

Vincent M. Colapietro, associate professor of philosophy at Fordham University, is a scholar recognized for his contributions to two overlapping fields of research: American philosophy and semiotics. He is the author of *Peirce's Approach to the Self: A Semiotic Perspective on Human Subjectivity* (1989) and articles on Peirce, James, Dewey, and other figures in American thought. In other writings he has examined and evaluated, from the perspective of a Peircean pragmatism, the views of such thinkers as Ferdinand de Saussure, Umberto Eco, Richard Rorty, and Jacques Derrida.

He is a consulting editor to the *Transactions of the Charles S. Peirce Society* and an active member in both the Semiotic Society of America and the Society for the Advancement of American Philosophy.